国家出版基金项目
NATIONAL PUBLICATION FOUNDATION

"十四五"国家重点出版物出版规划项目

中国区域协调发展研究丛书

范恒山　主编

京津冀协同发展

肖金成　张燕 等 著

辽宁人民出版社

© 肖金成 等 2023

图书在版编目（CIP）数据

京津冀协同发展 / 肖金成等著. — 沈阳：辽宁人民
出版社，2023.11
（中国区域协调发展研究丛书 / 范恒山主编）
ISBN 978-7-205-10812-0

Ⅰ.①京… Ⅱ.①肖… Ⅲ.①区域经济发展—协调
发展—研究—华北地区 Ⅳ.①F127.2

中国国家版本馆 CIP 数据核字（2023）第 140672 号

出版发行：辽宁人民出版社
　　　　　地址：沈阳市和平区十一纬路 25 号　邮编：110003
　　　　　电话：024-23284321（邮　购）　024-23284324（发行部）
　　　　　传真：024-23284191（发行部）　024-23284304（办公室）
　　　　　http://www.lnpph.com.cn
印　　刷：辽宁新华印务有限公司
幅面尺寸：170mm × 240mm
印　　张：24.25
字　　数：325 千字
出版时间：2023 年 11 月第 1 版
印刷时间：2023 年 11 月第 1 次印刷
策划编辑：郭　健
责任编辑：郭　健　何雪晴
封面设计：胡小蝶
版式设计：留白文化
责任校对：吴艳杰
书　　号：ISBN 978-7-205-10812-0
定　　价：98.00元

总　序

　　区域发展不平衡是世界许多国家尤其是大国共同面对的棘手难题，事关国家发展质量、民族繁荣富强、社会和谐安定。鉴此，各国都把促进区域协调发展作为治理国家的一项重大任务，从实际出发采取措施缩小地区发展差距、化解突出矛盾。

　　我国幅员辽阔、人口众多，各地区自然资源禀赋与经济社会发展条件差别之大世界上少有，区域发展不平衡是基本国情。新中国成立以来，党和国家始终把缩小地区发展差距、实现区域协调发展摆在重要位置，因应不同时期的发展环境，采取适宜而有力的战略与政策加以推动，取得了积极的成效。新中国成立初期，将统筹沿海和内地工业平衡发展作为指导方针，为内地经济加快发展从而促进区域协调发展奠定了坚实基础；中共十一届三中全会以后，实施东部沿海率先发展战略，为快速提升我国综合实力和国际竞争力提供了强劲驱动力。"九五"时期开始，全面实施区域协调发展战略，以分类指导为方针解决各大区域板块面临的突出问题，遏制了地区差距在一个时期不断拉大的势头。党的十八大以来，协调发展成为治国理政的核心理念，以区域重大战略为引领、以重大区域问题为抓手，多管齐下促进区域协调发展，区域经济布局和国土空间体系呈现崭新面貌。在新中国七十多年发展的辉煌史册中，促进区域协调发展成为最亮丽、最动人的篇章之一。围绕发挥地区比较优势、缩小城乡区域发展和收入分配差距，促进人的全面发展并最终实现全体人民共同富裕这个核心任务，中国从自身实际出发开拓进取，推出了一系列创新性举措，形成了一大批独特的成果，也积累了众多的富有价值的宝贵经验，成为大国解决区域发展不平衡问题的一个典范，为推动全人类更加公平、更可持续的发展做出了重要贡献。中国的探索，不仅造就了波澜壮阔、撼人肺腑的伟大实践，也形成了具有自身特色的区域协调发展的理论体系。

我国已经开启全面建设社会主义现代化国家的新征程。促进区域协调发展既是推进中国式现代化的重要内容，也是实现中国式现代化的重要支撑。缩小不合理的两极差距，实现区域间发展的动态平衡，有利于推动经济高质量发展，有利于增进全体人民幸福美好生活，有利于实现国家的长治久安。我国促进区域协调发展取得了长足的进步，但面临的任务依然繁重，一些积存的症疾需要进一步化解，一些新生的难题需要积极应对。我们需要认真总结以往的成功做法，适应新的形势要求，坚持目标导向和问题导向的有机统一，继续开拓创新，把促进区域协调发展推向一个新高度，努力构建优势互补、高质量发展的区域经济布局和国土空间体系。

顺应新时代推进现代化建设、促进区域协调发展的要求，中国区域协调发展研究丛书出版面世。本套丛书共10册，分别是《中国促进区域协调发展的理论与实践》《四大区域板块高质量发展》《区域发展重大战略功能平台建设》《京津冀协同发展》《长江经济带发展》《粤港澳大湾区高质量发展》《长江三角洲区域一体化发展》《黄河流域生态保护和高质量发展》《成渝地区双城经济圈建设》《高水平开放的海南自由贸易港》，既有关于区域协调发展的整体分析，又有对于重大战略实施、重点领域推进的具体研究，各具特色，又浑然一体，共同形成了一幅全景式展示中国促进区域协调发展理论、政策与操作的图画。从目前看，可以说是我国第一套较为系统全面论述促进区域协调发展的丛书。担纲撰写的均是经济、区域领域的著名或资深专家，这一定程度地保障了本丛书的权威性。

本丛书付梓面世凝聚了各方面的心血。中央财办副主任、国家发展改革委原副主任杨荫凯同志首倡丛书的撰写，并全程给予了积极有力的推动和指导；国家发展改革委地区振兴司、地区经济司、国土地区所等提供了重要的支撑保障条件，各位作者凝心聚力进行了高水平的创作，在此谨致谢忱。

期待本丛书能为加快中国式现代化建设，特别是为促进新时代区域协调发展提供有益的帮助，同时也能为从事区域经济工作的理论研究者、政策制定者和实践探索者提供良好的借鉴。让我们共同努力，各尽所能，一道开创现代化进程中区域经济发展的新辉煌。

2023 年 10 月

前　言

京津冀三地地域相邻、人文相近、经济社会往来密切，京津冀区域的合作也由来已久，特别是从改革开放之初的经济协作到20世纪末关于首都经济圈的讨论，再到京津冀都市圈规划的研究编制，推动京津冀三地合作不断走向深入。但京津冀区域合作一直以来都面临着较强的行政壁垒掣肘，三地合作质量不高、效果不明显。如何在促进区域协调发展中把行政区划作为重要的资源用好而不是天然的障碍，既是京津冀区域协同发展需要解决的问题，也是全国其他地区促进区域协调发展面临的共同难题。

党的十八大后，习近平总书记先后到京津冀三地调研考察，亲自谋划、亲自部署、亲自推动新时代京津冀三地合作发展大计。2013年5月，习近平总书记在天津调研时提出，要谱写新时期社会主义现代化的京津"双城记"，同年8月在北戴河主持研究河北发展会议时，提出要推动京津冀协同发展。2014年2月26日，习近平总书记在北京主持召开座谈会，专题听取京津冀协同发展工作汇报。会上，习近平总书记全面深刻阐述了京津冀协同发展战略的重大意义、推进思路和重点任务，正式掀开了京津冀三地合作发展的新篇章。

以习近平同志为核心的党中央在新的历史条件下，立足京津冀区域发展阶段和特点、着眼实现中华民族伟大复兴的战略目标作出的推动京津冀协同发展这一重大决策，不仅是要积极探索一条人口和经济密集地区可持续发展路径，而且是要探索区域协调发展新模式，立意高远、内涵丰富，超越了过去京津冀三地合作的范畴和深度，意义重大。

为了全面梳理京津冀协同发展的进展和成效，并展望今后一个时期京津冀协同发展的重点任务和前进方向，本书围绕优化空间布局、交通一体化、产业协同发展、区域协同创新、生态环境协同保护、公共服务共建共享、协同开放等重点领域做了专章分析，并从学术探讨角度就培育京津冀区域不同层次的经济增长极、规划建设现代化都市圈和建设京津冀世界级城市群等方面做了拓展研究。

各章执笔者如下：

第一章 张燕；第二章 徐唯燊；第三章 肖金成、李博雅；第四章 李沛霖；第五章 聂新伟；第六章 郑国楠；第七章 石磊、陈惠鑫、胡珮琪、文扬、王丽；第八章 李智；第九章 公丕萍 ；第十章 付华；第十一章 马燕坤；第十二章 申现杰。徐唯燊还做了许多联系、排版和文字校对工作。全书由肖金成、张燕负责章节设计并修改审定。

本书从研究写作到交付出版，离不开每一位执笔者的辛勤付出，是大家共同劳动的结晶。研究过程中我们还参考了来自学术界、媒体等各方面的文献资料，在此表示由衷感谢，虽然在书中尽可能给予注明，但也难免有遗漏之处，为此我们表示歉意。受时间、精力和研究水平限制，书中还存在诸多不足，有不少问题有待今后深化探究，欢迎读者批评指正，不吝赐教，期待未来能够有机会围绕京津冀协同发展的有关理论和实践问题共同探究。

2023 年 10 月

目　录

第一章
新中国成立以来京津冀区域
合作的历史演进

京津冀区域合作由来已久。改革开放之前京津冀三地之间主要是按照中央计划调配物资资源，改革开放后 20 世纪八九十年代地方层面开始探索经济协作，20 世纪末开始研究讨论以北京为主体的首都圈建设，后于 2004 年国家层面开始研究推动京津冀都市圈建设，直到 2014 年京津冀协同发展正式上升为国家重大战略，开启了京津冀三地合作发展的新篇章。京津冀协同发展是以习近平同志为核心的党中央在新的历史条件下站在国家发展全局的高度作出的重大决策。习近平总书记关于京津冀协同发展的一系列重要论述为推进京津冀区域合作指明了方向、提供了根本遵循，推动这一国家战略不断向纵深推进。

第一节 京津冀经济协作探索时期（1949—1995 年）

从新中国成立到 20 世纪 90 年代中期，我国经济体制经历了从计划经济到市场经济的转轨，京津冀区域合作相应地也经历从统一计划向市场经济合作的探索转变。但总体上，由于全国尚处于物资匮乏的时代，京津冀三地也处于加快建立各自经济体系的发展阶段，市场经济条件下的合作空间尚不大，京津冀区域的合作具有鲜明的计划经济的特点。

一、改革开放之前的计划经济时期

新中国成立后到改革开放之前，在计划经济体制影响下，河北主要为北京、天津提供能源、原材料及农产品等，北京、天津根据计划为河北提供工业品。其中，1958—1966 年，天津为河北省省会，为带动全省发展，天津钢铁、制药、纺织、胶片等行业的工厂迁出了 100 多个。20 世纪 70 年代，中共中央提出各地建立自己的工业体系，燕山石化、石景山钢铁厂等项目在北京相继投产，这在一定程度上造成了工业结构雷同，出现与河北同类产业竞争的现象。

这一时期，中共中央根据新中国成立后国民经济恢复发展的实际需要，统一部署重大经济生产活动和全国的物资分配，引导各地区加快经济建设。京津冀区域生产生活资料分配，具有明显的计划色彩，符合当时京津冀三地经济结构特点及其生产供给能力，有力保障了北京、天津等城市的经济运转和居民生活需要。

二、改革开放之后经济协作区建设

1980 年，国务院颁布《关于推动经济联合的暂行规定》，提出"扬长避短、发挥优势、保护竞争、促进联合"，支持鼓励跨区域开展多种形式经济联合。在这一背景下，全国各地开始探索区域协作，京津冀三地经济协作也逐步推开。

1981 年，北京、天津、河北、山西和内蒙古共同协商成立了中国第一个区域经济合作组织，即华北经济技术协作区。1986 年，在时任天津市市长李瑞环同志的倡议下，环渤海地区 15 个城市共同发起成立了环渤海地区市长联席会，前期主要是进行物资交换和经济协作，但北京一直没有加入这一机制，一定程度上影响了联席会协作的实际成效。同年，河北省委、省政府在廊坊召开了环京津地区经济协作座谈会，确立了河北省依托京津、利用京津、服务京津、发展河北的对内开放总体思路。1988 年，在燕北经济协作区

（1986 年）、燕南经济协作区（1987 年）的基础上，北京市与河北省环京地区的保定、廊坊、唐山、秦皇岛、张家口、承德等地市组建了环京经济协作区，推进行业企业间协作，相继创办了农副产品交易市场、工业品批发交易市场，组建了信息网络、科技网络、供销社联合会等行业协作组织。但受综合因素影响，京津冀区域合作进展缓慢，官方机制下的华北地区经济技术协作、环京经济协作等一度处于停滞状态，三地企业之间无序竞争、地方政府之间重复建设明显增多。

这一阶段京津冀区域合作从不同层面建立起了相关协作组织及机制，主要围绕物资交换调剂与供应保障展开，行业企业层面具体执行操作，有着较强的计划经济向市场经济转轨的色彩，也为后期区域合作积累了经验。

第二节　首都圈建设研究推进时期（1996—2012 年）

起始于 20 世纪 80 年代初首都圈概念的提出，到 20 世纪 90 年代中后期关于首都经济圈、大北京地区的研究，以及 21 世纪前 10 年关于京津冀都市圈、首都经济圈规划的讨论推动，京津冀区域合作进入了一体化规划阶段，为后期的京津冀协同发展有序开展奠定了基础。

一、世纪之交关于首都经济圈的研究讨论

早在 1982 年《北京市建设总体规划方案》中，就提出了"首都圈"的概念，内圈由北京、天津和河北的唐山、廊坊、秦皇岛组成，外圈包括承德、张家口、保定和沧州市。1983 年，中共中央、国务院关于《北京城市建设总体规划方案》的批复中明确指出，北京的经济发展，应当同天津、唐山两市以及保定、廊坊、承德、张家口等地区的经济发展综合规划、紧密合作、协调进行。但很长时间内，以首都圈建设为主题的相关工作并没有实质性进展。

1996 年，《北京市经济发展战略研究报告》中首次提到"首都经济圈"的

概念，范围上以北京、天津为核心，包括河北省的唐山、秦皇岛、承德、张家口、保定、廊坊和沧州。随后为研究推进首都城市的现代化国际化建设，在 20 世纪 90 年代末到 21 世纪初，清华大学吴良镛教授主持开展了《京津冀北（大北京地区）城乡空间发展规划研究》，提出规划"大北京地区"，即由北京、天津、唐山、保定、廊坊等城市所统辖的京津唐和京津保两个三角形地区，在空间上以京津双核为主轴，以唐保为两翼，疏解大城市功能，调整产业布局，发展中等城市，增加城市密度，构建大北京地区组合城市。

二、2004 年以来关于京津冀都市圈规划的推动

2004 年，国家发展改革委地区经济司召集北京、天津、河北及秦皇岛、承德、张家口、保定、廊坊、沧州、唐山等市发展改革部门负责同志，召开了京津冀区域经济发展战略研讨会，会后发表了《廊坊共识》，其中提到启动京津冀区域发展总体规划编制工作。2005 年，国务院批复了《北京城市总体规划（2004—2020 年）》，规划提出加强京津冀地区在产业发展、生态建设、环境保护、城镇空间与基础设施布局等方面的协调发展。2016 年，国家发展改革委在唐山召开京津冀都市圈区域规划工作座谈会，就做好区域规划的研究和编制工作进行交流，听取有关省市的意见，正式启动了京津冀都市圈区域规划的编制工作。

为进一步推动落实京津冀都市圈区域规划和合作发展工作，由天津市发展改革委倡议，经京津冀发展改革委共同协商、酝酿的"第一次京津冀发改委区域工作联席会"于 2008 年召开。京津冀发展改革委共同签署了《北京市、天津市、河北省发展改革委建立"促进京津冀都市圈发展协调沟通机制"的意见》。2010 年，河北省人民政府发布《关于加快河北省环首都经济圈产业发展的实施意见》，并与北京市政府达成了共建环首都经济圈的一揽子协议。

2011 年，《中华人民共和国国民经济和社会发展第十二个五年规划纲要》公布，提出推进京津冀区域经济一体化发展，打造首都经济圈。随后，国家

发展改革委正式牵头启动首都经济圈规划编制工作，由此也掀起了一轮关于首都经济圈的大调研大讨论。一方面，国家发展改革委组织力量积极推动编制首都经济圈规划，另一方面，相关城市主动对接首都经济圈规划开展了相关工作，特别是围绕哪些城市能够入圈等问题，在社会各界进行了大量的研究讨论甚至引发了一些争议。

总体上看，虽然较长时间内京津冀区域规划一直未能面世，但关于首都经济圈、京津冀都市圈、环首都经济圈等概念的提出及有关规划研究工作的开展，为促进京津冀区域协同发展奠定了较好的工作基础。

第三节　京津冀协同发展战略的提出与推进（2013 年以来）

京津冀协同发展是在我国工业化、城镇化进入后半场，全国经济结构深化调整的大背景下提出的，是科学破解北京"大城市病"问题、探索区域协调发展新路径和加快培育全国高质量发展动力引擎的重大战略选择。自 2013 年习近平总书记提出京津冀协同发展以来，在习近平总书记亲自掌舵定向和中共中央决策部署推动下，京津冀协同发展各项战略政策不断完善，取得显著成效。

一、京津冀协同发展战略提出的时代背景

2008 年国际金融危机爆发后，我国长期累积的经济周期性、结构性、体制性问题交织叠加，经济结构面临优化调整，进一步倒逼我国改变长期以来依靠资源要素投入驱动经济增长的粗放型发展模式。京津冀地区的人口和经济要素集聚能力强，一直以来是我国经济增长的重要增长引擎，同时也是发展不平衡不充分的典型区域。推动京津冀协同发展是主动应对时代之问的战略决策。

一是如何破解北京"大城市病"问题。北京大规模快速城镇化进程，促进了城市人口的增长、城市开发空间的扩展和经济总量的增长，与此同时也带来一系列"城市病"问题。2014年，北京市政府工作报告指出，进入新时期新阶段，北京已经成为现代化国际大都市，经济社会发展活力、综合竞争力、国际影响力持续增强；但在长期快速发展中，也积累形成了比较明显的"城市病"，缓解发展不平衡、不协调、不可持续的问题更为迫切，要坚持把新型城镇化作为治理"城市病"的重要抓手，坚决扭转城市发展"摊大饼"，提升城镇化质量。一段时间内，北京进入了"大城市病"集中爆发期，包括大气污染、交通拥堵、水资源短缺、房价高涨、城市内涝、医疗卫生教育等基本公共服务资源配置不均等一系列问题，都制约着北京的可持续健康发展。在这种背景下，亟待用更加系统性、全局性和开放性的思维来推动北京的"大城市病"治理。京津冀协同发展的出发点和落脚点，就是要在更大区域范围疏解北京的非首都功能，解决北京"大城市病"问题，给出应对的科学办法。

二是如何推动区域协同协调发展。受行政区划分割和地方利益争夺影响，长期以来跨行政区之间的合作存在各种体制机制性障碍，影响市场配置资源决定性作用的发挥和区域整体发展质量效益的提升。随着我国区域协调发展战略的深入推进和全国市场体系的加快建设，资源要素越来越需要跳出特定的行政区在更大区域范围内优化配置，以促进提高全国统一大市场的资源配置效率，这就需要地方层面深化合作，探索更多符合地方实际、行之有效的促进区域协作的方式方法和路径。京津冀三地地域相连、人文相近，历史渊源深厚，区域面积大，经济结构合理，区域合作的潜力大，新形势下推进京津冀协同发展，就是着眼探索区域协调发展新路径、新机制，加快破解区域内部发展不平衡不充分问题，提升京津冀区域协调发展质量和水平，为全国统一大市场建设、全国其他区域合作提供经验示范。

三是如何加快培育全国高质量发展的动力引擎。2008年金融危机后，全球经济持续低迷，一段时间内国内进入经济增长速度换挡期、结构调整阵痛期和前期刺激政策消化期叠加阶段，经济结构调整任务重、压力大，需要在推动经济发展方式转变的同时维持经济平稳健康可持续发展，这就需要有条件的区域能够成为支撑带动全国高质量发展的动力。京津冀区域科技创新能力强，产业发展基础好，对外开放条件优，人口和经济要素集聚承载能力强，经济规模体量大，一直以来都是全国重要的经济增长引擎。新形势下推动京津冀协同发展，就是要着眼全国转变经济发展方式的总体需要，促进三地进一步优化资源要素配置，在发挥各自优势的同时加快形成国际竞争新优势，提升区域发展的整体效能，推动形成引领和带动全国高质量发展的示范区。

二、京津冀协同发展战略的正式提出

2013 年 5 月，习近平总书记在天津调研时提出，"要谱写新时期社会主义现代化的京津'双城记'"，同年 8 月在北戴河主持研究河北发展问题的会议时，提出"推动京津冀协同发展"。2014 年 2 月 26 日，习近平总书记在北京主持召开座谈会，专题听取京津冀协同发展工作汇报，强调"京津冀协同发展意义重大，对这个问题的认识要上升到国家战略层面"[①]。在习近平总书记的亲自谋划、亲自部署、亲自推动下，中央层面持续加强京津冀协同发展的顶层设计，研究制定规划方案、完善体制机制、加强政策创新等，京津冀三地按照习近平总书记的指示要求不断增强推进京津冀协同发展的自觉性、主动性、创造性，各有关方面齐心协力推动京津冀协同发展这一国家区域重大战略扎实实施。

以习近平同志为核心的党中央在新的历史条件下作出推动京津冀协同发展这一重大决策部署，大大超越了过去京津冀三地合作的范畴及深度，立足当代国情特点、着眼中华民族伟大复兴战略需要，不仅是要解决北京"大城市病"问题，更是要探索出一条内涵式集约发展的新路，还要探索跨行政区协同发展的有效路径，立意高远、内涵丰富，具有重大现实意义和深远历史意义。

---

① 人民网：《习近平在京主持召开座谈会 专题听取京津冀协同发展工作汇报》，http://politics.people. com.cn/n/2014/0227/c70731-24486624.html。

三、京津冀协同发展工作扎实推进

为加强对京津冀协同发展工作的统筹协调，2014年6月，中共中央批准成立京津冀协同发展领导小组，领导小组办公室设在国家发展改革委，主要职责是组织拟订并协调实施京津冀协同发展战略规划、重大政策，承担雄安新区建设相关工作，承担领导小组日常工作。[①]

2015年6月，中共中央、国务院正式印发实施《京津冀协同发展规划纲要》（简称《规划纲要》），描绘了京津冀协同发展的宏伟蓝图。2016年，《"十三五"时期京津冀国民经济和社会发展规划》正式印发实施，此外，"十三五"时期京津冀土地、城乡、水利、卫生、城际铁路网等专项规划也相继印发实施，逐步形成推动京津冀协同发展的规划体系。

2015年9月，国务院批复实施《环渤海地区合作发展纲要》，一方面，借力京津冀协同发展战略实施，优化提升京津冀区域的辐射带动作用，扎实推动环渤海地区协调发展、协同发展、共同发展；另一方面，环渤海地区的合作也为京津冀协同发展提供纵深空间和广阔平台。

2016年6月，根据中共中央、国务院有关工作部署及京津冀地区产业协同发展需要，工业和信息化部、北京市人民政府、天津市人民政府、河北省人民政府联合发布《京津冀产业转移指南》，提出构建"一个中心、五区五带五链、若干特色基地"的产业发展格局，旨在引导京津冀地区合理有序承接产业转移，优化产业布局，加快产业结构调整和转型升级步伐。

2017年4月，中共中央、国务院印发通知，决定设立河北雄安新区，这是以习近平同志为核心的党中央深入推进京津冀协同发展作出的一项重大决策部署，对于集中疏解北京非首都功能、探索人口经济密集地区优化开发新模式、调整优化京津冀空间布局和城市体系、培育创新驱动发展新引擎，具

---

① 国家发展改革委网站：《京津冀协同发展》，https://www.ndrc.gov.cn/gjzl/jjjxtfz/201911/t20191127_1213171_ext.html。

有重大现实意义和深远历史意义。①

2018 年 8 月，国家发展改革委印发《关于支持山西省与京津冀地区加强协作实现联动发展的意见》，围绕生态环境、清洁能源、科技创新、产业发展、基础设施、医疗教育等重点领域合作，扎实推动山西省与京津冀地区深度融合。这是贯彻落实《规划纲要》的重要举措，旨在把山西省建设成为京津冀向中西部地区辐射的战略支撑区。同年 12 月，中共中央、国务院批复同意《北京城市副中心控制性详细规划（街区层面）（2016 年—2035 年）》，提出城市副中心建设不是简单地造一个新城，而是要打造一个不一样的和谐宜居之城，要切实把高质量发展贯穿到城市规划、建设、管理和经济发展的方方面面和全过程，努力创造经得起历史检验的"城市副中心质量"。

2019 年 1 月 18 日，习近平总书记主持召开京津冀协同发展座谈会并发表重要讲话，对推动京津冀协同发展提出了六个方面的要求。第一，紧紧抓住"牛鼻子"不放松，积极稳妥有序疏解北京非首都功能。第二，保持历史耐心和战略定力，高质量高标准推动雄安新区规划建设。第三，以北京市级机关搬迁为契机，高质量推动北京城市副中心规划建设。第四，向改革创新要动力，发挥引领高质量发展的重要动力源作用。第五，坚持绿水青山就是金山银山的理念，强化生态环境联建联防联治。第六，坚持以人民为中心，促进基本公共服务共建共享。②同月，中共中央、国务院发布《关于支持河北雄安新区全面深化改革和扩大开放的指导意见》，明确赋予雄安新区更大的改革自主权，着力在创新发展、城市治理、公共服务等方面先行先试、率先突破，构建有利于增强对北京优质非首都功能的吸引力、符合高质量发展要求和未来发展方向的制度体系。

2020 年 3 月，国家发展改革委、北京市人民政府、河北省人民政府联合

① 新华社：《受权发布：中共中央、国务院决定设立河北雄安新区》，http://www.xinhuanet.com//2017-04/01/c_1120741571.htm。

② 新华网：《习近平在京津冀三省市考察并主持召开京津冀协同发展座谈会》，http://www.xinhuanet.com/politics/2019-01/18/c_1124011707.htm。

印发《北京市通州区与河北省三河、大厂、香河三县市协同发展规划》，提出要充分发挥城市副中心示范引领作用，辐射带动廊坊"北三县"协同发展，着力打造国际一流和谐宜居之都示范区、新型城镇化示范区、京津冀区域协同发展示范区。

2021 年 8 月，国务院印发《关于支持北京城市副中心高质量发展的意见》，从坚持创新驱动，打造北京发展新高地；推进功能疏解，开创一体化发展新局面；强化规划管理，创建新时代城市建设发展典范；加强环境治理，建设国家绿色发展示范区；对标国际规则，搭建更高水平开放新平台；加大改革力度，增强发展动力活力等方面明确了北京城市副中心高质量发展的重点任务，将其打造成为京津冀协同发展的高质量样板和国家绿色发展示范区，为建设和谐、宜居、美丽的大国首都做出贡献。

进入"十四五"时期，随着《京津冀协同发展"十四五"实施方案》《京津冀产业协同发展实施方案》等文件的制定实施，一批京津冀协同发展重大项目、重点改革事项相继推动落地见效，京津冀协同发展各项任务进一步走深走实。

四、京津冀协同发展取得显著成效

在以习近平同志为核心的党中央坚强领导下，在京津冀协同发展领导小组统筹指导下，京津冀三地和有关部门扎实实施京津冀协同发展战略，京津冀协同发展取得显著成效。

一是北京非首都功能疏解有序有效推进。北京在全国率先提出减量发展，深入实施疏解整治促提升专项行动，制定实施并修订完善新增产业禁止和限制目录，从源头上严控非首都功能增量。2022 年 9 月 2 日，北京市委新闻发布会报道显示，2014 年以来，累计退出一般制造和污染企业近 3000 家，疏解提升区域性专业市场和物流中心近 1000 个，一般制造业企业和区域性专业市场集中疏解任务基本完成；功能的疏解带动中心城区人口向平原新城、生态涵养区转移，2020 年，中心城区常住人口 1098.5 万人，比 2014 年下降

15.1%，实现了国家《规划纲要》确定的目标。

二是交通、生态环保、产业等重点领域协同发展取得阶段性突破。以干线铁路和城际铁路为主骨架的多层级轨道交通网络基本形成，公路交通网络日益完善通畅。2019 年 9 月，大兴国际机场建成投运，机场群、港口群发展达到国际先进水平，北京与周边主要城市天津、石家庄、张家口、保定、唐山之间均已实现 1 小时左右快速通达，环首都"1 小时交通圈"逐步扩大。京津冀三地持续加大生态环境联防联治力度，北京空气质量明显改善，永定河 865 千米河道实现全线通水，流域生态系统逐渐复苏。2020 年，京津冀地区 PM2.5 平均浓度为 44 微克 / 立方米，比 2014 年下降 51%。[1] 京津冀三地产业协作深化推进，北京创新链、技术链逐步向津冀两地拓展延伸，京津冀三地产业协同性显著增强。此外，京津冀三地教育、医疗、卫生、文化体育等领域的合作不断深化，北京优质公共服务资源的辐射带动力增强，逐步形成跨区域公共服务共建共享格局。

三是雄安新区和北京城市副中心建设取得积极进展。《河北雄安新区总体规划（2018—2035 年）》有序推动实施，启动区和起步区先行开发建设扎实推进，一大批重大项目相继落地，承接非首都功能疏解承载力不断增强，按照中共中央、国务院《关于支持河北雄安新区全面深化改革和扩大开放的指导意见》，雄安新区围绕重点领域和关键环节的改革扎实推进并取得明显成效，成为带动京津冀区域高质量发展的重要增长极和改革开放的新窗口。北京城市副中心控制性详细规划批复实施，随着北京市级机关搬入挂牌、一批企业总部陆续入驻，北京副中心各项建设不断提速，城市发展框架有序拉开，北京城市副中心的承载力、吸引力和影响力持续增强，与河北三河、大厂、香河三县市在生态环境改善、交通一体化建设、产业转移承接、公共服务合作等领域协同性不断增强。

---

[1] 京津冀协同发展领导小组办公室：《京津冀协同发展报告 2021 年》，中国市场出版社 2022 年版，第 3 页。

第四节 京津冀协同发展的重大意义与思路举措

党的十八大以来，习近平总书记亲自谋划、亲自部署、亲自推动实施京津冀协同发展战略，就推动京津冀协同发展做出了一系列重要指示批示，为相关部门、京津冀三地及社会各界推动和参与京津冀协同发展指明了方向、提供了根本遵循。

一、京津冀协同发展意义重大

习近平总书记在2014年2月26日主持召开京津冀协同发展座谈会时明确指出，"实现京津冀协同发展，是面向未来打造新的首都经济圈、推进区域发展体制机制创新的需要，是探索完善城市群布局和形态、为优化开发区域发展提供示范和样板的需要，是探索生态文明建设有效路径、促进人口经济资源环境相协调的需要，是实现京津冀优势互补、促进环渤海经济区发展、带动北方腹地发展的需要，是一个重大国家战略，要坚持优势互补、互利共赢、扎实推进，加快走出一条科学持续的协同发展路子来"①。习近平总书记强调，"京津冀协同发展意义重大，对这个问题的认识要上升到国家战略层面"。

京津冀协同发展不仅仅是解决北京发展面临的矛盾和问题的需要，也不仅仅是解决天津、河北发展面临的矛盾和问题的需要，而且是优化国家发展区域布局、优化社会生产力空间结构、打造新的经济增长极、形成新的经济发展方式的需要，是一个重大国家战略。这就告诉我们促进京津冀协同发展既要立足和服务京津冀三地发展需要，更要跳出京津冀三地从推动中国特色社会主义伟大事业前进发展的历史视角来认识其深刻的战略要义。至少有以

① 人民网：《习近平在京主持召开座谈会 专题听取京津冀协同发展工作汇报》，http://politics.people.com.cn/n/2014/0227/c70731-24486624.html。

下几个层面的重大意义：一是有利于协同发挥三地优势，加快解决京津冀三地自身发展矛盾和问题，破解京津冀区域内部发展不平衡不充分问题，率先探索走出一条促进区域协调发展的新路子来；二是有利于促进环渤海经济区发展、辐射带动北方地区经济发展，优化全国区域发展布局和生产力结构，促进全国区域协调发展；三是有利于加快转变经济发展方式，优化城市空间布局，积极探索人口和经济密集地区可持续发展的新路径。

二、推动京津冀协同发展的总体思路及方法论遵循

（一）必须进行顶层设计，用顶层设计指导、引领、推动合作

习近平总书记 2014 年 2 月 26 日在北京市考察工作结束时的讲话指出，"京津冀发展合作走到今天这样的程度，光靠头痛医头、脚痛医脚已经不行了，光靠简单的来回相互走动已经不灵了，光靠孤立地签订几个协议已经不足了。来回走动一次，吃一次饭，过去还要喝一次酒，签一个协议，搞一个仪式，然后各干各的，这种浅层次的合作甚至是形式大于内容的合作，解决不了根本问题。必须进行顶层设计，用顶层设计指导、引领、推动合作"。

这就要求我们必须深刻认识到，我们面临的内外部环境和所处的发展阶段已经发生改变，要根本改变过去解决问题、推动合作的思路方式，要跳出局部思维和避免浅尝辄止，需要全面系统诊断问题，从而更加全面地看待京津冀合作中存在的问题，从更深层次推动京津区域务实合作。为了达到这个目标，需要加强顶层设计，从战略、长远和全面系统维度谋划新时代京津冀区域合作。

（二）要从全局的高度和更长远的考虑来认识和做好京津冀协同发展工作

习近平总书记在 2015 年 2 月 10 日十八届中央财经领导小组第九次会议讲话时指出，"疏解北京非首都功能、推进京津冀协同发展，是一个巨大的系统工程。目标要明确，通过疏解北京非首都功能，调整经济结构和空间结构，走出一条内涵集约发展的新路子，探索出一种人口经济密集地区优

化开发的模式，促进区域协调发展，形成新增长极。思路要明确，坚持改革先行，有序配套推出改革举措。方法要明确，放眼长远、从长计议，稳扎稳打、步步为营，锲而不舍、久久为功"①。2019 年 1 月 18 日，习近平总书记主持召开京津冀协同发展座谈会时再次强调，"京津冀协同发展是一个系统工程，不可能一蹴而就""要从全局的高度和更长远的考虑来认识和做好京津冀协同发展工作，增强协同发展的自觉性、主动性、创造性，保持历史耐心和战略定力，稳扎稳打，勇于担当，敢于创新，善作善成，下更大气力推动京津冀协同发展取得新的更大进展"。2023 年 5 月 11 日至 12 日，习近平总书记在河北考察并主持召开深入推进京津冀协同发展座谈会时强调，"要坚定信心，保持定力，增强抓机遇、应挑战、化危机、育先机的能力，统筹发展和安全，以更加奋发有为的精神状态推进各项工作，推动京津冀协同发展不断迈上新台阶，努力使京津冀成为中国式现代化建设的先行区、示范区"。

这就要求我们在研究思考和推动京津冀协同发展时，一是要强化战略谋划，从推动京津冀协同发展的战略目标、战略思路出发做好当下工作；二是要更加全局系统地认识和推动京津冀协同发展工作，统筹推动京津冀协同发展的各环节各领域工作；三是要有历史耐心和战略定力，处理长期和短期关系，既要抓住主要矛盾和矛盾的主要方面，加快破解当下需要加快破解的主要问题，也要着眼长远目标一步一个脚印扎实推进工作，更要在中国式现代化建设中率先作为。

（三）努力实现优势互补、良性互动、共赢发展

习近平总书记 2014 年 2 月 26 日在北京主持召开座谈会，专题听取京津冀协同发展工作汇报时指出，"推进京津冀协同发展，要立足各自比较优势、立足现代产业分工要求、立足区域优势互补原则、立足合作共赢理念，以京津冀城市群建设为载体、以优化区域分工和产业布局为重点、以资源要素空

① 人民网：《累累硕果 习近平指引京津冀协同发展迈上新台阶》，http://jhsjk.people.cn/article/32054005。

间统筹规划利用为主线、以构建长效体制机制为抓手，从广度和深度上加快发展"。

习近平总书记重要指示要求，明确了推动京津冀协同发展的原则理念、重点主线和抓手等，既为加强京津冀协同发展顶层设计提供了遵循指导，也为推动研究编制《规划纲要》及相关工作指明了方向。其中，特别强调发挥比较优势、分工协作、优势互补、合作共赢，这是遵循区域经济发展规律和指导区域协调工作的内在逻辑；强调以京津冀城市群为载体，全局优化统筹产业布局、资源要素配置，加强空间发展治理，指出了一盘棋"谋篇布局"的重要性和重点任务；强调构建长效体制机制这个抓手，这为推动京津冀区域协调发展从制度建设层面提出了要求、指明了着力点。

（四）自觉打破自家"一亩三分地"的思维定式

习近平总书记 2014 年 2 月 26 日在北京市考察工作结束时指出，"行政区划并不必然就是区域合作和协同发展的障碍和壁垒。行政区划本身也是一种重要资源，用得好就是推动区域协同发展的更大优势，用不好也可能成为掣肘。这就需要大家自觉打破自家'一亩三分地'的思维定式，由过去的都要求对方为自己做什么，变成大家抱成团朝着顶层设计的目标一起做。为了有利于工作协调和推进，要充分发挥北京市牵头的环渤海地区经济合作发展协调机制的作用，国务院要加强对京津冀协同发展的指导"[1]。

这就要求，京津冀三地要从理念根子上找问题、找解决方法，一是要从国家发展大局和京津冀协同发展的全局出发，自觉打破行政区划限制，改变过去各自为战、资源要素争夺和各自利益诉求为导向的状态；二是要加快形成推动发展的合力，在"抱成团"上下功夫朝着共同目标奋斗前行；三是北京作为首都，要利用好过去推动环渤海地区经济合作发展的协调机制作用，继续牵好头，在中央政府的指导下，北京牵好头应该说既是责任也是义务，更是使命担当。

---

[1] 中共中央文献研究室：《习近平关于社会主义经济建设论述摘编》，中央文献出版社 2017 年版，第 249—250 页。

三、京津冀协同发展的重点举措

（一）紧紧抓住"牛鼻子"不放松，积极稳妥有序疏解北京非首都功能

习近平总书记 2019 年 1 月 18 日主持召开京津冀协同发展座谈会时对推动京津冀协同发展提出的第一条要求就是，"紧紧抓住'牛鼻子'不放松，积极稳妥有序疏解北京非首都功能。要更加讲究方式方法，坚持严控增量和疏解存量相结合，内部功能重组和向外疏解转移双向发力，稳妥有序推进实施。要发挥市场机制作用，采取市场化、法治化手段，制定有针对性的引导政策，同雄安新区、北京城市副中心形成合力。要立足北京'四个中心'功能定位，不断优化提升首都核心功能"。2023 年 5 月 12 日，习近平总书记在石家庄市主持召开深入推进京津冀协同发展座谈会时进一步强调，"要牢牢牵住疏解北京非首都功能这个'牛鼻子'，坚持积极稳妥、稳中求进，控增量和疏存量相结合，内部功能重组和向外疏解转移两手抓，有力有序有效推进疏解工作"。

这就要求京津冀三地始终抓住疏解北京非首都功能这个"牛鼻子"，把疏解非首都功能作为工作的总牵引，同时要在疏解非首都功能过程中讲究科学的方式方法，统筹好严控增量和疏解存量的关系，处理好北京内部功能优化重组和对外疏解转移的关系，更好发挥政府的引导作用和市场配置资源的决定性作用。

（二）保持历史耐心和战略定力，高质量高标准推动雄安新区规划建设

习近平总书记于 2017 年 2 月 23 日在河北省安新县进行实地考察后，主持召开河北雄安新区规划建设工作座谈会时讲话指出，"规划建设雄安新区，要在党中央领导下，坚持稳中求进工作总基调，牢固树立和贯彻落实新发展理念，适应把握引领经济发展新常态，以推进供给侧结构性改革为主线，坚持世界眼光、国际标准、中国特色、高点定位，坚持生态优先、绿色发展，坚持以人民为中心、注重保障和改善民生，坚持保护弘扬中华优秀传统文

化、延续历史文脉，建设绿色生态宜居新城区、创新驱动发展引领区、协调发展示范区、开放发展先行区，努力打造贯彻落实新发展理念的创新发展示范区"。习近平总书记 2019 年 1 月 16 日在河北雄安新区考察时再次强调，"建设雄安新区是千年大计。新区首先就要新在规划、建设的理念上，要体现出前瞻性、引领性。要全面贯彻新发展理念，坚持高质量发展要求，努力创造新时代高质量发展的标杆"。习近平总书记 2019 年 1 月 18 日主持召开京津冀协同发展座谈会时强调，"保持历史耐心和战略定力，高质量高标准推动雄安新区规划建设"。习近平总书记 2023 年 5 月 10 日在雄安新区考察并主持召开高标准高质量推进雄安新区建设座谈会时指出，"要完整、准确、全面贯彻落实党中央关于建设雄安新区的战略部署，深刻领悟党中央决策的重大现实意义和深远历史意义，牢牢把握党中央关于雄安新区的功能定位、使命任务和原则要求，提高政治站位，保持历史耐心，处理好近期目标和中远期目标、城市建设速度和人口聚集规模、产业转移和产业升级、政府和市场、承接北京非首都功能疏解和城市自身发展、城市建设和周边乡村振兴等重大关系，确保雄安新区建设和发展的正确方向"。

习近平总书记的重要讲话为雄安新区的规划建设指明了方向、提供了根本遵循，作为千年大计，既需要在规划建设上注重科学性、前瞻性，更需要保持战略耐心，切实规划建设好每一寸土地，要从讲政治的高度、对历史负责任的高度来研究和推动雄安新区的规划建设和开放发展工作。

（三）建设北京城市副中心要坚持规划先行、质量第一

习近平总书记 2017 年 2 月 24 日在北京考察时指出，"站在当前这个时间节点建设北京城市副中心，要有 21 世纪的眼光。规划、建设、管理都要坚持高起点、高标准、高水平，落实世界眼光、国际标准、中国特色、高点定位的要求。不但要搞好总体规划，还要加强主要功能区块、主要景观、主要建筑物的设计，体现城市精神、展现城市特色、提升城市魅力"[①]。习近平总书记

[①] 人民网：《习近平：立足提高治理能力抓好城市规划建设　着眼精彩非凡卓越筹办好北京奥运会》，http://jhsjk.people.cn/article/29106991。

2019年1月18日在北京考察时强调，"建设北京城市副中心要坚持规划先行、质量第一。要把公共建筑与山水自然融为一体，科学布局生产、生活、生态空间，使工作、居住、休闲、交通、教育、医疗等有机衔接、便利快捷。要把规划执行好、落实好，把蓝图变为实景，使北京城市副中心成为这座千年古都又一张靓丽的城市名片"①。

习近平总书记为北京副中心规划建设提出了明确要求，从千年古都又一张亮丽名片的历史视角和21世纪现代化发展的战略眼光来谋划推动北京副中心的建设，强调做好规划的重要性，不仅要有总体规划，还要细化不同功能板块和城市风貌设计等，要科学布局城市的生产、生活和生态空间，切实保障满足人民群众对美好生活的需要。

（四）努力在交通、环境、产业、公共服务等领域取得更多成果

2014年2月26日，习近平总书记在北京市考察工作结束时讲话指出，"产业一体化是京津冀协同发展的实体内容和关键支撑。北京则集中资源把创新的事业做大做强，创新成果到天津、河北实现孵化和转化。要加强生态环境保护合作。要把交通一体化作为推进京津冀协同发展的先行领域，通盘考虑、统筹规划、共同推进区域重大基础设施建设和交通格局优化"②。习近平总书记2019年1月18日主持召开京津冀协同发展座谈会时指出，"坚持以人民为中心，促进基本公共服务共建共享。要着力解决百姓关心、涉及切身利益的热点难点问题，优化教育医疗资源布局"。习近平总书记2019年9月25日在出席北京大兴国际机场投运仪式时讲话指出，"城市现代化要交通先行，要发挥好大兴国际机场的辐射带动作用，联通京津冀世界级城市群、北京'四个中心'、雄安新区建设，服务好京津冀协同发展"③。习近平总书记2021年1

---

① 人民网：《习近平：稳扎稳打勇于担当敢于创新善作善成　推动京津冀协同发展取得新的更大进展》，http://jhsjk.people.cn/article/30577832。

② 中共中央文献研究室：《习近平关于社会主义经济建设论述摘编》，中央文献出版社2017年版，第250—253页。

③ 新华社：《习近平出席投运仪式并宣布　北京大兴国际机场正式投入运营　韩正出席仪式并致辞》，http://jhsjk.people.cn/article/31373290。

月主持召开北京 2022 年冬奥会和冬残奥会筹办工作汇报会时讲话指出，"推动京津冀协同发展，努力在交通、环境、产业、公共服务等领域取得更多成果。要积极谋划冬奥场馆赛后利用，将举办重大赛事同服务全民健身结合起来，加快建设京张体育文化旅游带"①。习近平总书记 2022 年 4 月 8 日在北京冬奥会、冬残奥会总结表彰大会上讲话时指出，"北京冬奥会、冬残奥会筹办举办对国家发展特别是京津冀协同发展具有强有力的牵引作用。我们把冬奥筹办举办作为推动京津冀协同发展的重要抓手，区域交通更加便捷，生态环境明显改善，产业联动更加紧密，公共服务更加均衡"②。

习近平总书记就京津冀交通一体化、产业协同、生态环境共保、公共服务共建共享等领域都作出了明确指示，对关系京津冀协同发展大局全局的北京大兴国际机场、冬奥会、冬残奥会等重大牵引性工程及相关工作高度重视并亲自推动谋划，为相关部门和具体领域的京津冀协同工作提供了指导和方向遵循，科学指引京津冀协同发展的各项工作按照中共中央决策部署的既定方向稳步推进，不断取得新成果、新成绩。

（五）下决心破除限制资本、技术、产权、人才、劳动力等生产要素自由流动和优化配置的各种体制机制障碍

习近平总书记 2014 年 2 月 26 日在北京市考察工作结束时讲话指出，"同珠三角和长三角相比，京津冀统一要素市场建设滞后，市场化水平较低，这是制约协同发展的重要方面。要下决心破除限制资本、技术、产权、人才、劳动力等生产要素自由流动和优化配置的各种体制机制障碍，破除市场壁垒，探索建立区域统一的财政税收、金融投资、产权交易、技术研发、创业就业政策，完善共建共享、协作配套、统筹互助机制，推动各种要素按照市

---

① 新华网：《习近平在北京河北考察并主持召开北京 2022 年冬奥会和冬残奥会筹办工作汇报会时强调 坚定信心奋发有为精益求精战胜困难　全力做好北京冬奥会冬残奥会筹办工作　韩正出席汇报会》，http://jhsjk.people.cn/article/32006581。

② 人民网：《在北京冬奥会、冬残奥会总结表彰大会上的讲话》，http://jhsjk.people.cn/article/32395043。

场规律在区域内自由流动和优化配置"①。习近平总书记2019年1月18日主持召开京津冀协同发展座谈会时强调，"破除制约协同发展的行政壁垒和体制机制障碍，构建促进协同发展、高质量发展的制度保障"。

习近平总书记关于京津冀协同发展体制机制改革方面的重要论述和指示，既遵循了市场经济规律，又强调更好发挥政府引导作用，从处理好政府与市场关系角度为促进京津冀区域资源要素有序高效流动和一体化配置提供了科学指引，有利于切实指导三地和有关部门完善政策、推动建立健全协同发展体制机制，为逐步打破区域行政壁垒促进区域协同发展提供制度政策保障支撑。

本章参考文献

［1］肖金成，等 . 京津冀区域合作论——天津滨海新区与京津冀产业联系及合作研究［M］. 北京：经济科学出版社，2010.

［2］薛暮桥 . 扬长避短、发挥优势、保护竞争、促进联合［J］. 东岳论丛，1985（1）：1-7.

［3］高新才 . 改革30年来中国区域经济合作的回顾与展望［J］. 西北大学学报（哲学社会科学版），2008，38（5）：20-27.

［4］孙兵，郝寿义 . 区域管理体制的选择：以京津冀为例［J］. 人口与发展，2015，21（5）：47-53.

［5］于文桂 . 我省依托京津全方位对内开放工作取得显著成绩［J］. 河北政报，1994（1）：34-35.

［6］张可云 . 环京区域经济合作问题探讨［J］. 北京社会科学，2004（1）：10-18.

---

① 中共中央文献研究室：《习近平关于社会主义经济建设论述摘编》，中央文献出版社2017年版，第254页。

［7］张智新，张云利.京津冀及环渤海视域下的地方政府合作关系研究［J］.中共宁波市委党校学报，2010（3）：32-37.

［8］天津经济课题组.京津冀一体化的综述与借鉴［J］.天津经济，2014（4）：22-29.

［9］马海龙.历史、现状与未来：谈京津冀区域合作［J］.经济师，2009（5）：16-19.

［10］魏丽华.建国以来京津冀协同发展的历史脉络与阶段性特征［J］.深圳大学学报（人文社会科学版），2016，33（6）：143-150.

［11］清华大学人居环境研究中心《京津冀北（大北京地区）城乡空间发展规划研究》项目组.规划"大北京地区"建设"世界城市"［J］.城市，2002（1）：13-17.

［12］丛书编写组.实施区域发展战略［M］.北京：中国计划出版社，中国市场出版社，2020.

第二章
京津冀协同发展规划体系

随着中共中央召开会议，审议通过《京津冀协同发展规划纲要》，全国首个跨省级行政区的《"十三五"时期京津冀国民经济和社会发展规划》发布，以及一系列专项规划出台，三省市制定了基于自身功能定位的实施方案，目标一致、层次明确、互相衔接的协同发展规划体系逐步形成。

第一节 《京津冀协同发展规划纲要》的重点内容

《京津冀协同发展规划纲要》是深入实施京津冀协同发展战略的纲领性文件，勾画了京津冀协同发展的壮丽蓝图，是推动京津冀协同发展各项工作的基本遵循，是汇聚全社会力量、形成推动京津冀协同发展强大合力的行动指南。

一、《规划纲要》的总体要求

京津冀协同发展是一个重大国家战略，《规划纲要》按照党中央、国务院战略部署，明确了指导思想、基本原则、功能定位和发展目标。[①]

---

① 本部分内容资料来源：《京津冀协同发展领导小组办公室负责人就京津冀协同发展有关问题答记者问》，http://www.gov.cn/zhengce/2015-08/23/content_2918246.htm。

（一）指导思想

以有序疏解北京非首都功能、解决北京"大城市病"为基本出发点，坚持问题导向，坚持重点突破，坚持改革创新，立足各自比较优势，立足现代产业分工要求，立足区域优势互补原则，立足合作共赢理念，以资源环境承载能力为基础，以京津冀城市群建设为载体，以优化区域分工和产业布局为重点，以资源要素空间统筹规划利用为主线，以构建长效体制机制为抓手，着力调整优化经济结构和空间结构，着力构建现代化交通网络系统，着力扩大环境容量生态空间，着力推进产业升级转移，着力推动公共服务共建共享，着力加快市场一体化进程，加快打造现代化新型首都圈，努力形成京津冀目标同向、措施一体、优势互补、互利共赢的协同发展新格局，打造中国经济发展新的支撑带。

（二）基本原则

一是改革引领，创新驱动。加大改革力度，消除隐形壁垒，破解影响协同发展的深层次矛盾和问题，加快建立有利于疏解北京非首都功能、推动协同发展的体制机制。强化创新驱动，以科技创新为核心，建立健全区域创新体系，整合区域创新资源，形成京津冀协同创新共同体。

二是优势互补，一体发展。进一步明确功能定位，充分发挥各自比较优势，调整优化区域生产力布局，加快推动错位发展与融合发展，创新合作模式与利益分享机制，在有序疏解北京非首都功能的进程中实现区域良性互动，促进三省市协同发展、协调发展、共同发展。

三是市场主导，政府引导。加快完善市场机制，充分发挥市场在资源配置中的决定性作用，有序推动北京非首都功能疏解，促进生产要素在更大范围内有序流动和优化配置。加大简政放权力度，切实转变政府职能，更好发挥统筹协调、规划引导和政策保障作用。

四是整体规划，分步实施。打破"一亩三分地"思维定式，从京津冀区域发展全局谋划疏解北京非首都功能，加强战略设计，推进布局调整。明确实现总体目标和重大任务的时间表、路线图，研究制定科学管用的实施方案，分阶段、有步骤地加以推进。

五是统筹推进，试点示范。立足现实基础和长远需要，把握好疏解北京非首都功能、推动协同发展的步骤、节奏和力度，不搞齐步走、平面推进，对已达成共识、易于操作的领域率先突破，选择有条件的区域率先开展试点示范，发挥引领带动作用。

（三）功能定位

功能定位是推动京津冀协同发展的重要前提和基本遵循。《规划纲要》对京津冀区域的整体定位和三省市的功能定位各概括为体现其特色的四句话。

京津冀区域的整体定位体现三省市"一盘棋"的思想，突出功能互补、错位发展、相辅相成：一是以首都为核心的世界级城市群；二是区域整体协同发展改革引领区；三是全国创新驱动经济增长新引擎；四是生态修复环境改善示范区。

三省市定位服从和服务于区域整体定位，符合京津冀协同发展的战略需要。其中，北京市的定位为全国政治中心、文化中心、国际交往中心、科技创新中心；天津市的定位为全国先进制造研发基地、北方国际航运核心区、金融创新运营示范区、改革开放先行区；河北省的定位为全国现代商贸物流重要基地、产业转型升级试验区、新型城镇化与城乡统筹示范区、京津冀生态环境支撑区。

（四）发展目标

发展目标昭示京津冀协同发展的方向，凝聚京津冀协同发展的推动力量。《规划纲要》明确了京津冀协同发展的近、中、远期目标。

近期目标：到2017年，有序疏解北京非首都功能取得明显进展，在符合协同发展目标且现实急需、具备条件、取得共识的交通一体化、生态环境保护、产业升级转移等重点领域率先取得突破，深化改革、创新驱动、试点示范有序推进，协同发展取得显著成效。

中期目标：到2020年，北京市常住人口控制在2300万人以内，北京"大城市病"等突出问题得到缓解。区域一体化交通网络基本形成，生态环境质量得到有效改善，产业联动发展取得重大进展。公共服务共建共享取得积极成效，协同发展机制有效运转，区域内发展差距趋于缩小，初步形成京津冀协同发展、互利共赢新局面。

远期目标：到 2030 年，首都核心功能更加优化，京津冀区域一体化格局基本形成，区域经济结构更加合理，生态环境质量总体良好，公共服务水平趋于均衡，成为具有较强国际竞争力和影响力的重要区域，在引领和支撑全国经济社会发展中发挥更大作用。

二、推动重点领域率先突破

推动京津冀协同发展任务繁多且错综复杂，不仅要有清晰的目标，更要从实际出发积极有序推进。为此，《规划纲要》明确提出，在交通一体化、生态环境保护、产业升级转移三个重点领域集中力量先行启动、率先突破。

（一）交通一体化

交通一体化是京津冀协同发展的骨骼系统。《规划纲要》提出，加快构建三地快速、便捷、高效、安全、大容量、低成本的互联互通综合交通网络，为京津冀协同发展提供坚实基础和保障条件。按照网络化布局、智能化管理和一体化服务的要求，构建以轨道交通为骨干的多节点、网格状、全覆盖的交通网络，提升交通运输组织和服务现代化水平，建立统一开放的区域运输市场格局。[①]

京津冀交通一体化八大任务：一是建设高效密集轨道交通网，强化干线

---

① 本部分内容资料来源：《京津冀协同发展领导小组办公室负责人就京津冀协同发展有关问题答记者问》，http://www.gov.cn/zhengce/2015-08/23/content_2918246.htm；《京津冀交通一体化如何实现》，http://opinion.people.com.cn/n/2015/0910/c159301-27565123.html；《关注京津冀协同创新与交通一体化推进区域轨道交通发展及其互联互通》，http://scitech.people.com.cn/n1/2015/1224/c1057-27968387.html；《机场群起　京津冀协同发展再破题》，https://www.sohu.com/a/211959177_115495；《京津冀应该形成网络化布局、智能化管理和一体化服务格局》，http://m.haiwainet.cn/middle/352345/2015/1224/content_29480222_1.html；《发改委：促进京津冀交通一体化发展为生态环境保护提供助力》，http://www.xinhuanet.com/politics/2015-12/08/c_128510031.htm；北京市交通委员会（2017）。

铁路与城际铁路、城市轨道交通的高效衔接，打造"轨道上的京津冀"。二是完善便捷通畅公路交通网，加快推进首都地区环线等区域内国家高速公路网建设，打通国家高速公路"断头路"，提升国省干线技术等级，全面消除跨区域国省干线"瓶颈路段"，以环京津贫困地区为重点，实施农村公路提级改造、安保和危桥改造工程。三是构建现代化的津冀港口群，天津市建设北方国际航运核心区，提升航运中心功能，河北省港口以能源、原材料等大宗物资运输为主，拓展服务功能，加强津冀沿海港口规划与建设的协调。四是打造国际一流航空枢纽，加快北京新机场建设，完善首都机场服务功能，建设天津国际航空物流中心，增强滨海机场区域枢纽作用，充分发挥正定机场比较优势，增强对周边的集聚辐射，构建京津冀三省市航空枢纽协作机制。五是发展公交优先的城市交通，优化城市道路网，加强微循环和支路网建设，推进区域公交便捷换乘，推动公交都市创建活动。六是提升交通智能化管理水平，推进京津冀交通"一卡通"互联互通。七是提升区域一体化运输服务水平，推动综合客运枢纽、货运枢纽（物流园区）等建设，建立健全执法协同联动机制。八是发展安全绿色可持续交通，大力发展和推广使用节能、新能源和清洁能源汽车，统一京津冀地区老旧车辆提前报废及黄标车限行等政策，建立健全交通运输能耗统计与环境监测。

（二）生态环境保护

生态环境保护是京津冀协同发展的重要基础。《规划纲要》提出，按照"统一规划、严格标准、联合管理、改革创新、协同互助"的原则，打破行政区域限制，推动能源生产和消费革命，促进绿色循环低碳发展，加强生态环境保护和治理，扩大区域生态空间。[①]

京津冀生态环境保护的重点任务：一是联防联控环境污染，建立一体化的环境准入和退出机制，构建京津冀区域生态环境监测网络，统筹区域环境质量管理，加快推进区域环境信息共享机制，建立跨界的大气、地表水、地

[①] 本部分内容资料来源：《京津冀协同发展领导小组办公室负责人就京津冀协同发展有关问题答记者问》，http://www.gov.cn/zhengce/2015-08/23/content_2918246.htm ；田翠琴等（2019）。

下水和海域等环境监测预警体系和协调联动机制，建立陆海统筹的海洋污染防治联动机制。二是加强环境污染治理，强化大气污染治理，确定大气环境质量底线，实施清洁水行动，开展饮用水水源地保护，推进"六河"绿色生态河流廊道治理，实施湖泊湿地保护与修复，整治渤海湾环境污染，推进土壤与地下水治理和农村环境改善工程。三是大力发展循环经济，加快推进区域间、产业间循环式布局，鼓励企业间、产业间建立循环经济联合体，搭建区域共享的循环经济技术、市场、产品等服务平台，积极开展园区循环改造。四是推进生态保护与建设，优化生态安全格局，划定生态保护红线，实施分区管理，明确生态廊道，谋划建设一批环首都国家公园和森林公园。五是积极应对气候变化，协同推进碳排放控制，加快推进低碳城镇化，推动形成以低碳排放为特征的产业体系。

（三）产业升级转移

产业一体化是京津冀协同发展的关键支撑。《规划纲要》明确，从全国生产力整体布局出发，明确三省市产业发展定位，理顺产业发展链条，加快产业转型升级，打造立足区域、服务全国、辐射全球的优势产业集聚区。[①]

京津冀产业升级转移的重点任务：一是加快产业转型升级，按照京津冀区域整体功能定位和三省市功能定位，合理规划产业布局，着力理顺产业发展链条，优化产业结构，形成区域间产业合理分布和上下游联动机制。北京发挥科技创新中心作用，大力发展服务经济、知识经济和绿色经济；天津优化发展高端装备、电子信息等先进制造业，大力发展航空航天、生物医药和节能环保等战略性新兴产业和金融、航运物流、服务外包等现代服务业；河北积极承接首都产业功能转移和京津科技成果转化，大力发展先进制造业、现代服务业和战略性新兴产业。二是推动产业转移对接，加强三省市产业发

[①] 本部分内容资料来源：《京津冀协同发展领导小组办公室负责人就京津冀协同发展有关问题答记者问》，http://www.gov.cn/zhengce/2015-08/23/content_2918246.htm；《国家明确京津冀产业发展定位 津冀承接八大产业》，https://www.sohu.com/a/25968132_114984；《京津冀产业转移指南发布在即 天津河北承接八大产业》，http://finance.people.com.cn/n/2015/0522/c1004-27039435.html。

展规划衔接，制定京津冀产业指导目录，加快津冀承接平台建设。北京做好产业疏解工作，加快转出一般制造业及高端制造业的生产环节、区域性批发市场和物流基地，以天津和河北为主要承接地，以重大产业基地和特色产业园区为平台，重点承接信息技术、装备制造、金融后台、商贸物流、文化创意、教育培训、健康养老、体育休闲等产业。三是加强京津冀产业协作，在制造业方面，瞄准国际前沿技术和产业发展趋势，依托北京科技资源优势和津冀先进制造业基础，优化产业布局，完善产业链条，打造产业集群。在战略性新兴产业方面，大力发展电子信息、生物医药、航空航天、新能源、新材料和节能环保等产业，天津和河北加强与首都高校、科研机构合作，促进产业孵化转化。在服务业方面，强化北京金融管理、天津金融创新运营和河北金融后台服务功能，建设一批枢纽型物流产业聚集区，打造具有国际水准的商务服务机构，建立京津冀"大旅游"格局，发展生产性服务业。在农业方面，加快建设环京津蔬菜基地、奶源生产和肉类供应基地，共建菜篮子产品生产基地、绿色食品生产加工物流基地，加快构建环京津 1 小时鲜活农产品物流圈，发展京津都市现代农业和河北高产、高效生态农业。

三、促进创新驱动发展

京津冀创新要素密集、人才资源丰富，是全国创新能力最强的区域之一，但仍存在创新分工格局不明朗、创新资源共享不充分、创新链和产业链对接不紧密等问题。为此，《规划纲要》明确提出，以促进创新资源合理配置、开放共享、高效利用为主线，以深化科技体制改革为动力，推动形成京津冀协同创新共同体，建立健全区域协同创新体系，弥合发展差距、贯通产业链条、重组区域资源，共同打造引领全国、辐射周边的创新发展战略高地。[1]

---

[1] 本部分内容资料来源：《京津冀协同发展领导小组办公室负责人就京津冀协同发展有关问题答记者问》，http://www.gov.cn/zhengce/2015-08/23/content_2918246.htm；《京津冀将打造协同创新共同体 打造以北京为核心的世界级城市群》，http://www.xinhuanet.com/politics/2015-04/08/c_1114893758.htm；赵弘（2018）。

（一）强化协同创新支撑

协同创新是京津冀协同发展的重要举措。《规划纲要》提出，加快中关村国家自主创新示范区发展，探索新的管理运营模式，打造产学研结合的跨京津冀科技创新园区链。加快建设天津滨海国家自主创新示范区，加大重点领域和关键环节改革试点力度，强化对周边区域的引领辐射示范作用。

北京重点提升原始创新和技术服务能力，打造技术创新总部基地、科技成果交易核心区、全球高端创新中心及创新人才聚集中心。天津重点提高应用研究与工程化技术研发转化能力，打造产业创新中心、高水平现代化制造业研发转化基地和科技型中小企业创新创业示范区。河北重点强化科技创新成果应用和示范推广能力，建设科技成果孵化转化中心、重点产业技术研发基地、科技支撑产业结构调整和转型升级试验区。构建分工合理的创新发展格局。

在大气污染治理、绿色交通、清洁能源、清洁生产、监测预警与管控等领域关键技术联合攻关和集成应用。加快实施水体污染控制与治理国家科技重大专项，开展湖泊湿地生态环境保护和修复等技术攻关与示范应用，加强传统产业生产技术、工艺流程、能源利用等方面技术应用，加强战略性新兴产业技术联合攻关。

（二）完善区域创新体系

构建多位一体创新体系是京津冀协同发展的重要任务。《规划纲要》提出，共同培育壮大企业技术创新主体，建立健全企业主导产业技术研发创新的体制机制，加大科研投入，联合组建产业技术创新战略联盟。建设科技成果转化服务体系，推进三省市技术市场一体化建设，建立科技成果转化和交易信息服务平台，建立健全技术交易市场，完善信息共享、标准统一的技术交易服务体系，组建技术转移服务机构，提高科技服务机构的专业服务能力。完善科技创新投融资体系，建立科技金融合作平台，支持金融机构开展科技金融创新试点，拓展创新活动融资渠道，促进科研成果尽快转化为生产力。

（三）整合区域创新资源

创新资源整合是京津冀协同发展的重要抓手。《规划纲要》提出，集聚高端创新要素，加强重点学科领域资源整合，引进全球高端科技资源。促进科技创新资源和成果开放共享，建设科技创新资源共享网络平台，联合开展关键技术研究和示范应用。加强科技人才培养与交流，建立区域人力资源开发孵化基地，加大重大人才工程实施力度，加强区域科技人才制度衔接，为创新驱动发展提供有力支撑。

四、深化体制机制改革

京津冀统一要素市场体系尚未完全建立，协同发展仍有许多体制机制障碍，必须消除隐形壁垒，创造性地提出推动区域协同发展的改革措施。为此，《规划纲要》明确提出，充分发挥市场配置资源的决定性作用，加快破除制约协同发展和要素流动的体制机制障碍，大力推进简政放权和制度创新，建立优势互补、互利共赢的区域一体化发展制度体系，打造区域体制机制高地。[①]

（一）推动要素市场一体化改革

要素市场一体化是京津冀协同发展的关键一环。《规划纲要》提出，探索建立京津冀区域统一的金融投资、产权交易、技术研发，完善共建共享、协作配套、统筹互助机制，激励三省市按一定比例共同出资建立协同发展基金。推进金融市场一体化，研究设立京津冀开发银行的可行性，鼓励三省市共同出资设立京津冀产业结构调整基金，推动三省市建立统一的抵押质押制度，推进京津冀支付清算、异地存储、信用担保等业务同城化，显著降低跨

---

① 本部分内容资料来源：《京津冀协同发展领导小组办公室负责人就京津冀协同发展有关问题答记者问》，http://www.gov.cn/zhengce/2015-08/23/content_2918246.htm；《京津冀开发银行开始酝酿 拟建统一抵押质押制度》，http://district.ce.cn/newarea/roll/201507/17/t20150717_5961595.shtml；《京津冀要素市场公共服务一体化改革清单明晰》，https://www.sohu.com/a/24778224_114984。

行政区划金融交易成本。推进土地要素市场一体化，深化城镇国有土地有偿使用制度改革，扩大土地有偿使用范围，按照中共中央统一部署，慎重稳妥推进农村土地制度改革，建立城乡统一的建设用地市场，开展土地整治机制政策创新试点。推进技术和信息市场一体化，加强信息化建设，以网络互联为平台、以信息互通为纽带、以维护网络安全为保障，建设一体化网络基础设施。鼓励和推动电信企业推出京津冀一体化资费方案。加快实施"宽带中国"战略，大幅提高互联网网速，在京津冀地区统筹规划部署新一代宽带无线移动通信网，大力推动下一代互联网建设，推动北京互联网国际出入口优化扩容，实质性推进三网融合进程。整合区域信息资源，研究建立区域大数据中心。

（二）构建协同发展的体制机制

体制机制是京津冀协同发展的制度保障。《规划纲要》指出，进一步加大简政放权力度，打造权力在线运行、审批全程公开的行政管理协同机制，建立区域统一的信用体系和社会信用惩罚联动机制，加强基于信用体系的市场监管能力建设。建立基础设施互联互通机制，按照"谁受益、谁投资"的原则，统筹规划建设区域路网及水电气管网等基础设施，建立三省市公路、铁路、航空枢纽及港口协作机制，推进区域综合交通运输信息互联互通与共享开发，加强交通运输法规和技术标准对接，形成区域统一开放的运输市场。建立生态环境保护联动机制，以大气污染联防联治、流域治理、水资源保护及扩大生态空间为重点，统一三省市生态环境规划、标准、监测、执法体系，搭建区域性循环经济技术、市场、产品服务平台，建立生态保护红线区域补偿、水环境补偿、草原生态补偿和湿地生态效益补偿机制，加快京津两市与河北张承地区建立横向生态补偿机制。建立产业协同发展机制，建立科学合理对跨省市投资、产业转移对接、园区共建、科技成果落地等项目的收益分配体制，建立健全农产品产销供一体化和以销定产机制，打造京津农业科技创新高地和农业信息化高地。建立科技创新协同机制。

（三）加快公共服务一体化改革

公共服务一体化是京津冀协同发展的重要内容。《规划纲要》提出，发挥政府引导作用，引入市场机制，促进优质公共服务资源均衡配置。建立统一规范灵活的人力资源市场，统筹教育事业发展，加强医疗卫生联动协作，推动社会保险顺畅衔接，提升公共文化体育水平。建立区域内统一的公共就业服务平台和劳务协作会商机制，落实养老保险跨区转移政策，加快社会保障"一卡通"建设，进一步完善医疗保险转移接续和异地就医服务政策措施，推动异地养老和康复疗养，建立并完善分级诊疗制度，统筹三省市考试招生制度改革和职业教育发展。

第二节　规划体系："四梁八柱"

自《规划纲要》批复以来，国家发展改革委编制了《"十三五"时期京津冀国民经济和社会发展规划》，三省市各自编制了落实功能定位的方案。各有关部门根据实际需要，出台了交通、产业、土地、环保、教育、水利、卫生、城乡等专项规划，被称为"四梁八柱"，逐步构建起目标一致、层次明确、互相衔接的规划体系。

一、"十三五"京津冀经济社会发展规划的主要内容

2016年，国家发展改革委组织编制的《"十三五"时期京津冀国民经济和社会发展规划》(简称《规划》)印发实施[1]，这是全国第一个跨省级行政区划的"十三五"规划。该规划把《规划纲要》作为基本遵循，跳出"一亩三分地"的传统思维，坚持"三地一盘棋"的指导思想，细化、实化了《规划纲要》的内容，更加注重任务的可操作性，将京津冀作为整体，统筹谋划了产

---

[1] 本部分内容资料来源：《协同京津冀　三地一盘棋》，http://www.gov.cn/zhengce/2016-02/16/content_5041400.htm。

业协同创新、基础设施联通、规划协调对接、生态共建共享等重点领域发展任务，力争构建三省市目标同向、措施一体、优势互补、互利共赢的格局，为其他地区编制统一的国民经济和社会发展规划提供经验。

《规划》以新发展理念为统领，明确提出到2020年，京津冀整体实力进一步提升，结构调整取得重要进展，协同发展取得阶段性成效，北京"大城市病"得到缓解，一体化交通网络基本形成，制约协同发展和要素流动的体制机制障碍得到破解，基本公共服务均等化水平逐步提高。

为此，《规划》确定了"十三五"时期京津冀协同发展的重点任务：一是创新发展，打造全国创新驱动增长新引擎。强化北京全国科技创新中心地位，推进全面创新改革试验区建设，加快建设各级各类科技园区和创新平台，增强高端创新要素集聚能力，推动创新资源和成果开放共享，完善创新服务体系。二是转型升级，构建现代产业体系。发展现代服务业，推动生产性服务业向专业化和价值链高端延伸，推动生活性服务业向精细和高品质转变，培育新兴服务业；提升制造业水平，加快培育京津走廊高新技术及生产性服务业产业带、沿海临港产业带、沿京广线先进制造业产业带、沿京九线特色轻纺产业带、沿张承线绿色生态产业带。三是互联互通，加快重大基础设施建设。加快交通一体化建设，建设轨道上的京津冀，完善便捷通畅公路交通网，打造国际一流航空枢纽，构建世界级现代港口群，提升交通绿色和智能化管理水平。四是绿色发展，建设生态修复环境改善示范区。构建区域生态屏障，推动京津保过渡带成片林地建设，加强水源涵养林和防风固沙林建设，加快建设环首都公园，加强海洋生态保护，强化大气污染防治，加强水土资源节约集约利用。此外，《规划》提出的发展任务还有推动协同发展成果惠及广大群众、促进文化事业大发展大繁荣、加强和创新社会管理、培育区域开放合作竞争新优势、打造区域整体协同发展改革引领区等。

二、京津冀重点领域专项规划

基础设施领域。2015年，国家发展改革委和交通运输部印发《京津冀协同发展交通一体化规划》①，提出打造区域城镇发展主轴，促进城市间互联互通，推进"单中心放射状"通道格局向"四纵四横一环"网络化格局转变②，到 2020 年多节点、网格状区域交通网络基本形成，形成京津石中心城区与新城、卫星城之间的"1 小时通勤圈"，京津保唐"1 小时交通圈"，相邻城市间基本实现 1.5 小时通达，到 2030 年形成"安全、便捷、高效、绿色、经济"的一体化综合交通运输体系。该规划明确了 8 项重点任务：一是建设高效密集轨道交通网，强化干线铁路与城际铁路、城市轨道交通的高效衔接，着力打造"轨道上的京津冀"；二是完善便捷通畅公路交通网，加快推进首都地区环线等区域内国家高速公路建设，打通国家高速公路"断头路"，全面消除跨区域国省干线"瓶颈路段"，以环京津贫困地区为重点，实施农村公路提级改造、安保和危桥改造工程；三是构建现代化津冀港口群，加强津冀沿海港口规划与建设的协调，推进区域航道、锚地、引航灯资源共享共用，鼓励津冀两地港口企业跨行政区投资、建设、经营码头设施；四是打造国际一流的航空枢纽，形成枢纽机场为龙头、分工合作、优势互补、协调发展的世界级航空机场群；五是发展公交优先的城市交通，优化城市道路网，加强微循环和支路网建设，推进城市公共交通场站和换乘枢纽建设，推广设置潮汐车道，试点设置合乘车道；六是提升交通智能化管理水平，绘制京津冀智能交通"一张蓝图"，打造交通运输信息共享交换"一个平台"，推动城市常规公交、轨道、出租汽车等交通"一卡通"，实现交通运输监管应急"一张网"；七是实现区域一体化运输服务，推动综合客运枢纽、货运枢纽（物流园区）等运输节点设施建设，加强干线铁路、城际铁路、干线公路、机场与城市轨道、地面公交、市郊铁路等设施有机衔接，实现"零距离换乘"，鼓励"内陆无水

---

① 本部分内容资料来源：《〈京津冀协同发展交通一体化规划〉出台》，http://www.gov.cn/xinwen/2015-12/09/content_5021503.htm；《京津保"1 小时交通圈"5 年内建成》，http://www.beijing.gov.cn/ywdt/zwzt/jjjyth/jttxx/201604/t20160429_1819949.html；北京市交通委员会（2017）。

② "四纵"为沿海通道、京沪通道、京九通道、京承—京广通道，"四横"为秦承张通道、京秦—京张通道、津保通道、石沧通道，"一环"为首都地区环线通道。

港""公路港""飞地港"建设；八是发展安全绿色可持续交通，统一京津冀地区机动车注册登记、通行政策、排放标准、老旧车辆提前报废及黄标车限行等政策。

生态环保领域。2015 年，国家发展改革委和原环境保护部印发《京津冀协同发展生态环境保护规划》①，划定了京津冀生态保护红线、环境质量底线和资源消耗上限，将逐步增加生态空间和改善环境质量作为经济建设和社会发展的刚性约束条件。

产业转移领域。2015 年，工业和信息化部、国家发展改革委、科技部、农业农村部、商务部印发《京津冀协同发展产业升级转移规划》②，明确推动产业有序转移对接、创新产业合作发展模式、促进科技成果转移和产业化等一系列重点任务。此后，工业和信息化部会同北京市、天津市、河北省政府共同制定了《京津冀产业转移指南》，提出不断调整优化区域产业布局，构建"一个中心、五区五带五链、若干特色基地"产业发展格局。依托北京的科技和人才资源优势，打造具有全球影响力的科技创新中心和战略性新兴产业策源地；以北京中关村、天津滨海新区、唐山曹妃甸区、沧州沿海地区、张承地区为依托，实现率先突破，建成京津冀产业升级转移重要引擎；以京津走廊高新技术及生产性服务业产业带、沿海临港产业带、沿京广线先进制造业产业带、沿京九线特色轻纺产业带、沿张承线绿色生态产业带为支撑，优化区域布局；发挥京津冀产业优势，引导汽车、新能源装备、智能终端、大数据和现代农业五大产业链合理布局、协同发展；以点状经济作为带状经济重要补充，围绕节能环保、医药、家具、食品、皮革等行业，形成区域品牌，建设具有全国影响力的行业技术创新中心、产品展示中心、信息集散中心。

---

① 本部分内容资料来源：《PM2.5：2020 年比 2013 年浓度下降约四成——从数字看京津冀协同发展生态环境保护前景》，http://www.gov.cn/xinwen/2015-12/30/content_5029650.htm。

② 本部分内容资料来源：《对政协十二届全国委员会第四次会议第 2519 号（经济发展类 176 号）提案的答复》，https://www.ndrc.gov.cn/xxgk/jianyitianfuwen/qgzxwytafwgk/202107/t20210708_1288793.html?code=&state=123。

公共服务领域。国家发展改革委与有关部门研究制定了多个专项规划和政策文件[①]，对推进京津冀相关领域基本公共服务均等化作出安排。2016年，卫生健康委印发《京津冀医疗卫生协同发展规划》，提出围绕疏解北京医疗卫生功能，深化医药卫生体制改革和重大体制机制创新，着力提高基本医疗卫生服务的公平性和可及性，逐步实现医疗卫生资源配置均衡化、医疗服务水平均质化、基本公共卫生服务均等化。2017年，教育部、国家发展改革委联合制定《京津冀协同发展教育专项规划》，提出要有序推动北京非首都功能疏解和区域教育协同发展，通过促进优质基础教育资源共建共享、推进三地职业教育一体化建设、进一步加大对河北高等教育支持力度等缩小公共教育服务差距。同年，人力资源和社会保障部会同京津冀三省市出台《关于推进京津冀人力资源和社会保障事业协同发展的实施意见》，从加强就业合作协作、推动社会保障顺畅衔接、开展公共服务区域合作等方面推进京津冀就业和社会保障领域均衡发展。

2016年，国家发展改革委和原国土资源部印发《京津冀协同发展土地利用总体规划（2015—2020年）》[②]，强调遵循以资源环境承载能力为基础、以生态保护为前提、以协同配置为纲领、以耕地保护为重点、以节约集约为主线的原则，优化生态建设、耕地保护与城镇发展空间格局。划定了减量优化区、存量挖潜区、增量控制区和适度发展区，其中减量优化区通过建设用地"减量瘦身"倒逼城市功能提升，原则上不安排新增建设用地，鼓励将存量建设用地转化为生态用地；存量挖潜区不宜再进行高强度大规模建设，区域建设用地总量基本保持稳定，以存量建设用地结构和布局调整为主；增量控制区不宜进行大规模开发建设，重点保障基础设施和公共服务用地，控制区

---

① 本部分内容资料来源：《关于政协十三届全国委员会第二次会议第0026号（经济发展类003号）提案答复的函》，https://www.ndrc.gov.cn/xxgk/jianyitianfuwen/qgzxwytafwgk/202107/t20210708_1289479.html?code=&state=123。

② 本部分内容资料来源：《京津冀协同发展土地利用总体规划发布》，http://www.mnr.gov.cn/dt/td/201605/t20160505_2360192.html。

域新增建设用地；适度发展区是承接北京非首都功能和京津产业转移的主要区域，引导人口产业合理集聚，适度增加区域新增建设用地规模。规划要求以稳定耕地保护面积、强化耕地质量建设、统筹安排耕地保护与生态建设、协同发挥区域农用地功能为重点，推动区域现代农业协同发展，严格基本农田保护和大力推进农用地综合整治，加快划定城市周边基本农田，更好发挥基本农田对防止城市蔓延的约束作用，推进地下水超采区耕地整治，强化污染耕地修复，加强地裂缝区耕地整治。该规划提出，通过开展重要生态功能区退耕还湿、推进重点区域退耕还林还草、引导农业结构调整、推进生态环境整治、强化森林资源保护和发展等措施，因地制宜开展生态建设，通过实施差别化用地计划和土地供应管理，严格执行项目准入负面清单等举措，支持产业升级转移。该规划明确大力推进节约集约用地，严格控制新增建设用地，推进城镇低效用地再开发，盘活农村建设用地，推进工矿废弃地复垦利用，加大存量建设用地挖潜力度。

三、京津冀三省市的方案

2015 年，中共北京市委十一届七次全会通过《中共北京市委 北京市人民政府关于贯彻〈京津冀协同发展规划纲要〉的意见》[①]，提出解决北京"大城市病"、优化提升首都核心功能，必须以疏解非首都功能为先导和突破口，坚持"控"与"疏"双管齐下。在"控"方面，制定更加完善严格的产业限制目录和人口调控目标，坚决守住各类功能禁止和限制底线，严格控制新增人口；在"疏"方面，要遵循疏解规律，把握节奏，加强配合，协调好利益关系，使疏解工作有序有效。城市布局要与城市战略定位相一致，按照城市战略定位要求做好城市总体规划修改、"十三五"规划编制、主体功能区规划调整等工作，切实做到"先布棋盘再落子"，加快北京市行政副中心规划建设，2017年取得明显成效。最大限度发挥好首都优质资源辐射带动作用，服务全国、

---

① 本部分内容资料来源：《北京通过贯彻〈京津冀协同发展规划纲要〉的意见》，http://www.gov.cn/
  xinwen/2015-07/12/content_2895589.htm。

服务周边发展，实现区域良性互动，促进京津冀协同发展、协调发展、共同发展。

2015 年，中共天津市委十届七次全会通过《天津市贯彻落实〈京津冀协同发展规划纲要〉实施方案（2015—2020 年）》[1]，提出"双城双港、相向拓展、一轴两带、南北生态"空间发展战略，以"双城、辅城、中等城市、特色小城镇和美丽乡村"为骨架，打造承接北京非首都功能平台载体，共同建设世界级城市群。着力促进产业结构优化升级，加快形成高端先进主导产业集群，做强天津制造，打响天津品牌，提升天津质量，支撑和引领全国制造业发展。构建以海空两港为核心、轨道交通为骨干、多种运输方式有效衔接的海陆空立体化交通网络，全面提高航运服务辐射功能，建成连接国内外两个市场的重要通道、资源要素的重要枢纽。以全面提升金融创新运营能力、增强服务辐射功能、发挥引领示范作用为目标，推动金融机构、金融市场、金融工具及金融业务持续创新，促进各类金融要素集聚运营，形成对实体经济的强大支撑。大力推进滨海新区综合配套改革，高标准建设自贸试验区，加快形成与国际通行做法接轨的制度框架，深度融入"一带一路"倡议，为全面深化改革扩大开放探索新路径，积累新经验，为国家试制度，为地方谋发展。加强生态环境联防联控联治，推进循环低碳绿色发展，打造水绕津城、城在林中、天蓝水清、郁郁葱葱的宜居环境，建设舒适、和谐、宜人的美好家园。

2015 年，中共河北省委八届十一次全体（扩大）会议通过《中共河北省委、河北省人民政府关于贯彻落实〈京津冀协同发展规划纲要〉的实施意见[2]，提出以服务北京非首都功能疏解和补齐河北发展短板为基本出发点，深化改革开放，实施创新驱动，着力打造新的经济增长极，着力提升新型城镇

---

[1] 本部分内容资料来源：《天津通过落实京津冀协同发展规划纲要实施方案》，https://www.cnfin.com/news-xh08/a/20150916/1552328.shtml。

[2] 本部分内容资料来源：《河北通过贯彻〈京津冀协同发展规划纲要〉的意见》，http://politics.people.com.cn/n/2015/0715/c70731-27310465.html。

化水平，着力扩大生态环境容量，着力推动公共服务共建共享，努力在京津冀协同发展中实现河北绿色崛起，为打造中国经济发展新的支撑带作出积极贡献。立足河北功能定位，抓好六个关键点：一是建设一批现代产业园区；二是建设一批明星卫星城镇；三是建设一批生态标志工程；四是建设一批交通骨干项目；五是建设一批新的产业引擎；六是建设一批生态脱贫片区。

第三节　扎实推进规划落地的对策建议

充分发挥党总揽全局、协调各方的领导核心作用，在各级党委（党组）的坚强领导下，正确处理政府和市场的关系，充分发挥市场在资源配置中的决定性作用，更好发挥政府作用，调动中央和地方的积极性，在整体推进中实现重点突破，以重点突破带动整体跃升，确保各项规划落实落地。

一、精准推动重点任务落实

强化领导责任，将规划确定的重点任务的实施情况及下一年度工作计划纳入党委（党组）和政府会议重点事项。加大重点任务特别是重大项目推进力度，定期公布项目进度。优化提升重大项目审批流程，先期保障项目选址用地供应、融资安排，加大重大项目的财政支持力度。强化规划中重大改革政策和各级全面深化改革委员会年度工作要点的对接，创造性开展试点示范工作。建立完善决策咨询协调机制，增强重大改革和政策举措制定的系统性、规范性、协调性。推动北京、天津各区（县）和河北各市各项规划细化涉及本区域的工作任务，推动各级地方政府及时发现存在的风险和问题，并向相关部门报告。充分利用现有协调机制，强化地区间、部门间联系配合，构建更为高效的工作推进机制。

二、加强规划执行监测评估

密切跟踪区域形势变化，根据实际情况适时调整规划执行重点和政策举措，加大对困难地区、短板领域的支持力度。不断创新统计方法，逐步完善统计规范，根据协同发展要求合理设置统计指标，用好各类信息和数据，增强规划执行监测分析的及时性和准确性。研究建立规划年度滚动实施和监测评估机制，发挥京津冀协同发展专家咨询委员会等工作机制作用，借助智库等专业资源，根据需要委托进行第三方评估。健全中期评估和总结评估机制，评估结果按程序报批。完善规划动态调整修订机制，按照监测分析和评估结果需要调整的，由有关部委提出修订方案按程序报批。推动三省市严格规范相关方案的调整修订机制，未经法定程序批准不随意调整主要目标任务。

三、营造规划实施良好氛围

创新和丰富规划实施、监测评估、督查考核等流程的宣传方式，及时跟踪进展、总结经验，对规划实施中的新做法、新机制展开及时报道、深度报道，营造良好舆论氛围。将规划实施情况作为政务公开内容，全面提高行政效能，提高政府部门办事服务效率，有效节约和降低行政成本。加快建设统一大市场，促进商品和要素自由流动、自由竞争，着力打造法治化、国际化、便利化营商环境，为规划实施提供法治保障。健全社会监督机制，充分保障公众知情权，畅通公众监督渠道，更好发挥各民主党派、工商联和无党派人士的民主监督作用，充分发挥行业协会商会、贸易投资促进机构、智库等社会力量的专业化监督作用，探索建立通过新一代信息技术监督规划实施的长效机制。

第四节　有序疏解北京非首都功能

疏解非首都功能是《规划纲要》明确的协同发展的重中之重，对推动规划落实落地发挥着突破和先导作用。要牵住疏解北京非首都功能这个"牛鼻子"，调整经济结构和空间结构，走出一条内涵集约发展的新路子，探索出一种人口经济密集地区优化开发的模式。

一、疏解非首都功能的进展成效

疏解非首都功能是京津冀协同发展的核心要义。《规划纲要》明确，疏解对象是一般性产业特别是高消耗产业，区域性物流基地、区域性专业市场等部分第三产业，部分教育、医疗、培训机构等社会公共服务功能，部分行政性、事业性服务机构和企业总部等四类非首都功能。疏解原则是政府引导与市场机制相结合、集中疏解与分散疏解相结合、严控增量与疏解存量相结合、统筹谋划与分类施策相结合。总体上看，疏解非首都功能是一项繁重、复杂的系统工程，相关各方应根据"有共识、看得准、能见效"的原则，先易后难、突出重点，稳扎稳打、落实落细，持续用力、久久为功，从而让疏解非首都功能取得阶段性成效。

在教育领域，适当减少北京市属高校招生总规模，减少京外招生数量，通过建设沙河、良乡大学城，推动部分高等学校迁出北京城六区；按照学校办学定位调整本科和高职层次的招生结构，在保证本科层次招生规模的情况下降低高职招生规模；加强专业结构优化与内涵建设，减少或终止与首都城市战略定位契合度不高、就业困难专业的招生，加大紧缺专业人才培养力度；合理安排各类招生计划，缩减面向全国招生的驻京培训机构的规模；统筹北京优质教育资源共享，支持北京城市副中心和河北雄安新区的学校建设。

在医疗卫生领域，控制北京城六区医疗机构发展，禁止设立新的医疗机构床位，并对现有床位进行控制；促进北京市属医疗卫生资源向周边地区疏解，推动中心城区医院搬迁和分院建设，支持北京城市副中心和河北重点区域的医疗机构发展，减少对北京城六区的就诊数量；开展各种形式的医疗卫生服务合作，以河北高转诊率病种为重点，在重点区域选择若干医院，通过人才输出等方式帮助其建立特色专科医院。

2017 年以来，北京常住人口规模呈现下降趋势，人口规模调控的阶段性目标顺利完成。2016 年，北京常住人口规模达到峰值 2195.4 万，到 2020 年已下降至 2189 万，降幅为 6.4 万，特别是常住外来人口规模显著下降，2015 年北京常住外来人口规模为 862.5 万，到 2020 年已下降至 839.6 万，降幅为 22.9 万。人口负增长惯性有所积累，2017 年以来常住人口自然增长率不断下降，由 2016 年的 4.07% 下降至 2020 年的 2.39%（表 2-4-1）。人口素质显著提升，2020 年北京 15 岁及以上常住人口平均受教育年限为 12.6 年，比 2010 年提高 0.9 年，比全国平均水平高 2.7 年，每 10 万人中拥有大学文化程度的 41980 人，比 2010 年增加 10481 人，比全国平均水平多 26513 人，为更好服务首都城市战略定位提供了支撑。人口分布更为合理均衡，北京城六区（含首都功能核心区和其他城四区）人口规模减小，多点支撑格局逐步形成。2020 年，北京城六区常住人口 1098.5 万，占全市 50.18%，人口规模和占比分别下降 184.5 万和 8.92 个百分点。其中，首都功能核心区常住人口 181.5 万，占全市 8.29%，人口规模和占比分别下降 38.5 万和 1.86 个百分点；其他城四区常住人口 917 万，占全市 41.89%，人口规模和占比分别下降 146 万和 7.06 个百分点（表 2-4-2）。

表 2-4-1　2015—2020 年北京常住人口规模及自然增长率

人口情况	2015	2016	2017	2018	2019	2020
常住人口（万人）	2188.3	2195.4	2194.4	2191.7	2190.1	2189
户籍人口（万人）	1325.8	1336.6	1338.9	1343.5	1346.4	1349.4
常住外来人口（万人）	862.5	858.8	855.5	848.2	843.5	839.6

续表

人口情况	2015	2016	2017	2018	2019	2020
出生率（‰）	7.89	9.23	8.97	8.13	7.98	6.98
死亡率（‰）	4.91	5.16	5.24	5.5	5.4	4.59
自然增长率（‰）	2.98	4.07	3.73	2.63	2.58	2.39

数据来源：《北京统计年鉴2021》。

表2-4-2　北京城六区常住人口变动情况

地区	人口规模（万人）		人口占比（%）	
	2015	2020	2015	2020
城六区	1282.8	1098.5	59.1	50.18
首都功能核心区	220.3	181.5	10.15	8.29
其他城四区	1062.5	917	48.95	41.89

数据来源：《北京统计年鉴2016》《北京统计年鉴2021》和作者计算。

向外疏解转移与内部功能重组双管齐下，为北京构建"高精尖"经济结构创造了良好环境和广阔空间，推动了首都"高精尖"产业发展能级的跃升。2020年，北京"高精尖"产业研发强度达到7.3%，累计创建国家级制造业创新中心3个、国家级企业技术中心92个、国家级工业设计中心8个，培育"独角兽"企业93家，数量居全球城市首位，国家级专精特新"小巨人"企业和制造业单项冠军企业数量全国领先，涌现出柔性显示屏、新冠灭活疫苗等具有国际影响力的创新成果和福田康明斯"灯塔工程"、小米"黑灯工厂"等行业标杆。

二、疏解非首都功能存在的问题

京津冀协同发展战略提出以来，北京非首都功能加快疏解，"大城市病"治理取得一定成效。然而在疏解过程中，还存在一些不尽如人意的地方，制约着北京"大城市病"的进一步治理，也限制了京津冀协同发展走向深化。

（一）非首都功能疏解承接地不协调现象依然存在

伴随京津冀三省市协同性不断提高，河北和天津两省市特别是河北省成为承接非首都功能疏解和产业转移的最优选择。但是到目前为止，除河北雄安新区明确承接高校、国家级科研院所和创新平台、高端医疗机构、金融机构总部及分支机构、软件信息和设计咨询等高端服务业、新一代信息技术和高端新材料等高技术产业外，其他承接地在争取相关产业承接转移时陷入了非合作博弈的困境，也在一定程度上造成疏解地和承接地的不兼容问题。

京津冀共同确定了"2+4+46"的产业承接平台，天津提出了构建"1+16"承接格局，河北明确了5个协同协作平台、4个特色专业平台、33个个性化平台的承接平台体系，尽管两省市承接平台数量众多，但不乏功能相似的平台。根据《中国开发区审核公告目录（2018年版）》，河北省级以上开发区共有153家，其中相当一部分也打着承接非首都功能疏解的概念，造成园区承接产业普遍缺乏前瞻性思考和系统性谋划，发展定位和承接路径不够明确。此外，各承接地在用地和环保指标、优惠政策措施等方面标准不统一且缺少相关规范，酿成一定程度的区域承接和产业转移冲突。

（二）非首都功能疏解政策精细化程度不足

随着非首都功能疏解进入快车道，疏解与承接涉及的范围持续扩大、领域不断扩展、层级有所增加、方式趋于多元，但如何实现由政府间指令型、松散型疏解与承接向各主体间制度化、系统化的疏解与承接过渡，就成为重点、难点所在。从目前来看，非首都功能疏解的推动者主体主要是各级政府，企业、居民和非政府组织还没有在完全意义上参与进来。虽然近几年企业和非政府组织参与意愿增强，相关活动增多，但多元主体共同参与的格局还未形成，除政府外其他主体仍缺少参与途径，难以对政府疏解工作、结果产生压力。

非首都功能疏解政策在执行过程中也难称完美。执行主体方面，疏解工作涉及北京市发展改革委、教委、科委、经济和信息化局、住房城乡建设委、城市管理委、商务局、卫生健康委、市场监管局、国资委等多个部门，各执行主体间本应相互协调配合，但囿于各部门目标任务和管理方式的差异性，加之部门间信息不畅，造成在疏解过程中合作效果不及预期。执行流程方面，现阶段主要是市区两级政府制定疏解任务清单，街道办事处协调多个部门共同完成，但是在执行拆除违法建设、整顿违法经营、整治地下空间等工作时，容易出现街道办事处权小责大的情况。执行方式方面，目前主要是以自上而下的行政方式为主，但还缺少相应的规范细则，硬碰硬现象不时发生且难以对疏解对象情绪进行专业引导，疏解对象参与的自下而上的方式仍然偏少，对包容性发展等管理理念造成负面影响。

京津冀三省市尚未完全实现疏解与承接政策的统筹衔接，现有文件在权责关系、约束体系、监督机制等方面还不健全，总体上是引导作用大于统筹作用。由于缺少相关规则调节政府关系，导致地方政府在政策执行时具有主观性，执行标准和力度不一致，影响了最终疏解与承接效果。

（三）现行非首都功能疏解方式难以根治"大城市病"

如果产业转移是非首都功能疏解的硬手段，那么公共服务就是非首都功能疏解的软环境。在疏解过程中，怎样处理硬和软的关系，成为疏解成功与否的关键。目前，公共服务资源不均衡造成的机会差异是疏解工作的一个难题。一些承接平台设置在城市发展不充分的区域，如疏解的区域性专业市场多数选择在北京周边区域新建或改扩建，但部分区域交通相对不便，人流量有限，直接或者间接地提高了交易成本。过高的机会成本也令部分商户望而却步，限制了专业市场整合作用的发挥。又如部分承接地在政策配套方面落后于疏解工作进度，导致产业配套不完善，不具备规模经济优势，加之疏解地和承接地公共服务标准不一致，容易造成落地企业与员工的心理落差，导致部分企业留不住、难发展的问题。

从长远看，非首都功能疏解可以为京津冀长期发展带来效益，但短期政策变迁涉及既定利益格局的改变，也对人民的生产生活造成影响。如部分对内销售的市场搬迁和拆除影响居民日常生活，未来很可能会变相恢复。又如区域性专业市场的疏解导致所有者和经营者之间出现毁约违约等矛盾，并使市场服务人员面临失业风险。再如"疏解整治促提升"专项行动中大规模的群租房整治和直管公房转租转借清理等，在一定程度上令外来人口措手不及，虽然使非首都功能疏解增进了社会总福利，但也使部分人福利受损。事实上，疏解是复杂的系统工程，只有以实现帕累托改进为前提，才能真正实现吐故纳新。

此外，怎样疏解部分服务全国的公共服务也是疏解工作的难点之一。鉴于一些在京高校、医院等由国家部委直接管辖，且利益关系复杂，北京协调难度大。加之这类机构多为事业单位，职工多具有北京户口，通常不愿意迁出北京，即便是疏解也多是从核心区迁入郊区，或在津冀办分校、分院，整建制迁入津冀的情况并不多见。

三、继续疏解非首都功能、治理北京"大城市病"的具体举措

伴随京津冀协同发展进入新阶段，非首都功能疏解工作也步入央地协同发力的重要时期，需要进一步完善激励约束政策，推动疏解非首都功能取得更大成效，为北京"大城市病"的治理提供重要保证。

（一）实现功能疏解与优化提升并举

继续推动产业存量疏解、增量优化，实现由集中疏解向精准疏解、提质升级转变，加速腾笼换鸟，促进产业高质量发展。推进实施央企总部搬迁项目，纳入京津冀协同发展重点工作，明确时间表和路线图；加快推进搬迁项目的可研、设计、概算等前期工作，依法依规开辟搬迁项目审批绿色通道，特事特办、急事急办；做好风险管理和员工情绪疏导，保证社会稳定。继续调整退出与首都城市战略定位契合度不高的一般制造业企业，保证必要的应急物资和生活必需品生产能力合理布局；科学使用腾退土地发展"高精尖"产业，增强产业链韧性，推动制造业智能化、绿色化发展。巩固区域性专业市场疏解成效，坚持动态清零，引导大红门、新发地等相关区域加速转型；促进现有市场走规范化、品牌化路线，满足人民群众基础性和改善性消费需求。用好合规物流仓储用地，聚焦超大城市运行保障需要，调整优化物流设施布局，推动北京双机场、通州马驹桥、平谷马坊等现有物流基地升级，加

强物流中心和冷链设施建设，构建高效便捷、低碳环保的现代物流体系。

顺应北京中心城区功能优化趋势，推动教育、医疗等公共服务资源向城六区外布局，增强北京城市副中心、河北雄安新区及其他承接地的公共服务能力。启动城六区部分部属高校疏解，缩减城六区在校学生数量，加快实现城六区部分高校整体搬迁，推动已疏解老校区腾退空间的综合利用。加快医疗机构功能疏解和布局调整，缩减城六区医疗机构床位数量，增强老院区服务功能，探索向预防、康复等服务转型，实现优质医疗资源扩容，推动区域均衡布局；通过集团化办医、托管等方式增强优质医疗资源对外扩散能力，促进互联网医院发展，推动城六区门急诊量显著降低。推进城六区公交保养场和历史文化街区公交场站外迁，疏解旅游集散中心，利用腾退空间补齐公共服务短板。

高标准高质量规划建设河北雄安新区，坚守非首都功能疏解集中承载地的初心使命，把首都发展和雄安新区建设一体谋划，实现疏解项目优先在雄安新区启动区落地，形成集聚效应并汇聚人气，打造承接非首都功能疏解的典范；深化北京和雄安新区在基础教育、医疗卫生、职业培训等公共服务领域的合作，支持北京协助雄安新区进行教师和医护人员的培训，增强雄安新区公共服务能力；引导在京企业机构参与雄安新区中关村科技园建设。推动北京城市副中心高质量发展，加快行政办公区二期、城市副中心站综合交通枢纽等重大项目和配套设施建设，引导中心城区深化与城市副中心的产业协作，把城市副中心打造为京津冀协同发展的桥头堡。

（二）加快提升环京周边地区的承载能力

把握北京功能疏解和产业外扩的新动向，重新审视各开发区的比较优势、产业功能和目标定位，按照细化和量化原则找准重大承接项目，因地制宜推动错位发展，打造特色鲜明、优势突出的产业园区承载体系，适时调整整合承接能力低和承接效果差的承接载体。探索京津冀"众创空间—孵化器—加速器—产业园区"无缝对接机制，支持承接地聚焦承接产业引进关联产业，健全区域互助和利益分享机制，推进信息资源共享，避免同质化竞争。完善承接地对转移企业的保护政策，在土地、资源、用工等方面予以保障，降低企业生产成本。加强区域产业配套，主动做好服务，营造良好环境，加强区域内同类企业的生产联系，强化产业链整合，探索各承接地协同合作新机制，提高协作水平，促进集群发展。

注重协调疏解地和承接地关系，明确疏解政策协同中的权责利，将利益协调机制内化到政府功能中。重点关注河北利益表达，探索整体托管、异地监管、产学研合作、产业链合作、网络合作等承接模式的利益分享机制，将三省市维系在公平分享体系中；构建统一要素市场和服务标准，推动人员资质、专业技能、创新成果等互认，享受同等优惠待遇；完善京津冀三省市政府层面资金投入机制，设立支持基金，推动疏解地和承接地协同。推动中央和北京通过财政补贴、税收返还等方式对处于弱势地位的河北进行倾斜性利益转移，以平衡承接投入。主动寻求企业、居民和非政府组织参与承接工作，发挥区域行业协会、战略联盟、商会的作用，提高非政府组织的公信力，使其成为承接工作的重要支撑。开辟居民参与承接的途径，通过咨询、论坛等形式，丰富政府与民间的交流。

加大承接地"放管服"改革力度，优化流程再造，降低制度性交易成本，构建良好的创新环境和氛围。完善承接地软环境，改善疏解企业工作条件，提高企业员工待遇，增加人性化服务供给，营造宜居舒心生活环境和高品位文化氛围。继续探索疏解地和承接地公共服务的合作，把公共服务疏解放在协同大框架中，逐步培养承接和发展优质公共服务的节点区域，推动北京投资节点区域医院、学校、养老等公共服务机构，改善服务水平，并制定政策支持优质公共服务继续延伸到周边地区，逐步实现公共服务均等化、普惠化。推动中央层面健全疏解激励约束政策体系，细化教育、医疗、社保、住房等疏解政策的具体支持举措，做到一单位一策、一企一策；根据工作实际适时调整现有政策，增强承接地对疏解单位和人员的吸引力。

（三）提升疏解和治理政策的精细化水平

加强疏解非首都功能的法治化保障，加大政策引导，稳定各类市场主体预期；构建处理腾退空间使用、地下空间开发难点的法规体系，健全出租房屋登记备案制度，研究把疏解过程中的违法失信企业和个人纳入社会信用黑名单。坚持具体化、项目化、方案化，细化疏解任务实施路线图，实现任务安排动态调整；发挥政策资金在疏解过程中的引导作用，增强资金对疏解任务、关键区域和重点领域支持的针对性，精准安排、集中力量，提高资金使用效率；强化科技支撑，用好北京市"疏解整治促提升"综合调度信息平台，实现全过程跟踪管理，加强人口大数据分析，形成人口精细化监测和统计机制。推动多元主体全过程参与疏解政策的制定和实施，拓宽参与渠道，创新参与方式，建立沟通机制；加强疏解政策宣传，坚持典型引路，回应社会关切，凝聚社会共识。

建立腾退空间使用台账，对绿化用地及时因地制宜实施大尺度绿化或建设口袋公园，适度配套健身设施；对基础设施和公共服务用地，及早落实规划用途，对近期没有明确的地块进行战略留白、临时绿化。巩固背街小巷整治成果，维持对"开墙打洞"和违法经营、地下空间和群租房、直管公房转租转借、"商改住"等的整治力度，严防反弹，保持动态清零，继续提升街区功能品质。聚焦北京城乡接合部的人口倒挂村，规范宅基地使用，强化农村集体土地出租房屋管理监督，依法整治房屋无序出租问题，减轻人口倒挂，恢复村庄正常秩序。精准补建便民商业服务网点，推动线上线下相结合，开展传统商圈升级和传统商场改造，建设智能化便民服务综合体，加快生活性服务业标准化、品牌化发展。

深入推进北京中心城区功能重组和生态修复，增强城六区功能品质。以降低首都功能核心区四个密度为重点，细化疏解清单，调控重点景区游客规模和流向，防止时间和空间上过度聚集，减少住宿床位数量，加强日租房和网约房管控，控制建筑密度，降低核心区人口规模。实现其他城四区城乡建设用地减量和工业用地提质增效，推动低效集体产业用地腾退，加强集体建设用地集约利用，强化城中村、"边角地"等区域治理，聚焦重点产业功能区做好城市修补、生态修复，补齐基础设施和公共服务短板，增强服务支撑首都城市战略定位的能力。

本章参考文献

［1］赵弘．聚焦京津冀协同发展［M］．北京：北京出版社，2018.

［2］田翠琴，田桐羽，赵乃诗．河北省环境保护与生态建设（1978—2018）［M］．北京：社会科学文献出版社，2019.

［3］北京市交通委员会．《京津冀协同发展交通一体化规划》解读［J］．前线，2017（4）：67-71.

［4］丛亮．深入学习贯彻习近平总书记重要讲话和指示批示精神 有力有序有效推动京津冀协同发展［J］．宏观经济管理，2022（1）：1-5.

［5］京津冀协同发展领导小组办公室综合组．努力推动京津冀协同发展迈上新台阶取得新成效［J］．宏观经济管理，2022（1）：8-10.

［6］李水金，欧阳蕾，费欢．北京市非首都功能疏解的治理路径研究［J］．管理观察，2019（3）：54-58.

［7］彭文英，滕怀凯，范玉博．北京"城市病"异质性及非首都功能疏解治理研究［J］．学习与探索，2019（09）：128-134.

［8］王金杰，周立群．非首都功能疏解与津冀承接平台的完善思路——京津冀协同发展战略实施五周年系列研究之一［J］．天津社会科学，2019（1）：89-94.

［9］肖渭明．深入学习贯彻习近平总书记重要讲话和指示批示精神 推进北京非首都功能疏解取得新突破［J］．宏观经济管理，2022（1）：6-7+17.

［10］尹德挺，薛伟玲，张越，等．北京人口形势分析报告（2021）［G］//尹德挺，胡玉萍，吴军．北京人口发展研究报告（2021）．北京：社会科学文献出版社，2021：1-21.

第三章
京津冀空间布局

区域空间布局是一个区域内经济要素的空间分布，直接影响区域经济发展的水平和效率。京津冀城市群是我国综合实力最强和最具发展活力的区域之一。《京津冀协同发展规划纲要》实施以来，京津冀协同发展水平不断提高，地区之间的合作意识不断加强，三地综合发展差距总体缩小。深入分析京津冀区域的空间布局及发展方向对提升区域综合实力、增强京津冀整体竞争力具有重要的现实意义。

第一节　京津冀自然地理与空间结构

京津冀地区位于华北平原北部，北靠燕山山脉，南面华北平原，西倚太行山脉，东临渤海湾，由北京、天津两个直辖市及河北省 11 个地级市组成。地形地貌较为复杂，资源类型多样，人口密度较高且过度集中于京津两大城市，三地形成了特色鲜明的产业结构，但城市体系不合理，城市等级存在断层。

一、自然地理特征

京津冀地形地貌以西北山地、东南平原、东部海域为基本特征，山区在防风固沙、水源涵养方面具有不可替代的重要作用，平原地区自然条件较好、生产建设成本较低，是京津冀经济社会活动的主要区域，渤海海域港航条件得天独厚，为对外开放和物流航运提供了重要保障，也为发展海洋经济创造了条件。

（一）地貌特征

京津冀地貌多样，西为太行山山地，北为燕山山地，燕山以北为张北高原，其余为黄河和海河冲积平原。受燕山、太行山、内蒙古高原的影响，京津冀地区整体地势呈西北高、东南低的特征。自然地理要素含山地、高原、丘陵、平原、盆地、湖泊洼淀、海洋等，总体可分为山区、平原和海域三大地域单元。

1. 燕山—太行山山区

燕山—太行山山区属内蒙古高原和黄土高原向华北平原过渡地带，包括承德全市、张家口全市、保定市西部、石家庄市西部、邢台市西部、邯郸市西部山区、北京市西北部山区、天津市北部山区，总面积约 10 万平方千米，占京津冀总面积的 47%。气候类型为温带大陆性季风气候，无霜期短，昼夜温差大，年均降水量 300—580 毫米，是潮河、白河和滦河的发源地，有滹沱河、桑干河、洋河、漳河等河流，森林覆盖率为 24.7%。石墨、膨润土、煤炭、钒钛等矿产资源较为丰富，风能、太阳能等清洁能源具有开发潜力。燕山—太行山是京津冀的天然生态屏障，既能避免冷空气由内蒙古长驱直入，又能有效阻挡风沙，但同时也导致了雾霾难以扩散。

2. 平原地区

京津冀平原地区主要位于京南、津南和冀中南，总面积约 8 万平方千米，占京津冀总面积的 37%，其中北京、天津和河北平原面积分别约为 0.64 万平方千米、1.1 万平方千米和 6.25 万平方千米。平原地区气候温和、四季分明，春季干旱多风，夏季高温多雨，秋季秋高气爽，冬季寒冷干燥，年日照时数2500—2900 小时，年平均气温 8℃—12.5℃，降雨主要集中在夏季（降雨量占全年的 60%—75%），良好及以上等级土壤分布面积约占 80.89%，十分有利于农作物生长。

3. 沿海地区

京津冀东临渤海，渤海沿岸多滩涂、湿地，海河流域以扇状水系形式铺展，沿海地区由北向南依次分布在秦皇岛、唐山、天津、沧州四市。其中，秦皇岛海岸线长 162.7 千米，以沙质海岸为主，沙质海岸线长度 105.9 千米，岩石海岸长 20.5 千米，海岸带潮间面积 31.1 平方千米，秦皇岛港有主航道、东航道、西航道、老航道、煤三期航道、10 万吨级航道等 6 条航道；唐山海岸线长 229.72 千米，分为砂质海岸和粉沙淤泥质海岸两种类型，共有曹妃甸港和京唐港两个港口，曹妃甸港共开通三条航道，京唐港有五条航道，年吞吐能力过 2 亿吨；天津海岸线长 153.7 千米，主要为粉沙、淤泥海岸，岸线平直且坡度较缓，天津港是环渤海中与华北、西北等内陆地区距离最短的港口，也是亚欧大陆桥最短的东端起点；沧州市海岸线长 129.7 千米，岸线北起黄骅市南排河镇歧口，与天津海域交界，南至海兴县大口河河口姬家堡子岛，与山东海域交界，沧州海岸类型属于粉沙淤泥质海岸类型，黄骅港位于河北、山东两省交界处，已建成 20 万吨级航道和万吨级以上泊位 25 个，吞吐量连续 3 年突破亿吨。

（二）资源分布

京津冀地区土地资源类型多样，平原区土壤质量总体良好，适宜绿色农产品种植。河流分布主要包括永定河、大清河、子牙河、南运河、滦河、滹沱河、漳河等河流，但未到水网密布程度，水资源较为短缺，地下水可开采资源分布不均，主要集中在河北平原，且大部分地区处于超采状态。有较丰富的金属矿产和非金属矿产。金属矿产以铁、钛、钒为主，铁矿资源丰富，矿床类型多样，主要集中分布于冀东、邯邢地区。非金属矿产以建材灰岩、熔剂灰岩、化工灰岩等为主；能源矿产主要为煤、油页岩、石油、天然气等，煤矿主要分布于冀东、北京门头沟、蔚县、邯邢地区，油田主要分布于冀东、冀中地区。地热资源丰富，且埋藏较浅，分布广泛，地热资源开发利用均已成规模。

（三）主要产业

北京作为全国政治、文化、科技和国际交往中心，具有丰富的信息、人才、政策资源和国际渠道优势，产业优势主要集中在高新技术产业和现代服务业，在产品设计、研发、金融咨询、信息技术服务等领域领先全国，2020年三次产业结构0.4∶15.8∶83.8。

天津是我国北方制造业大市，长期以来，钢铁、冶金、石化等传统产业一直占有较高比重。近年来，天津市新旧动能转化提速，新兴产业发展步伐加快，传统产业向高端化、智能化、数字化、绿色化转型，经济发展由第二产业和第三产业共同拉动，2020年三次产业构成为1.5∶34.1∶64.4，重点产业集中在航空航天、电子信息、高端装备制造、生物医药、汽车、新能源、新材料等战略性新兴产业。

河北省能源资源丰富，长期以来是京津两市矿产资源、工业原料、水资源、电力和农产品的供应地，但过去高能耗、高排放、高污染的传统产业居多，产业层次偏低。在京津辐射引领和京津冀协同发展战略的推进下，河北省大力调整产业结构，化解过剩产能，加快服务业发展，产业结构由传统制造业向高端装备制造、信息智能、生物医药健康、钢铁、石化等现代化产业转变，行业结构向高端高新转变，三次产业结构已由改革开放初期的"二—三"优化为"三二一"，实现了由工业主导向服务业主导的转变。

二、城市体系

京津冀地区由北京、天津两个直辖市和河北的石家庄、唐山、秦皇岛、邯郸、邢台、保定、张家口、承德、沧州、廊坊、衡水11个地级市组成。按城区常住人口统计，2020年共有超大城市2个、大城市5个、中等城市6个、小城市21个（表3-1-1）。

表 3-1-1　京津冀城市体系（2010—2020 年）①

年份	小城市		中等城市	大城市		特大城市	超大城市
	I 型小城市	II 型小城市		I 型大城市	II 型大城市		
2010	16	7	6	0	4	1	1
2011	15	8	6	0	4	1	1
2012	14	8	7	0	4	1	1
2013	15	8	6	0	4	1	1
2014	13	8	6	0	4	1	1
2015	13	8	5	0	5	1	1
2016	12	8	5	0	6	1	1
2017	12	9	5	0	6	1	1
2018	10	11	5	0	6	0	2
2019	11	11	5	1	5	0	2
2020	11	10	6	1	4	0	2

资料来源：根据《中国城市建设统计年鉴》（2010—2020）整理。

从京津冀主要城市看，2019 年，城市建成区总面积 4228 平方千米，占该区域总面积的 1.9%，市区户籍人口为 4624 万人，占区域内总人口的 45.2%，市辖区地区生产总值为 64022 亿元，占全域地区生产总值的 75.8%（表 3-1-2）。

① 使用城区常住人口（包括城区人口和城区暂住人口）来衡量城市规模等级。根据《国务院关于调整城市规模划分标准的通知》（国发 [2014] 51 号），城区常住人口在 50 万以下的为小城市（其中，20 万—50 万为 I 型小城市，人口在 20 万以下为 II 型小城市）;50 万以上 100 万以下的为中等城市，100 万以上 500 万以下的为大城市（其中，人口在 300 万—500 万为 I 型大城市；100 万—300 万为 II 型大城市），500 万以上 1000 万以下的为特大城市，1000 万以上为超大城市。

表 3-1-2 京津冀地级及以上城市基本统计资料（2019 年）

城市	土地面积（平方千米）		户籍人口（万人）		地区生产总值（万元）	
	市辖区面积	建成区面积	全市	市辖区	全市	市辖区
北京市	16410	1469	1397	1397	35371	35371
天津市	11967	1151	1108	1108	14104	14104
石家庄市	15848	309	1052	427	5810	3547
唐山市	14198	249	756	335	6890	3553
秦皇岛市	7802	142	301	147	1612	773
邯郸市	12065	188	1061	382	3486	1435
邢台市	12433	108	801	92	2120	380
保定市	22185	199	1215	289	3772	1490
张家口市	36797	101	465	156	1551	760
承德市	39490	78	383	60	1471	383
沧州市	14304	87	787	59	3588	985
廊坊市	6419	71	483	88	3196	727
衡水市	8837	76	458	102	1505	514

资料来源：根据《中国城市统计年鉴 2020》整理。

京津冀地缘相接、文化一脉，各地区经济联系不断增强，各城市的对外经济联系均有所加强。根据测算[①]，2010 年以来京津冀经济联系比较紧密的地区主要集中在北京以东，以北京与天津、廊坊的空间联系最为密切。北京的对外经济联系总量最大，天津、石家庄依次位列二、三，张家口、秦皇岛、衡水等经济欠发达地区的对外经济联系相对较低。密切的经济联系是京津冀

---

① 以 Zipf（1946）提出的引力模型为基准，使用 $R_{ij} = \dfrac{V_i}{V_i + V_j} \times \dfrac{\sqrt{P_i V_i} + \sqrt{P_j V_j}}{D_{ij}^2}$ 测度城市 i 与 j 城市之间的经济联系。其中，V_i 和 V_j 分别表示城市 i 和城市 j 的地区生产总值，P_i 和 P_j 表示两城市的常住人口，D_{ij} 为两地之间的直线距离。

协同发展取得一定进展的有力证明，各城市对外经济联系的加强既是各城市经济社会不断发展的结果，也体现了各城市对外联系与提供生产服务的能力。河北农业优势突出，工业基础雄厚，主要工农业产品产量居全国前列，在京津持较高市场占有率。目前，环京津地区已建成一批服务京津需求、具有产业链延伸性质的工农业产品加工配套供应基地和连锁市场。同时，河北还是京津重要的劳务输出地、建筑装饰材料等工业产品供应地，对京津经济发展具有重要的支撑作用。

三、人口分布

人口的空间分布指人口分布现象在时间和空间上的集散程度，是影响区域劳动力分配、市场规模及经济发展活力的重要因素。京津冀人口密度较高且分布不均衡，人口持续向京津集聚，导致京津冀城镇体系"断层"问题严重，河北各市与京津发展差距不断扩大。

2020 年，京津冀常住人口 1.1 亿人，占全国总人口的 7.8%。其中，北京市、天津市和河北省常住人口分别为 2189 万人、1387 万人和 7464 万人，分别占京津冀总人口的 19.8%、12.6% 和 67.6%（表 3-1-3）。京津冀人口密度较高且分布不均衡，超过三成人口集中在北京、天津两大城市（图 3-1-1），2010—2020 年京津二市人口占京津冀总人口比例由 31.2% 上升至 32.4%。

表 3-1-3　京津冀三地常住人口变化情况（2010—2020 年）

（单位：万人）

地区	2010	2011	2012	2013	2014	2015	2016	2017	2018	2019	2020
北京市	1962	2024	2078	2125	2171	2188	2195	2194	2192	2190	2189
天津市	1299	1341	1378	1410	1429	1439	1443	1410	1383	1385	1387
河北省	7194	7232	7262	7388	7323	7345	7375	7409	7426	7447	7464
京津冀合计	10455	10597	10718	10923	10923	10972	11013	11013	11001	11022	11040

资料来源：根据京津冀三地 2010—2020 年统计数据整理。

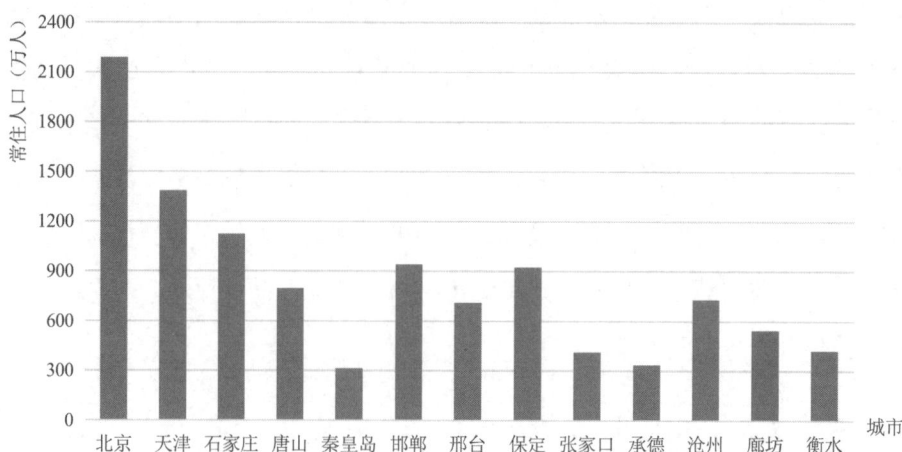

图 3-1-1　京津冀各市常住人口规模（2020 年）

资料来源：根据各市 2020 年统计公报整理。

京津冀城市结构不合理，城市等级存在断层。有北京和天津两个超大城市，缺少人口 500 万—1000 万规模的特大城市，大城市和中等城市数量也过少。2020 年，城区人口在 100 万—500 万的城市只有 5 个，而对比经济发达、一体化程度较高的长三角地区，城区人口在 500 万—1000 万的特大城市有 2 个，人口在 100 万—500 万的城市有 14 个（如表 3-1-4 所示）。大城市过大、小城镇过小、中等城市发育不良的问题在京津冀地区十分突出，直接后果则是京津产业链因为找不到适宜的发展环境而无法向周边地区扩散，产业链向外延伸难度较大，导致河北各市与京津两地在发展上相互脱节，区域差距持续扩大。

表 3-1-4　京津冀与长三角城市比较（2020 年）

城市	城区常住人口（万人）	建成区面积（平方千米）	城市	城区常住人口（万人）	建成区面积（平方千米）
北京市	1916	1469	上海市	2428	1238
天津市	1174	1170	杭州市	811	666
石家庄市	337	312	南京市	682	868
邯郸市	219	189	苏州市	426	481

城市	城区常住人口（万人）	建成区面积（平方千米）	城市	城区常住人口（万人）	建成区面积（平方千米）
唐山市	206	249	宁波市	341	378
保定市	164	206	无锡市	273	350
秦皇岛市	134	145	温州市	219	276
定州市	41	44	常州市	218	277
辛集市	22	34	南通市	212	289
武安市	25	39	徐州市	208	290
			淮安市	176	176
			绍兴市	169	254
			盐城市	144	169
			台州市	130	151
			扬州市	124	186
			连云港市	112	223
			义乌市	107	109

资料来源：住房城乡建设部《2020 年城市建设统计年鉴》。

经济活动和优质公共服务过度集中在京津两大城市特别是北京中心城区，导致北京、天津人口增长过快，河北各市对人口集聚能力不足。2010—2020 年，在京津冀地区河北 11 个地级市中，只有石家庄、唐山、廊坊、秦皇岛四市为人口净流入地区，邯郸、保定、邢台等市人口流出问题严峻。

第二节　京津冀三大引擎：一核双城

2014 年，京津冀协同发展上升为国家区域重大战略。2015 年 4 月，中共中央政治局批准了《京津冀协同发展规划纲要》，《规划纲要》提出，要基于京津冀区位特点和发展基础，构建"一核、双城、三轴、四区、多节点"空间格局，充分发挥各地区比较优势，着力疏解北京非首都功能，解决北京"大城市病"问题。从《规划纲要》公布的空间布局图来看，"一核"指的是北京，"双城"指的是天津和石家庄，在进一步强化京津联动的基础上加快发展石家庄，推动京津冀形成三足鼎立空间格局。京津冀地区的蓬勃发展依靠"一核双城"这三大引擎的辐射带动。

一、一核：北京

北京是我国的首都，也是全国的政治中心、文化中心、国际交往中心、科技创新中心，北京产业基础雄厚，现代服务业发达，具有强大的科技研发能力，在创新研发方面具有巨大优势，是我国国企和民企最大的总部基地，在京津冀城市群担当核心和引领功能。

（一）基本情况

北京市地处华北平原北部，东与天津毗连，其余均与河北相邻，西部、北部和东北部三面环山，东南部为平原，境内有永定河、潮白河、拒马河等河流，向东流过平原地区，分别汇入渤海。北京是中华人民共和国首都，中央直辖市，是中国的政治中心、文化中心、国际交往中心、科技创新中心。

北京是一座有着 3000 多年历史的城市，曾作为战国时期燕国的首都，宋朝时期辽国的陪都、金国的首都，元朝时期国家的首都，明清时期国家的首都。北京市山区面积 10200 平方千米，约占总面积的 62%，平原区面积 6200 平方千米，约占总面积的 38%。平均海拔 43.5 米。至 2020 年末，北京全市下辖 16 个区，总面积 16410.5 平方千米（表 3-2-1）。根据第七次人口普查数据，常住人口 2189.3 万人，其中，外省市来京居住人口 841.8 万人，占常住人口的 38.5%。2021 年末，常住人口 2188.6 万人，其中，城镇人口 1916.1 万人，占常住人口的比重为 87.5%。地区生产总值 40269.6 亿元，第一产业增加值 111.3 亿元，第二产业增加值 7268.6 亿元，第三产业增加值 32889.6 亿元，三次产业结构为 0.3∶18.0∶81.7。

表 3-2-1　北京市行政区面积情况

北京市	辖区面积（平方千米）
（16410.5）	东城区（41.84）、西城区（50.7）、朝阳区（470.8）、丰台区（304）、石景山区（85.74）、海淀区（431）、顺义区（1021）、通州区（906）、大兴区（1036）、房山区（2019）、门头沟区（1451）、昌平区（1344）、平谷区（948.24）、密云区（2229）、怀柔区（2123）、延庆区（1994）

数据来源：中华人民共和国民政部全国行政区划信息查询平台。

2021 年，全市居民人均可支配收入 75002 元，人均消费支出 43640 元。北京市共有医疗卫生机构 11727 个，其中医院 733 个。卫生技术人员 31.8 万人，执业医师 12.4 万人。北京拥有世界遗产 7 处，全国重点文物保护单位 99 处，市级文物保护单位 326 处，国家地质公园 5 处，国家森林公园 15 处，国家植物园 1 处。

北京是中国最大的交通枢纽，有京九铁路、京沪铁路、京广铁路、京哈铁路、京包铁路、京原铁路、京通铁路、京承铁路和京沪高铁、京广高铁、京哈高铁、京津城际铁路、京雄城际铁路等。北京有两座大型机场，分别为北京首都国际机场和北京大兴国际机场。北京首都国际机场是全球规模最大的机场之一，位居全球第二。北京大兴国际机场于 2019 年正式通航。

北京市主体产业是服务业，金融业、批发和零售业、科学研究和技术服务与地质勘查业、信息传输、软件和信息技术服务业的地位突出。第二产业比重较低，医药制造业、租赁和商务服务业、交通运输、仓储和邮政业、计算机、通信和其他电子设备制造业稳定增长。

北京市的主城区有西城、东城、丰台、海淀、朝阳、石景山 6 个，近郊区有通州、大兴、顺义、门头沟、昌平 5 个，远郊区有怀柔、房山、密云、平谷、延庆 5 个。

（二）功能定位

《规划纲要》提出把有序疏解北京非首都功能、优化提升首都核心功能、解决北京"大城市病"问题作为京津冀协同发展的重中之重。在推动非首都功能向外疏解的同时，大力推进内部功能重组，将北京市定位为全国政治中心、文化中心、国际交往中心、科技创新中心，建设国际一流的和谐宜居之都，疏解非首都功能取得明显成效，"大城市病"等突出问题得到缓解，优化提升首都核心功能，形成京津冀协同发展、互利共赢的新局面。

北京集聚了中央行政机构、众多著名院校、国内各大网络和通信运营商、广播电视服务商和主要金融机构总部，是我国最大的服务资源集聚中心，金融、文化等现代服务业成为北京发挥经济影响力和控制力的主要传导行业，辐射范围覆盖全国。中央在京企业和单位个数为 1000 多个。北京是全国最大的科研基地和国内外科技信息的重要集散地，是全国高等学校最集中、教育水平最高的地区，聚集了全国最多、最优秀的人才精英：北京已有一定规模的各类研发机构 2000 多家，其中企业设立的有 1000 多家，各大学和政府设立的研发机构 700 多家，民办科研机构 200 多家，户籍人口当中，大专以上的人数占就业人数的比例为 1/5，重点高校占全国的 1/4，进入"211"的大学有 20 多所，拥有 100 多个博士点，占全国的 1/3，硕士生招生规模占全国 1/5，两院院士一半以上分布在北京的科研院所和高等院校。[①]

（三）未来展望

为疏解北京非首都功能、促进京津冀协同发展，在北京市域范围内推动形成"一核一主一副、两轴多点一区"的城市空间布局。"一核"指首都功能核心区，总面积约 92.5 平方千米；"一主"指中心城区，包括东城区、西城区、朝阳区、海淀区、丰台区、石景山区，总面积约 1378 平方千米；"一副"指北京城市副中心，即通州区，总面积 155 平方千米；"两轴"指中轴线及其延长线、长安街及其延长线，贯穿北京全域南北与东西；"多点"包括顺义、大兴、亦庄、昌平、房山新城，是承接中心城区功能疏解和人口转移的重点地区，也是推进京津冀协同发展的重要区域；"一区"指生态涵养区，包括门头沟区、平谷区、怀柔区、密云区、延庆区以及昌平区和房山区的山区，是

---

① 肖金成等：《京津冀区域合作论》，经济科学出版社 2010 年版。

京津冀协同发展格局中西北部生态涵养区的重要组成部分，也是保障首都可持续发展的关键区域。

北京凭借现有发展基础，未来将进一步加强城市的辐射带动作用，加强与周边地区基础设施连接和公共服务共享，推进中心城区的非首都功能向周边疏解，形成联系紧密、合作发展的首都经济圈，即以首都北京为核心，形成包括河北保定、廊坊、张家口、承德在内的"1+4"格局，推动京津冀一体化发展。规划建设首都经济圈，不仅可以有效缓解北京由于功能过度集聚而带来的"大城市病"问题，实现首都城市综合服务功能提升和可持续发展，而且有利于北京充分发挥首都优势，辐射带动周边地区共同发展。

二、双城之一：天津

天津是京津冀乃至我国北方地区的经济重心和综合性港口城市，是京津冀协同发展的主要引擎，在制造业方面具有强大优势，同时，天津依托港口和空港物流的区位优势，在商贸物流、房地产相关行业不断发展壮大，成为区域内制造业和经济发展的中心。

（一）基本情况

天津地处华北平原东北部，东临渤海、北依燕山，向西距北京137千米，位于海河五大支流南运河、子牙河、大清河、永定河、北运河的汇合处和入海口。天津是直辖市，是中蒙俄经济走廊的主要节点、海上丝绸之路的战略支点、"一带一路"交汇点及亚欧大陆桥最近的东部起点。

天津因漕运而兴起。隋朝大运河的开通，使位于运河北部、兼有河海运输之便的天津地位日渐重要，唐朝中叶以后，天津成为南方粮、绸北运的水陆码头，后逐渐成为重要的通商口岸和对外开放的前沿地带。天津地势以平原为主，地貌总体为西北高而东南低，北部与燕山南侧接壤之处多为山地，山区面积727平方千米，约占总面积的6%，其余均属冲积平原，平原区面积11240平方千米，约占总面积的93%。至2020年末，天津市土地面积11966.5平方千米。根据第七次人口普查数据，常住人口1386.6万人，其中，城镇常住人口1174.4万人，占常住人口比重84.7%。地区生产总值15695.05亿元，第一产业增加值225.41亿元，第二产业增加值5854.27亿元，第三产业增加值9615.37亿元，三次产业结构为1.4∶37.3∶61.3。

天津市拥有较为完备的公共服务设施。2020年末，天津市共有研究生培养机构24所，普通高校56所，中等职业教育学校73所。研究生、普通高校和中等职业教育学校在校生人数分别为7.90万人、57.22万人和9.84万人。共有各类卫生机构5836个，其中医院423个。卫生机构床位6.84万张，其中医院床位6.15万张。天津市拥有国家高新技术企业7420家，国家专业化众创空间6家，国家企业技术中心68家。

2021年，全市居民人均可支配收入47449元，城镇居民人均可支配收入51486元，农村居民人均可支配收入27955元，城乡居民收入之比为1.84。

天津具有较为发达的交通运输网络，京沪铁路、京津城际铁路、津秦客运专线、津保客运专线等高速铁路交会于此。境内天津滨海国际机场是国家一类航空口岸和中国主要的航空货运中心之一，天津港是世界等级最高、中国最大的人工深水港，吞吐量位列世界第四，服务和辐射京津冀及中西部地区的14个省市自治区，航线通达世界180多个国家和地区的500多个港口。

天津市工业门类齐全，现已形成石油和海洋化工、装备制造、电子信息、生物技术与现代医药、新能源、新材料等支柱产业，在电子通信、汽车制造方面具有一定的国内竞争力和市场份额，近年来服务机器人、新能源汽车、集成电路产量不断攀升。

天津市主城区包括和平区、河东区、河西区、南开区、河北区、红桥区6个；近郊区包括东丽区、西青区、津南区、北辰区4个，远郊区包括武清区、宝坻区、静海区、宁河区、蓟州区5个。1994年，原塘沽区、汉沽区、大港区以及天津经济技术开发区整合为天津滨海新区，各行政区面积情况见表3-2-2。

表 3-2-2　天津市行政区面积情况

天津市		辖区面积（平方千米）
总面积 11966.5 平方千米	主城区	和平区（10）、河东区（39）、河西区（37）、南开区（39）、河北区（27）、红桥区（21）
	近郊区	东丽区（460）、西青区（545）、津南区（401）、北辰区（478）
	远郊区	武清区（1570）、宝坻区（1523）、静海区（1476）、宁河区（1414）、蓟州区（1593）
	国家级新区	滨海新区（2270）

数据来源：中华人民共和国民政部全国行政区划信息查询平台。

天津滨海新区是天津市下辖的副省级行政区，也是国家级新区和国家综合配套改革试验区，总面积 2270 平方千米。天津滨海新区于 1994 年在天津经济技术开发区、天津港保税区的基础上设立，2014 年获批成为北方第一个自由贸易试验区。2020 年，天津滨海新区常住人口 207 万，户籍人口 149.7 万人，地区生产总值 5871.06 亿元，其中，第一产业增加值 19.63 亿元，第二产业增加值 2663.96 亿元，第三产业增加值 3187.57 亿元，三次产业结构为 0.3∶45.4∶54.3，规模以上工业企业 1253 个。

（二）功能定位

《规划纲要》对天津的战略定位为"全国先进制造研发基地、北方国际航运核心区、金融创新运营示范区、改革开放先行区"。天津是我国北方地区的经济中心和综合性港口城市，现已形成石油和海洋化工、装备制造、电子信息、生物技术与现代医药、新能源、新材料等支柱产业，在电子通信、汽车制造方面具有一定的国内竞争力和市场份额。

天津集聚了一批央企和总部型企业在津设立企业总部、二级公司，围绕产业结构高度化和产业链现代化，培育了一批千亿级先进制造业集群。2021年，服务机器人、新能源汽车、集成电路等重点产品产量分别增长 1.7 倍、54.3% 和 53.2%，工业战略性新兴产业增加值、高技术产业（制造业）增加值占规模以上工业比重分别达到 26.1%、15.5%。生物医药、信息安全等先进制造业集群不断壮大。同时，运用市场化招商机制服务北京非首都功能疏解，打造了滨海—中关村科技园、宝坻京津中关村科技城、宁河京津合作示范区、武清京津产业新城、北辰国家级产城融合示范区等一批承接非首都功能疏解重点载体。2021年，国家高新技术企业和国家科技型中小企业均突破9000家。天津港作为京津冀协同发展的重要支撑、服务"一带一路"的重要支点和现代化的国际航运枢纽，集装箱吞吐量突破2000万标准箱，海铁联运量突破100万标准箱，北疆港区智能化集装箱码头成为全球首个"智慧零碳"码头。

（三）未来展望

长期以来，北京集聚要素的作用强于天津，相比之下天津经济发展略显迟滞，两城市产业同构现象严重，城市竞争激烈，关系难以协调。未来天津应围绕京津冀协同发展的总体定位，强化区域服务与辐射带动作用。在天津市域范围内形成"一市双城多节点"城镇体系，"一市"指以中心城市为城市功能集聚的主体地区；以"津城""滨城"为"双城"，推动城市发展由单中心向多中心转变，避免城市发展"摊大饼"的弊病；以武清城区、宝坻城区、静海城区、宁河城区、蓟州城区为"节点"，深化承接非首都功能疏解，引导高新技术企业向京津塘发展轴聚集，与北京共建国家级铁路枢纽，推进京津冀世界级城市群建设。

规划建设天津现代化都市圈。天津离北京很近并在北京的辐射范围之内，但天津有自己的"腹地"，仍可发挥辐射带动作用。天津应发展为京津冀乃至环渤海地区的经济中心，建设具有更多自主知识产权和品牌的先进制造业基地，大力发展与制造业相互促进的服务业，加快构建海陆空立体联运体系和快速物流集散网，建立和完善与北方经济中心相适应的现代金融服务体系，培育和发展区域性金融市场，实现工业与金融、商贸、物流等服务业的良性互动。同时，天津应充分利用区位优势和产业基础，加强与周边地区的联系，特别是强化与毗邻的河北唐山、沧州、廊坊、秦皇岛等城市的专业化分工，推动交通基础设施互联互通，强化创新驱动和产业对接，打造京津冀协同发展的支撑带，不断提高天津都市圈在区域协同发展中的辐射和带动能力，形成多中心、网络化协同发展格局。

三、双城之二：石家庄

石家庄市是河北省的政治、经济、科技、金融、文化和信息中心，也是京津冀的另一重要引擎。应加快提升石家庄的经济发展水平，增强主导产业的带动作用，促进产业结构不断优化升级，使其发展成为京津冀地区的第三增长极，成为引领河北整体崛起、承接京津产业和技术转移的主要地区。

（一）基本情况

石家庄市为河北省省会，地处河北省中南部，向北距北京 297 千米，距天津 312 千米，向南通中原腹地，西依太行山与山西省为邻，素有"南北通衢，燕晋咽喉"之称。石家庄市地貌以山区和平原为主，市域西部地处太行山中段，海拔在 1000 米左右，面积约占石家庄市土地面积的 50%，东部为平原地区，海拔约 30—100 米。石家庄市辖区内河流分属海河流域大清河水系和子牙河水系，流域面积 3.35 万平方千米。

2020 年，石家庄市下辖 8 区 14 县（市），拥有石家庄国家高新技术产业开发区和石家庄经济技术开发区 2 个国家级开发区，总面积 14464 平方千米，建成区面积 338.16 平方千米。截至 2021 年末，石家庄市常住人口 1120.47 万人，其中，城镇常住人口 796.52 万人，占总人口比重的 71.09%；实现地区生产总值 6490.3 亿元，其中，第一产业增加值 504.8 亿元，第二产业增加值 2107.1 亿元，第三产业增加值 3878.4 亿元，三次产业结构 7.8∶32.5∶59.7。

石家庄主要产业为装备制造业、纺织服装业、钢铁工业、石化工业，目前已形成新一代信息技术、生物医药、先进装备制造、现代商贸物流等支柱产业，正着力培育壮大旅游业、金融业、科技服务与文化创意、节能环保四大产业。2021 年，石家庄市民营经济增加值 3783.9 亿元，占生产总值的 58.3%；规模以上工业实现利润总额 345.7 亿元。

2021 年，石家庄市有高等学校 48 所，在校生 77.11 万人，研究生在校生 2.49 万人；中等职业学校 132 所，在校生 26 万人。共有医疗卫生机构 8494 个，床位数 65653 张，其中，医院 301 个，床位数 55020 张。拥有国家 AAAAA 级景区 1 个，AAAA 级景区 25 个，2021 年接待国内游客 6709.6 万人次，国内旅游收入 698.3 亿元。

石家庄区位条件优越，是中国铁路运输的枢纽之一，京广铁路、石太铁路、石德铁路、朔黄铁路交会于此，石家庄正定国际机场是中国北方重要的国际航空货运中转基地，也是北京首都国际机场的主要分流、备降机场。

石家庄市主城区包括长安区、桥西区、新华区、裕华区 4 个；近郊区包括藁城区、鹿泉区、栾城区、正定县 4 个，远郊区包括井陉矿区、井陉县、行唐县、灵寿县、高邑县、深泽县、赞皇县、无极县、平山县、元氏县、赵县、辛集市、晋州市、新乐市 14 个，各行政区面积情况见表 3-2-3。

表 3-2-3　石家庄市行政区面积情况

石家庄市		辖区面积（平方千米）
总面积 14464 平方千米	主城区	长安区（138）、桥西区（69）、新华区（97）、裕华区（101）
	近郊区	藁城区（836）、鹿泉区（603）、栾城区（326）、正定县（468）
	远郊区	井陉矿区（76）、井陉县（1381）、行唐县（1025）、灵寿县（1066）、高邑县（222）、深泽县（296）、赞皇县（1210）、无极县（524）、平山县（2648）、元氏县（675）、赵县（674）、辛集市（951）、晋州市（619）、新乐市（525）

数据来源：中华人民共和国民政部全国行政区划信息查询平台。

（二）功能定位

石家庄拥有较为完善的现代工业体系，是全国重要的战略性新兴产业和先进制造业基地，承担科技成果产业化和高新技术产业发展功能。

石家庄作为河北省省会，是全省的政治、经济、科技、金融、文化和信息中心，也是全国重要的商品集散地和全国性商贸会展中心城市。石家庄对外交通便利，腹地面积广阔，产业基础良好，拥有比较完善的现代工业体系，是河北省综合实力最强、发展潜能最大的城市。石家庄境内京广、石太、石德、石太客运专线以及京广高铁、石济高铁6条铁路干线交会，形成以高速铁路、城际铁路、高速公路和航空为主体的现代化综合交通网络，是全国重要的交通枢纽。近年来，石家庄不断加强与京津功能分工和配套协作，促进石家庄市与京津两地实现创新链、产业链、资金链、政策链深度融合，带动冀中南、冀东两翼发展，打造京津冀科技成果转化高地和区域科技创新中心，已获批国家首批科技创新示范城市、国家半导体照明产业化基地、国家卫星导航产业基地、国家动漫产业发展基地、国家生物医药产业基地。

（三）未来展望

京津冀协同发展的重要任务是提高河北的整体发展水平和综合承载力，全面缩小与京津的发展差距。从优化空间布局的角度，应在河北中南部崛起一座现代化城市，辐射带动河北乃至山西、山东一部分地区发展。未来，应构建以石家庄为核心，辐射衡水、邢台、邯郸、保定南部等冀中南地区的石家庄都市圈，引领河北整体崛起，推动京津冀从"双核引领"向京津石"三足鼎立"转变。石家庄应积极发展以信息、金融、会计、咨询为代表的现代服务业，发展需求潜力大的物流、房地产、旅游、教育、文化体育等新兴服务业，提高服务业整体水平，形成新的经济增长点。同时，完善综合交通运输体系，提高公共服务和社会管理水平，促进人口、产业和各类要素向石家庄集聚，使石家庄尽快发展成为经济规模较大、辐射带动作用较强的现代化大都市。

为提升石家庄发展水平和辐射带动能力、促进京津冀协同发展，在石家庄市域范围内推动形成"一河两岸三组团"的城市空间布局。"一河"指滹沱河，其中70千米流经石家庄市区，通过对河道进行生态恢复与治理，打造具有防风固沙、涵养水源、滨水游览等多重功能的绿色生态长廊；"两岸"指以滹沱河为界划分的南岸（中心城区）和北岸（正定组团），中心城区突出省行政中心职能、完善传统服务职能，重点发展商务办公、信息流通等，正定组团规划面积60平方千米，其中京港澳高速公路以西打造国家历史文化名城，京港澳高速公路以东建设正定新区，发展会展体育、金融商务、文化创意、科教研发等新兴城市功能，打造现代服务业基地。"三组团"指石家庄都市区范围内藁城、鹿泉、栾城三个组团。藁城组团打造为生物产业基地和循环化工产业基地，栾城组团打造为装备制造基地和中药产业基地，鹿泉组团打造为信息产业基地和中心城区西部绿色屏障。在城市空间发展上重点建设正定新区，实现城市结构由集中式发展向"一河两岸"格局转变。

第三节　京津冀空间布局框架：三轴四区多节点

《规划纲要》提出：构建"三轴四区多节点"空间格局，以重要城市为支点，以战略性功能区平台为载体，以交通干线、生态廊道为纽带构建网络型空间格局。"三轴"指的是京津、京保石、京唐秦三个产业发展带和城镇聚集轴，是支撑京津冀协同发展的主体框架。"四区"分别是中部核心功能区、东部滨海发展区、南部功能拓展和西北部生态涵养区，每个功能区都有明确的空间范围和发展重点。"多节点"包括唐山、保定、邯郸、张家口、承德、廊坊、秦皇岛、沧州、邢台、衡水等城市，重点是提高其城市综合承载能力和服务能力，有序推动产业和人口聚集。

一、三轴：京津塘发展轴、京石邯发展轴、京唐秦发展轴

发展轴是依托重要的现状基础设施束（交通干线、能源输送线、水源及通信干线等）连接若干个城市而形成的人口、产业、城镇、经济要素相对密集的带状区域。依托沿线城市进一步聚集产业和人口，通过"以线串点，以点带面"的开发战略引导和影响区域的发展。

（一）京津塘发展轴

京津塘发展轴在《规划纲要》中被称为京津发展轴，以北京为起点，经廊坊、天津到天津滨海新区的塘沽。自西北向东南依次分布北京城区、亦庄

经济技术开发区、廊坊、天津武清、天津城区和天津滨海新区的塘沽。人口、产业、城市、要素高度集聚，交通基础设施发达，科技创新能力强劲，经济联系紧密。《规划纲要》提出，推动北京、廊坊和天津交通沿线主要城镇加快发展，辐射张家口市、承德市，打造京津冀地区科技研发转化、现代服务业、高端制造业发展带和主要城镇聚集轴。

1. 廊坊

廊坊位于河北省中部偏东，北临首都北京，东部与天津市的武清、宝坻、蓟州区交界，西部与保定市的涿州、雄县、高碑店接壤，南部与沧州市的任丘、河间相连。至2020年，廊坊市下辖安次、广阳2个市辖区，三河、霸州2个县级市，香河、永清、固安、文安、大城和大厂6个县，70个建制镇，20个乡，土地面积6429平方千米，城市建成区64平方千米，距北京、天津各60千米，距省会石家庄280千米。2020年，廊坊市常住人口为546.4万人，过去10年常住人口增加逾百万，增速位列河北省第一，地区生产总值3301.1亿元，产业结构不断优化，三次产业结构为6.7∶31.0∶62.3。近年来，廊坊市不断强化科技创新转化能力，加快发展战略性新兴产业，与北京共建产业合作平台，但产业转型压力较大，加之发展空间受限，与京津发展水平落差较大，特别是公共服务和基础设施发展不充分，在吸引高端要素和人才方面仍有不足。根据《廊坊市国民经济和社会发展第十四个五年规划和二〇三五年远景目标纲要》，廊坊城市定位为"与京津一体化发展示范区、高端高新产业聚集区、科技成果转化引领区、国际空港门户功能区和连接京津雄生态宜居城市"，在规划、政策、交通、生态等方面与京津实现一体化发展。

2. 武清

武清区是天津市辖区之一，位于天津市西北部，海河水系中下游，北与北京市通州区、河北省香河县为邻，南与天津市北辰区、西青区和河北省霸州市相连，东与天津市宝坻区、宁河区搭界，西与廊坊市安次区接壤。武清区位条件优越，地处京津冀核心区域，城区距北京市区81千米，距天津市区36千米，距雄安新区108千米，到北京大兴国际机场、天津滨海国际机场和天津港的距离分别为 56 千米、39 千米和 71 千米。2020 年末，武清区共辖 6 个街道、24 个镇，土地面积 1574 平方千米，常住人口 115.1 万人，地区生产总值 815.52 亿元，三次产业结构为 5.0∶33.5∶61.5。武清区地势平缓，境内河流渠系分布较广，宜于农业生产；工业有生物医药、装备制造、电子信息、汽车零部件、新材料等五大产业；现代服务业以电子商务、高端商贸、休闲旅游为重点。

3. 塘沽

塘沽是天津滨海新区的中心区，位于天津东部沿海地区，海河流域下游，渤海湾顶端，东濒渤海，西邻东丽、津南区，地跨海河两岸。东部的天津港是中国北方最大的综合性贸易港口。原是天津市辖区，2009 年 11 月 9 日被撤销，与汉沽、大港一起并入天津滨海新区。

（二）京石邯发展轴

京石邯发展轴在《规划纲要》中被称为京保石发展轴，位于京广经济带北段，太行山前。以北京为起点，经保定、石家庄、邢台到邯郸。沿京广铁路、京港澳高速公路，依次有北京城区、涿州、高碑店、保定、定州、新乐、石家庄、邢台、沙河、邯郸等城市。为什么这么多的城市云集到太行山前？是因为这里是山区与平原的过渡地带，地面落差比较大，不容易遭受洪水威胁，这是古人的智慧，也是吸取历史教训，总结历史经验的结果。历史上，邺城、魏州、大名、衡水都是规模较大的城市，每次大洪水，都遭受灭顶之灾。还有，铁路、公路为避免洪水也都修建在太行山前。这条发展轴，人口比较密集，工业基础雄厚，极富发展潜力。未来，应在这条发展轴上继续聚集产业，重点推动保定、石家庄、邢台、邯郸加快发展，支持涿州、高碑店、定州、沙河加快发展，加强产业园区建设，打造京津冀重要的先进制造业发展带和城镇聚集轴。

1. 涿州

涿州是保定市下辖的县级市，地处河北省中部、保定市北部，距北京西五环 50 千米。东临固安，西接涞水，北通北京，南到高碑店，京广铁路、京港澳高速公路、107 国道纵贯涿州市全境，区位优势得天独厚。至 2020 年，涿州市下辖 3 个街道、10 个镇、1 个乡，另设有高新技术产业开发区和京南经济开发区，土地面积 751.3 平方千米，常住人口 66.8 万人，地区生产总值 351.3 亿元。涿州历史悠久，古迹众多，具有区位优势和资源优势，应大力发展文化旅游产业，加快推进新旧动能转换，建设京南产业集聚区和生态文明示范区。

2. 高碑店

高碑店市是保定市下辖县级市，位于河北省中部，保定市北部，北距北京 80 千米，南距保定 60 千米，东距天津 130 千米。至 2020 年，高碑店市总面积 672 平方千米，辖 5 个街道、9 个建制镇，总人口 60 万人，城区规划面积 70 平方千米，建成区面积 35 平方千米，市区人口 22 万人，全市生产总值 206.9 万元。高碑店市是国家商品粮基地、国家基本农田保护示范区，已形成汽车制造、机械制造、饮品食品、建筑建材、箱包加工等五大支柱产业，新能源、新型建材等战略性新兴产业逐渐成为拉动经济发展的重要力量。

3. 保定

保定市位于河北省中部，太行山东麓，冀中平原西部，北邻北京市和张家口市，东接廊坊市和沧州市，南与衡水市相连，西部与山西省接壤，中心城区北距北京 150 千米，东距天津 150 千米。2020 年末，全市辖 5 区 4 市 15 县，另有 1 个国家级高新区，土地面积 22135 平方千米，常住人口为 924.3 万人（不含定州市、容城县、安新县、雄县、高阳县龙化乡），全市生产总值 3353.3 亿元（不含雄安新区、定州），三次产业结构为 11.7 : 33.1 : 55.2。保定在汽车制造及零部件业、新能源及能源设备制造业、精细化工业、纺织服装业、冶金及矿产开采业、电子信息及软件开发业等领域具有一定影响。"十四五"期间，保定将聚焦数字经济、生物经济、绿色经济，大力发展新能源和智能网联汽车、新能源和智能电网、生命健康、信息智能、文化旅游、超低能耗建筑、都市型现代农业七大产业，着力建设京津冀一体化发展先行区、国家新能源与先进制造业基地、国家历史文化名城与京畿旅游休闲区、新型城镇化与乡村振兴示范区。

4. 定州

定州市是保定市下辖县级市，位于河北省中部偏西，保定、石家庄之间，定州市区距北京 200 千米左右，距天津 220 千米左右，距石家庄 70 千米左右，距保定 60 千米左右，是战国时期中山国首都所在地。2020 年末，定州市辖 25 个乡镇，土地面积 1283 平方千米，常住人口 109.6 万，全市生产总值 342 亿元。定州区位交通优越，京港澳高速、石津高速、京广铁路、京广高铁在定州交会。近年来现代农业发展提质增效，工业转型升级加速，创新能力显著增强，三次产业结构为 23.5：35：41.5，定州在已有产业基础上，积极培育先进制造业，大力发展高端装备制造、新能源、节能环保等战略性新兴产业，加快构建现代产业体系，精准对接非首都功能疏解。

5. 邢台

邢台市位于河北省南部，东以卫运河为界与山东省相望，西依太行山和山西省毗邻，南与邯郸市相连，北及东北分别与石家庄市、衡水市接壤，北距省会石家庄市 100 千米左右，距首都北京 400 千米左右。2020 年末，邢台市下辖 4 区 14 县（市），另设有邢台经济开发区、邢东新区，土地面积 1.24 万平方千米，常住人口 711.1 万人，全市生产总值 2200.4 亿元。工业转型升级加速，装备制造、新能源、新材料等主导产业蓬勃发展，三次产业结构为 14.2：37.4：48.4。未来，邢台在现有发展基础上，以先进制造业为支撑，进一步增强对经济要素的集聚能力，提升交通基础设施建设水平，积极融入石家庄都市圈，打造东出西联、沟通南北的重要交通枢纽，建设京石邯发展轴上重要节点城市。

6. 沙河

沙河市是邢台下辖县级市，位于邢台南部、邯郸北部。土地面积 858 平方千米，"七普"常住人口 431746 人。下辖 5 个街道、4 个镇、4 个乡。2020 年，全市生产总值 191.8 亿元，城市居民人均可支配收入 36095 元。沙河是邢台冶铁文化发祥地，是汉武帝时期三大冶铁基地之一，是北宋时期全国最大的冶炼中心。

7. 邯郸

邯郸市位于河北省南部，西依太行山脉，东接华北平原，与晋、鲁、豫三省接壤，是晋冀鲁豫四省要冲、华北地区重要的交通枢纽，是战国时期的赵国首都，汉朝时期全国五大都会之一。邯郸区位优越、交通便捷。京广铁路、京广高铁纵贯南北，邯长铁路、邯济铁路横跨东西，邯黄铁路直通黄骅港，是晋冀鲁豫四省交界地区规模最大的城市，是东出西联、通南达北的重要节点。邯郸资源丰富、产业完备，素有"钢城""煤都"之称，是国家重点建设的老工业基地，是我国著名的动力煤和高品位铁矿石产区，也是全国的小麦、棉花、玉米等主要农产品优势产区。近年来，邯郸装备制造业、食品加工、现代物流、文化旅游、高新技术产业快速发展，服务业对经济增长贡献不断攀升。未来，邯郸将进一步优化产业结构，促进产业和人口集聚，优化营商环境，积极引进科技资源，提升区域综合实力和竞争力，逐步发展成为经济实力雄厚、产业高度发达、辐射带动强劲、竞争优势突出的区域经济中心。

（三）京唐秦发展轴

京唐秦发展轴自西向东依次串联北京、廊坊、天津、唐山、秦皇岛五市，沿线城市主要包括北京城区、北京市通州、河北香河、天津市宝坻、唐山城区和秦皇岛城区。京唐秦发展轴工业基础雄厚，交通条件优越，北京、唐山、秦皇岛交通沿线主要城市发展很快，京津冀地区产业转型升级发展带和城镇聚集轴很快形成。

1. 香河

香河县隶属河北省廊坊市，地处河北省中部略偏东，东与天津市宝坻区毗连，南隔青龙湾河与天津市武清区相望，西与北京市通州区为邻，北与三河市、大厂回族自治县接壤，下辖9个镇，300个行政村，1个省级工业园区，总面积448平方千米。截至2020年，香河县常住人口44.9万人，全县生产总值234.9亿元，综合经济实力位居廊坊市前三。香河县区位优势突出，交通路网发达，距北京市中心 45 千米，距天津市中心 70 千米，全县可半小时进京，1 小时入卫，处于环渤海经济圈的核心腹地、京津"1 小时经济圈"的黄金节点。香河县产业特色鲜明，园区功能配套完善，已形成家居建材、食品加工、商贸物流等支柱产业，拥有香河开发区、新兴产业示范区、环保产业园区三大省级园区，是东北亚地区最具影响力的家居产品集散地、中国北方最大的钣金制品和印刷包装生产基地。随着《北京市通州区与河北省三河、大厂、香河三县市协同发展规划》深入实施，北京非首都核心功能疏解和产业加快转移，北京城市副中心建设加速推进，京唐城际铁路等重大基础工程全面实施，叠加释放强大辐射带动效应，为香河县加速崛起带来了不可估量的发展势能和战略支撑。未来应加快推进智能制造、文创旅游、商贸物流、康养服务等特色产业发展，强化高端制造业和现代服务业双轮驱动，不断提高香河的产业发展质量和核心竞争力，完善城市功能，深化与京津对接融合，建设成为创新开放、设施齐全、生态宜居、品位一流的功能完善卫星城。

2.宝坻

宝坻区是天津市的市辖区之一，位于天津市中北部、华北平原北部、燕山山脉南麓，地处京、津、唐三角地带，临近渤海湾，东及东南与河北省玉田县、天津市宁河区相邻，南及西南与天津市宁河区、武清区接壤，西及西北与河北省香河县、三河市相连，北及东北与天津市蓟州区、河北省唐山市玉田县隔河相望，总面积 1509 平方千米。截至 2020 年，宝坻区下辖 6 个街道、18 个镇，常住人口 72.23 万，地区生产总值 354.37 亿元，三次产业结构为 8.8∶33.1∶58.1。宝坻区农业发达，发展迅速，优质小站稻、绿色蔬菜、生态畜禽、特色水产等特色农业优势凸显，被评为全国特色农产品优势区和国家农产品质量安全地区，已初步构建装备制造、新能源新材料、节能环保等优势产业体系。宝坻区是京唐秦发展轴的活力新城、京津联动的桥头堡，也是北京非首都功能疏解重要承接地，与北京市通州区以及河北省唐山市、香河县、三河市在产业、交通、生态领域协作不断加强。京唐城际铁路已建成通车，津承城际铁路（承德—宝坻南段）项目已列入"十四五"时期规划建设铁路，将有效推动"轨道上的京津冀"建设发展。

3. 唐山

唐山市为河北省辖地级市，位于河北省东部，地处渤海湾中心地带，东距秦皇岛 125 千米，南距渤海 40 千米，西南距天津 108 千米，距省会石家庄 366 千米，西北距北京 154 千米，总面积 13472 平方千米，市辖区面积 5478.9 平方千米。唐山市下辖 7 个区（曹妃甸、路南、路北、开平、古冶、丰润、丰南）、3 个县级市（迁安、遵化、滦州）、4 个县（迁西、玉田、滦南、乐亭）和 4 个开发区（海港经济开发区、高新技术产业开发区、芦台经济技术开发区、汉沽管理区），截至 2020 年，常住人口 771.8 万人，地区生产总值 7210.9 亿元，三次产业结构为 8.2 ：53.2 ：38.6。唐山市矿产资源丰富，海域面积广阔，已探明各类矿产 50 余种，管辖海域面积 4467 平方千米，占全省 64.3%，大陆岸线长 229.7 千米，资源、区位、产业、港口优势非常突出，唐山港、京唐港区东望秦皇岛港，曹妃甸港区西邻天津港，位居天津港、秦皇岛港之间，为国际通航的重要港口。京冀曹妃甸协同发展示范区、津冀（芦·汉）协同发展示范区、京唐智慧港等一批协同发展平台建设取得丰硕成果，与京津在教育、医疗、交通基础设施等重点领域的对接合作取得显著成效。未来唐山应进一步优化产业结构，提升城市承载力和公共服务水平，对接京津、服务京津，把唐山港建成服务重大国家战略的能源原材料主枢纽港、综合贸易大港和面向东北亚开放的桥头堡，推进沿海经济带跨越发展。

4. 秦皇岛

秦皇岛市为河北省辖地级市，位于河北省东北部，南临渤海，北依燕山，东接辽宁，西近京津，地处华北、东北两大经济区接合部，东北接辽宁省葫芦岛市绥中县、建昌县和朝阳市的凌源市，西北临河北省承德市宽城满族自治县，西靠唐山市的滦州，北距沈阳市 387 千米，东距大连市 210 千米，西距首都北京市 265 千米，距天津市 218 千米，距石家庄市 479 千米。下辖 4 区 3 县及秦皇岛经济技术开发区、北戴河新区，陆域面积 7802 平方千米，海域面积 1805 平方千米。截至 2020 年，全市常住人口 313.7 万人，地区生产总值 1685.80 亿元。秦皇岛是中国首批沿海开放城市，也是京津冀辐射东北的重要门户和节点城市。区位优越，交通便捷，是中国最早的自主通商口岸、中国最大铝制品生产加工基地、北方最大粮油加工基地，被誉为"车轮制造之都"，装备制造业、高新技术产业稳定增长，文旅产业加快转型，现代服务业发展迅速，在京津冀协同发展中具有独特优势。未来应加快培育新产业新业态，优化发展环境，吸引人才、技术、资金等先进要素集聚，逐步建设成为环境优美、产业繁荣、文明健康、安全舒适的一流国际旅游城市和现代综合贸易港。

二、四区：中部核心功能区、东部滨海发展区、南部功能拓展区、西北部生态涵养区

结合京津冀各地的自然地理环境、产业发展特点和疏解北京非首都功能的需要，从区域长远发展和合理布局考虑，形成 4 个功能区，即中部核心功能区、东部滨海发展区、南部功能拓展区和西北部生态涵养区。

（一）中部核心功能区

中部核心功能区包括北京市平原地区、天津市平原地区、河北省廊坊市及保定市平原地区，区域面积约 2.7 万平方千米，占京津冀总面积的 12.5%。北京市平原地区主要包含西城区、东城区、海淀区、朝阳区、丰台区、大兴区、石景山区、通州区、经开区，区域面积约 3326 平方千米，约占市域总面积的 20%；天津市平原地区按成因由北而南和自西北向东南可分为冲积洪积倾斜平原、洪积冲积平原、冲积平原、海积冲积低平原和海积低平原几种类型，主要分布于和平区、河东区、河西区、南开区、河北区、红桥区、东丽区、西青区、津南区、北辰区、武清区、宝坻区、静海区、宁河区及蓟州区南部，平原面积约 9633 平方千米，约占全市总面积的 80%；保定市平原地区主要包含竞秀区、莲池区、满城区、清苑区、涿州市、定州市、安国市、高碑店市、望都县、雄县、安新县、高阳县、容城县、定兴县，面积 8082 平方千米，占全市面积的 35%。

中部核心区要素资源集聚、产业层次高、创新能力强，是引领京津冀协

同发展的核心区域，重点承接北京市非首都功能的疏解，推动京津保地区率先联动发展，增强辐射带动能力。廊坊市地处京津两大城市之间，区位优势突出，水资源丰富，在冶金、机械、电子、建材等工业领域已形成一定发展规模；保定平原地区水资源丰富，小麦、玉米、棉花等农作物产量较高，在服装纺织、食品加工、农机制造等领域具有发展基础。

（二）东部滨海发展区

东部滨海发展区包括天津市与河北省沿海地区，河北省主要节点城市秦皇岛市、唐山市和沧州市，面积约 3.9 万平方千米，占京津冀总面积的 18%。其中，沧州市位于河北省中东部，北部与天津、廊坊接壤，南与山东省的滨州、德州为邻，东部濒临渤海，西部及西南部与保定、衡水毗邻，市中心北距天津 120 千米、北京 240 千米，西南距省会石家庄 220 千米，市域面积 14304 平方千米。

东部滨海发展区对外开放优势明显、发展势头强劲、发展空间广阔，是带动京津冀协同发展的重点区域，应重点发展战略性新兴产业、先进制造业以及生产性服务业，形成与生态保护相协调的滨海型产业聚集和城镇发展区。秦皇岛市为环渤海地区重要港口城市，也是国际滨海休闲度假胜地，在国际贸易、生态旅游、公共服务等领域发挥重要功能；唐山市为环渤海地区新型工业化基地和东北亚地区经济合作窗口，工业基础雄厚，对外开放水平较高；沧州市石油藏量丰富，化工、机械、建材等工业基础良好，位于沧州市区东约 90 千米的黄骅港是河北省的重要港口和我国的主要能源输出港。

（三）南部功能拓展区

南部功能拓展区范围包括河北省石家庄市、邯郸市、邢台市平原地区以及衡水市，区域面积 4.4 万平方千米，占京津冀总面积的 20.4%。其中，邢台市地处太行山脉和华北平原交会处，西部为山地、丘陵，中东部皆属平原，平原地区包括邢台市襄都区、任泽区、南和区及沙河市、南宫市、隆尧县、柏乡县、宁晋县、巨鹿县、平乡县、新河县、广宗县、威县、临西县、清河县，区域面积约 8960 平方千米。

南部功能拓展区发展基础良好，自然资源丰富、增长潜力较大，是推动京津冀协同发展的战略腹地和城乡统筹的重要示范区，重点承担农副产品供给、科技成果产业化和高新技术产业发展功能。石家庄市是河北省省会，综合实力较强，已形成以医药、机械、电子、食品、建材为主的工业体系，现代服务业稳步发展；邯郸市位于河北省最南端，与晋鲁豫三省接壤，铁、煤、陶土、石灰石等矿藏丰富，东部平原农业较发达，工业发展以钢铁、煤、电、建材、陶瓷、机械、纺织为主导产业；邢台市中东部是全省重要麦、棉产区，西部盛产板栗、核桃、苹果等，工业以煤炭、电力、钢铁、机械、建材等为主导产业；衡水市地势平坦开阔，有石油、地热、矿泉水等矿产资源，工业形成金属制品、化学医药、汽车零配件、纺织服装、食品加工等产业，是冀东南的物资集散中心。

（四）西北部生态涵养区

西北部生态涵养区范围包括北京市北部山区、天津市北部山区、河北省张（家口）承（德）地区及其他山区，区域面积约 10.1 万平方千米，占京津冀总面积的 46%。

北京山区呈扇形分布于北京市的东北部、北部和西部，是北京市的上风上水地区，构成了对平原的生态屏障，主要分布在房山、怀柔、顺义、昌平、门头沟、平谷、密云、延庆 8 个区，面积约 10200 平方千米，占市域面积的 62%。天津市山区分布于蓟州区北部，山地丘陵面积约 727 平方千米，占全市面积的 6%。河北省张（家口）承（德）地区是京津冀重要的水源涵养区和防风固沙区，包括张家口市和承德市。张家口和承德两市是保障京津两市淡水供应的密云、官厅等水库的主要径流形成区和水源涵养区。为了保护京津两市的水源供应，张承地区在资源开发、产业发展方面受到了诸多的限制，在生态保护和污染治理方面付出了不少的投入，在量和质方面保障了京津两市庞大经济和社会发展的需求。此外，西北部生态涵养区还包括保定、石家庄、邢台、邯郸的西部山区，这些地区是京津冀平原地区的生态屏障，是区域可持续发展的重要资源支撑，也是环境友好型的特色产业基地。

西北部生态涵养区生态系统较为完整、环境质量相对较好、水资源比较丰富，是支撑京津冀协同发展的生态保障区域，应重点发挥生态保障、水源涵养、旅游休闲、绿色产品供给等功能，通过促进人口转移，发展特色产业，建立生态补偿机制，完善公共服务，提高居民的生活水平。

三、多节点

合理的城镇体系除了需要核心城市的辐射引领，也需要具备一定经济体量和产业规模的大、中、小城市带动周边的小城镇及农村地区发展。节点指区域性中心城市，由京津冀地区除"一核双城"外其余10个城市构成（表3-3-1）。

表 3-3-1　京津冀节点城市主要经济指标（2019 年）

城市	市辖区面积（平方千米）	建成区面积（平方千米）	地区生产总值（亿元）	人均地区生产总值（元）	户籍人口（万人）	当年实际使用外资金额（万美元）
唐山	4181	249	3553	97214	335	75263
秦皇岛	2132	142	773	53907	147	108263
邯郸	2663	188	1435	39992	382	31696
邢台	135	108	380	39717	92	3161
保定	2565	199	1490	48700	289	61934
张家口	4373	101	760	43216	156	11426
承德	1253	78	383	55569	60	1414
沧州	200	87	985	133588	59	2442
廊坊	292	71	727	80741	88	84521
衡水	1520	76	514	52184	102	7726
合计	19314	1299	11000	61923[①]	1710	387846
占京津冀比重	39%	31%	17%	58%	37%	16%

资料来源：根据《中国城市统计年鉴（2020）》中市辖区数据整理。

---

① 指10个地级市的平均水平，采用10市的地区生产总值总和除以人口总数得到。

在京津冀区域范围内，这 10 个城市分布在河北省境内，已形成了具有地方特色的产业，产业结构比较合理，城市功能比较完善，腹地比较大，特别是随着城市规模的扩张，这些城市具备了对外界提供服务的功能，发展成为具有较强经济、科技、文化实力的区域中心，对周边小城镇及农村地区的经济活动和人口流动产生了较强的辐射力。这些城市一方面能够承接大城市的产业转移和功能疏解，另一方面也可以带动周边小城镇和农村的发展。以节点城市为核心，促进小城镇发展为小城市、小城市发展为中等城市、中等城市向大城市发展，通过点轴群的延伸发展，与其他地区建立更加紧密的经济联系，形成更加合理、稳定、平衡的空间结构。

唐山应依托陆路相邻的优势，完善海陆空铁交通网络布局，与天津市展开密切合作，引导跨境电商市场主体向唐山聚集，建成中国北方跨境电子商务总部基地、创业基地和物流基地，加快曹妃甸新区基础设施建设和产业聚集，将其培育成为京津冀新的经济增长极；保定作为国家重要的新能源和先进制造业基地及北京产业转移重要承接地的地位，与北京市展开密切合作，依托雄安新区和白洋淀科技城建设，推动传统产业转型升级，共建北京都市圈；邯郸作为全国重要的先进制造业基地、晋冀鲁豫四省交界综合交通枢纽，应增强主导产业的带动作用，促进传统产业升级，加快冀南新区的发展，将其培育成为晋冀鲁豫交界地区的新的经济增长极；推进长（治）邯（郸）聊（城）高铁建设和城际铁路建设，完善铁路交通网。

张家口、承德、廊坊、秦皇岛、沧州、邢台、衡水等节点城市应进一步提高城市综合承载能力和服务能力，有序推动产业和人口聚集。张家口应大力发展体育经济、冰雪旅游；承德应依托本地旅游资源，强化旅游服务业发展，同时推动传统产业向数字化、智能化、绿色化转型，建设京津冀大数据综合试验区和国家绿色大数据中心；廊坊应依托区位优势及北京大兴机场建设机遇，强化国际门户重点功能区的地位，发展临空经济及相关高端制造业，借势发展商务会展、文化旅游、金融服务、科技研发等现代服务业；秦皇岛作为滨海旅游城市应打造高端旅游和精品旅游线路，依托良好的国际贸易与服务基础，开拓腹地范围，吸引人才聚集；沧州应着力完善黄骅港、神黄铁路等硬件设施，打造具有竞争力的北方大港，并与天津港、唐山港形成错位发展；邢台作为冀中南物流枢纽城市和京津冀南部生态环境支撑区，应加强生态修复和环境改善，走资源消耗少、环境污染小的新型工业化道路；衡水应利用地势平坦、农产品资源丰富的优势发展农产品深加工，打造安全食品和优质农产品生产加工配送基地，完善综合交通网络建设，打造冀中南综合物流枢纽。

第四节　京津冀空间布局的优化

经过多年的发展，京津冀已经形成良好的产业合作基础，区域协同发展成效显著，但京津冀城镇体系不合理、人口分布不平衡、核心城市辐射不足等症结仍然存在。未来应加快优化京津冀空间格局，提升京津双城辐射带动作用，缩小河北各市与京津的发展差距，促进北京、天津、石家庄三大都市圈耦合发展，进一步提高京津冀一体化水平，培育新的经济增长极，推进京津冀世界级城市群建设，形成优势突出、功能互补、错位发展的格局。

一、建设现代化都市圈

都市圈是以超大城市、特大城市或辐射带动功能强的大城市为核心，以核心城市的经济辐射距离为半径，形成的功能互补、分工合作、经济联系密切的区域。核心城市规模越大，其辐射范围越广。通常城区人口规模在1000万人以上，辐射半径可达200千米，人口规模在500万—1000万之间，辐射半径为150千米，人口规模在300万—500万人之间，辐射半径为100千米。京津冀地区包含北京一个超大城市和天津一个特大城市，已形成北京都市圈和天津都市圈，两个都市圈的边界相互耦合。石家庄的城市人口已超过300万，石家庄都市圈也已形成，与北京都市圈、天津都市圈形成互动关系，共同推动京津冀城市群跻身于世界级城市群行列。

一是规划建设以北京为核心的都市圈，范围包括河北保定、廊坊、张家口、承德及其下辖市县区，在强化首都核心功能和提升城市综合服务功能的同时，辐射带动周边地区发展，形成带动国家经济发展和参与国际竞争的重要战略区域；二是规划建设以天津为核心的都市圈，范围包括河北唐山、沧州、廊坊、秦皇岛及其下辖市县区，积极承接北京非首都功能疏解，加强与毗邻的河北唐山、沧州、廊坊、秦皇岛等城市的功能分工和港口之间的合作，推动交通基础设施互联互通，打造京津冀滨海发展区；三是规划建设以石家庄为核心的都市圈，范围包括衡水、邢台、邯郸、定州等冀中南地区，引领河北整体崛起，推动京津冀从"双城引领"向京津石"三足鼎立"转变。"三城"带动"三圈"，"三圈"支撑"一群"。

二、建设世界级城市群

城市群发展至高级阶段将优化多个城市的分工与专业化水平，提升整个城市群在全球的竞争力，成为国家参与全球竞争的重要平台。当前，在世界范围内已形成英国东南部城市群、美国东北部大西洋沿岸城市群、北美五大湖城市群、欧洲西北部城市群、日本太平洋沿岸东海道城市群和中国长三角城市群六大世界级城市群。世界级城市群的特征不仅是城市数量较多、城市规模较大、经济一体化程度较高，而且在全球经济层面具有巨大影响力。纵观六大世界级城市群的发展历程，均呈现出这些共同特征。

京津冀城市群无论在城市数量还是经济规模上已经达到世界级的标准，但内部结构问题依然突出，核心城市北京的辐射带动作用不够，一体化水平有待提升，与世界级城市群比较仍存在很大差距。应抓住京津冀协同发展战略机遇和我国经济转型升级的机遇，形成加快经济社会发展的新动力，实现高标准市场化、国际化、现代化，迅速发展成为区域协同发展和参与全球竞争的引领区。防治"大城市病"，北京强化国际交往功能和科技创新功能，天津加快建设现代制造业基地和国际航运中心区，提升河北各个城市的功能，优化京津冀城市群结构体系，促进京津冀向世界级城市群方向迈进。

三、培育新的经济增长极

京津冀协同发展已经进入到滚石上山、爬坡过坎、攻坚克难的关键阶段。由于京津两市"虹吸效应"过强，使河北省与京津两市之间呈现断崖式落差，成为京津冀世界级城市群建设过程中的重要掣肘。优化空间布局，优化区域空间结构是实现京津冀协同发展、建设世界级城市群的关键着力点。京津冀未来的增长动力来自新的经济增长极。所谓经济增长极是指在空间范围不太大的地方，通过完善基础设施，实施高效管理，并辅之以优惠政策，快速聚集经济要素，起到对区域的支撑作用。

一是加快建设雄安新区，增强对产业和人口的吸引力，迅速发展成为北京非首都功能集中疏解地、河北加快转型升级新的经济增长极、新发展理念的引领践行区。雄安新区不同于一般的新城建设，既是北京的"两翼"之一，也是河北省的"两翼"之一，内嵌于城市群网络机体之中，与城市群之间存在密切的经济联系与能量交换，在空间上扮演着京津石之间的新枢纽角色，承担着加速世界级城市群形成的新支点功能。雄安新区应深度参与京津冀协同发展的各个领域，在空间协同中形成京津冀世界级城市群的新枢纽，在产业协同中建设首都产业转移的承接地和创新驱动的引领区，在市场协同中打造新时期市场化改革的制度试验田，在治理协同中探索现代化新区的城市治理新体系。

二是加快发展北京城市副中心。北京城市副中心位于北京通州，规划范围包括通州全域，辐射带动三河、香河、大厂协同发展，并与雄安新区形成北京新的两翼。2020 年 3 月，国家发展改革委发布《北京市通州区与河北省三河、大厂、香河三县市协同发展规划》，对通州区与廊坊北三县从空间格局、文化魅力、生态环境、综合交通、产业经济、公共服务、基础设施、防灾减灾、政策机制等领域提出协同发展的要求，为深入推进通州区与北三县一体化发展指明了方向。北京城市副中心应牢牢抓住疏解北京非首都功能这个"牛鼻子"，有序承接符合城市副中心发展定位的功能疏解和人口转移，提升对首都功能的服务保障能力，并与雄安新区在功能上错位发展、互为促进。应聚焦新一代信息技术、智能制造等领域，引导产业链、创新链在城市副中心及周边地区布局，大力发展数字经济，提升金融商务服务功能，加快文化体育旅游发展，构建便捷高效的现代交通体系，有序承接中心城区非首都功能疏解，与三河、香河、大厂一体化高质量发展，打造京津冀协同发展的高质量样板和国家绿色发展示范区。

三是加快发展张家口崇礼区的旅游休闲产业。崇礼区位于河北省西北部，总面积2334平方千米，是2022年北京冬奥会、冬残奥会雪上项目的重要举办地之一，入选国家级旅游度假区。崇礼区距北京直线距离150千米，冬奥会的举办加速推进了崇礼基础设施建设。京张高铁通车后，从北京到崇礼最短车程不到1小时，进入京津冀"1小时生活圈"。崇礼应紧紧围绕奥运遗产的可持续利用，继续加快京张体育文化旅游带建设，推动产业迭代升级。做大做强冰雪文化旅游产业，大力发展以冬季滑雪、夏季户外为主导的体育休闲产业，从冬季经营延伸为四季运营，提升"雪国崇礼、户外天堂"城市品牌的知名度和美誉度，构建有竞争力的京郊体育休闲产业基地。借助冬奥会给崇礼带来的空前的知名度，加大招商引资力度，重点发展冰雪装备、新型能源、数字产业等项目，促进产业高质量转型发展。

四、发展战略性功能区

应围绕国家战略需求和民生改善的领域，推动发展战略性功能区，提升科技创新水平自主研发能力，通过人才、资金、知识等要素的空间溢出与成果转化，形成分工明确、交流合作、结构合理的区域发展格局。

一是加快将中关村建成世界领先的科技园区，支撑北京建设国际科技创新中心。中关村拥有国内乃至全球最密集的高端科技研发创新资源，是国家科技重大专项攻关的主力军，形成了移动互联网和新一代移动通信、卫星应用、生物和健康、节能环保、轨道交通等六大优势产业集群，不断产生具有全球影响力的技术、专利和标准，成为我国战略性新兴产业的技术源头和高端产业功能区。中关村应大力发展数字经济、智能经济、生物经济、研发经济等新业态，完善"一区多园"统筹发展机制，培育若干世界级产业集群，融入全球创新网络，加大与津冀地区的科技交流合作，提升产学研结合和科技成果转化水平，引领高质量发展。

二是将北京经济技术开发区建成具有全球影响力的创新型产业集群和科技服务中心。北京经济技术开发区位于北京大兴亦庄地区，是北京市唯一同时享受经济技术开发区和高新技术开发区双重优惠政策的国家级开发区，是北京高新技术发展的重要载体。北京经济技术开发区着眼国家战略需求，围绕攻克核心技术、转化科技成果、优化创新生态，集聚创新要素，完善创新链条，推动高精尖产业集聚发展和新兴产业快速发展，着力在新一代信息技术、高端汽车和新能源智能汽车、生物技术和大健康、机器人和智能制造产业等主导产业实现高质量发展，加快建设国际科技创新中心"三城一区"主平台，推动产学研一体化高效协同，加速京津冀科技创新合作，实现京津冀技术市场融通合作，深化区域经济和科技一体化发展。

三是加快发展石家庄正定新区、唐山曹妃甸新区、秦皇岛北戴河新区、沧州渤海新区、邯郸冀南新区。河北省设立了曹妃甸新区、渤海新区、北戴河新区、正定新区、冀南新区。国务院批复的《关于河北沿海地区发展规划》中明确指出："以沿海高速和滨海公路为纽带，合理规划建设北戴河新区、曹妃甸新区、沧州渤海新区，促进人口和产业有序向滨海地区集聚，建成滨海产业和城镇集聚带。"国务院批复的《中原经济区规划》明确提出："邯郸依托冀南新区建设全国重要的先进制造业基地，成为在中原经济区内具有重要影响力的中心城市。"

曹妃甸新区位于唐山南部沿海，和天津滨海新区毗邻，应依托曹妃甸深水大港及土地资源优势，全力打造新型工业化基地、商业性能源储备基地和国家级循环经济示范区。加强与北京和天津合作，加快培育精品钢材、装备制造、石油化工和港口物流等临港优势产业和电力、出口加工等关联配套产业，形成与京津互补、特色鲜明、地位突出的现代产业体系。加快曹妃甸工业区、海港开发区等重点临港产业聚集区建设步伐。打造冀东沿海中心城市、环渤海地区重要国际港口城市。

北戴河新区位于北戴河区南部，应以打造旅游休闲之都为目标，重点发展高端旅游、科技研发、商务会展、文化创意等产业，承接北京的功能和产业转移，建设中国北方和环渤海地区现代化旅游宜居城市、国家级绿色环保示范区。北戴河新区距离北京市 270 千米，乘坐高铁不到 1 小时时间，区位优、气候好、空间大，可以承接北京市科研、文化、教育、医疗等诸多功能的疏解。

渤海新区位于河北省东部，东临渤海，南接山东，北依京津，海岸线 130 千米，港口、区位、交通、腹地、土地和环境容量、产业等综合优势明显。区内的黄骅港位于渤海湾穹顶处，是河北中南部六市、神黄铁路沿线和晋陕蒙等中西部地区陆路运输距离最短的港口，全国第二大煤炭输出港。307 国道、205 国道、海防公路、石港高速、津汕高速、朔黄铁路、邯黄铁路、邯黄高速、保黄高速、沿海高速共同构成便捷的交通网络。新区有广阔的非农用地、盐田、滩涂和浅海资源，土地资源是最大的比较优势和资本优势。发展定位是：依托京津冀，服务冀中南、晋中南、鲁北、豫北，是朔黄铁路沿线及陕西、内蒙古等地区最便捷的出海口，石油化工、装备制造业研发转化基地和以港口物流为基础，城市配送物流为支撑的区域性航运中心，经济繁荣、社会和谐、环境优美的宜居生态型滨海新城。要建设成为中国北方著名的区域性综合大港和能源、原材料集散中心，绿色国际化工城，京津冀重要的新兴港口城市。

冀南新区位于晋冀鲁豫四省交界地区、邯郸市中心城区南部，2012 年 10 月 19 日，冀南新区成立。新区交通便捷，京广、邯济、邯长、邯黄、京广高铁 5 条铁路和京港澳、青兰、邯大 3 条高速纵横交错；京广高铁贯通南北，2 个小时可到北京；邯郸机场已开通上海、广州、重庆等多条航线。钢铁、煤炭、电力、建材等传统支柱产业优势明显，装备制造、煤化工、新材料、现代物流等新兴产业发展迅速。新区范围内拥有山区、丘陵、平原、森林、湿地、温泉等自然生态资源。致力于打造全国重要的先进装备制造业基地、区域现代物流枢纽、中原经济区与京津冀区域的共同支撑点。

正定新区位于石家庄市滹沱河北岸，正定县城东部，紧邻石家庄机场，是石家庄市的重要支撑点，也是京津冀的重要支撑点，是提高石家庄市吸引力和辐射力的关键所在，国家与河北省应给予重点支持。正定新区应结合资源禀赋、产业基础、区位条件，因地制宜、科学规划，促使具有潜在优势的产业在正定新区迅速成长和集聚，真正培育起具有鲜明特色和较强竞争力的产业体系。发展知识密集型和劳动密集型相结合、高附加值制造业和一般制造业相结合、传统服务业和现代服务业相结合，宜居关联产业为配套的产业体系。综合分析来看，冀中南地区由于城市规模小，辐射功能有限，至今仍属于经济欠发达地区。将其培育为冀中南地区的经济增长极，不仅对石家庄市起到规模扩大、产业结构升级的作用，而且能够起到辐射带动冀中南地区的作用。

北戴河新区、曹妃甸新区、渤海新区、冀南新区、正定新区对当地经济及京津冀协同发展将起到十分重要的支撑作用，应作为河北省在京津冀协同发展中的着力点得到国家的重视，并作为京津冀协同发展的重要举措。

本章参考文献

［1］王丽.京津冀地区资源开发利用与环境保护研究［J］.经济研究参考，2015（2）：47-71.

［2］陶娟.基于突变理论的近海船舶航行安全评价研究［D］.秦皇岛：燕山大学，2011.

［3］胡恒，徐伟，岳奇，等.基于三生空间的海岸带分区模式探索——以河北省唐山市为例［J］.地域研究与开发，2017，36（6）：29-33.

［4］陈增辉.唐山港曹妃甸港区三港池通航效率提升研究［D］.大连：大连海事大学，2017.

［5］张健，宋科，张学辉.沧州市海岸线开发利用与保护修复探究［J］.海洋开发与管理，2014，31（5）：35-37.

［6］马震，谢海澜，林良俊，等.京津冀地区国土资源环境地质条件分析［J］.中国地质，2017，44（5）：857-873.

［7］陆大道.京津冀城市群功能定位及协同发展［J］.地理科学进展，2015，34（3）：265-270.

［8］肖金成，马燕坤.京津冀空间布局优化与河北的着力点［J］.全球化，2015（12）：17-31+133.

［9］肖金成，欧阳慧.优化国土空间开发格局研究［M］.北京：中国计划出版社，2015.

［10］肖金成，马燕坤，张雪领.都市圈科学界定与现代化都市圈规划研究［J］.经济纵横，2019（11）：32-41+2.

［11］肖金成，申现杰，马燕坤.京津冀城市群与世界级城市群比较［J］.中国经济报告，2017（11）：94-98.

［12］河北省发展和改革委员会宏观经济研究所课题组，肖金成.京津冀世界级城市群发展研究［J］.经济研究参考，2018（15）：25-44.

［13］李兰冰，郭琪，吕程.雄安新区与京津冀世界级城市群建设［J］.南开学报（哲学社会科学版），2017（4）：22-31.

［14］刘秉镰，孙哲.京津冀区域协同的路径与雄安新区改革［J］.南开学报（哲学社会科学版），2017（4）：12-21.

第四章
京津冀交通一体化

交通一体化是京津冀协同发展的先行领域。目前京津冀地区基本形成了以"四纵四横一环"运输通道为主骨架的、多节点网格状的区域交通格局，初步构建了现代化高质量综合立体交通网。下一步，京津冀交通一体化将聚焦四大领域推进：一是支撑服务北京疏解非首都功能，扎实推进雄安新区交通建设、北京城市副中心交通建设；二是构建现代化高质量综合立体交通网，建设"轨道上的京津冀"，完善便捷通畅公路交通网，建设世界级机场群和港口群，加快推进北京、天津等国际性综合交通枢纽城市建设；三是提升运输服务品质，积极发展旅客联程运输、货物多式联运，深化推进交通一卡通互联互通，优先发展城市公共交通，推动交通运输绿色智能安全发展；四是推动体制机制改革创新，支持开展交通强国建设试点，完善一体化发展政策，加强法规标准统一。

第一节　京津冀交通一体化发展概况

《京津冀协同发展规划纲要》显示，要持续推动京津冀交通一体化发展，着力构建现代化交通网络系统。在北京、天津、河北三地的共同努力下，坚持贯彻"三地一盘棋，坚持整体性"的要求，全面构建协同工作机制，截至目前，京津冀交通一体化工作取得了积极成效。

一、京津冀交通建设基本情况

京津冀三省市牢牢把握交通的基础先导作用，着力推进交通基础设施建设和互联互通。截至目前，干线铁路和城际铁路主骨架基本建立，多层级的轨道交通网络初具规模，公路交通网络日益完善通畅，机场群、港口群建设成果达到国际先进水平，"四横、四纵、一环"的京津冀网络化综合运输通道格局基本形成。

（一）轨道交通

京津冀多层级的轨道交通网络建设不断加强。国家干线铁路建设不断完善，以北京、天津为核心的交通枢纽，联通河北的国家级高速铁路网已基本完善。京张高铁、京沈高铁等相继建成通车，雄商、雄忻、津潍高铁加快推进，地级以上城市全部实现高铁覆盖，京津冀与辽中南、中原、山东半岛城市群等周边区域联通时间大幅缩短，城市群间良性互动的局面初步形成。

城际铁路建设促进京津冀城市间运输联系。京津城际延伸线、京雄城际、津保铁路、崇礼铁路建成通车，京唐城际、京滨城际、津兴铁路、石衡沧港城际和城际铁路联络线一期等一大批城际铁路建设正在加速推进。邻市之间基本实现铁路 1.5 小时通达，京雄津保"1 小时通勤圈"基本形成。2020 年底，京津冀区域营运性铁路总里程达 10480 千米，较 2014 年增长 33.6%。

轨道交通结构优化，市郊铁路建设进展迅速。截至 2021 年底，北京市已开通城市副中心线、怀柔—密云线、通密线、东北环线和 S2 线等 4 条市郊铁路共 428.9 千米（其中市域内 364.7 千米），出台《关于促进市城（郊）铁路发展的指导意见（试行）》。天津市发布《市域（郊）铁路专项规划（2019—2035 年）》并开行津蓟市郊铁路等。北京和天津中心城区与新城、卫星城之间的"0.5 小时通勤圈"加速构建，未来将对支撑远距离通勤、引导城镇空间优化发挥日益重要的作用。

地铁建设发展迅速，绿色交通出行占比不断提升。截至 2021 年底，北京地铁总里程已达783千米，自2014年以来增加了256千米，城市绿色交通出行比例连年上升。天津市地铁已建成6条线路，总计通车里程232千米，目前仍有多条线路在持续推进建设。此外，石家庄地铁实现从无到有，通车里程超过60千米，极大地推进城市空间的扩展与地面交通的优化。

（二）公路交通

基本完成国家高速公路网建设任务，"单中心、放射状"的路网结构得到有效改善。京台、京昆、京礼、津石、大兴国际机场高速等高速公路建成通车，首都环线高速通州大兴段贯通，京秦、承平等高速路建设加快推进。截至2020年底，京津冀三省市高速公路总里程达10307千米，较2014年增长29.2%，有效形成了缓解北京过境交通压力的首都地区环线通道，同时也缩短了区域各城市间的互通时间。

强化协同共建，"待贯通路""瓶颈路"基本消除。在此之前，因为京津冀三省市的规划和建设节奏存在差异，导致遗留多条"待贯通路"和"瓶颈路"，阻碍三地交通联通。2014年以来，三省市交通主管部门主动加强工程对接，到2020年底，三省市累计打通"待贯通路""瓶颈路"32条段共2005千米，国高网首都放射线路段全部打通。

提升路网通达水平，助力脱贫攻坚任务顺利完成。加速实施贫困地区高速工程建设，重点围绕燕山—太行山区集中连片特殊贫困区域、黑龙港流域等重点范围，建设了太行山地区高速、曲港高速（曲阳至肃宁段）等贫困地区高速共14条段。加快了农村公路提级改建、安保和危桥改造等建设，贫困区域交通落后状况彻底改变。

（三）港口群建设

天津港初步建成国际一流枢纽港口。国家出台《关于加快天津北方国际航运枢纽建设的意见》。建成高沙岭港区、大港港区深水航道和南疆港区27号通用码头、中石化天津液化天然气码头等一批专业化码头，港口设施能级持续提升。铁路集疏运比例持续提高，岸电设施广泛覆盖，绿色港口建设成效显著。累计开通集装箱航线130条，每月航班550余班，建成内陆营销中心 111 个，海陆双向辐射能力明显增强。2020 年港口货物吞吐量达到 5.03 亿吨，集装箱吞吐量达到 1835.3 万标准箱，较 2014 年提高 31%，2020 年在新华·波罗的海国际航运中心发展指数排名中较 2018 年跃升 10 位。

港口协同分工和合作不断深化。扎实落实《加快推进津冀港口协同发展工作方案（2017—2020 年）》，天津港以集装箱干线运输为重点，调整优化大宗散货运输结构，积极发展滚装和邮轮等运输功能，建设国际枢纽港。河北省港口巩固能源、原材料等大宗散货运输功能，拓展临港产业、现代物流等功能，错位发展、有效互动的格局基本形成。以资本为纽带，天津港集团与河北港口集团、唐山港实业集团合资成立两个集装箱码头公司，开通环渤海内支线 16 条。天津港 2020 年完成中转吞吐量 185 万标准箱。设立天津港集团雄安新区服务中心，为货运开通绿色通道。津冀两地港口企业在 2019 年签署战略合作框架协议基础上，2020 年再次签署《世界一流津冀港口全面战略合作框架协议》，深化渤海湾深水资源共享利用，制定实施《津冀沿海锚地布局方案》等。着眼错位发展，实现优势互补，在 2020 年津冀港口群货物吞吐量中，河北港口占比 70.5%，天津港占比 29.5%；在津冀港口群集装箱吞吐量中，河北港口占比 19.6%，天津港占比 80.4%。

港口后方集疏运体系日臻完善。建成滨海新区绕城高速，塘承高速与西中环联络线、西中环南延线等集疏港道路建设稳步推进。南疆矿石铁路专用线投入运营，南港铁路项目全线通车。

（四）航空枢纽

"双核两翼多节点"的京津冀机场群布局完成。北京大兴国际机场顺利通航，天津滨海国际机场三期扩建工程加快推进，秦皇岛北戴河机场、承德普宁机场建成通航，冬奥会配套工程张家口宁远机场以及邯郸机场等改扩建工程建成投用，邢台军民合用机场主体完工，京津冀 9 个规划机场全部投入使用。2019 年，区域 9 个机场客运量接近 1.4 亿人次，其中首都机场客运量达 1 亿人次，位居亚洲第一、世界第二；天津滨海、石家庄正定机场的保障能力和区域枢纽地位也不断提升，天津机场旅客吞吐量由 1000 万人次提升至

2000 万人次以上。京冀共建共管的大兴国际机场临空经济区建设全面启动，三省市多个空港型综保区、跨境电商综合实验区、自由贸易试验区等空港经济区落地，机场群成为京津冀区域经济增长新引擎。

机场协同分工、差异化发展的格局初步形成。首都机场加快结构调整，不断腾挪优化远程国际航线航班。从 2014 年到 2019 年，国际航点数增加了 31 个。天津滨海机场强化区域枢纽功能，大力发展航空物流。石家庄正定机场积极发展航空快件集散及低成本航空，成功迈入千万级机场行列，旅客吞吐量年均增长 18.8%；空铁联运成效明显，2019 年运送空铁联运旅客 130 万人次，年均增长 50.3%。

机场陆侧交通保障体系不断完善。京雄城际大兴国际机场站、京广高铁正定机场站开通运营，天津滨海国际机场三期改扩建工程与京滨铁路机场站进行一体化设计，首都机场与京哈高铁连接线开展前期研究。津兴铁路、城际铁路联络线一期工程按期推进，京津石四大机场均已开通城市轨道交通快线。枢纽机场与轨道交通联通的综合交通运输体系正在不断形成，为扩大机场辐射范围、提升航空服务水平和枢纽运营效率提供了有力支撑。京开拓宽工程、京石、大兴国际机场北线高速（京开高速—京台高速）工程等建成通车，京密路加快改造，以机场为重要节点的高速路网更加完善。

二、京津冀交通一体化的目标

根据《京津冀协同发展交通一体化规划》，到 2020 年，多节点、网格状的区域交通网络基本形成，城际铁路主骨架基本建成，公路网络完善通畅，港口群机场群整体服务、交通智能化、运营管理力争达到国际先进水平，基本建成安全可靠、便捷高效、经济适用、绿色环保的综合交通运输体系，形成京津石中心城区与新城、卫星城之间的"1 小时通勤圈"，京津保唐"1 小时交通圈"，相邻城市间基本实现 1.5 小时通达。到 2030 年形成"安全、便捷、高效、绿色、经济"的一体化综合交通运输体系。进一步提高京津冀地区轨道交通智能化水平，率先构建面向交通的新一代信息基础设施，推动不同轨道交通之间互联互通、融合发展、有序衔接、无缝换乘。

三、交通一体化政策体系

在京津冀一体化的进程中，中央以及京津冀三地皆出台了一些相关的政策文件，以下是对京津冀交通一体化相关的政策文件梳理的内容，明确中央对京津冀交通一体化的要求，以及京津冀三地对京津冀交通一体化的自身需求。

（一）规划要求

1.《京津冀协同发展规划纲要》

《规划纲要》指出，推动京津冀协同发展是一个重大国家战略，核心是有序疏解北京非首都功能，要在京津冀交通一体化、生态环境保护、产业升级转移等重点领域率先取得突破。

2.《京津冀协同发展交通一体化规划（2014—2020年）》

在京津冀协同发展顶层设计落地后，作为一大突破口，交通领域的一体化规划也已获批。京津冀交通一体化的核心是打造"轨道上的京津冀"。未来，国家干线铁路、城际铁路、市郊铁路、城市地铁将构成京津冀之间的四层轨道交通网络。

3.《北京市国民经济和社会发展第十四个五年规划和二〇三五年远景目标纲要》

要纵深推动京津冀协同发展，大力推进区域交通一体化：巩固提升"轨道上的京津冀"，落实京津冀核心区铁路枢纽总图规划，提升同城化效应。完善便捷畅通的公路交通网，推进首都地区环线高速全线绕出北京，实现六环路国家高速公路功能外移。推动构建世界级机场群，强化京津冀机场群分工协同，优化航线网络布局，提升北京双枢纽竞争力，形成分工合作、优势互补、协同发展的机场群，提升在全球资源配置中的枢纽地位。直连直通津冀港口群，推进北京空港、陆港与天津港的融合，加强与唐山港、黄骅港等港口群对接，用好津冀出海通道，建设安全绿色、畅通高效的货物运输体系。

发展集装箱海铁联运，研究开行北京—天津港集装箱铁路班列。

4.《天津市国民经济和社会发展第十四个五年规划和二〇三五年远景目标纲要》

坚持把推动京津冀协同发展作为重大政治任务和重大历史机遇，主动服务北京非首都功能疏解，主动服务雄安新区建设，对接京津冀世界级城市群建设，增强服务辐射功能，基本实现"一基地三区"功能定位。打造世界一流智慧港口绿色港口。

5.《河北省国民经济和社会发展第十四个五年规划和二〇三五年远景目标纲要》

推动高水平交通一体化。推进城际铁路建设，加强环首都市县与北京的联系，构建多层次现代轨道交通网络，基本建成轨道上的京津冀。加强与京津高速公路、普通干线公路互联互通，推动环京津市县与京津形成"1小时交通圈"。提高京津冀机场、港口协同水平，合力打造世界级现代化机场群、港口群。

6.《北京市轨道交通线网规划（2020年—2035年）》

构建三级枢纽体系，依据城市发展要求和地区发展条件，构建国家级、区域级和城市级三级枢纽体系。区域级客运枢纽依托城际铁路和区域快线打造，主要布局在中心城区与多点新城地区，用于承担京津冀核心区域和首都圈地区客运功能。

7.《天津市综合交通运输"十四五"规划》

基本建成密接京冀、覆盖城乡的"公铁两网"。加快建设"轨道上的京津冀"，到2025年，基本形成5条高铁城际连通北京格局，高铁城际里程达到470千米，铁路网总里程突破1500千米，路网密度居全国前列，基本实现京津雄30分钟通勤、京津冀主要城市1小时通达。

8.《河北省公路发展"十四五"规划》

要优化完善基础设施网络。聚焦办好"三件大事"，构建高效便捷区域干线网络，有力支撑国家区域重大战略和国家大事顺利实施。服务拓展京津冀协同发展新格局，强化对接京津通道。

9.《北京市"十四五"时期重大基础设施发展规划》

全面落实京津冀协同发展国家战略，大力推进区域交通一体化和能源安全保障体系建设，加强生态环境协同治理，助力推动形成以首都为核心的世界级城市群主干构架。从打造面向全球的世界级机场群、巩固提升"轨道上的京津冀"、完善综合交通枢纽空间布局、完善便捷畅通的公路网四个方面，加强京津冀交通互联互通，加快基础设施一体化发展。高水平建设北京城市副中心基础设施，加快推进平原新城基础设施，构建便捷畅达、内畅外联的城市交通体系。

（二）政策举措

1.《天津市 2019 年重点建设、重点前期和重点储备项目安排意见》

加快铁路、港口、高速公路等大交通体系建设，推进京津冀区域交通一体化，加大城市轨道交通、道路等城市基础设施投入，其中轨道交通重点建设项目 8 项，开展前期项目 6 项，重点储备项目 9 项，主要包括地铁、轨道等建设项目。

2.《构建现代化首都都市圈重点任务落实工作方案》

明确将首都都市圈分为三个层次：通勤圈、功能圈和产业圈，其中通勤圈为北京向外 50 千米，覆盖燕郊、大厂、香河、涿州、固安、武清等环京地区。为了促进"通勤圈"地区缩短进京时间，近期，廊坊北三县将增设公交专用道、安检专用道，在白庙检查站及兴各庄检查站设公交安检专用道，提升公交车进京检查效率。利用市场化手段开行北三县至中心城的"定制快巴"。远期，坚持"轨道先行"的理念，加快推进市郊铁路、城际铁路、城市轨道交通、干线铁路与北三县连接。

3.《北京市推进京津冀协同发展 2022 年工作要点》

北京将加快构建现代化首都都市圈，包括建设环京周边地区"通勤圈"，京津雄地区"功能圈"和节点城市"产业圈"。"通勤圈"主要是深化北京通州、大兴、房山等区与廊坊北三县、固安、天津武清等环京周边地区密切合作，率先构建一体化交通体系，引导北京适宜产业在环京地区发展，推进公共服务共建共享。

京津冀在交通、生态、产业、公共服务等重点领域的合作也将迎来新突破。交通网络方面，京唐城际铁路 2022 年建成通车，市郊铁路城市副中心线（北京西—良乡段）整体提升工程和东北环线工程建设将启动，国道 109 新线高速、承平高速、西太路等将加快建设。

第二节　京津冀交通一体化发展取得的成效与存在的问题

一、京津冀交通一体化取得的成效

交通是京津冀协同发展过程中率先突破的三个重点领域之一。2014 年，习近平总书记提出"把交通一体化作为推进京津冀协同发展的先行领域，加快构建快速、便捷、高效、安全、大容量、低成本的互联互通综合交通网络"。7 年来，京津冀三省市牢牢抓住疏解北京非首都功能这个"牛鼻子"，推动京津冀交通一体化从"蓝图"到"现实"，顺利完成了规划要求的各项任务，协同发展水平在全国走在前列，区域安全、便捷、高效、绿色、经济的综合交通运输体系建设已经取得显著成效。

（一）交通网络体系正在走向成熟

京津冀三省市牢牢把握交通的基础先导作用，着力推进交通基础设施建设和互联互通。目前，以干线铁路和城际铁路为主骨架的多层级轨道交通网络基本形成，公路交通网络日益完善通畅，机场群、港口群发展达到国际先进水平，"四横、四纵、一环"的京津冀网络化综合运输格局基本形成。

（二）"轨道上的都市圈"格局初步形成

区域国家干线铁路建设持续完善，城际铁路建设也加快推进，相邻城市间基本实现铁路 1.5 小时通达，京雄津保"1 小时交通圈"已经形成。截至 2020 年底，京津冀营运性铁路总里程达 10480 千米，较 2014 年增长 33.6%。同时，市郊铁路发展也实现重大突破，地铁建设力度也继续加大，轨道交通网络进一步织补、加密、优化。截至 2020 年底，北京市已开通城市副中心线、通密线等 4 条市郊铁路共 400 千米，轨道交通线网里程达 727 千米，7 年来增加了 200 千米，城市绿色交通出行比例连年上升。

（三）省市间"断头路""瓶颈路"加快消除

公路交通网方面，"单中心、放射状"的路网结构得到有效改善。京台、京昆、津石、大兴国际机场等一大批高速公路建成通车，截至 2020 年底，京津冀三省市高速公路总里程达 10307 千米，较 2014 年增长 29.2%，有效形成了缓解北京过境交通压力的首都地区环线通道，同时也缩短了各城市间的互通时间。同时，截至 2020 年底，三省市累计打通"待贯通路""瓶颈路"32 条段共计 2005 千米，国高网首都放射线路段全部打通。

（四）航空港口枢纽集群协作优势初显

航空枢纽方面，"双核两翼多节点"的京津冀机场群已经布局完成，北京大兴国际机场等 9 个京津冀规划机场全部投入使用，京冀共建共管的大兴国际机场临空经济区建设也全面启动。同时，机场陆侧交通保障体系不断完善，以机场为重要节点的高速路网更加优化，京津石四大机场均已开通城市轨道交通快线，枢纽机场与轨道交通联通的综合交通运输体系正在不断形成。

港口群方面，津冀港口协同分工和合作不断深化，天津港以集装箱干线运输为重点，调整优化大宗散货运输结构，积极发展滚装和邮轮等运输功能，加快建设国际枢纽港。河北省港口巩固能源、原材料等大宗散货运输功能，拓展临港产业、现代物流等功能，错位发展、有效互动的格局基本形成。

（五）运输服务一体化取得突破

7 年来，京津冀综合运输服务示范成果突出，交通共建、共享水平快速提升，智能化、绿色化水平大幅提高，通达能力和便捷程度显著增强，区域交通基本实现"人畅其行，物畅其流"，交通一体化服务质量全面提高。

交通智能化方面，三省市出行信息纳入"出行云"平台并向社会开放，交通信息共享应用示范效应不断显现。同时，京津冀交通"一卡通"不断推广使用。截至2020年底，三省市已发卡700余万张，与全国288个城市互联互通，一卡走遍京津冀乃至全国的出行模式基本形成。北京轨道交通乘车二维码"一码通行"工作也不断推广，目前已实现与天津、上海等5座城市互联互通。此外，省级客运联网售票系统已投入使用。截至2020年底，三省市共计169个二级及以上客运站均可提供跨省（市）内联网售票、改退签和快捷乘车等功能，"互联网＋便捷交通"的服务理念深入人心。

运营模式方面，多层级的轨道交通服务体系正在加快构建，轨道交通"四网融合"不断发展。北京清河站、北京西站和天津站等铁路站已实现铁路与城市轨道信息共享、安检互认；北京站、天津站等多个火车站已实现高铁与市郊铁路、城市轨道的便捷换乘。同时，跨省客运服务水平日益提升。目前，北京已实现38条公交线路常态化运营，服务河北省廊坊、张家口等17个县市及地区，日均客运量约27万人次，有力支撑了环京地区居民日常和通勤出行。京津冀三省市合力完成平谷至遵化、蓟州等6条客运班线的公交化改造，沿途40余个村庄、8万余人受益。

联运模式方面，旅客联程联运模式更加多样，效率不断提升。大兴国际机场推出了空轨联运票价优惠政策，旅客可在地铁草桥站办理值机和行李托运，实现更为便捷高效的"一站式服务"。天津滨海机场、石家庄正定机场推出空铁、空巴、空轨等联运产品，异地候机楼、客运直通班线覆盖范围持续扩大。

运输结构方面，三省市强化对接，围绕货运铁路建设、铁路货运服务、大宗货物"公转铁"、新能源货车推广等工作，全方位深入推进运输结构调整。到2020年底，北京、天津和河北的货物到发铁路运输比重分别达到了9.67%、20.77%和12.5%，北京大红门、三家店等铁路货场新能源货车配送比例已达到100%，天津港2017年煤炭全部实现铁路集疏运，铁矿石铁路集疏运占比持续提升。

（六）不断健全和完善协同发展机制，持续深化法制、政策、标准协同

京津冀作为全国区域协同发展改革引领示范区，通过改革创新不断健全和完善协同发展机制，基本实现了"规划同图、建设同步、运输一体、管理协同"，为交通一体化的高质量发展提供保障。

协同发展机制方面，交通领域率先形成了多层级的协同发展机制。7年来，交通运输部京津冀暨雄安新区交通建设领导小组牵头举行会议10次，京津冀三省市区域交通一体化统筹协调小组组织各种联席会、专题会40余次，共签署接线协议16份，为推动京津冀交通一体化工作、提升三省市协同管理水平起到了至关重要的支撑和保障作用。

法制政策标准协同方面，京津冀三地积极推进交通领域联合立法，法制政策标准协同持续深化。2014—2020年间，联合印发规范性文件、交叉备份文件140份，共同研究推进大兴国际机场联合执法、冬奥会交通秩序保障等一体化法制建设工作。常态化开展区域治超协作工作、跨省市运输违法违章联合治理工作等，协同共管成效突出。加快一体化政策的制定和出台，全面落实"一张蓝图绘到底"的理念，政策协同持续强化。此外，深入研究交通标准一体化工作，7年间三地共联合发布交通标准9个，标准协同成效显著。

（七）交通一体化对区域发展的贡献

立足推进人流、物流、信息流等要素快速流动，京津冀交通一体化已将三地紧密串联，铺就了一条三地协同发展"高速路"。

人流——"双城生活"更便捷，进一步疏解北京居住压力。京津冀交通一体化发展进一步促成环首都"1小时通勤圈"的形成，进一步畅通津冀进京道路，缩短进京时间，使得"住在津冀，工作在北京"的"双城生活"成为更多人的选择。在交通一体化的支撑下，北京居住功能进一步向外疏解，为京津冀教育、医疗、社会福利等领域的一体化发展奠定基础。此外，京津冀都市圈范围内的出差、交流、探亲访友、旅游休闲等人流往来不断加密，进一步提升区域经济活力。

物流——提升企业效率，降低物流成本。京津冀交通承载力不断提升，

将高速公路、国省干线、城际铁路全部连接起来，使得三地交通沿线的大小产业园区物流运输效率极大提升，业务覆盖范围不断扩大，经营效益越来越好。得益于交通一体化的迅速发展，圆通等快递企业向外迁移，在运输成本下降的同时，促进北京非首都功能向外疏解，同时奠定"服务北方，辐射全国"的物流服务定位。此外，京津冀通关一体化改革成效显著。从"属地申报、口岸验放"，到"属地申报、属地放行"，再到"京津冀区域通关一体化""区区联动"，从担保验放到无纸通关、电子支付、汇总征税，北京地区海关通关效率大幅提升，通关环境不断优化，跨区通关物流成本减少了近三成，数万企业从中受惠。

信息流——信息资源便捷流动，促进科技创新型企业快速发展。"轨道上的京津冀"为津冀两地园区主动对接首都优质资源、服务企业快速发展提供基础。尤其是对运输时间敏感的医疗、检验检测等科技创新企业，交通一体化快速发展极大利好三地信息沟通、流动，促进企业服务质量提升，业务范围快速扩展。

二、京津冀交通一体化面临的问题

尽管京津冀交通一体化已经取得了显著成就，交通基础设施建设不断加强，一体化运营服务及管理机制不断探索，但仍然存在现实的困境与壁垒，阻碍三地交通一体化的快速发展。

（一）交通网络和城镇体系之间不协调

交通设施的网络化与人口产业集聚矛盾突出，京津冀人口流动呈现以北京、天津为双核心的极化过程，交通流"核心—边缘"模式明显，这与正在大力推进的京津冀交通网络化格局不相符合。交通设施同土地开发、城市建设等相分离，大型区域交通设施对于区域产业和人口空间布局的先行引导能力弱，交通设施的社会经济带动作用发挥不足。非首都功能疏解和新区建设（雄安新区、北京城市副中心等）形成环京产业人口聚集区，但交通支撑不足。城镇规模同交通承载力不协调，大城市超负荷和中小城市交通运力过剩现象并存。生产和生活空间同交通设施建设不协调，城市就业和服务过于集中在主城区，郊区职住不平衡，长距离通勤和交通拥堵严重，影响生产效率和生活质量。

（二）区域交通协调统筹保障不足

由于历史因素，三地行政区划不同，各地总是偏向于自身的利益进行规划与建设，造成多地存在"瓶颈路""断头路"等，综合路网衔接不畅。机场方面，北京大兴机场正式投入运营，对于缓解首都客货运流量产生了很大的影响，但目前还未建立完善的机场协作体系，京津冀三地的机场之间分工不明确，功能发挥不明显，表现在天津滨海国际机场和石家庄正定机场吸纳客货运流量不足，在机场吞吐量、航线覆盖范围、机场规模等方面与北京仍存在较大差距。这需要北京、天津、河北三地做好规划，比如建立完备的大兴机场配套基础设施和接驳换乘方式，方便人们出行。

京津冀交通一体化的建设和管理"缺乏一个统一的跨界治理的合作组织为京津冀交通一体化制定发展的长远目标和长效机制"。京津冀交通一体化领导小组并非是一个常态化、专门性的行政机构，因而在相关政策措施实施过程中难以高效发挥统一协调的作用。同时，京津冀交通一体化建设在统筹规划方面还有待加强，尤其是在有关基础设施的规划、运营、资金投入和监督等多方面缺乏相关明确的法律法规及配套政策支持，这些宏观统筹方面的缺口将会严重制约京津冀三地在涉及核心利益时的协调合作，尤其在建设投入及利益分配方面阻碍城际间协同合作。

（三）枢纽分工协作不足，服务水平低

京津冀集中了由天津港、秦皇岛港、唐山港（京唐港区和曹妃甸港区）、黄骅港所组成的大型港口集群，并且还有由北京首都机场、北京大兴机场、天津滨海国际机场、石家庄正定机场、邯郸冀南新区机场、秦皇岛北戴河机场、唐山三女河机场、张家口宁远机场所组成的京津冀机场群。这些枢纽间协调性差，缺乏必要的信息沟通与交流，都处于"各扫门前雪"的状态。大型国际机场集中了大量的客货流而其他机场处于闲置状态，例如，首都机场客流超饱和，但天津滨海国际机场、河北石家庄正定机场等却出现客流严重不足的现象。水运海港枢纽间信息沟通差，出现了竞争大于合作、交通资源严重浪费等问题。此外，枢纽之间多式联运水平较低，空铁、空空、港铁等多种交通方式融合、协调、协同等方面还存在许多体制机制问题，综合运输效率有待提高。

（四）建设资金紧张，政府压力巨大

交通基础设施投资具有公益性强、规模大、周期长、回报率低等特点，难以吸引社会力量及私人资本投资，成为当代交通发展的突出瓶颈，给政府进行交通基础设施建设带来很大的资金困境。以河北省为例，2015年，河北省交通基础设施投资达1020亿元，河北省交通运输厅2014年的负债规模已超过3000亿元。同时，2017年6月，河北省政府办公厅印发的《河北省综合交通运输体系发展"十三五"规划》提出，"十三五"期间，河北省将预计完成投资6000亿元，其中轨道投资1600亿元、公路投资3450亿元、港口投资400亿元、民航投资350亿元、枢纽站场投资200亿元。2019年，河北省交通基础设施建设固定资产投资达908亿元。2021年，河北省交通基础设施建设投资已破千亿元。对于河北省的经济发展状况来讲，巨额的交通基础设施投资，对财政的压力巨大。

（五）城市快行交通与慢行交通还存在衔接不畅、换乘困难等问题

京津冀各市仍然存在我国城市交通发展的通病，城市慢行交通系统建设之后，与城市快行交通的接驳能力不足，导致城市出行衔接不畅、换乘困难，"最后一公里"等出行问题仍然较为突出。首先，非机动车道在城市内部仍然存在"断头路"、管理混乱、路面狭窄拥挤、与机动车道混行等问题，导致道路拥堵、交通事故频发，进一步阻碍城市交通效率的提升。其次，城市绿道系统建设滞后，尚未形成三地互通、一体化建设的城市慢行系统。目前城市慢行系统仍然集中在观光休闲区域，存在铺设密度不足、建设质量较差、无法衔接城市道路、自行车停靠管理站点缺乏等问题。

（六）交通服务的一体化水平有待提升

京津冀通勤化运输服务水平低，全流程、一站式、一单制等运输模式发展不足。京津城际公交化运营与居民高质量出行需求矛盾突出，同城优惠卡高峰时一票难求。城市值机楼联运效率低，客流量不容乐观。居民出行换乘等候等无效交通时间长，北京都市圈的无效交通时间平均占比就达到37%。

（七）高速智慧路网建设不足

随着我国新能源汽车使用率的不断提升，对区域智慧路网建设也提出了新要求。尽管京津冀路网发达、对接顺畅，但对于行驶其中的新能源车辆来说，续航里程有限、充电时间长、充电站及换电站覆盖面有限等问题日益凸显，给一些频繁在三地通行的人带来不便。目前京津冀仍然在充电设施规划、选址、建设等方面缺乏一体化建设行动，充电站、换电站等设施仍然不足。此外，京津冀真正实现"智慧高速公路"的项目仍然较少，对高精准定位、窄带物联网、大数据、人工智能、自动驾驶等新一代信息技术的集成使用仍然处于规划试验阶段。

第三节 "十四五"时期京津冀交通一体化的重点任务

根据京津冀一体化发展目标，在"十四五"期间，京津冀将围绕"支撑雄安新区和北京城市副中心建设""完善综合交通网络化布局""打造世界级综合交通枢纽""提升区域运输服务一体化水平"等重点任务，全力推动京津冀交通一体化取得新突破。

一、支持雄安新区和北京城市副中心建设

（一）建设雄安新区综合交通运输体系

强化顶层设计，建立健全综合交通规划体系。"四纵三横"高速公路网、网格化普通干线公路网全部纳入《河北雄安新区规划纲要》《河北雄安新区总

体规划（2018—2035年）》，27个对外骨干路网项目（总长约1195千米、总投资约1866亿元）全部纳入《河北雄安新区综合交通专项规划》。路网联通高铁站、城际站和白洋淀站、白沟站"两主两辅"枢纽，京雄、津雄快速直达，与大兴国际机场直通，与天津港、黄骅港畅通，构建起多中心、网络化的交通布局。《京津冀核心区铁路枢纽总图规划（2016年—2030年）》规划建设雄安铁路枢纽、霸州技术作业站及白沟物流基地等；编制《河北雄安新区智能交通专项规划》，对新区智能交通体系进行总体设计；编制《河北雄安新区综合立体交通网规划》，对新区各类交通基础设施进行统筹布局，夯实新区交通基础设施系统底盘，做好交通运输各细分领域的整体谋划。面向重点项目及复杂工程的落地实施，充分衔接上位规划与项目建设。

建设雄安新区快速便捷的区域综合交通网络。京雄城际铁路全线贯通，雄商、雄忻高铁，石雄城际铁路，雄安新区至大兴国际机场快线等项目前期工作开展顺利，雄安新区"四纵两横"高速铁路网建设加快。京雄高速等4条段高速公路和良常路南延（G230）、容易线、安大线等3条普通干线公路于2021年建成通车，雄安新区对外骨干交通路网初具规模。天津港集团雄安新区服务中心投入运营，依托保定、胜芳、白沟等物流节点形成了"一中心三节点"的服务保障体系，为雄安新区打造便捷高效的出海口。

着力打造交通强国建设先行区。《河北雄安新区交通强国建设试点实施方案》编制获批，雄安新区列入全国首批交通强国建设试点。京雄城际引入智能建造手段，打造中国智能化高铁建设"新标杆"。京雄高速全线贯穿智慧创新理念，聚焦车路协同式自动驾驶产业发展，为雄安未来之城的数字化、智能化、融合化提供更多的支撑。雄安新区交通建设经验逐步形成，先行区建设初见成效。

（二）副中心轨道线向北三县延伸

支撑雄安新区和北京城市副中心建设，是"十四五"时期京津冀交通一体化发展的重要任务。北京将加快推进京雄商高铁、大兴机场至雄安新区机场快线、大兴机场东西延、京雄高速公路北京段的建设，加强与雄安新区的交通衔接。

在强化城市副中心对外交通辐射能力方面，"十四五"期间将稳定轨道交通 R1 线、规划北线、轨道交通 S6 线线位；推进城际铁路联络线、平谷线建设；推进东六环改造、京哈高速加宽、厂通路、广渠路东延、通马路等干线道路建设。同时，完善城市副中心内部交通体系，建成城市副中心站客运枢纽；打造广渠路快速公交示范走廊；有序推进步行和自行车交通环境改善；加大智慧停车建设；实现京杭大运河（北京段）通航。

此外，还将推进城市副中心与北三县交通基础设施互联互通，完善北京城市副中心南部与大厂、香河的骨架性通道网络建设；加快跨区域轨道交通建设，重点推进北京城市副中心轨道交通线路向北三县延伸；创新跨区域交通建设组织模式，建立城际轨道、公交运营补贴分担等运营机制。

（三）疏解主城区过境交通

轨道交通方面，以干线铁路和城际铁路建设为重点，推进跨区域重大轨道交通基础设施建设，串联主要城区及重要交通枢纽。继续加快城际铁路建设，加快推进京滨、京唐城际铁路建设，加强京津冀城市群东部城市与北京、天津之间的交通衔接。统筹利用铁路既有线路及站点资源，同时结合城市用地及廊道空间新建轨道交通快线。此外，推动货运环线建设，推动铁路客运和货运外环线建设及大型货运站功能外迁，释放铁路既有线路运力，开行市郊铁路。

公路交通方面，"十四五"期间将推动北京六环路国家高速公路功能外移，疏解北京主城区过境交通。强化北京与天津、河北交通基础设施衔接，加快推进国道 109 新线高速、承平高速公路建设。加快推进首都地区环线高速天津、河北段工程，推动首都地区环线高速全线绕出北京市域。推进重点区域普通公路建设，加快推进 G108 三期、房易路等公路建设，进一步提升京津冀公路互联互通水平。围绕加快城市副中心建设，推进孔兴路、潞马路、潞小路、潞于路、张凤路南延等公路新改建工程。围绕三城一区、城南地区、大运河文化带、乐高小镇等重点功能片区发展，推进通怀路、良常路南延、G230、房易路、京良路西延等公路建设。

二、完善综合交通网络化布局

交通基础设施一体化仍要将重点放在公路和轨道交通建设上来。首先区域内公路路网要继续深化和优化，继续打通区域内存在的"断头路"，并以交通枢纽场站为中心修建完善发散式公路路网；轨道交通要注重城际铁路和市域内短途轻轨铁路的发展，方便人们的出行，做好京津冀交通一体化的"硬件工作"。

（一）持续畅通公路网建设

继续推进畅通便捷的公路网建设。目前来看，主要以北京市为中心向整个京津冀地区进行放射状路网建设，同时北京副中心和河北雄安新区公路路网建设正在成为新的放射点。继续推进首都环线延伸线建设，将放射路网延伸至更多卫星城区，推进国高网首都放射线天津段和河北段的建成通车。建立覆盖河北省张家口、涿州、廊坊、承德以及北京市大兴区、通州区和平谷区等地的高速公路，将河北承德、兴隆、三河、香河、廊坊、张家口、崇礼、沽源、丰宁等城市串联起来。

继续打通区域内公路路网"断头路""瓶颈路"。推进北京至其他两地的高速路接口、普通干线公路接口建设，方便京津冀之间互通往来。推进雄安新区对外骨干交通路网建设项目的建设，建成津石高速及京雄、荣乌新线、京德高速一期工程等4条段高速公路和容易线、安大线、国道G230京冀界至码头镇段等3条普通干线公路，打造便捷、安全、绿色、智能交通体系。

完善机场群之间的交通路网，便利转机换乘。如北京大兴国际机场，要继续推进"五横五纵"交通接驳网建设，推进廊涿城际铁路建成通车，增建由大兴机场通往天津和河北的省级客运班线，天津市也要积极推进由天津发往大兴机场的城际铁路建设，尽可能减少换乘次数，方便人们出行。

（二）不断扩展轨道交通网建设

轨道线路逐步覆盖末端郊区出行需求。要加大投入力度，目前北京外环至郊县的城市轨道交通建设基本能够满足人们出行需求，但是天津市环城四区，尤其是河北大部分地区轨道交通建设起步晚，进度较慢。因此要在现有基础上，加快河北省轨道交通规划和建设工作，完成市域铁路组网，确保中心城区各项功能区之间的快速接驳与换乘。依托现有铁路线，投入发展市域内轻轨交通，解决远郊居民的出行需求。加快建设北京大兴国际机场与其他城市交通枢纽之间的铁路连接线，同时加大投入，建设通往张家口和承德等河北北部城市的高速铁路线，实现京津冀地市级以上行政区高铁全覆盖。

持续发展联通三地的城际交通网络。加快建设连接各行政村的公共交通系统，增加轨道交通的连接度，将京津冀各大城市连接起来。同时京津冀要大力发展轨道交通，北京方面要加快北京城市副中心的通勤线路建设，河北省要加快石家庄市地铁建设进程，建设覆盖市区范围内的主要地铁线路和延长线，天津市要继续推进市域与城郊轨道交通的建设，发展新城际交通网络。

（三）围绕双机场打造立体交通网

扩大大兴机场和首都机场的"双枢纽"国际航线网络覆盖面和通达性。完善大兴机场综合交通网络，积极推动以机场为核心的综合交通枢纽建设，打造融合高铁、城际轨道、机场快轨、高速公路等多种交通设施的立体交通网络；加快完善大兴机场集疏运体系，推进大兴机场北线高速东西延等高速公路和城市快速路建设，推进轨道交通大兴机场线北延，进一步完善大兴国际机场综合交通网络，实现中心城区与大兴机场"1小时通达、一站式服务"。

加快构建航空枢纽协作机制。促进三地机场协同运行和联合管理，协调推进大兴机场和首都机场与天津滨海机场、石家庄正定机场等形成差异定位、协同发展的区域机场群。同时，将加快研究制定跨行政区域的公共交通一体化发展政策，统筹布局、建设、共享区域内城市公共交通场站设施，共同研究线路设置、票制票价、运营补贴等问题。

（四）打造世界一流的智慧绿色港口群

智慧港口建设取得重大突破。天津港推动集装箱堆场自动化改造，开工建设北疆港区C段智能化集装箱码头，实现完全无人驾驶电动集卡商业化运营，建设自动驾驶示范区的港口，建成京津冀港口智慧物流协同平台。唐山港以科技创新提升口岸综合服务能力，聚焦集装箱自动化码头建设、无人驾驶集装箱卡车研发等领域，努力降低用工成本、提升码头效率。

三、以北京为核心打造世界级综合交通枢纽

加快完善陆空服务体系，扩大大兴机场和首都机场国际竞争力。首先，扩大大兴机场和首都机场"双枢纽"的国际航线网络覆盖面和通达性。其次，完善大兴机场综合交通网络。积极推动以机场为核心的综合交通枢纽建设，打造融合高铁、城际轨道、机场快轨、高速公路等多种交通设施的立体交通网络。

加快建成天津北方国际航运枢纽。完善后方铁路通道布局，畅通连接腹地的大通道，有序推进张家口—涞源—徐水（保定）铁路、环北京货运北环线及东环线、津蓟铁路扩能改造等工程。规划建设天津港直通西部腹地铁路通道，与京九、京广、京原铁路及规划北京货运外绕线相衔接，实现天津港与晋西北、内蒙古地区货物交流而无须绕行北京枢纽，缓解北京枢纽及各主要出京通道的货运运输压力，支撑疏解非首都功能。完善雄安新区铁路货运系统，将天津港打造成为雄安新区便捷出海口，保障货物集疏运畅通。带动河北太行山区经济发展，更好促进东西部协同发展，巩固脱贫攻坚成果。提高西部腹地与天津港间的物流效率，提升天津港对我国西部地区经济社会发展的服务能力，在推进西部地区融入共建"一带一路"中发挥重要作用。

四、全面提升区域运输服务一体化水平

打造"通武廊"全面一体化交通服务"桥头堡"。在北京通州、天津武清、河北廊坊三地率先探索全面、深入的一体化交通服务体系。既包括在基础设施建设上的创新探索，例如定制公交、省际客运班线、城际铁路等多种形式；也包括在三地相关政策法规的对接、交通领域补贴标准的对接以及交通运营模式的一致化调整。支持"通武廊"区域成立交通运输联盟，允许联

盟成员企业在指定区域内开设客运专线，享受试验区特有的优惠政策，提高企业积极性。一方面为乘客提供"门对门"、价格相对较高的定制化通勤服务，同时保持相当数量的普通公交化客运供乘客选择。此外，不断优化换乘的节点设置、交通标识指引、多种交通方式联运换乘效率，不断提升换乘体验。

建立京津冀一体化交通大数据平台，实现数据治理。逐步实现京津冀交通联网，由北京牵头建立交通数据一体化平台，实现跨区域数据治理一体化。对三地的数据源进行统一收集，包括一卡通数据、政府市政服务数据以及供应商外源数据等。将数据上传共享云端，由数据处理中心汇总、再分类、建立模型、计算模拟，用于解决京津冀范围内的交通拥堵、公共交通跨区域调度、交通潮汐效应导致的资源浪费等问题，为交通服务一体化的提质增效提供决策支撑。

第四节　京津冀交通一体化发展对策

实现京津冀交通一体化过程中，其发展重心聚集在规划一体化、经济一体化以及信息一体化三个方面，为了解决一体化进程中的关键问题，可采用的发展对策包括：面向规范一体化建设，可采用综合化的顶层设计、协调联动的管理机制进而提升交通一体化体制机制管控能力；在经济一体化方面，可采用三地政府联合管控的投融资政策，发挥三地市场主观能动性，以市场资本推动交通一体化融合水平，同时构建智能化、便捷化、高融合度的物流协同发展新格局，从建设、运输和管理多层面提升经济活力；提升交通一体化信息化水平，构建统一的信息服务中心，集成统一的数据采集、分析、发布模块，形成三地一体化的交通管控平台，提升一体化建设的智能化与科技化。最终结合规范设计，经济融合以及智能设计等方法，综合提升京津冀一体化建设，服务于综合、绿色、智能、有效、便捷的高水平交通发展要求。

一、规划一体化

完善的交通规划是交通一体化的先行者，对于规划建设一体化中存在的不足，首先需要强化顶层设计，打破行政区划壁垒，做好相应的规划，并成立专职机构负责规划的监督落实，负责京津冀交通一体化的整体协调工作。要加快形成常态化联合办公与合作机制，因地制宜建立起与交通一体化相配套的体制机制，做好京津冀交通一体化的"软件工作"。

（一）强化顶层设计

中央政府统筹规划，三地政府共同协作。由于历史因素，京津冀分属不同的行政区域，在进行交通一体化建设过程中，容易出现信息壁垒和决策不统一的现象。京津冀交通一体化发展，需要三地共同协作，将区域内交通一体化的发展看作一个整体来对待，加强整体系统的观念。中央政府在京津冀协同发展中起着至关重要的作用，需要形成一个顶点三个支点的格局，中央统一进行规划和协调，三地结合本地区实际情况进行详细的施工和建设完善。进行决策的过程中，立足整体发展高度，结合本地需求创造优势条件，形成合力，如此一来才能动员全社会积极投入到交通一体化建设中来，打造区域利益共同体。要改革现行体制机制中不适合交通一体化发展的成分，创新交通一体化发展的合作机制，统筹协调三地各部门之间的协作机制。

除国家层面的体制机制改革，各地方也要加强共识，促进京津冀各区域间交通基础设施的互联互通，达到整体大于部分之和的效果。建议国家顶层设计立足于整个区域的协同发展高度，结合京津冀的资源环境特征和实际建设情况，根据前期规划动态做出调整和完善，并依据区域内的产业结构和人员分布情况，做好顶层设计，借鉴国内外交通一体化发展经验，从国家战略高度出发，统筹构建现代化、立体化的综合交通系统，优化区域内的空间布局和推动产业结构的转型升级。推动建立交通一体化领导小组办公室或交通一体化发展规划建设委员会等统筹协调机构，通过强有力的统筹协调机制，协调有关各方积极参与到交通一体化发展的进程中来。

（二）建立协调联动机制

协调多利益主体目标差异，建立合理的区域协调联动机制。不仅包括各地之间的分工协作，还包括三地之间的利益分配问题。推进京津冀交通一体化发展是一个系统工程，其中涉及多个利益主体之间的协作，包括政府、市场、社会等，且各利益主体之间的目标存在着一定的差异。为消除或减小差异，要求建立一种符合京津冀三地发展实际的利益分配机制，如税收分享机制和利益协调仲裁机制等，防范在交通一体化建设进程中可能发生的各利益主体之间的纠纷，从而更好地使各界的力量统一到推进京津冀交通一体化的建设发展上来。

建立和完善有效的监督机制。京津冀交通一体化发展过程中涉及许多国家重大战略部署，三地由于行政区划不同，在推进过程中存在"三不管"的管辖盲点，同时由于资源的倾斜，强大的利益诱惑容易导致寻租行为的发生，因此建立符合京津冀实际的区域协调监督机制十分必要。例如在推进交通一体化发展的前期准备中，可以建立问责制度和听证会、发布会制度。对于执行规划不及时、落实交通一体化发展不力的单位或部门可以依照相关规定进行问责处理。要完善监督机制，形成合理的奖惩措施和制度管辖，跟进交通一体化建设进度，对于不作为、乱作为而阻碍京津冀交通一体化发展的要进行严肃的追责问责处理，形成警示效果。

（三）做好"交通+"规划

紧紧抓住国家规划体系构建契机，做好京津冀交通一体化谋篇布局。创新规划体系，标本兼治，克服"就交通论交通"的弊端，协调交通与人口、产业和空间布局，大力推进新时代国土空间规划体系下的交通与空间一体化规划。

二、投融资一体化

全面加强京津冀交通的统筹、协调和对接，创新交通一体化机制，构建社会资本投融资一体化模式。首先，强化"京津冀三省市交通一体化统筹协调小组"对京津冀交通投资、规划、建设和运营的协同调控权限。其次，在保障国家利益的前提下，重视地方发展需求，结合市场承受力，配合社会资本开展京津冀一体化融资项目，明确项目归属机构，实现三地互利共享、利责对等。创新投融资体制，建立京津冀三省市对城际铁路、城际客运等建设资金、运营补贴等分担机制。建立交通一体化投资基金，建立跨区域投融资平台，鼓励企业跨区域投资建设和运营交通基础设施。整合京津冀区域既有的交通信息资源和平台，打造一体化的交通信息平台，深化区域运输协同监管、信息交换共享。

（一）合理利用社会资本

以京津冀交通一体化平台为核心，建立统一的投融资项目管理机构，促进政府与社会资本达成一种长期协议。以往案例表明，政府力量与社会资本的双向合作可以有效加快交通基础设施建设的投融资进程，加强政府重大工程的信息宣传与公开，广泛开展政府与社会投资主体的沟通交流，通过招投标方式积极鼓励社会资本注入公共交通基础设施建设，同时给予投资主体及相关企业依法合理的政策优惠，缓解政府的基础设施建设财政支出和资金压力，将社会彼此间信任资源转化为项目建设的资金资源，为公众提供便利、高效的交通服务，带动政府与社会在未来各领域的长期合作。在投融资过程中，打破行政区块投标招标壁垒，实现京津冀一体化背景下的公平公正项目承包机制，服务于各地企业有序合法的项目运营，进一步以企业合作一体化为方式促进地区投融资一体化模式发展。

（二）分享利益，加强合作

加强利益分享与投资融资合作，通过积极寻找利益共同点，在多元主体平等互信的基础上有效平衡利益与风险承担。在区域多方主体合作过程中，将彼此间优势资源进行互利共享，公平公正地展开合作。建立京津冀三方合作管理的统筹性融资平台（如京津冀区域交通一体化建设基金），实现投资融资由单一政府主体向多元合作主体转变。以政府投资为先导，积极鼓励和引导社会资本、私人资本的参与，利用好市场资本力量，可运用政府和社会资本合作（PPP）模式促进市场、社会对公共服务设施建设的关注度及参与力度，促进政府基础设施建设功能与市场资本力量结合的良性协作。同时，重点加强对于经济水平和财政能力相对较弱区域（河北）的投融资帮扶与政策资金扶持，确保区域交通协同均衡发展，防止京津冀出现过大差异。

（三）创新可持续发展模式

长期倚靠政府单一核心作为投资主体进行交通建设的模式，使政府面临着巨大的经济压力和资金缺口，因此改变这种单一投融资模式对于京津冀交通一体化的长期健康发展具有十分重要的意义。

创新现有投融资模式，在建设交通项目的同时，考虑后期土地建设方案，采用一托多项目统一招标方法，提升区域发展潜力。建立与交通设施沿线土地开发相结合的投融资模式，把交通设施建设与沿线土地开发结合起来，将土地开发的收益投入到交通基础设施的建设和运营，实现交通基础设施的良性运转。这种运营模式不仅可以为交通基础设施建设提供较为稳定的长期资金投入，与此同时还有利于在交通基础设施沿线形成交通网络和商业区，促进交通沿线人文和经济多项发展。发挥非政府组织的作用，对交通基础设施薄弱的地区进行资金、技术和人才支持。

三、服务北方及全国物流

京津冀地区快递业发展应充分依托多层次、全覆盖的综合交通网络和公路、机场、铁路、港口等综合交通枢纽，加快构建快递骨干网络体系。按照"统筹协调、功能互补、有序疏解、区域联动"的思路，打造中国北方快递业发展核心区，形成特色鲜明的区域快递协同发展新格局。

（一）加快建设一体化快递基础设施

推动快递基础设施建设，以智能化、统一化、绿色化为导向，为打造高效、便捷、智能的快递运输服务提供支撑。以航空、铁路、港口为依托，完善空间布局，统筹规划快递专业类物流园区、快件处理中心和快递配送网点，提升基础设施信息化水平，全面推进快递干线运输、支线运输和末端配送网络建设。推进机场、车站快件"绿色通道"建设。依托重要交通节点，结合快递业发展需求，着力构建陆、海、空快件多式联运、港口协同联动的快递基础设施网络体系。统筹北京城市副中心和北京新机场快递基础设施规划建设。广泛调研快递运输节点需求，打通快递运输最后100米界限，完善应对突发状态下的无接触式基础设施建设。

（二）促进三地交通快递融合发展

提升交通智能化管理水平和提高货运服务水平。探索政企合作新模式，提出统一运输过程方案，鼓励交通企业和快递企业继续深化公路干线运输、票务代理等传统领域合作，不断丰富和创新合作内容，提升合作层次，实现优势互补。推动快递企业与航空、铁路运输企业市场化合作，积极探索高铁快递和电商班列等高效运输方式，实现快递多种运输方式的有效衔接和铁路运力资源的有效利用。支持对快递企业增加航线、运能、时刻等资源供给，在运输价格方面进行适当调整，有效满足航空快递业务发展需要。推动邮政、快递企业与交通运输企业资源整合，形成"场站共享、服务同网、资源集中、信息互通"的农村快递物流发展新格局。着力推动交通运输和邮政快递信息系统的互联互通，夯实双方合作基础。强化京津冀三地快递车辆通行衔接，规范快递车辆标识，保障快递车辆的便利通行。

（三）提升区域快递服务智能化服务水平

以进社区、进校园、进机关、进楼宇为重点，加快北京、天津及河北省内各市区县的城区快递末端建设，为市民和商户提供便利寄递服务。依照"有偿、互惠、共赢"原则，促进各类主体与快递企业开展多层次合作。推广"快递进校园"的成功经验，探索快递超市等新模式，解决快递在校园周边摆摊设点问题。大力推广建设智能快件（包裹）箱，利用智能设备为用户提供24小时自助服务。鼓励快递企业探索城市社区商业新业态和新模式，拓展网点服务功能。支持各类市场主体参与到快递末端建设，打造多元化、差异化、个性化的快递末端服务体系。完善农村快递服务网络，着力建设高度组织化、规模化、社会化的中小城镇和农村快递服务网络，形成"布局合理、功能完善、便捷高效"的农村快递服务体系。鼓励和支持快递企业向偏远农村延伸服务网络。结合农村物流建设任务，研究探索建设集电子商务、采购、仓储、销售、运输、快递、配送服务为一体的综合快递物流服务平台。支持快递服务纳入京津冀地区"1小时都市生活圈"规划建设。

四、智能绿色管理

中共中央、国务院印发的《国家综合立体交通网规划纲要》提出，到2035年基本建成便捷顺畅、经济高效、绿色集约、智能先进、安全可靠的现代化高质量国家综合立体交通网，这对京津冀交通一体化提出了更高要求。

在网络化、数字化、智能化的新时代，将大数据技术融入交通基础设施建设的过程中，可以更好地实现区域交通的精细化管理。信息技术作为整体性治理的技术手段之一，可以更好、更高效地实现京津冀交通一体化发展。

推进京津冀建立陆海空港联盟，打破行业与地方区域条块分割界线，形成京津冀三地联动，绘制综合交通规划"一张图"；优化公、铁、空、港综合立体交通网布局，推进公铁水、公铁空与陆路交通网建设，通过多层级关键交通枢纽与节点有效连接，构建高效便捷现代综合交通运输体系，建成"一个网"；通过智联网、人工智能、5G与现代检测监测技术结合，构建基于空天地一体化安全监控、应急协同管控平台，开发"一个屏"；打造服务于百姓出行便捷、安全可靠、服务有序、保障有力的"一张票"；探索"政府政策＋金融机构＋龙头企业＋中小企业＋科研院所"，以领军企业牵头的现代交通产业创新联盟，形成"一个链"。

本章参考文献

［1］李先忠. 京津冀交通一体化成就介绍［DB/OL］. https://www.mot. gov.cn/zxft2019/jingjinjyth_bj/index.html, 2019-12-31/2022-02-18.

［2］中共中央政治局会议.京津冀协同发展规划纲要［Z］.2015-04-30.

［3］国家发展改革委 交通运输部.京津冀协同发展交通一体化规划（2014—2020年）［Z］.2015-12-8.

［4］北京市第十五届人民代表大会第四次会议.北京市国民经济和社会发展第十四个五年规划和二〇三五年远景目标纲要［Z］.2021-01-27.

［5］天津市第十七届人民代表大会第五次会议.天津市国民经济和社会发展第十四个五年规划和二〇三五年远景目标纲要［Z］.2021-02-7.

［6］河北省第十三届人民代表大会第四次会议.河北省国民经济和社会发展第十四个五年规划和二〇三五年远景目标纲要［Z］.2021-02-22.

［7］北京市规划自然资源委.北京市轨道交通线网规划（2020年—2035年）［Z］.2021-12-9.

［8］天津市人民政府办公厅.天津市综合交通运输"十四五"规划［Z］.2021-08-12.

［9］河北省交通运输厅.河北省公路发展"十四五"规划［Z］.2021.

［10］北京市交通委员会，天津市交通运输委员会，河北省交通运输厅.京津冀交通一体化发展白皮书（2014—2020年）［DB/OL］.beijing.gov.cn/ywdt/yaowen/202112/t20211224_2571782.html.

［11］董震.基于整体性治理的京津冀交通一体化研究［D］.秦皇岛：燕山大学，2020.

［12］韩兆柱，单婷婷.基于整体性治理的京津冀府际关系协调模式研究［J］.行政论坛，2014（4）：34.

［13］庞世辉.京津冀交通一体化发展现状与面临的主要问题［J］.城市管理与科技，2015（6）：12，14.

［14］卢同.京津冀交通一体化发展的策略研究［D］.天津：天津商业大学，2020.

［15］赵鹏军.破解京津冀交通一体化难题的七个抓手［J］.前线，2021（1）：63-66.

［16］交通建设与管理.【两会进行时】杜彦良：深化京津冀交通一体化顶层规划［DB/OL］. https://mp.weixin.qq.com/s/RllLq7pl5hTHGzMy7uCnkQ, 2021-3-12/2022-2-18.

［17］京津冀地区快递服务发展"十三五"规划［DB/OL］. https://www.askci.com/news/chanye/20170406/11145395219_4.shtml.

第五章
京津冀产业协同发展

自京津冀协同战略推进以来，产业转移接续成为先行突破的重要领域之一。依托共建跨区域合作园区、构建产业协同发展机制，以及制定产业指导目录来明确产业定位和发展重点等举措，有力推进了产业有序转移承接和产业结构优化调整，加强了产业链、创新链协调联动发展，初步形成了优势互补的区域产业分工体系。然而，应该看到的是，由于产业发展梯度落差较大，疏解产业水平不高，以及产业协同发展的机制仍不够畅通等因素影响，京津冀产业协同发展依然任重道远。下一步，要在三地初步形成的产业分工和协作发展的格局基础上，进一步加强产业发展规划衔接，加强产业链、供应链、创新链协调联动发展，下决心破除限制资本、技术、产权、人才、劳动力等生产要素自由流动和优化配置的各种体制机制障碍，不断推进产业高质量协同发展。

第一节　京津冀产业协同发展取得的成效

近年来，在紧紧抓好非首都功能疏解这个"牛鼻子"的基础上，京津冀三地着力加强产业协同发展机制建设，加快产业疏解平台搭建，产业分工协作格局初步形成，有力促进了特色优势产业的集聚发展和区域产业结构的优化调整。

一、产业结构不断优化

（一）第三产业成为主导产业

经济服务化是产业结构演进的一般规律，表明服务业已成为第一大产业，对经济增长和社会就业的贡献开始不断增加。2020年，京津冀服务业占地区生产总值比重达到67.2%，较2014年63.5%提升了3.7个百分点，分别高出全国和长三角同期12.7个和10.8个百分点，超过了欧洲国家66.0%的平均水平，基本接近经济合作与发展组织（OECD）国家70%的平均水平。其中，2020年，北京服务业占比高达83.9%，保持领跑全国的绝对优势。河北2020年第三产业增加值比重超过第二产业14.1个百分点，"三二一"的产业格局进一步巩固（图5-1-1）。从产业对经济增长的贡献率来看，京津冀服务业对区域经济增长的贡献率不断提升，由2013年的65.3%提升到2020年的74.4%，主导产业地位进一步巩固，已然成为稳定经济增长的"压舱石"。从对社会就业的贡献来看，服务业已成为吸纳就业人数最大的产业。2019年底，服务业从业人员已达到3123.8万人，较2010年增长了37.6%。

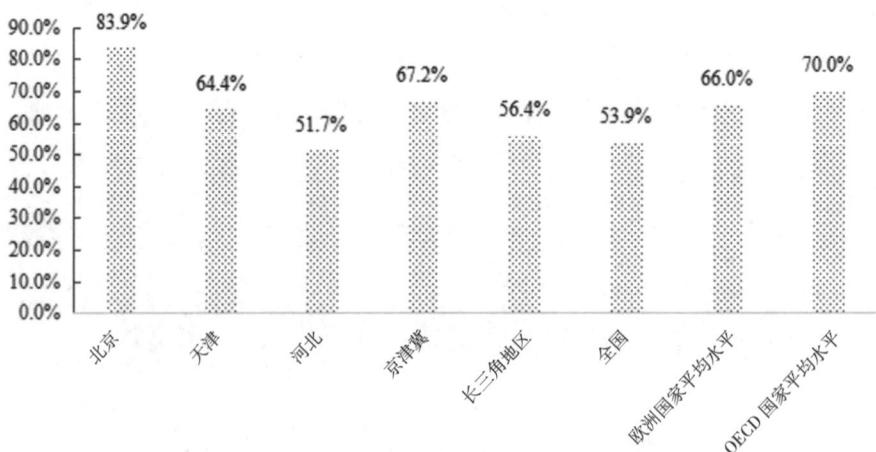

图5-1-1　2020年京津冀经济服务化程度的国内国际比较

数据来源：根据Wind数据整理计算所得。

（二）先进制造业快速发展

在产业结构不断优化升级的推动下，北京以新一代信息技术、人工智能、软件和信息服务等产业为主的"高精尖"产业体系加快构建。其中，高技术制造业和战略性新兴产业已经成为引领北京高质量发展的重要引擎。从企业数量来看，2019 年，北京国家级高新技术企业数量超 2.5 万家，占全国比重约 14%，位居全国第一。作为最早获批新一代人工智能创新发展示范区的城市，人工智能企业数量和专利数量连年居全国第一。从增加值规模来看，2020 年，北京高技术制造业和战略性新兴产业增加值分别增长 9.5% 和 9.2%，分别高于规模以上工业增速 7.2 个和 6.9 个百分点。其中，高技术制造业增加值创下新高，达到 9242.3 亿元，占地区生产总值的比重达到 25.6%，较 2016 年提升了 3.6 个百分点。近年来，天津围绕全国先进制造研发基地建设，着力推动医药制造业、电子及通信设备制造业等高技术制造业高质量发展。2020 年高技术产业增加值达到 645 亿元，占规模以上工业增加值的比重达到 15.4%，较 2014 年 12.3% 的比重上升了 3.1 个百分点。河北高技术制造业快速发力，高技术制造业法人单位数量占京津冀总量的比重首次在 2018 年突破 50%，其中化学原料和化学制品制造业、电气机械和器材制造业、医药制造业市场主体总量保持区域领先优势。河北高技术产业增加值对规模以上工业增加值的贡献率不断提升。2020 年，河北高技术产业增加值占规模以上工业增加值的比重达到 19.5%，对规模以上工业增加值增长的贡献率达到 15.9%。2013—2019 年京津冀高技术制造业各细分行业新增企业数见图 5-1-2。

（三）现代服务业集聚程度不断提高

在产业协同发展和服务业对内对外开放的有力促进下，京津冀现代服务业集聚化程度明显提升。根据国家统计局第四次经济普查数据显示，截至 2018 年底，第三产业法人单位数达到 199.6 万家，占全国第三产业法人单位总数的 10%。其中，租赁和商务服务业、科学研究和技术服务业及信息传输软件和信息技术服务业的法人单位分别为 32.4 万家、23.2 万家和 13.4 万家，

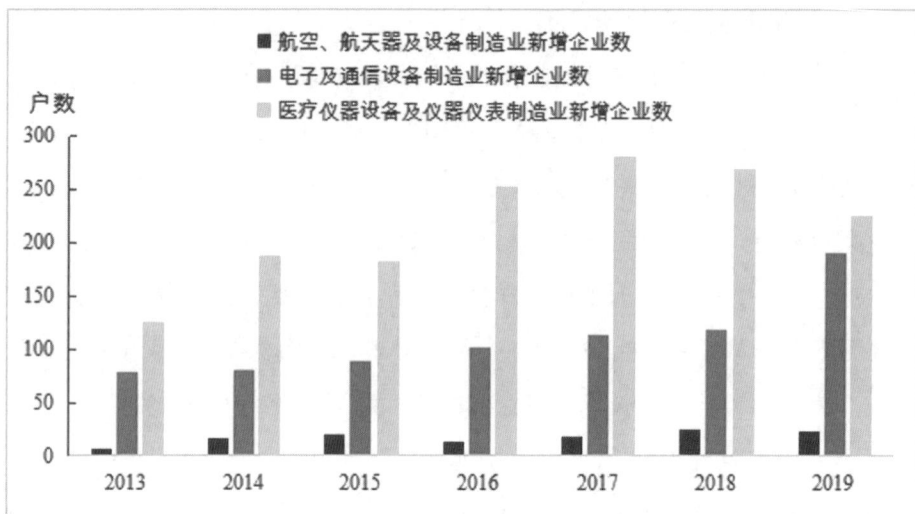

图 5-1-2　2013—2019 年京津冀高技术制造业各细分行业新增企业数情况

资料来源：统计年鉴整理所得。

占第二、三产业法人单位的比重分别为 13.3%、9.5% 和 5.5%，分别比全国同行业高 1.6 个、3.6 个和 1.3 个百分点，表明京津冀地区商务服务和高技术服务业集聚程度相对较高。与此同时，在京津冀服务业扩大开放和服务贸易创新发展试点带动下，文化旅游、融资租赁、科技服务、金融服务、健康服务、高端研发、商务服务、专业服务以及会展服务等高端现代服务业体系建设正加快构建，为京津冀服务业高质量发展赋能添力，京津冀法人单位占比排前六位的行业见表 5-1-1。得益于北京批发零售业的疏解，河北正在积极构建全国现代商贸物流重要基地，物流业逐渐成长为新的经济增长点。2020年，快递业务量和快递业务收入分别增长 60.7% 和 38.2%，在此带动下，物流业增加值占地区生产总值的比重达到了 7.8%，较 2019 年提高了 0.2 个百分点。

表 5-1-1　京津冀法人单位占比排前六位的行业

行业	京津冀行业占比	全国同行业占比
批发和零售业	29.20%	29.80%
租赁和商务服务业	13.30%	11.70%

行业	京津冀行业占比	全国同行业占比
制造业	11.70%	15.00%
科学研究和技术服务业	9.50%	5.90%
建筑业	5.90%	5.60%
信息传输、软件和信息技术服务业	5.50%	4.20%

资料来源：根据国家统计局第四次经济普查数据整理所得。

二、产业协同发展机制不断完善

（一）产业协同发展支持政策趋于完善

政策支持是有序疏解北京非首都功能、加快区域产业对接协作发展的重要推动力。早在 2014 年初，习近平总书记在听取京津冀协同发展工作汇报时就着重强调，"要着力加快推进产业对接协作，理顺三地产业发展链条，形成区域间产业合理分布和上下游联动机制，对接产业规划，不搞同构性、同质化发展"。近年来，为着力扭转区域产业发展不平衡、区域协同不充分，以及产业集中度相对不高的问题，中央和地方先后出台了一系列促进产业协同发展的政策举措，初步形成了较为完整的政策保障体系（表 5-1-2）。具体而言，既有引导京津冀加快产业转型升级和有序转移承接的顶层设计，也有可操作性强、重点产业承接对接精准的落实性产业政策，更有专项产业政策和配套支撑政策。从具体产业发展来看，以体育产业为例，在京津冀协同发展战略和北京冬奥会筹办的有利契机下，2016 年，京津冀三地体育局共同签署了《深入推进京津冀体育协同发展议定书》，强调要围绕推进体育服务业重点项目、联合申报国家级体育产业重点示范项目、联合申办和承办高水平体育赛事活动、促进体育用品制造业发展、建立京津冀体育产业工作联席会议制度等六个方面来统筹开展工作，以更好推进包括冰雪旅游在内的产业又好又快发展。

表 5-1-2　京津冀产业协同重要政策的演进及要点

时间	政策相关事件	政策实施主体	产业政策重点内容
2014	习近平总书记关于京津冀协同发展的"七点要求"	国家主席	督促加快推进产业对接协作
2014	《中关村服务京津冀创新合作行动计划（2015—2017）》	中关村管委会与津冀地方政府	打造跨京津冀科技创新园区链，促进三地创新链深度融合
2014	《关于开展京津冀海关区域通关一体化改革的公告》	海关总署与北京、天津、石家庄海关	启动京津冀海关区域通关一体化改革
2015	《京津冀协同发展规划纲要》	京津冀协同发展领导小组	推出与产业相关的一揽子规划和举措
2015	《京津冀协同发展产业转移对接企业税收收入分享办法》	财政部和税务总局	制定企业迁入、迁出地分享"三税"具体办法
2015	《贯彻落实〈京津冀协同发展规划纲要〉的实施意见》	河北、北京、天津政府	具体落实规划内容
2015	《京津冀协同发展产业升级转移规划（2015—2020年）》	工业和信息化部、国家发展改革委、科技部、农业农村部、商务部	强化产业协同顶层设计
2015	《京津冀协同发展科技创新专项规划》	科技部	京津、京冀共建13个科技园区
2015	《京津冀区域环境保护率先突破合作框架协议》	国家环保部连同京津冀三地环保部门	联防联控，改善区域生态环境，迫使产业协同
2015	《京津冀协同发展交通一体化规划》	国家发展改革委和交通运输部	交通先行支撑产业协同发展
2016	《关于为京津冀协同发展提供司法服务和保障的意见》	最高人民法院	以"协同司法"保障产业协同发展
2016	《北京市推进京津冀协同发展2016年重点项目》	北京市政府	构建"4+N"产业合作格局
2016	《京津冀现代农业协同发展规划（2016—2020）》	农业农村部、国家发展改革委、工业和信息化部、财政部、交通运输部、商务部、人民银行、银监会	现代农业应在六个方面强化协同

续表

时间	政策相关事件	政策实施主体	产业政策重点内容
2016	《国家"十三五"规划纲要》	中央政府	京津冀协同发展写入国家五年规划
2016	《"十三五"时期京津冀国民经济和社会发展规划》	国家发展改革委	全国第一个跨省市的区域"十三五"规划
2017	《关于加强京津冀产业转移承接重点平台建设的意见》	京津冀三地政府	引导三地产业有序转移和精准承接
2018	《产业转移指导目录（2018年）》	工业和信息化部	推动产业合理有序转移，促进区域协调可持续发展
2018	《关于吸引更多京津科技成果到河北转化孵化整改工作方案（2018—2020年）》	河北省人民政府办公厅	提高河北承接京津冀科技成果转化孵化能力
2019	《关于促进平台经济规范健康发展的指导意见》	国务院	建立京津冀科技成果展示交易平台，实现科技创新信息沟通
2020	《北京市通州区与河北省三河、大厂、香河三县市协同发展规划》	国家发展改革委	推动北京"摆不下、离不开、走不远"产业向通州区与北三县疏解转移，明确通州区与北三县产业发展重点及产业链条上的协同分工
2020	《京津冀及周边地区工业资源综合利用产业协同转型提升计划（2020—2022年）》	工业和信息化部	把京津冀及周边地区打造成工业资源综合利用产业集聚发展的示范区、区域协同发展的实验区、产城融合发展的典范区

资料来源：根据公开资料整理所得。

（二）产业承接平台建设稳步推进

为引导三地产业有序转移与精准承接，京津冀共同研究制定了《关于加强京津冀产业转移承接重点平台建设的意见》，明确提出立足京津冀三省市功能和产业发展定位，围绕构建和提升"2+4+N"①产业合作格局，聚焦打造若

---

① 包括北京城市副中心和河北雄安新区两个集中承载地，曹妃甸协同发展示范区、北京新机场临空经济区、天津滨海新区、张承（张家口、承德）生态功能区四大战略合作功能区及 46 个专业化、特色化承接平台。

干优势突出、特色鲜明、配套完善、承载能力强、发展潜力大的承接平台，引导创新资源和转移产业向平台集中，促进产业转移精准化、产业承接集聚化、园区建设专业化。近年来，三省市以搭建产业合作平台为抓手，积极开展多种形式的产业对接活动，极大地促进了生产要素的合理流动和区域产业的专业化分工，随着重大产业合作项目的相继落地，产业协同发展步伐显著加快。其中，天津滨海—中关村科技园管委会自2016年11月揭牌以来，滨海—中关村科技园与北京中关村同频共振、相向而行，科技创新新动能持续增强，创新示范作用更加突出，服务京津冀协同发展的能力不断增强。成立5年来，累计注册企业突破3000家，基本形成以致导科技、联汇智造、威努特等为代表的智能科技产业，以一瑞生物、海河生物、生命汇等为代表的生命大健康产业，以和能人居、蓝星清洗等为代表的新能源新材料产业，以中国（滨海新区）知识产权保护中心、天津（滨海）海外人才离岸创新创业基地等为代表的科技服务产业。从京津产业协同情况来看，2021年，科技园新增北京来津企业322家，北京来津企业3年累计达672家；北京来津企业占比由2019年的16%提升至30%。与此同时，滨海—中关村科技园通过加强天津滨海—中关村协同创新示范基地、天津（滨海）海外人才离岸创新创业基地、滨海中关村硬创梦工厂、玑瑛创新中心、北创百联孵化器等一系列创新平台的打造，创新载体孵化水平呈现出显著提升态势。2021年，科技园新增高新技术企业64家，累计达98家，同比增长188%；新增科技型中小企业98家，累计达152家，同比增长281%。战略性新兴产业等营收同比增长284%，技术合同交易额同比增长超248%，万人发明专利拥有量达118件。

（三）多主体多元化合作模式成效显著

"打破一亩三分地"，推动产业有序转移和平台载体共建共享需要有效发挥政府和市场的共同作用。京津冀协同发展战略实施以来，包括中央部委、京津冀三地政府、企业主体、社会组织等多元主体积极创新合作模式，为推动京津冀产业协同发展创造了极为有利的条件。从典型实践来看，一是中央高位推动下的多元合作模式。例如，经国务院批准，由国家发展改革委、财政部、工业和信息化部牵头发起，联合北京市、天津市、河北省以及国家开发投资公司、招商局集团、工商银行、清华大学等其他投资主体共同出资设立的京津冀产业协同发展投资基金，成为国内唯一一只由国家出资引导社会资本参与的以区域协同为主体的产业投资基金，有着非常明显的两级政府共同推动和社会出资人多元化参与的特点。二是京津冀三地之间围绕协同发展进行的合作模式创新。如中关村通过与津冀两地共建共享产业园区的创新合作模式，已经结下累累硕果，成为京津冀协同发展创新实践的典型代表。北京中关村先后与雄安新区、天津滨海，河北曹妃甸、承德、保定、石家庄等地在创新创业生态系统构建、园区链建设、产业协同发展等方面进行了积极探索，初步形成了以天津滨海中关村科技园为代表的两地共建共管园区、以保定·中关村创新中心为代表的技术品牌服务输出、以石家庄正定中关村产业基地为代表的产业链协同创新、以曹妃甸为代表的科技成果转化等多种合作创新模式。其中，天津滨海—中关村科技园以滨海新区政府和中关村管委会共同制定的《关于支持天津滨海—中关村科技园创新发展的若干措施》作为行动指南，统一协调各部门，大刀阔斧破除体制机制藩篱，开启了合作的新篇章，成为京津两地携手探索京津冀协同发展新模式的创新试验田。三是由北京、天津、河北三地主导创新发展相关的企、事业单位，社团组织，高等院校，科研院所等自愿结成的跨行业、开放性、非营利性的社会组织。最具典型的是京津冀协同创新发展联盟。该联盟旨在突破原有界限、壁垒，凝聚京津冀三地创新资源，促进人才、知识、技术、资本、服务等创新要素的跨区域流动和无缝对接，推进京津冀创新资源交流与合作，实现资源共享，共同发展。截至 2020 年 6 月底，河北与京津共建省级以上创新平台 98 家，各类产业技术创新联盟 95 家，累计吸纳北京技术合同成交额 662.9 亿元。

三、产业分工格局趋于明朗

（一）首都产业高端化巩固提升

在加快非首都功能疏解和"高精尖"产业体系构建的积极带动下，北京产业高端化趋势越发明显，尤其表现在金融、科技服务、信息服务等高技术服务业和文化产业的集聚程度日益增强，对经济增长的贡献率不断提升。具体而言，一是高技术服务业蓬勃发展。2019 年，北京市新增高技术服务业 875 家，行业集中态势进一步显现。当年规模以上高技术服务业企业收入同比增长约 10%，高于服务业收入增速约 5 个百分点，对第三产业贡献率继续提升。其中，金融业增加值稳步提升，对第三产业和经济增长的贡献尤为突出，成为名副其实的重要支柱产业之一。2020 年底，北京金融业增加值达到 7188 亿元，占当年全市生产总值的比重达到 20%，较 2014 年的比重高出 5.2 个百分点，成为疫情下服务业恢复的主要支撑力量。二是文化产业发展能级不断提升。截至 2019 年，北京登记注册的文化企业达到近 9 万家，文化类总部企业超 200 家，涌现出掌阅科技、快看漫画等文化科技"独角兽"。2019 年，北京规模以上文化企业实现收入 1.3 万亿元，同比增长 8.2%；文化产业增加值达到 3318.4 亿元，占全市生产总值的比重为 9.4%，继续保持全国首位。根据《北京蓝皮书：北京文化发展报告（2019—2020）》，北京在 2019 年中国城市文化品牌、省市文化产业、文旅形象、文化旅游和城市创意指数排名中均位居第一，这充分表明北京作为全国文化中心强劲的优势地位。2014—2019 年北京高技术服务业和文化产业增加值变化情况见图 5-1-3。

（二）天津产业[①] 结构明显优化

2016 年以来，天津立足全国先进制造研发基地功能定位，依托工业基础雄厚的优势，着力加强产业结构转型升级。一方面，通过制定实施制造强市建设三年行动计划，构建以信创产业为主攻方向、以生物产业和高端装备

---

① 根据《天津统计年鉴》，天津优势产业的划分是地方标准，主要包括电子信息产业、航空航天产业、机械装备产业、汽车产业、新材料产业、生物医药产业、新能源产业等。

（亿元）

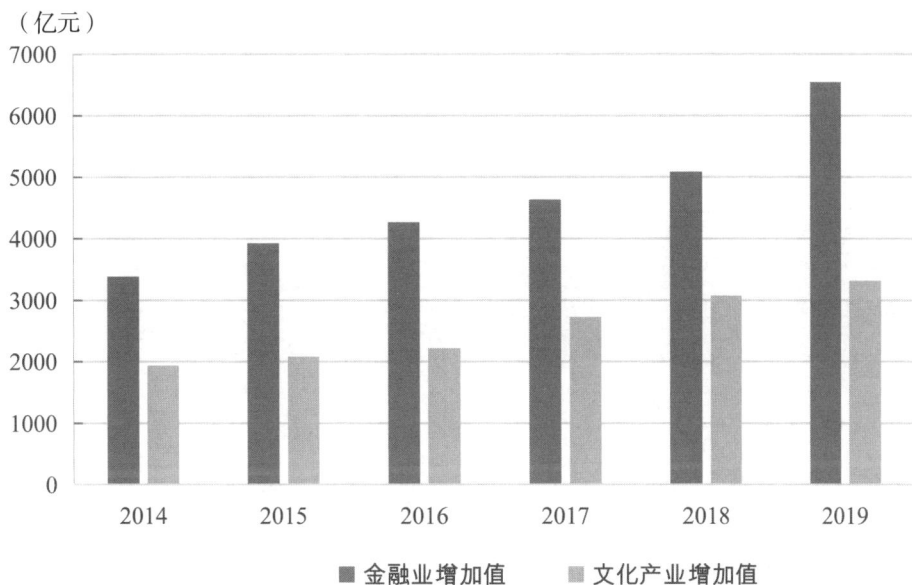

■ 金融业增加值　　■ 文化产业增加值

图 5-1-3　2014—2019 年金融业和文化产业增加值变化情况

资料来源：《北京统计年鉴》整理所得。

为重点的"一主两翼"产业创新格局，加快推进"中国信创谷""生物制造谷""特色细胞谷""北方声谷"建设。另一方面，加强超前谋划，率先出台产业链高质量发展三年行动方案，强化串链补链强链，做强信息技术应用创新、生物医药、新能源、高端装备、汽车和新能源汽车 5 条"强链"，壮大车联网、新材料 2 条"新链"，延长集成电路、绿色石化、航空航天 3 条"短链"，推动产业链上下游、产供销整体配套，为制造强市建设提供有力产业支撑。整体来看，天津市以智能科技产业为引领，生物医药、新能源、新材料等新兴产业为重点，装备制造、汽车、石油化工、航空航天等优势产业为支撑的现代产业体系正在稳步有序推进，促进了产业结构的优化。从优势产业企业的数量变化情况来看，天津轻纺工业、冶金产业等劳动密集型和资源密集型产业企业的数量在明显收缩，而新材料产业、生物医药产业、新能源产业等战略性新兴产业成长性进一步凸显（图 5-1-4）。

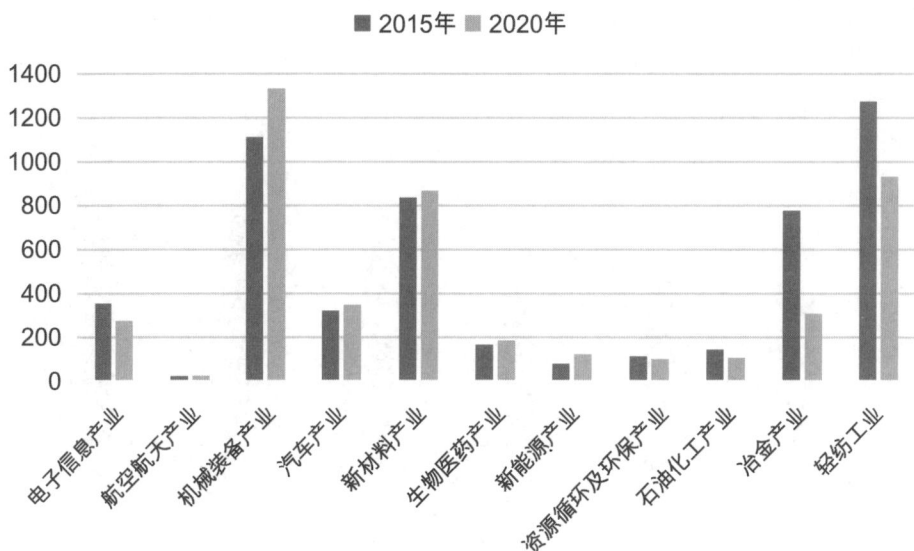

2015年 **2020年**

图 5-1-4　2015 年和 2020 年天津优势产业企业数量变化对比情况

资料来源：《天津统计年鉴》整理所得。

（三）河北制造业转型升级成效显著

在去产能、调结构、环境治理等艰巨任务面前，河北近年来以供给侧结构性改革为主线，深入实施"万企转型"和工业转型升级三年行动计划，有力推动了钢铁等高载能行业减能增效和装备制造业等高新技术制造业发展壮大。高新技术产业增加值占规模以上工业增加值比重由 2015 年的 16% 提高到 2020 年的 19.4%（图 5-1-5）。前 15 家钢铁企业产能规模占全省比重由 2015 年的 54.2% 提升到 2020 年的 76%；中高端钢材占比 77%，家电板、商用车特钢市场占有率全国第一。汽车制造业成为装备制造业第一大行业，工业机器人、风力发电机组等产品从无到有。与此同时，围绕高端化、智能化、绿色化，河北持续提升工业技术装备水平，在一些重点领域成为全国的引领者。如冰雪装备领域，由河北河钢集团宣工公司制造的 SG400 压雪机于 2018 年诞生，填补了国产高端压雪机领域的空白，在崇礼多个雪场为北京冬奥会提供了专属服务，这一型号也是国内首个高端压雪机类型。

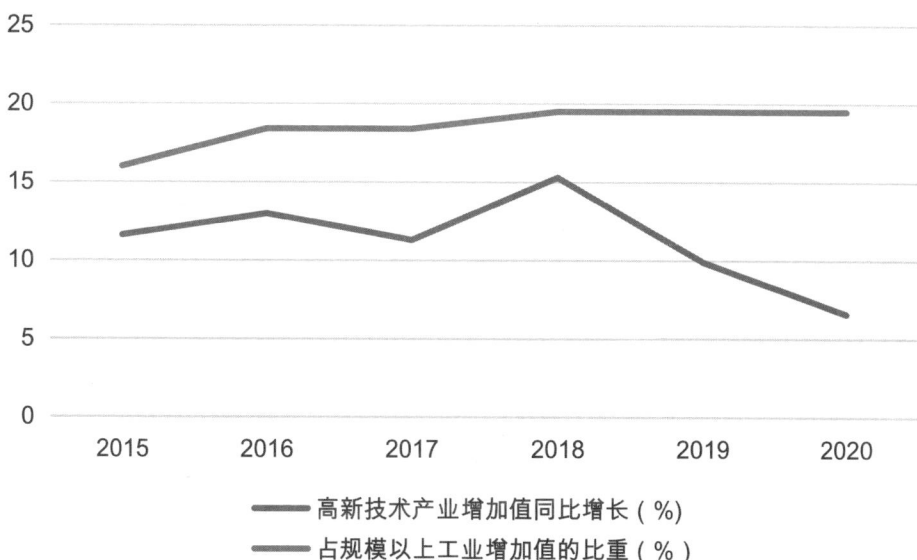

图 5-1-5　"十三五"时期河北高新技术产业增加值增速及占比变化情况

资料来源：根据河北省统计公报整理所得。

四、产业协同融合程度不断提升

（一）北京产业疏解转移"量质"双提升

自 2015 年京津冀协同发展战略实施以来，北京持续增强与天津、河北两地的协同联动，产业对接协作取得积极进展。一方面，通过制定实施全国首个以治理"大城市病"为目标的新增产业禁限目录，从源头上严控非首都功能增量。另一方面，扎实开展"疏解整治促提升"专项行动。在此推动下，2014 年至 2020 年间，北京累计退出一般制造业和污染企业 2800 余家，疏解提升区域性批发市场和物流中心 980 余个。从北京企业外迁情况来看，在京津冀协同发展效应持续释放的积极带动下，2018 年，北京市迁出市外的企业主要迁往河北省、浙江省、广东省、山东省、湖北省、江苏省、天津市（表5-1-3），合计占到北京迁往市外企业总量的 72.2%。其中，迁往津冀的企业占全部迁出企业的 27.3%。在北京加快推动一般制造业和批发零售业等产业外迁的同时，也积极通过与承接平台合作等有效方式来引导更适宜的产业或企业向津冀两地转移布局。如 2019—2020 年，北京连续两年举办与北三县项目推介洽谈会，累计签约 85 个项目，意向投资额达到 552 亿元。组织北京 8 家行业协会、50 余家重点企业与北三县合作，精准对接北京优势资源。

表 5-1-3　2018 年接纳北京迁出企业数量排名靠前的省市

落地省市	迁移企业数量	占全部迁出企业比例
河北	170	21.8%
浙江	116	14.9%
广东	83	10.6%
山东	53	6.8%
湖北	49	6.3%
江苏	49	6.3%
天津	43	5.5%

资料来源：2018 年北京市市场主体发展分析报告。

（二）技术创新合作日益紧密

在产业转型升级和创新驱动发展的牵引下，京津冀全面深化创新改革试验，加快区域协同创新共同体建设，极大推动了区域内技术交易规模的显著提升和创新链、产业链之间的协调联动。其中，北京作为全国科技创新中心，积极通过发挥自身创新资源优势，有力促进了三地间技术的紧密合作。在 2014—2020 年间，中关村企业已在天津、河北设立 8800 余家分支机构，达成技术合同成交额 1410 亿元，年技术合同成交额由 2014 年的 83.1 亿元增长至 2020 年的 347 亿元。其中，2020 年，北京在津投资 1262.27 亿元，占天津利用内资比重的 43.1%，滨海—中关村科技园新增注册企业 666 家，宝坻京津中关村科技城新增注册企业 210 家。当年，北京输出津冀技术合同 5033 项，成交额 347.0 亿元，增长 22.7%，京津与河北共建的各类产业技术创新联盟达 95 家，有效提升企业技术创新和关键核心技术攻关能力，促进了科技创新链加快形成。此外，津冀两地也积极通过承接平台建设来进一步密切技术合作。如河北·京南国家科技成果转移转化示范区、环首都现代农业科技示范带等科技成果转化平台及雄安新区中关村科技园、保定·中关村创新中心、曹妃甸中关村高新技术产业基地等科技成果转化孵化示范园区建设不断完善。

（三）产业"链式"协作格局有序构建

在京津冀三地产业疏解转移和承接对接精准协作的共同作用下，京津、京冀之间专业化指数逐渐扩大，产业跨区域分工加速形成，有效促进了区域产业链的加快形成。汽车、新能源装备、智能终端、大数据、现代农业等产业链跨区域分工加速形成。区域产业链协调联动作用的积极发挥尤其体现在疫情期间"链上"企业的协同共生上。以北汽福田、北京现代等重点企业为龙头，带动了河北省6市33家配套企业复工复产，累计为京津汽车行业企业生产冲压焊接件1.1万件、配套软管4200套、油封保护套组件1350套、油变配件2700套。在电子信息行业中，以京东方科技集团为龙头，带动了河北省保定、廊坊、雄安新区3地10家企业紧急复工，为京东方科技集团提供液晶显示器配件1.1万个、EPE纸垫300万片、缠绕膜垫片40万片、纸板20万片。

第二节　京津冀产业协同发展面临的问题

在京津冀产业协同发展取得积极成效的同时，由于受到各自产业基础不同、科技创新能力落差较大，以及市场机制作用发挥不畅等因素交织影响，三地产业协同发展越发面临着产业落差加大、技术成果转化"蛙跳"、区域产业链和创新链协调联动发展不足、津冀产业同构化加剧、中低端承接竞争等突出问题。

一、区域产业发展梯度落差不断扩大

（一）产业疏解层次不高造成产业发展极差进一步放大

目前跨区域产业合作主要以北京非首都功能疏解为核心的产业项目转移

承接为主,尚未建立起基于产业链分工为主导的自发式产业协同发展模式,导致北京对津冀地区产业疏解具有明显的主导性,影响了价值链作用机制的发挥。第一,产业疏解以一般制造业和传统服务业为主。从迁出企业行业分布来看,北京市迁出企业主要集中在批发零售业、科学研究和技术服务业、租赁和商务服务业方面(表5-2-1)。截至2020年底,北京疏解一般制造业企业累计近3000家,疏解提升区域性批发市场和物流中心累计约1000个。其中,河北累计承接京津转入法人单位24771个,产业活动单位9045个,累计签约批发市场商户4万余户。一般性制造业的转移使得高技术产业和战略性新兴产业的集聚集群效应进一步显现,产业高端化分工特征加强,北京较天津、河北在新经济领域发展的优势进一步凸显。第二,高技术产业发展差距明显拉大。从市场主体新增情况来看,非首都功能疏解为北京构建高精尖经济结构打开了更大空间,科技、商务、文化、信息等高精尖产业的新设市场主体持续增加,占比由2013年的40%升至2020年的60%左右,北京高精尖产业进一步集聚发展。从产值规模看,2020年,北京高技术产业增加值年环比增长9.5%,占地区生产总值的比重达到26.2%,较2016年提升4.2个百分点。同期,天津和河北高技术产业增加值占规模以上工业增加值的比重却仅分别提升了2.8个和1.0个百分点,无论是规模总量还是涨幅均落后于北京。

表5-2-1　2018年北京迁出企业数量排名靠前的行业

迁出企业所属行业	迁移企业数量	占全部迁出企业比例
批发零售业	271	34.7%
科学研究和技术服务业	270	34.6%
租赁和商务服务业	115	14.7%

资料来源:2018年北京市市场主体发展分析。

(二)技术"蛙跳"加大高新产业衔接难度

虽然近年来北京科技创新要素在河北省转化落地,在天津投资发展较快，但总体上创新承接平台规模小，创新要素转化率偏低，产业集群联动效应不高。

高新技术企业"蛙跳"现象明显。新一线城市研究所发布的一组数据显示，2017—2020 年间，673 家高新技术企业迁出北京，南京、徐州、苏州、海口、宿迁是它们主要的目的地。其中，2018 年北京有 780 家企业外迁他地，其中近五成企业蛙跳他省。与此同时，从投资增速来看，北京企业投向广西、陕西、云南等中西部地区的投资额增长较快，同比增速均超 10%。

技术流向津冀比重出现持续下降态势。从北京流向津冀两地的技术合同占比情况来看，在 2017 年达到 10.5% 的高峰之后，已连续 3 年占比出现下降，到 2020 年降至 9.8%。2020 年，津冀流向北京的技术合同占比为 7.9%，较 2019 年下降 1.3 个百分点。从区域比较来看，2018 年，流向津冀的技术合同成交额占北京市流向外省市技术合同成交额的比重为 7.5%，分别低于流向广东的 11.2% 和流向江苏的 11.1% 的占比水平（表 5-2-2）。

表 5-2-2 2015—2020 年北京技术合同成交情况

技术成交合同数（项）	2015 年	2016 年	2017 年	2018 年	2019 年	2020 年
流向本市	33514	34759	35709	33836	34158	31959
天津流入	2043	2407	2381	2129	2340	1634
河北流入	384	370	424	574	787	898
流向外省市	37447	38928	44287	47454	47897	51281
流向天津	1407	1486	1766	1748	1815	1863
流向河北	2291	2362	2880	3119	3093	3170
技术出口	1311	1278	1270	1196	1116	1211
技术成交额（亿元）	2015 年	2016 年	2017 年	2018 年	2019 年	2020 年
流向本市	625.0	1131.3	1193.9	1219.5	2077.7	1721.7
天津流入	97.4	85.9	64.0	84.5	82.0	133.6
河北流入	2.1	6.5	6.2	16.6	37.1	51.0

技术成交额（亿元）	2015 年	2016 年	2017 年	2018 年	2019 年	2020 年
流向外省市	1878.7	1997.2	2327.3	3014.9	2866.9	3718.5
流向天津	57.6	56.0	49.3	33.6	68.6	154.3
流向河北	53.9	98.7	154.2	193.8	214.2	192.7
技术出口	948.8	812.3	964.1	723.4	750.7	875.9

数据来源：《北京统计年鉴》《天津统计年鉴》《河北统计年鉴》。

创新能力差距悬殊造成技术转化应用不足。2020 年，北京专利授权量 16.3 万件，年环比增长 23.6%，分别是当年河北（9.22 万件）和天津（7.54 万件）专利授权量的 1.8 倍和 2.2 倍，北京有效发明专利（33.6 万件）分别是河北（3.4 万件）和天津（3.82 万件）的 9.9 倍和 8.8 倍，按人均计算差距更为悬殊。

（三）新动能产业发展不充分加剧产业转型阵痛

2016 年之后，津冀经济和全国一样呈现出发展速度换挡状态，经济发展质量、效益、动力处于深度调整阶段。第一，环保政策快速收紧，基础工业的排污成本大幅升高，造成以制造业为主的天津经济雪上加霜。随着北京周边地区环保政策的收紧，钢铁、石化、汽车等产业承受了艰难转型的阵痛，河北、天津受到极大冲击。从产业结构来看，2015 年天津第二产业占比为 46.7%，到 2020 年下降到 34.1%，下降了 12.6 个百分点，"去工业化"的脱实现象极为显著。另一方面，产业转型升级相对缓慢，新增长动能发展不充分。2019 年，天津的高技术产业增加值、工业战略性新兴产业增加值占规模以上工业增加值比重分别为 14% 和 20.8%，远远低于北上广深等一线城市，甚至落后同为直辖市的重庆。从企业主体成长情况来看，2018 年，天津共有规模以上高技术制造业企业法人单位 452 个，占规模以上制造业的比重为 10.7%，比 2013 年回落 0.2 个百分点。2015—2019 年，天津市全国民营企业 500 强数量由 13 家减少到 9 家，而河北则由 18 家增加到 32 家，高新技术产业和民营经济发展滞后导致天津经济抗外部冲击能力弱，以致 2020 年上半年经济降幅仅次于疫情最严重的湖北。由于天津没有形成强大的高技术产业和战略性新兴产业集群，难以在京津冀协同中发挥承上启下辐射带动整个区域制造业迈向中高端的作用。

二、产业分工协作格局仍未形成

（一）津冀产业同质发展与承接竞争并存

推进京津冀产业协同发展是"三个率先"实现的重要内容之一。然而，从 2019 年的数据不难发现，河北省的优势产业依然是传统的钢铁行业，其中生铁、粗钢、钢材产量占全国产量的比重均高达 1/5 以上，而高附加值的高新技术产品发展并不充分，其中集成电路占全国的比重仅为 0.02‰（表 5-2-3）。天津虽然近年来在智能制造和高新技术制造业投资比重较高，但高新技术产品的产量和产值优势并不明显，在一些领域与河北的产业同质现象较为突出。2019 年，天津石化产业增加值占全市规模以上工业的 33.9%，河北钢铁产业增加值占全省规模以上工业的近 20%。由于天津石化、钢铁、汽车等主导产业与河北省高度同构，加之北京过于偏重劳动密集型制造业转移，而中高端服务业转移相对较低，导致两地在承接北京产业转移上存在无奈的同质竞争。2015—2020 年，北京向津冀的产业转移集中在劳动密集型制造业，向津冀转移的中高端服务业比重均不高。随着疏解承接工作的不断深入，京津之间、京冀之间专业化指数逐渐扩大，但河北与天津之间的专业化指数却呈现出缩小态势。这表明京津、京冀之间已形成互补的产业格局，但津冀之间的产业分工呈现出竞争大于合作、独行多于联动的特点。

表 5-2-3　2019 年河北省主要工业产品产量占全国比重情况

产品名称	单位	产量	占全国比重（%）
精制食用植物油	万吨	321.7	5.9
乳制品	万吨	356.8	13.1

续表

产品名称	单位	产量	占全国比重（%）
平板玻璃	万重量箱	14812.2	16.0
水泥	万吨	10231.5	4.4
生铁	万吨	21774.4	26.9
粗钢	万吨	24157.7	24.2
钢材	万吨	28409.6	23.6
化学药品原药	万吨	55.7	21.3
汽车	万辆	105.1	4.1
动车组	辆	368	17.4
太阳能电池	万千瓦	562.4	4.4
房间空气调节器	万台	1311.3	6.0
程控交换机	万线	38.4	4.9
集成电路	万块	435.5	0.002

资料来源：2019年河北省统计公报和国家统计局网站。

（二）区域产业链、创新链协调联动发展不足

产业同质发展和产业转移竞争并存，表明当前京津冀错位分工、竞合发展的产业链分工协作格局远未形成，阻碍了京津冀之间围绕产业链部署创新链、围绕创新链布局产业链，加快价值链补短板、强弱项的高质量协同发展。第一，创新能力不均衡和创新资源配置不均衡并存。从创新投入来看，2020年，河北省共投入研究与试验发展（R&D）经费634.4亿元，投入强度为1.75%，虽然较2019年提高0.13个百分点，但与北京、天津投入强度相比差距依然较大（表5-2-4）。与此同时，创新供给水平不均衡反而造成创新资源难以优化配置，尤其是京郊区县与津冀毗邻地区"创新竞争"问题越发凸显。北京通州、房山、大兴等郊区县与天津、河北临近地区在创新资源和要素方面竞争大于整合。在天津、廊坊、保定等北京周边区域虽已形成

多种协同创新复合体，但还未形成创新群落。第二，产业部门与创新部门节点度值偏离度较高的市占比偏高。2019 年，产业部门与创新部门节点度值偏离度较高的市有张家口、秦皇岛、廊坊、石家庄和保定，占京津冀的比重为 38.46%，高于长三角 11.45% 的比重和珠三角 20% 的比重，充分表明京津冀的产业链与创新链融合发展过程中，存在创新链发展滞后于产业链的现实情况，制约了产业链与创新链的整体融合发展成效。第三，产业链和创新链环节上存在明显梯度落差。科技创新成果与技术需求错位影响了跨区域产业链和创新链构建。一方面，京津地区技术创新集中于现代交通、电子信息技术、新能源与高效节能、先进制造技术领域，而作为技术创新承接地的河北产业结构则以钢铁、电力、金属制品、采矿等为主，影响了京津科技成果在河北的推广和应用。另一方面，虽然北京在基础研究和原始创新方面具有绝对优势，但由于创新链与产业链对接不畅，企业自主创新动力和承接转化能力不足，加之重技术引进而轻技术改造等问题突出，使得北京科技创新供给与河北、天津加快产业转型升级的技术需求之间出现了错位，造成创新链和产业链对接不畅，阻碍了区域"产业 + 创新"新产业生态的形成，迟滞了协同创新高地的打造。

表 5-2-4　2020 年京津冀重点城市研究与试验发展（R&D）经费情况

地区	R&D 经费（亿元）	R&D 经费投入强度（%）
河北省	634.37	1.75
石家庄市	117.38	2.13
唐山市	159.00	2.21
秦皇岛市	24.51	1.45
邯郸市	68.75	1.89
邢台市	20.26	0.92
保定市	77.27	2.30
张家口市	8.79	0.55

地区	R&D 经费（亿元）	R&D 经费投入强度（%）
承德市	21.87	1.41
沧州市	47.62	1.29
廊坊市	62.13	1.88
衡水市	19.10	1.22
定州市	0.64	0.19
辛集市	6.17	1.45
雄安新区	0.90	0.35
北京市	2326.60	6.44
天津市	361.87	2.60

资料来源：根据 2020 年北京市、天津市和河北省统计公报整理所得。

（三）产业功能平台集群集聚效应仍未显现

为有效承接北京产业疏解，津冀两地加快产业承接平台的打造，初步形成了天津"1+16"承接格局和河北以雄安新区集中承载地为核心，曹妃甸新区、渤海新区、津冀芦台·汉沽等5个协同协作平台为重点，4个特色专业平台和33个个性化平台为支撑的"1+5+4+33"重点承接平台体系。然而，在承接平台数量增多的同时，承接平台布局分散，部分承接能力偏低，功能相似带来同质化竞争等问题显现，极大地影响了平台精准承接、有效集聚产业的能力水平。具体来看，一是平台配套能力发展相对滞后。一些承接平台设置在城市开发不充分的区域，即便是雄安新区，其周边区域产业配套不完善，规模经济优势不强，公共服务难以适应落地企业的要求，仍有企业留不住、难发展的问题。二是同一平台产业定位差异化影响优势互补。大兴机场片区虽然是全国第一个跨省市设立的自贸区，但其高水平对外开放的功能作用并不突出。一方面，北京市服务业综合示范区大兴国际机场临空特定区域是北京行政管辖下的区域，意味着服务业高水平开放的试点范围受制于行政边界的约束；另一方面，京冀在同一开放平台的重点产业发展布局并不一致，显然会影响特定产业的空间集聚和协同开放。具体而言，北京大兴国际机场临空经济区特定区域是要在数字经济新业态准入、数字服务、国际资源引进等领域开展试点，探索数据审计等新型业务，而河北大兴机场自贸片区侧重发展航空物流、航空科技、融资租赁等产业。三是平台之间的同质竞争问题凸显。例如，科技成果转化平台、协同发展示范区等功能平台众多且布局分散，极大地影响了特定产业的空间集聚和集群化发展。

三、产业结构调整面临巨大压力

（一）服务业发展不平衡问题较为突出

虽然京津冀服务业成为第一大产业，但服务业发展水平并不均衡，尤其是河北服务业发展相对滞后。2020年，河北服务业增加值占地区生产总值比重为51.6%，低于全国54.5%的平均水平，对社会就业的贡献率仅为35.5%，与第一产业就业贡献率基本相当。从服务业结构来看，相比于北京金融、文化、科技服务等高端服务业集聚发展的态势不同，河北服务业仍主要以批发和零售、住宿和餐饮业等传统服务业为主，而金融业、信息技术服务业等现代生产性服务比重依然较小，其中，金融业增加值仅为当年北京金融业增加值的36.2%。与此同时，天津虽然近年来高技术服务、金融等现代服务业快速提升，但在新兴服务业发展上仍面临基础薄弱问题。截至2019年底，天津市服务外包企业数量为1181家，在东部地区仅高于海南省，分别是北京市和河北省的81.8%和52.0%。2019年，天津市制造业服务外包执行额为5.6亿美元，不足东部地区的2%，与北方工业第一城的地位明显不符。此外，北京向津冀的产业转移多集中在劳动密集型制造业，服务业方面向津冀转移均不高，在北京高端服务业开放进一步带动高端服务业集聚的趋势下，进一步加剧了服务业发展的区域不协调性。

（二）产业结构"倚能、倚重、倚化"依然突出

近年来，在加强环境污染防治、淘汰落后产能，以及加快高新技术产业

发展的带动下，津冀两地产业结构优化升级取得显著成效，然而长期以来形成的以钢铁、化工、建材等能源资源密集型产业为主的产业结构，并没有从根本上得以扭转。例如，依靠良好的海外铁矿石运输条件和充沛的水源，以及自身在煤炭和电力供应方面的充足保障，催生了唐山黑色金属铸造、锻件及粉末冶金制品制造、水泥制造、特种陶瓷制品制造等高载能行业。从产业结构来看，2020 年，河北邯郸六大高耗能行业增加值占规模以上工业增加值的比重仍高达 68%，比重较 2019 年提升了 0.9 个百分点，同期石家庄六大高耗能行业增加值增长 0.1%，唐山化学原料和化学制品制造业、非金属矿物制品业，以及黑色金属冶炼和压延加工业等高载能行业均实现同比增长。与此同时，高载能行业集聚的特点也造成环保形势严峻的局面。例如，2019 年，京津冀及周边地区平均的优良天数比例为 53.1%，与长三角地区 76.5% 的水平相比还有较大差距，环境空气质量较差的 10 个市中京津冀占 4 个。

（三）制造业与服务业融合发展相对滞后

在京津冀协同发展战略推动下，三地初步形成了北京科技服务业、金融业和信息服务业集聚程度日益增强，天津金融和交通运输等服务业快速提升，河北中高技术制造业快速成长的新分工格局。然而，由于服务业发展的不平衡性和区域产业价值链尚处于构建中，致使区域"制造业 + 服务业"深度融合发展成效不大。一是服务业发展整体质量依然不高。2019 年，京津冀服务业从业人员占全社会从业人员的比重为 48.8%，而同期服务业占地区生产总值比重为 66.8%。服务业增加值占比与服务业从业人员占比不同步，经济服务化"不健康"，农业、加工等劳动密集型产业占比依然较高。二是中高端服务业疏解不足，叠加生产性服务业发展滞后，造成产业融合度不高。2014 年以来，北京累计退出一般制造和污染企业约 3000 家，疏解提升区域性批发市场和物流中心约 1000 个，而同期向津冀转移的中高端服务业比重均不高，这就造成区域服务业与制造业缺乏融合发展的基础条件。与此同时，由于北京与天津、河北两地的产业合作基本处于产业链中、下游，津冀两地在研发、设计、创新等价值链高端环节的参与度较低且过于分散，尚未形成相互融合的产业链与创新链，因此造成了京津高端服务业难以向河北转移。目前河北虽然在一些高新技术产业发展方面取得积极进展，但支撑先进制造业高质量发展的工业设计、工业物流、检验检测、维护维修、人力资源服务、商务咨询、软件和信息服务等生产性服务业发展仍不充分，在外来中高端服务业转移不足的情况下，进一步约束了赋能区域产业深度融合发展。三是区域产业价值链协同伸展动力不足。京津冀三者间产业结构差异大，产业的相互依赖性和上下游关联性较少，无法深入产业互动，也很难通过产业协作与融合达到利益互惠，而协作利益的缺失，又进一步限制了京津冀之间协同发展的基础。

第三节　京津冀产业高质量协同发展的重点任务

深入贯彻京津冀协同发展重大国家战略，牢牢抓住疏解非首都功能这个"牛鼻子"，以产业协同发展先行先试为突破口，立足三地产业基础，优化区域产业布局，构筑互利共赢的产业分工协作体系。坚持京津冀"一盘棋"，着力打破"一亩三分地"，积极推动要素资源自由流动，加强区域产业生态系统共建共享。立足产业发展实际和资源要素禀赋，坚持产业整体协作与合理分工相结合，坚持产业高质量转移与自身产业转型升级相统一，坚持创新资源转移承接与增强自身造血能力相结合，以融合发展为导向，加快产业链、创新链协调联动发展，先进制造业与现代服务业深度融合发展，以智能化、网络化、数字化为方向，加快产业数字化和数字产业化，坚持绿色低碳发展方向，积极推进传统产业提质增效和绿色新兴产业培育发展，逐步破解产业发展落差大、产业链式合作不密切、承接能力不匹配、平台同质竞争凸显等产业协同发展进程中的短板弱项。着力发挥市场在资源配置中的决定性作用，坚定不移推进疏解整治促提升，有序推进企业疏解退出、技改提升、转型发展。立足京津冀全局谋划产业布局，增强三地产业全面深度联动，在更大范围和空间优化配置资源，加强产业链协同布局，促进三地产业链共建、供应链共享、价值链共创，加快互利共赢的产业链合作体系构筑，推动京津冀产业协同朝着更加均衡、更高层次、更高质量的方向迈进，打造立足区域、服务全国、辐射全球的优势产业集聚区，形成助力京津冀高质量协同发展的重要牵引力。

一、加快优势产业高质量发展，打造特色产业集群高地

聚焦钢铁、汽车、生物医药、现代服务业、新能源产业等三地特色优势代表性产业，围绕做强做大优势产业，积极推动产业空间布局优化调整，依托龙头企业的上下游带动和产业发展平台的规模集聚优势，加快打造一批具有国际影响力的优势产业集群。

（一）有效推进钢铁产能集中发展

推动钢铁行业由总量去产能向系统性优产能转变，不断优化提升钢铁产业链条，加快高端高附加值的钢材产品研发和生产。着力发挥市场机制作用，继续破解"钢铁围城"难题，通过局部退出、减量调整，实现集中布局、提质增效、绿色发展。适时推动邢钢等主城区钢厂退城搬迁，稳步推进产能退出企业转型发展。支持京津冀领军钢铁企业实施跨国界、跨区域、跨所有制兼并重组，推进企业组织集团化、业务发展国际化。支持钢铁企业携手走出去，推动国际钢铁产能合作向产业链合作演进，着力在"一带一路"沿线重要枢纽国家打造境外钢铁产业园区。以"碳达峰、碳中和"为目标，以规模化、集聚化、智能化、低碳化为方向，进一步优化调整钢铁产业空间布局，着力推进临港沿海钢铁产能集聚，重点推进河北曹妃甸、京唐港（乐亭）、丰南沿海工业区、渤海新区四大临港精品钢铁基地建设，打造先进钢铁产业集群。

（二）协同打造智能网联汽车产业集群

继续聚焦汽车产业高质量发展，做优做强智能网联汽车产业。依托天津经济技术开发区汽车产业集聚集群优势，以电动化、智能化、网联化为方

向，推动燃料汽车、新能源汽车、智能网联车"三车并进"。支持保定、沧州、张家口、秦皇岛市和定州市等加快汽车及零部件基地发展，加快发展车载光学系统、定位系统、互联网终端、集成控制系统等模块，全力打造国家级新能源及智能网联汽车先进制造业集群。完善以智能网联汽车为核心的京津冀汽车产业生态圈，加快自动驾驶的智能网联汽车研发生产和示范应用，提高自动驾驶功能装备率。支持北京重点突破传感器、处理器芯片等关键核心零部件，巩固车载计算平台、信息安全、车路协同等优势技术，以培育完备的"网状生态"体系为导向，持续扩大高端整车及配套零部件制造集群规模，支持上游汽车技术研发机构开展前端研发、设计，鼓励汽车性能测试、道路测试等安全运行测试及相关机构建设，建设世界级的智能网联汽车科技创新策源地和产业孵化基地。

（三）联合培育壮大生物医药产业

立足各自产业发展优势基础，坚持优势互补和错位发展，着力推进生物医药产业做优做大。以打造国际引领支柱产业为导向，着力聚焦创新药、新器械、新健康服务三大方向，加快北京在新型疫苗、下一代抗体药物、细胞和基因治疗、国产高端医疗设备方面构筑领先优势，推动医药制造与健康服务并行发展。重点在北京昌平区、海淀区、大兴区、北京经济技术开发区等地区，加快医药健康产业集聚集群化发展。巩固河北在原料药和高端化学药方面的优势地位，积极发展特色高端原料药、生物制品、中药饮片，培育发展儿童药、中药大品种和小品种药集中生产基地、原料药生产基地。重点建设石家庄国家生物医药、安国现代中药、沧州生物医药、邯郸生物提取和现代中药等产业基地，加快北戴河生命健康产业创新示范区建设，争创国家级京津冀生物医药健康先进制造业集群，打造生物医药产业先进研发制造基地。巩固提升天津在化学药和现代中药方面的优势，加快建设生物医药（中医药）产业园，支持企业建立中药种植、研制一体化模式，促进中药产业链的构建与提升，推动天津成为国内领先的生物医药研发转化基地。

（四）做优做强特色优势现代服务业

依托北京服务业扩大开放综合示范区、天津服务业扩大开放试点，以及河北服务贸易创新发展试点等开放平台优势，加快特色高端服务业集聚集群发展，不断提升京津冀现代服务业品牌影响力。以北京建设全球创新中心为引领，加快金融、科技、信息、文化创意、商务服务等现代服务业发展。加快构建与首都城市定位相适应的现代服务业体系，加快"留学北京""北京科技服务品牌"走出去步伐，塑造具有全球竞争力的"北京服务"品牌，打造国际一流的高能级服务枢纽。继续加快天津东疆保税区融资租赁服务业高质量发展，发挥"鲁班工坊"对天津服务业走出去的牵引作用，不断提升天津职业教育服务国际影响力。全面提升河北现代服务业发展水平，依托自贸片区、雄安新区、综合保税区等功能平台，加快融资租赁、仓储物流、展示展销、金融服务、商务服务、文化创意服务和旅游服务等现代服务业发展。

（五）打造新能源产业发展新高地

锚定碳达峰、碳中和目标实现，大力发展高效光伏设备、先进风电设备、智能电网装备、高效储能装备、氢能装备产业，加快风光火储互补、高效储能、氢能等关键技术和智能控制系统研发及产业化。积极探索氢能产业协同发展。推动京津冀规模化、协同化布局氢能产业，重点布局制备、运输、存储、加注和氢燃料电池产业链环节。立足河北新能源发展优势，加快发展风能制氢、工业副产氢，加强氢能供给，研发高压车载储氢系统、高压气态和低温液态氢储运技术及管道输氢特种材料，壮大储氢上游环节。重点建设张家口国家可再生能源示范区和氢能示范城市、邯郸氢能装备、承德清洁能源融合发展等产业示范基地，打造全国新能源装备制造示范应用先行区和氢能产业发展新高地。聚焦氢能关键核心技术攻关和终端应用，推进北京氢燃料电池堆和高端整车制造。依托天津先进装备制造业发展优势，推进氢燃料大客车、物流车、叉车的研发生产，加快氢燃料电池汽车检测基地项目建设。

（六）加快冰雪旅游产业协同发展

立足冰雪旅游产业发展的比较优势，围绕发展后冬奥经济和京张体育休闲文化旅游带建设，着力推动冰雪旅游产业协同发展。依托北京市作为国际交往中心的全球门户城市地位，结合冬奥会举办的成功经验，积极举办冰雪运动赛事活动和运动品牌营销推广，不断提升北京市在国际冰雪旅游城市中的品牌影响力。加快北京张北云计算产业基地、怀来大数据产业基地建设，发挥"科技冬奥"带动作用，深化智能网联汽车、绿色能源与节能环保等领域合作。河北要以实现"培育壮大冰雪装备制造、休闲旅游、教育培训等产业，打造冰雪装备生产聚集区"发展定位为导向，重点加强国内外高端冰雪装备制造项目、产品和技术的引进，推动研发机构和生产企业加速集聚，打造冰雪装备产业发展基地。积极推进冬奥场馆赛后利用，围绕冰雪、大数据、可再生能源等产业，全面整合京张体育文化旅游带内的自然资源和文化资源，融入奥运和体育元素，全力策划和推广冬奥冰雪运动之旅、京张奥运文化之旅、草原运动休闲之旅等京张两地一程多站的精品旅游路线，形成"全周期、四季化"产品体系。天津要借助冬奥契机，依托工业技术累积优势和体育旅游产业后发优势，加快打造成为京津冀冰雪体育用品及相关产品制造产业集聚区。

二、加强产业分工协作体系构建，推进产业有效衔接

立足三地产业基础，优化产业布局，构筑互利共赢的产业链合作体系，提升京津冀制造业国际竞争力和影响力。

（一）发挥比较优势，聚焦特色产业高质量发展

立足比较优势和三地功能定位要求，加快特色产业发展，形成区域分工协作的产业基础。北京要以构建 2.0 版高精尖产业体系为导向，重点培育两个国际引领支柱产业、四个特色优势的"北京智造"产业、四个创新链接的"北京服务"产业以及一批未来前沿产业。加快传统产业转型升级，大力发展"智能+"产业，巩固优化高精尖经济结构，促进产业节能减碳和绿色发展。

天津要以深化供给侧结构性改革为主线，着力壮大生物医药、新能源、新材料等新兴产业，巩固提升装备制造、汽车、石油化工、航空航天等优势产业，加快构建现代产业体系，推动冶金、轻纺等传统产业高端化、绿色化、智能化升级，全力推进全国先进制造研发基地建设。河北要继续围绕产业转型升级，优化提升钢铁产业链条，推动钢铁向装备制造、金属制品、建筑用钢结构等下游产品延伸。深入实施产业转型升级和科技创新系列三年行动计划，做大做强先进轨道交通装备、新能源汽车和智能网联汽车等优势产业，以"减油增化"为着力点推进渤海新区临港石化基地建设，打造国内领先的石化产业绿色发展示范区。

（二）加快产业平台打造，加强产业转移与承接的协同联动

加强园区治理，破解多、散、杂、小问题，整合形成以国家级园区为龙头、市级园区为支撑的空间格局，为区域产业转移承接和高质量发展腾出空间。加快高端要素和创新资源向通州、雄安新区、滨海新区等高能级平台聚集，打造京津冀协同发展桥头堡。围绕疏解和承接功能，推动天津滨海中关村科技园、宝坻中关村科学城、京津合作示范区、北京大兴国际机场临空经济区、廊坊北三县与通州区协同发展示范区、京冀曹妃甸协同发展示范区、沧州渤海新区、津冀芦台·汉沽协同发展示范区等重点园区建设，全方位拓展合作广度和深度。重点围绕北京产业疏解和技术转移转化，加快承接平台功能体系建设，不断提升承接能力和承接效率。坚持错位发展和协同发展相结合，积极推动津冀承接平台之间良性互动，避免同质恶性竞争。重点加快滨海—中关村科技园、宝坻京津中关村科技城、武清京津产业新城、北辰国家级产城融合示范区、中日（天津）健康产业发展合作示范区、雄安新区等承接载体建设，探索建立"通武廊"产业合作示范区。加强产业转出地和承接地之间"供求"衔接，提升产业转移的精准性和成长性，避免为转移而转移，为承接而承接的单向性，逐步推动北京中高端优势产业向津冀转移，助力两地产业加快转型升级。重点围绕津冀产业承接平台产业发展规划、重点产业布局，推动北京相关企业产业精准选址落地，推动形成产业转移与承接

的协同联动。以津冀产业转型升级和"卡脖子"技术突破为导向，着力提升北京科技服务供给质量，推动科技成果就近有序转移转化。

（三）聚焦产业链"补短板、锻长板"，推进制造业与服务业深度融合发展

以加强现代服务业和先进制造业互促共生的区域产业生态圈培育为导向，在积极推动京津商务会展、医疗健康、国际寄递物流、融资租赁等高端现代服务业高质量发展的同时，着力支持河北加强工业设计、检验检测、维护维修、人力资源服务、软件和信息服务等生产性服务业发展，积极赋能产业深度融合发展。深化提升河北工业设计水平，鼓励有条件的制造业企业分离设计机构，支持设计公司在细分行业领域深耕细作，培育一批专业化、品牌化设计服务企业。加快雄安新区、石家庄、秦皇岛 3 个重点工业设计产业聚集园区建设，吸引聚集国内外工业设计创新资源，打造工业设计产业发展高地。实施服务型制造领航工程，在工业设计、定制化服务、节能环保、供应链管理等重点领域遴选、培育一批示范企业、项目和平台。支持制造业企业由产品设备生产商向智能化产品与服务提供商转型，延伸拓展产业链高价值服务环节，发展个性化定制、产品全生命周期管理等新模式，提升制造效率，做"制造的制造"，赋能北京先进制造业，辐射带动京津冀产业转型升级。

（四）构建重点产业供应链体系，推进区域产业间"链式"协作

立足新发展格局构建，加快提升汽车、化工、医药健康等京津冀地区重点代表性产业之间的产业链、供应链稳定性水平。以畅通供应链为抓手，积极推进优势产业间"供求"对接。以实现价值链位势的提升为牵引，加快打造基于优势互补的新产业竞争优势。立足河北、天津化工产业集群优势和产业链上游地位，推动化工产业与下游食品加工、汽车、家电、电子和纺织服装等优势产业形成良好的供应链。依托产业协同示范区等功能平台，加强产业链上下游共同体建设，积极发挥产业链龙头企业与节点型企业的带动引领作用，加强与链上配套产业企业的供需衔接，进一步扩大本地配套率。依托

京津冀地区全国汽车零部件生产基地的产业集群优势，支持整车企业优先配套本地总成（系统）零部件产品，做大做强一批一级和二级供应商，形成"二级供应商——一级供应商—整车"的航母编队。以区域产业价值链构建为导向，积极发展中间品的生产和贸易，缩小京津冀地区的产业级差。聚焦配套能力提升，探索形成新的产需"链式"合作新模式，通过"建链、延链、补链、强链"实现各自优势产业价值链伸展，推动京津冀产业之间有效衔接，共同打造产业协同制造生态链和形成全新产业链。

三、完善产业协同体制机制，助力产业一体化发展

（一）推动要素自由流动，提升创新资源要素协同配置效率

结合北京深入实施"疏解整治促提升"专项行动，加强京津冀高水平合作，建设区域要素统一市场，着力破除阻碍要素自主有序流动的体制机制障碍，推动要素自由流动，全面提高要素协同配置效率。依托北京人才、资金、创新等高端生产要素集聚程度高的优势，探索创新要素协同共享方式方法，以产业转移和技术转化为载体，推动要素向津冀两地优化配置。着力加强创新资源要素的协同优化配置，通过构建以平台为载体的协同创新共同体，促进北京科技优势资源、高校企业研发创新成果加快向津冀配置和转化。着力打破"一亩三分地"的行政壁垒，推动创新成果就近产业化渠道建设和畅通。探索对重大战略项目、重点产业链实施创新资源协同配置，构建项目、平台、人才、资金等全要素一体化配置的创新服务体系。立足北京经济技术开发区的创新动力源优势，着力打通产业链、创新链、资金链、政策链，强化协同互动，抓住核心环节，加快培育具有战略领航性、示范带动性、科技引领性的产业集群，引领京津冀地区产业向中高端迈进。以一体化为目标，加强北京"三城一区"与廊坊"北三县"、固安、保定涿州、天津武清等周边地区发展协作，促进北京"摆不开、放不下、离不远"的科技创新和高端制造产业链就近配套。着力建立"三城"创新成果转化的遴选机制，实施创新成果转化"接棒"工程，支持建立集中承接"三城"创新成果转化

的功能园区，促进"三城"重大创新成果接力支持和优先在京津冀地区转化。

（二）加强区域规划协调衔接，提升产业一体化发展水平

继续发挥京津冀协同发展高位推动的战略优势，加强区域产业发展顶层设计。围绕京津冀三地"十四五"时期及中长期产业高质量发展规划的重点产业发展方向、空间布局等内容，加快相互的协调对接，绘制京津冀产业地图，围绕产业地图推动配套基础设施互联互通，支持和服务各类投资主体，推动重大项目与空间资源、区域定位精准匹配。聚焦汽车、钢铁、石化、生物医药、新能源、先进装备制造等优势产业，围绕新一代信息技术、新能源智能汽车、航空航天、新材料、数字经济等新兴与未来产业，以区域产业链、价值链、供应链构建为导向，推动相关产业区域发展规划编制，为三地共商共建共享发展提供时间表、路线图，推动形成一批优势产业链。依托轨道上的京津冀建设，重点在京津、京雄、京保石、京唐秦等主要交通通道，协同谋划科技创新走廊、协同产业发展带，不断促进区域产业协同发展和集聚集群化发展，推动京津冀产业一体化发展。

第四节 推进京津冀产业高质量协同发展的对策

顺应产业结构优化调整和转型升级的趋势，坚持产业高水平转移和高效率承接相结合，不断提升津冀两地产业与首都产业分工协作水平，促进产业链加快构建。继续改善影响产业有序转移和错位发展的体制机制障碍，加强产业同谋划、同发展，助力产业协同发展行稳致远。

一、推动产业链、创新链、供应链协调联动发展示范区建设

在非首都功能疏解带动产业分工格局逐渐明朗的同时，要加快基于分工基础上的"链式"协作，形成优势产业集聚区。要依托京津冀协同发展示范区等功能平台加快建设一批产业链、供应链、创新链协调联动发展示范区。

在示范区建设中，一方面，积极承接北京非首都功能疏解，围绕产业规划、园区共建、产业链构建，聚焦新一代信息技术、新材料、生物医药、新能源、汽车等三地代表性产业，共同建设京津冀协同发展产业链，促进上下游协同和布局优化。在承接产业的同时，津冀两地要继续立足自身产业比较优势，积极借力北京科技创新成果外溢效用，加快产业转型升级步伐，推动产业链拓展延伸，不断提升特色优势产业的竞争力，为高水平走出去打下坚实基础。另一方面，有效发挥政府和市场机制作用，以产业有序转移和有效承接为契机，围绕产业合理分工，加快探索打造一批区域产业链"链主"企业。支持产业链"链主"企业整合上下游资源，带动产业链关键核心配套企业就近布局，形成若干具有"竹林效应"的产业生态集群。鼓励"链主"企业整合产业资源和创新要素，推广供应链协同、创新能力共享、数据协同开放和产业生态融通发展等模式，带动上下游中小微企业协同发展。加快整合科研机构、创业孵化、公共平台、股权投资、管理服务等各类要素，形成各主体深度链接的平台生态网络。完善园区配套环境，提升产品认证、检验检测、成果推广、知识产权服务等综合公共服务能力，加快集聚企业、高校、院所、科技服务机构等多元主体，实现"科技＋产业＋城市＋人文"多功能复合，构建资源要素集聚、产业环境优化、各类主体和谐共生的产业生态体系，提升产业集群和产业链核心竞争力。

二、建立区域产业协同发展合作机制

一是强化顶层设计。依托京津冀产业转移和承接平台已有管理机构，积极借鉴京津冀自贸试验区、京津冀协同发展交通一体化等联席会议机制，推动设立京津冀产业协同发展联席会议机制，通过发挥协调机制的作用，围绕推动落实国家部委出台的试点任务和政策措施，审议服务业重大改革事项，编制京津冀产业协同发展规划，协调解决产业协同发展过程中出现的堵点难点问题，不断推进产业高质量协同发展。二是优化行业管理。加快形成政府、协会、企业协同配合的产业协同发展服务体系，发挥地方龙头企业作用，完善重点企业联系机制，广泛开展多种形式的产业转移承接协调联动促进活动。三是强化制度支撑。建立工作督导机制，由区域产业协同发展联席会议办公室或区域产业协同发展专门工作小组定期对各项试点任务落实情况进行检查推动。建立单位评价机制，并对工作情况及绩效进行评价。建立总结评估机制，定期对各项试点任务完成情况进行评估。四是推进联动协作。建立信息简报制度，定期印发各项试点任务完成情况和创新案例的通报、专报和简报。建立联络员制度，及时沟通情况、通报信息。建立复制推广工作机制，定期总结产业协同发展的经验和创新案例，向本地区复制推广。

三、推动形成优势互补分工协作的产业布局

创新产业协同发展方式方法，推动企业优化生产力布局。在行政推动非首都功能疏解的同时，着力加强市场机制疏解作用。鼓励采取"产业基金＋智能制造"方式，鼓励北京企业通过"母子工厂"等模式在津冀布局一批带动力强的项目，吸引上下游企业聚集，共同完善区域产业生态，构建分工明确、创新联动的产业协同发展格局。支持北京工业互联网和智能制造头部企业对接津冀生产制造资源，加速赋能津冀传统产业。加快"共享工厂"示范推广，鼓励生产企业通过工业互联网共享生产订单的方式设立虚拟联合工厂，满足企业共性制造需求。支持北京加强与廊坊北三县一体化联动发展，出台鼓励产业向廊坊北三县等环京周边地区延伸布局的政策。打造"雄安新区高技术研发、总部基地和特色服务"＋"通武廊地区服务贸易、金融商务和创新成果产业化"＋"滨海新区中高端制造加工、研发与港口物流"的错位分工格局。发挥雄安新区创新载体的开放聚合引领作用，积极承接北京的高校、科研院所、国家实验室和技术创新中心等创新主体以及软件信息技术等服务业和高新技术产业总部转移，加快全球高端创新资源集聚，打造能够辐射河北全省的科技研发和高端服务基地。依托通州城市副中心建设北京服务业开放试点先导区，试行跨境服务贸易负面清单管理模式，最大限度放宽服务贸易准入限制，推动通武廊地区服务贸易产业融通联动，提升通州服务

贸易区域引领功能，探索建设面向全球的服务贸易高度自由化便利化的自贸区。在通武廊地区共建具有技术研发、中试孵化、示范应用功能的配套产业基地，辐射带动周边津冀地区。重点推动北京汽车制造业、计算机通信制造业等技术密集型产业生产制造环节、研发转化环节和区域性总部基地向滨海新区转移，吸引在京民营企业到滨海新区发展，提升滨海新区高端制造业集聚水平，形成能够辐射带动京津冀制造业转型升级的新动能。

四、加快建设助力产业协同发展的全球要素集聚高地

着眼于服务新发展格局构建，打造国际国内双循环重要门户枢纽。围绕打造立足区域、服务全国、辐射全球的优势产业集聚区的目标定位，着力加强与长三角、粤港澳大湾区跨区域产业合作，通过共建产业技术研究院等方式，深化政产学研合作，联合开展制造业重大专项。拓展与长江经济带、成渝地区双城经济圈等中西部地区经济、产业、技术合作和市场对接空间，有序推动生产要素双向流动。支持京津冀自由贸易试验区围绕建设科学技术体制机制创新改革先行示范区、战略性新兴产业集聚区和国际高端功能机构集聚区、高端高新产业开放发展引领区、国际商贸物流重要枢纽、新型工业化基地、全球创新高地和开放发展先行区，大力发展数字经济、新一代信息技术、高端现代服务业、现代生命科学和生物科技、生物医药、高端装备制造、能源储备、航空航天科技等产业，加快建设雄安新区数字经济创新发展示范区、正定新区数字经济产业园等，加强贸易合作，开拓国际市场。深化与"一带一路"沿线国家的贸易合作，坚持共商共建共享，积极参与沿线国家基础设施建设，加快钢铁、建材等优势产能和装备走出去。加快建设国际一流营商环境高地，不断提升聚集优质要素能力水平。实施涉企经营许可事项清单管理，建立审批绿色通道，健全市场准入负面清单制度，落实公平竞争制度，营造公平、开放、透明的市场环境。河北要积极以"放管服"改革为抓手，减少审批事项，规范审批行为，提升审批效率，降低制度性交易成本，实施跨区域协同监管，为京津等东部地区产业转移创造良好环境。北京

要以市场准入、公平竞争、公正监管、产权保护等为重点，以服务业扩大开放综合示范区和自贸试验区"双区"建设为契机，着力打造市场化、法治化、国际化的一流营商环境，不断提升集聚全球优质要素、助力京津冀产业协同发展的平台功能。

本章参考文献

［1］叶堂林，等．京津冀发展报告（2021）［M］.北京：社会科学文献出版社，2021.

［2］马海涛，黄晓东，罗奎.京津冀城市群区域产业协同的政策格局及评价［J］.生态学报，2018（12）.

［3］赵延文.京津冀产业协同发展回顾及展望（2014—2020）［J］.中国经贸导刊，2021（1）.

［4］肖金成，李博雅.京津冀协同：聚焦三大都市圈［J］.前线，2020（8）.

［5］刘佳骏.产业协同为区域发展聚势赋能［J］.前线，2021（12）.

［6］丛书编写组.实施区域发展战略［M］.北京：中国计划出版社，2021.

第六章
京津冀协同创新

推动京津冀协同发展，是解决"大城市病"、区域发展不平衡等突出问题的现实需要，更是引领经济发展新常态、落实新发展理念的主动作为，对全国推进建立区域协调发展新机制具有重要示范意义。2014年2月26日，习近平总书记在北京主持召开座谈会专题听取京津冀协同发展工作汇报时强调，"大家一定要增强推进京津冀协同发展的自觉性、主动性、创造性，增强通过全面深化改革形成新的体制机制的勇气""自觉打破自家'一亩三分地'的思维定式，抱成团朝着顶层设计的目标一起做"。当前，京津冀协同进入改革攻坚的关键性阶段，应进一步以更大的力度创新协同发展体制机制，推动京津冀协同发展从低水平协同步入分工合作、布局合理、联动性强的高水平协同发展阶段，提升协同发展的效益和水平。其中，创新协同是引领，多维度多角度协同治理体制改革是核心，推动要素自由流动是基础条件，共同构成新时期京津冀协同创新的基础框架和动力机制。

第一节　京津冀协同创新的进展与成效

京津冀协同发展上升为国家区域重大战略以来，三地围绕打破藩篱，以创新驱动、建立一体化发展的体制机制，在交通一体化建设、生态环境联防联治、优质公共服务共享、产业创新协同、重大突发事件联防联控等方面开展了一系列实践，取得了一系列成果和经验。

一、体制机制创新的进展与成效

实现京津冀协同发展，关键在协同发展的体制机制创新。通过改革制约协同发展的障碍，建立更加有利于打破行政壁垒的制度供给是京津冀协同发展取得实效的基本经验。在京津冀协同发展领导小组的领导下，领导小组办公室、京津冀三省市、国务院有关部门，贯彻中共中央、国务院的统一部署和要求，京津冀体制机制创新取得新进展。

（一）建立高层次协调治理机制

2000—2014 年，北京人口快速增长，交通拥堵、环境污染、安全隐患频发等"大城市病"越来越严重。习近平总书记在 2014 年考察北京并发表重要讲话，对京津冀协同发展做出重要指示。同年，国务院成立京津冀协同发展领导小组，领导小组办公室设在国家发展改革委，在高层次协调机制的推动下，各部委、三省市都采取了积极行动。同时，三省市之间建立了常态化的党政一把手联席协商机制。推动了京冀共同签署《共同打造曹妃甸协同发展示范区框架协议》等七项协议，2022 年北京与河北张家口携手举办冬奥会等。

（二）在多个重点领域建立协同发展的体制机制

京津冀协作机制构建的同时，在交通一体化、生态环境保护、产业转移配套等方面的重点领域率先取得突破。"轨道上的京津冀"加快建设，京张高铁、京沈高铁建成通车，京雄城际北京至雄安新区段建成运营，实现从雄安站 19 分钟至大兴国际机场、50 分钟至北京西站。区域内公路体系更加完善，高速公路里程超过 1 万千米，首都地区环线等"断头路"逐步打通。机场群和港口群服务区域发展的能力不断提升，三省市 17 个机场初步形成分工，津冀两省市组建港口联盟，天津港 19 条支线已覆盖环渤海主要港口。产业转移分工不断加强，国家市场监管总局数据显示，北京市企业 2014 年以来对津冀企业投资金额增长超过 1.6 倍，对天津、唐山、廊坊等城市投资也分别增长 1.2 倍、0.3 倍、1.5 倍。滨海—中关村科技园、沧州生物医药基地等各具特色、差异化定位的承接平台集聚效应日益显现，首钢京唐二期、城建重工新能源汽车、北京现代汽车沧州第四工厂等区域重大产业转移项目进展顺利。强化流域综合治理协同，形成多种协同治理的机制，特别是依托永定河流域综合治理，形成了全国首创的市场化流域治理的体制机制。

专栏 6-1-1　永定河流域治理体制机制创新实践

1. 顶层设计高位推动永定河一体化治理模式

在推动区域协同发展和加快生态文明建设的背景下，国家发展改革委、水利部、国家林业局联合印发《永定河综合治理与生态修复总体方案》，从目标、思路、布局、生态需水量、水资源配置、项目安排、协同机制等方面提出了要求。国家发展改革委印发《关于组建永定河流域治理投资公司的指导意见》，对永定河流域公司的公司性质、主要职责、注册资本、股权比例、组织架构、融资及运营模式、政策措施及推进组建流域投资公司的工作安排提出了指导意见。引入战略投资人深度参与流域治理事业，支撑以投资主体一体化带动流域治理一体化创新模式。建立从国家到地方分层级的领导协调机制，每年组织召开工作会议，印发年度工作要点，明确流域公司、四省市政府和相关部门的任务分工，从顶层设计指导、推进项目建设。

2. 集成创新推动投资主体一体化流域治理

一是统筹资金管理。按照市场化方式筹措资金、统筹资金管理，探索形成区域内经营性资产和产业开发项目收益平衡永定河治理项目建设资金投入的融资模式，统筹管理公司各类资金。

二是统筹协调上下游生态治理标准。通过统筹协调衔接上下游、左右岸设计标准，复核工程设计优化功能布局，引导设计优化，形成了上下游协调统一的生态治理思路和标准。

三是统一工程管理体系。建立健全建设管理体系，规范建设管理程序，探索创新建设管理模式，严格要求工程建设标准，努力打造永定河样板。

四是统一工程实施主体。除北京市部分移交外，天津、河北、山西的建设项目已全部移交到流域公司作为永定河综合治理与生态修复的实施主体，全力推进项目落地，优化建设时序，把握节奏，动态调整。

五是推动生态水量统一调度。结合生态补水实施进展情况，细化复核生态水量。签订《永定河流域生态用水保障合作协议》，明确生态水价、调水模式和各方职责。对全线通水需水量进行分析研究，统筹协调实现全线通水，及时跟进生态补水效果评估，进一步完善生态用水保障管理制度。

3. 机制与平台双重保障绿色生态廊道建设

一是建立常态化上下游协调联动机制。建立常态化上下游联动机制，组建专业化应急抢险队伍，确保在建工程防洪安全。二是推进资产划转和委托运营新机制。在北京、天津等地组建 6 家资产运营管理公司，承担资产划转和委托运营职责。三是推动落实横向生态补偿机制。对补偿主体、补偿标的、补偿基准、补偿标准、补偿方式、补偿资金结算、补偿监管等进行了深入研究。四是打造流域管理一体化平台。以流域公司为平台，强化区域合作，以生态引领产业发展，以产业反哺生态建设，协同治理共谋发展。五是打造智慧永定河科技平台。探索跨学科集成创新治理模式和方法，为实现"流动的河""清洁的河"提供科技支撑。六是举办永定河论坛合作交流平台。举办永定河论坛，助推永定河流域高质量发展。成立永定河产业发展联盟，搭建流域产业交流合作平台。

（三）健全推动协同发展综合配套改革的系列措施

国务院及各部门根据其事权范围和内部分工，从不同角度提出了京津冀协同的细化政策纲领，使不同领域的协同任务有了明确的分工和责任主体，并进一步提出了具体要求。京津冀在国务院及各部门的指导下，建立健全了协同发展的综合配套改革机制，整体而言主要有三类：一是治理机制手段类，以主要领导为第一责任人、负面清单机制、联席对话机制为主要内容；二是考核手段类，以国务院督查、上级部门考核、领导干部绩效考核、企业绩效考核为主要内容；三是奖惩手段类，以表扬奖励、取消荣誉称号、公开约谈、追责问责、通报批评，直至追究刑事责任为主要内容。此外，通过对参与单位的梳理，可以发现中共中央组织部在确保上述工作有效落实层面发挥了重要的监督考察作用。

（四）以加快重点地区一体化发展为引领带动协同发展

以北京市通州区与河北省三河、大厂、香河三县市为重点，推动一体化发展体制机制创新突破。重点包括建立协同发展机制并有效发挥作用，在环境治理、基础设施、公共服务、工程技术等领域形成统一的标准体系。探索创新人口人才管理政策。通州区严格执行北京市人口积分落户制度。河北省实施北三县户籍制度单列管理。推进实施"人才资源共享工程"。建立统一互认的人才评价和行业管理政策。通州区严格执行北京市各行业管理要求和人才评价规定，河北省、廊坊市参照北京市相关规定，全面调整北三县各行业管理规范，实现在高新技术产业认定、人才评价等方面与北京市保持程序一致、结果互认。创新金融财税政策。支持通州区与北三县开展投融资改革试点。鼓励开发性和政策性金融机构依法合规创新业务模式，有效利用各类资金。探索共享改革试点政策。推进改革试点政策区域共享，推动北京城市副中心建设项目审批改革试点、海绵城市试点、政府与社会资本合作试点、国家知识产权城区试点等政策向北三县延伸。

二、科技创新协同的进展与成效

京津冀是我国创新资源最密集、创新活跃度最高的地区之一。为促进京津冀创新协同发展，三地政府创新协作日益深化，创新载体共建初见成效，创新资源共享成果日益增加。2015 年 10 月，京津冀科技创新公共服务平台在北京亦庄成立，聚合首都金融、科技、人才等服务资源，促进三地"大众创业、万众创新"，信息资源共享程度加深；2017 年，京津冀三地人才工作领导小组联合发布《京津冀人才一体化发展规划（2017—2030）》，这是我国首个跨区域的人才规划，为人才交流搭建了平台，创新人员共享机制日益完善。

（一）创新资源现状

根据京津冀协同发展统计监测协调领导小组测算显示，2014—2020 年京津冀创新发展指数年均提高 5.3 个百分点。京津冀在科技人才、研发投入、创新合作等方面享有优势，大规模的科技投入和科技人员推动了大量创新成果的涌现。从图 6-1-1 可以看出，2014—2020 年京津冀研究与试验人员数量和研发经费投入呈不断上升趋势，经费投入上升速度快。

创新投入方面，2014—2020 年京津冀研发经费投入强度提高了 5.1 个百分点，且三地的研发经费投入强度之比由 4.46：3.53：1 变为 3.68：1.97：1，河北与北京、天津之间的差距缩小。创新产出方面，2020 年京津冀每万人常住人口发明专利拥有量及技术市场成交额分别是 2014 年的 3.2 倍及 2.2 倍。创新效率方面，2020 年每亿元研发经费产生的专利授权量比 2014 年增长 61.8%。

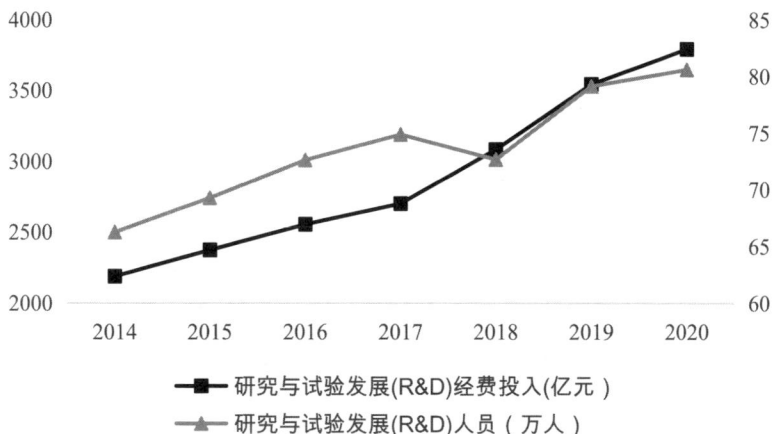

图 6-1-1　2014—2020 年京津冀区域 R&D 人员和研发经费投入变动

数据来源：《北京统计年鉴》《天津统计年鉴》《河北统计年鉴》。

京津冀协同发展战略实施以来，三地政府创新协作日益深化，从平台通道、体制政策、资金融通等方面展开深度合作，区域整体创新水平取得了很大进步。但是也应当注意到，京津冀三地在创新资源上存在很大差距，区域内部创新水平差异明显，创新投入和产出呈现梯度层次，这为三地创新协同合作奠定了基础，也对区域协同创新提出挑战。

1. 创新人才及配置状况

人才资源是创新能力和科技实力提升的关键因素，京津冀地区创新环境优良，创新文化氛围浓厚，尤其是北京作为国际化大都市，对人才有很强的吸引力。2014 年和 2020 年京津冀三地的研发人员及配置状况如表 6-1-1 所示，从表 6-1-1 可以看出，北京研发人员总数是天津和河北两地人数的两倍以上，北京在创新人才方面有明显的优势；北京及河北研发人员数量上升，尤其是北京上升显著，天津研发人员数量则有所下降。从配置结构看，三地也存在明显差异，天津和河北研发人员主要分布于企业，且高等院校和研发机构研发人员占比与企业有巨大的差距，尤其两地高等院校研发人员占比均不足 10%，而北京高校研发人员占比稳定在 40% 左右，这与众多高质量高校集中于北京有很大的关系；北京研发人员在企业、高等院校和研发机构三个创新主体中分布较均匀，高等院校研发人员占比较高且稳定，此外，研发人员有由企业流向研发机构的趋势；由创新人才分布的不同可以看出，北京更加注重于基础的前端创新。

表 6-1-1　2014 年和 2020 年京津冀各地区研发人才及配置

地区	全社会 R&D 人员（人）		规模以上企业 R&D 人员占比（%）		高等院校 R&D 人员占比（%）		研发机构 R&D 人员占比（%）	
	2014	2020	2014	2020	2014	2020	2014	2020
北京	343165	473304	29.98	20.53	41.03	39.30	28.99	40.17
天津	164076	136341	76.80	59.52	7.06	8.94	16.14	31.54
河北	155051	196123	77.33	70.99	6.20	7.13	16.47	21.88

数据来源：《北京统计年鉴》《天津统计年鉴》《河北统计年鉴》。

2. 科研经费投入及构成

京津冀三地的研发经费投入不断增长，但是与研发人员数量相似，三地研发经费差距很大，北京经费投入在三地中占据绝对优势，2020 年其研发经费投入是天津的 4.80 倍，是河北的 3.66 倍；三地不仅研发经费之间的差距显著，研发经费投入强度（研发经费 / 国内生产总值）之间的差距也很大，尤其是河北与北京和天津之间的差距明显。从活动类型和资金来源两方面来看，三地研发经费构成存在差异，其中天津和河北之间较为相似。从研发经费支出的活动类型看，试验发展支出在三种类型中占比均为最高，但是天津和河北这一比重超过 80%，尤其是河北接近 90%，北京则约为 60%；天津和河北基础研究和应用研究占比较低，尤其是基础研究投入占比与北京差距巨大，这与北京研发人员主要集中于高等院校及研究机构有很大关系。从资金来源看，天津及河北研发经费主要来源于企业资金，政府资金来源不足；北京政府资金和企业资金占比均等，政府对创新重视程度高于另外两地（表 6-1-2）。

表 6-1-2　2020 年京津冀各地区 R&D 经费投入状况

地区	R&D 经费（亿元）	R&D 经费投入强度（%）	活动类型（%）			资金来源（%）		
			基础研究	应用研究	试验发展	政府资金	企业资金	其他资金
北京	2326.58	6.44	16.04	24.55	59.42	46.61	46.17	7.22
天津	485.01	3.44	7.09	10.83	82.09	16.58	78.99	4.43
河北	634.37	1.75	2.45	8.86	88.69	11.28	87.25	1.47

数据来源：《北京统计年鉴》《天津统计年鉴》《河北统计年鉴》。

3. 创新平台现状

创新平台和载体是科技发展的重要基础，京津冀地区汇集了国内多所高水平大学，但是 80% 的一流高等院校位于北京，教育资源分布过度集中导致创新环境差异较大。北京在政府部门研发机构、高新技术企业和国家级科技企业孵化器数量方面优势也十分明显，河北工业企业数量是北京、天津的 4 倍以上，三地创新平台之间的差距为三地协同发展奠定了基础，但是也对各平台之间开展合作提出了较高的要求（表 6-1-3）。

表 6-1-3　2020 年京津冀各地区创新平台

地区	高等院校数（所）	政府部门研发机构数（个）	工业企业研发机构数（个）	高新技术企业数（家）	国家级科技企业孵化器（个）
北京	92	383	538	23991	65
天津	56	57	601	7350	35
河北	125	74	2555	9230	40

数据来源：《北京科技统计年鉴》《天津科技统计年鉴》《河北科技统计年鉴》。

4. 创新成果状况

专利申请数量和授权数量是创新能力转化的重要体现，可以衡量地区科技创新绩效，京津冀地区专利申请和授权数量在 2014—2020 年呈逐年增长趋势，科技创新成果之间差距巨大，尤其是河北的创新成果与北京和天津差距显著，北京万人专利申请数和技术合同成交额均是河北的 10 倍以上，万人专利申请授权数也是河北的 6 倍以上；相比较而言，河北在高新技术企业利润方面与北京差距较小（表 6-1-4）。

表 6-1-4　2020 年京津冀各地区科技产出状况

地区	万人申请专利数（件）	万人专利授权数（件）	高新技术企业利润（亿元）	技术合同成交额（亿元）
北京	116.11	74.38	554.5787	6316.16
天津	80.40	54.39	200.3204	1089.56
河北	16.83	12.35	215.9784	554.96

数据来源：《北京科技统计年鉴》《天津科技统计年鉴》《河北科技统计年鉴》。

（二）协同创新的进展与趋势

区域创新协同的本质是实现创新链在时间和空间上精准对接、深度关联、全链融合。从时间维度，以创新要素自由流动为纽带，企业、科研院所、高校、新型研发机构、政府等主体，渗透到基础研究→科技研发→成果转化→产业化等创新链的各环节，实现创新链在时间上继起，进而形成创新链的闭环。从空间维度，充分发挥区域内各城市在创新链上的比较优势，统筹布局大科学装置、国家实验室、国家重点实验室等创新要素资源，围绕创新链的重点环节和关键节点，形成具有地方比较优势的创新型集群，面向构建创新网络体系，全面提升区域创新质量和效益（图 6-1-2）。通过构建区域创新协同评价指标体系，对区域创新协同程度进行评价，可以看出京津冀区域创新协同的现状和趋势。

1. 京津冀创新协同效应评价体系构建

结合区域创新协同的内涵和相关研究学者们选择的评估系统以及数据可得性，本文的评价体系包括创新基础、科技研发、创新应用、创新产出、创新效果五个一级指标，具体评价体系及 14 个二级指标选取如表 6-1-5。

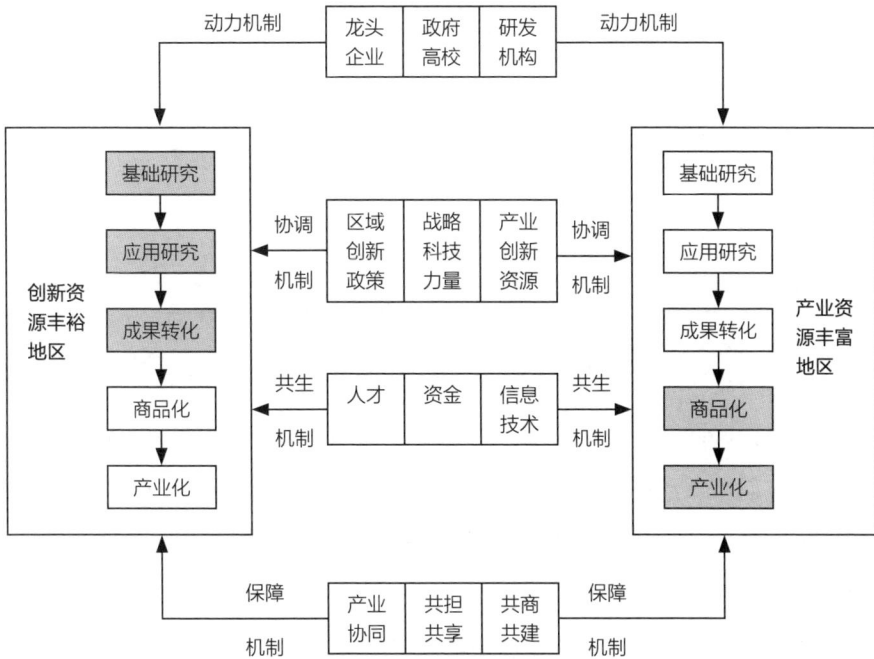

图 6-1-2 区域创新链协同的内在机理示意图

资料来源：郑国楠，《粤港澳大湾区创新链协同：机理、评价与对策建议》，《区域经济评论》2021 年第 6 期。

表 6-1-5 区域创新链协同效应评价指标

创新基础	政府科技投入
	普通高等院校在校人数
	研究与发展（R&D）人员数
科技研发	规模以上工业企业研究发展（R&D）投入
	每万人专利申请数
	发明专利申请增长率
创新应用	高技术企业数
	外商直接投资
	高新技术产业产值

续表

创新产出	商品出口额
	劳动生产率
创新效果	人均地区生产总值
	第三产业增加值占比
	人均收入水平

2. 评价方法

区域创新协同体系涉及存在异质性的创新主体，包括创造知识、从事技术开发、为创新活动提供服务及完成技术向产业转化的各类主体，各主体在区域内协同共生、合作互动，共同构建完整的协同体系。因此，对于这一复杂的体系，结合协同的研究和陈丹宇（2010）的计算模型，各要素和主体之间协同和价值共创程度的衡量和评价采用以下方法。

创新协同体系 $S=\{S_1, S_2\cdots\cdots S_k\}$，其中 S_i 为 S 中第 i 个区域子系统，$i=1$，$2,\cdots\cdots k$，S_i 由若干下一级子系统元素计算所得，即 $S_i=\{S_{i1}, S_{i2}\cdots\cdots S_{ik}\}$。本文研究对象为京津冀地区，$S_i$ 由区域内三地 3 个子系统构成。S_i 的协同关系形成创新协同体系 S 的复合机制，即 $S=f(S_1, S_2\cdots\cdots S_k)$。

S 的复合机制存在以下两种表达：第一，若 f 可以用精确的数学方程式表达的话（一般为非线性方程），则 f 为区域创新协同体系的符合因子，带入可得 $S=f(S_1, S_2\cdots\cdots S_k)$。第二，若 f 的形式难以明确的话，$E^g(S)=E\{F[f(S_1, S_2\cdots\cdots S_k)]\}=E[g(S_1, S_2\cdots\cdots S_k)]\!\!>\!\!\sum_{i=1}^{k}E^f(S_i)$，该式中 F 为协同作用的体现，即在区域创新协同体系下，存在一个协同作用 F（不唯一），使得协同发展带来的效应大于在非协同下单个系统简单加总所产生的效应。

区域创新子系统 S_i 的序参量为 c_{ij}，定义 $\mu_i(c_{ij})$ 为序参量的系统有序度：

$$\mu_i(c_{ij})=\begin{cases} \dfrac{c_{ij}-\beta_{ij}}{\alpha_{ij}-\beta_{ij}}, j\in[1,l_1] \\ \dfrac{\alpha_{ij}-c_{ij}}{\alpha_{ij}-\beta_{ij}}, j\in[l_1+1,n] \end{cases} \tag{6.1}$$

其中，α_{ij} 与 β_{ij} 为体系稳定时，c_{ij} 的上下限，$\mu_i(c_{ij})$ 取值介于 0 到 1 之间，其数值越大，c_{ij} 对子系统有序的作用越大。

区域创新子系统 S_i 的系统有序度：

$$\mu_i(c_i)= \sqrt[n]{\prod_{j=1}^{n} \mu_i(c_{ij})} \qquad (6.2)$$

同理，$\mu_i(c_i)$ 数值越大表明子系统 S_i 有序程度越高。

区域创新链协同度：

$$W=\theta \sum_{i=1}^{k} \lambda_i[\mu_i^1(c_i)-\mu_i^0(c_i)] \qquad (6.3)$$

其中 $\lambda_i= \dfrac{GDP_i}{\sum_{i=1}^{k} GDP_i}$，$\mu_i^0(c_i)$ 为初始时刻 t_0 的 S_i 的系统有序度，在区域创新链体系演变过程中，t_1 时刻系统有序度为 $\mu_i^1(c_i)$：

$$\theta= \dfrac{min_i[\mu_i^1(c_i) - \mu_i^0(c_i) \neq 0]}{|min_i[\mu_i^1(c_i) - \mu_i^0(c_i) \neq 0]|} \qquad (6.4)$$

由此可见，区域创新链协同度 $W \in [-1,1]$，当 θ 的值大于 0 时，区域创新链协同度 W 才能大于 0，W 大于 0 意味着从 t_0 到 t_1 时刻，该创新链协同体系是存在正向的价值共创，即协同创造价值，反之，则表明创新链协同体系共创价值水平低下。由此衡量的区域创新链协同程度等级划分如表 6-1-6。

表 6-1-6 协同度等级划分表

W 取值	［0,0.4］	［0.4,0.5］	［0.5,0.6］	［0.6,0.7］	［0.7,0.8］	［0.8,0.9］	［0.9,1］
协同评价	极不协同	不协同	轻度不协同	弱协同	基本协同	良好协同	高度协同

3. 评价结果

运用上一部分区域创新协同评价体系中的指标和评价方法来测度京津冀区域创新协同效应。评价体系中14个二级指标的数据来源于《中国统计年鉴》《中国科技统计年鉴》，以及北京、天津和河北三地统计年鉴及国民经济和社会发展统计公报。利用公式（6.1）、公式（6.2）和公式（6.3）计算京津冀地区子系统序参量、子系统有序度及区域创新整体协同度。

表 6-1-7 至表 6-1-9 为根据公式（6.1）计算的京津冀区域内各子系统序参量。

表6-1-7 2014—2020年北京创新协同体系序参量

指标	2014	2015	2016	2017	2018	2019	2020
创新环境	0.5954	0.6917	0.6532	0.6749	0.7415	0.8130	0.8764
创新资源	0.5569	0.6063	0.6775	0.7061	0.7464	0.8082	0.8351
企业创新	0.6206	0.6482	0.6147	0.6574	0.7055	0.7323	0.7708
创新产出	0.5510	0.6533	0.6897	0.6970	0.7418	0.7716	0.8202
创新效果	0.6943	0.7951	0.7794	0.8297	0.8957	0.8792	0.8965

表6-1-8 2014—2020年天津创新协同体系序参量

指标	2014	2015	2016	2017	2018	2019	2020
创新环境	0.4637	0.4358	0.5297	0.4806	0.5619	0.5874	0.6538
创新资源	0.4412	0.4028	0.4484	0.5217	0.5546	0.5971	0.6271
企业创新	0.4316	0.4643	0.4053	0.4949	0.5881	0.6296	0.6506
创新产出	0.3917	0.4806	0.4447	0.4918	0.5276	0.6133	0.6822
创新效果	0.4897	0.5905	0.6328	0.6385	0.6645	0.6746	0.7125

表6-1-9 2014—2020年河北创新协同体系序参量

指标	2014	2015	2016	2017	2018	2019	2020
创新环境	0.4353	0.3743	0.4177	0.3816	0.4269	0.4380	0.5190
创新资源	0.3870	0.3505	0.4350	0.3777	0.4474	0.4606	0.5207
企业创新	0.3092	0.4048	0.3657	0.3712	0.4175	0.4464	0.4657
创新产出	0.3263	0.3163	0.4004	0.3488	0.3997	0.4179	0.4565
创新效果	0.3908	0.4126	0.5272	0.5099	0.5510	0.5738	0.5906

根据公式（6.2）及北京、天津和河北三地序参量计算可得区域子系统有序度，其结果如表6-1-10。

表 6-1-10　2014—2020 年京津冀子系统有序度

地区	2014	2015	2016	2017	2018	2019	2020
北京	0.6023	0.6690	0.6726	0.7045	0.7564	0.7938	0.8354
天津	0.4437	0.4653	0.4792	0.5207	0.5788	0.6185	0.6590
河北	0.3667	0.3752	0.4220	0.4327	0.4450	0.4689	0.5231

从表 6-1-10 的计算结果可看出，京津冀三地子系统的有序度差异明显，三地有序度均处于上升趋势，但是天津和河北两地与北京之间差距巨大，2020 年河北有序度仍低于 2014 年北京有序度水平。虽然天津和河北有序度显著低于北京，但是增长率高于北京，2014—2020 年，北京、天津和河北三地有序度平均增长率分别为 5.65%、6.85%、6.18%，尤其是 2020 年河北有序度增长率为 11.56%。北京不仅在子系统有序度上显著高于天津和河北，从创新环境、创新资源、企业创新、创新产出和创新效果五个序参量计算结果看，北京在每一维度上的序参量均显著高于其他两地，并不存在其他两地在某一维度上占据优势的情况，因此北京在京津冀创新协同体系中的优势显著且稳定。

由以上子系统有序度结果及公式（6.3）计算所得的京津冀区域创新整体协同度结果如表 6-1-11。

表 6-1-11　2014—2020 年京津冀区域创新整体协同度

年份	2014	2015	2016	2017	2018	2019	2020
整体协同度	0.1056	0.1394	0.1615	0.1782	0.2360	0.2725	0.3223

从表 6-1-11 京津冀区域创新整体协同度计算结果看，2014—2020 年间京津冀创新协同度逐渐提高，但是总体协同度还处于较低水平，按照表 6-1-6 协同度等级划分，2020 年协同度 0.3223，仍处于极不协同的水平，京津冀创新协同发展任务仍旧十分艰巨，在京津冀协同创新共同体的建设道路上，尤其要重视加大河北省创新投入力度，提升自身创新能力，缩小与北京市和天

津市创新产出水平的差距，促进创新合作和创新成果转化衔接。

（三）京津冀创新链"链式"协作

1. 构建"链式"协作的政策保障

围绕顶层设计，京津冀科技主管部门形成"1+3"工作机制，共同编制京津冀科技协同创新年度工作要点，共同签署《推进京津冀协同创新共同体建设合作协议（2018—2020年）》等一系列框架协议。自2015年开始，设立京津冀协同创新推动专项、京津冀基础研究合作专项和对接国家2030京津冀环境综合治理重大工程专项。

2. 协同创新平台共建

在"京津冀一体化交通""智能制造""精准医学"等领域资助基础研究项目68项，连续举办7届京津冀青年科学家论坛。设立京津冀联合实验室，支持由北京航空航天大学与河北长城汽车联合建立首个京冀联合实验室。设立京津冀科技创新券，实现753家创新机构服务京津冀科技型中小企业。设立大气、环境综合治理联合研发平台，建立京津冀区域高分辨率固定源和面源排放清单，为大气污染治理提供有力保障。

3. 深化科技成果跨区域转移转化机制

依托应用场景提升科技成果示范辐射效应，充分发挥北京在5G、AI、工业物联网、边缘计算等技术优势，为北京企业特别是中小企业技术创新应用开放"高含金量"的场景条件，促进科技成果转化。利用科技金融资源促进科技成果转化和产业化，在国家科技成果转化引导基金下设立国投京津冀科技成果转化创业投资基金，所投项目稳步推进实施。

4. 推动创新链与产业链、供应链协同发展

围绕装备制造业，聚焦化工、钢铁、模具等传统产业转型升级；围绕医药健康产业，推动北京先进适用技术产品在津冀地区示范应用；围绕现代农业，强化京冀农业科技协同创新。支持首都科技资源优势与河北张家口赤城县农业资源条件紧密结合，初步形成"示范园＋科特派工作站＋产业示范基地"产业模式，深化现代农业和产业科技合作，助力精准脱贫。

5.推动北京科技成果在津冀转化

天津滨海—中关村科技园围绕智能科技、生命大健康、新能源新材料、科技服务业，打造"3+1"产业体系；京津中关村科技城建成首个人才社区，天津南开中学科技城分校签约落地，中关村协同发展中心产业综合体启动试运营；保定·中关村创新中心培育一批高精尖企业，引领带动当地产业转型升级，累计入驻面积10万平方米。2021年，北京流向津冀技术合同5434项，成交额350.4亿元；中关村企业在津冀设立分支机构达9032家。

第二节　京津冀协同创新面临的新形势和主要问题

当前国内外形势正在发生深刻变化，京津冀作为我国发展的三大动力源，在新形势新情况下应该面向世界科技前沿、面向国家重大需求，全面推进科技创新协同发展，为国家经济安全提供根本保障。

一、协同创新面临的新形势

（一）作为国家动力源参与国际经济与合作的形势和要求

在国家层面上，全球主要经济体无一不遵循创新无国界的理念，主动参与跨国开放式创新，但无论是技术先发国家的政府还是企业，都以确保国家技术主权为借口挑起争端，以此遏制技术追赶型国家崛起的意图越发明显。新一轮产业变革源于新技术革命，新技术革命的关键在于基础性技术创新。当前，各主要经济体均由政府支持开展一系列重大科技计划，其中应用导向的工程科技创新更多集中在新一代信息技术、生命科学、航空航天、新能源、新材料等领域，而对于大部分领域，美国依然掌握着基础性技术，并在相关产业竞争中占据话语权。相比之下，中国基础性技术短板依然突出，企业对基础研究重视程度不够、投入较低，新兴产业发展中"卡脖子"问题突出，上述各领域的基础性技术创新，将成为未来国家间产业竞争的重点和焦点。京津冀应该充分发挥自身科技创新资源优势，成为我国科技自立自强的开路先锋。坚持面向世界科技前沿、面向经济主战场、面向国家重大需求、面向人民生命健康，对标世界主要科学中心和创新高地，着力增强自主创新能力和实力，着力推进综合性国家科学中心建设，加速全球高端创新资源集聚，加强重大科技创新基地布局，健全跨国跨境产学研合作、关键核心技术协同攻关体制机制，激发人才创新活力，奋力突围破解"卡脖子"难题，在更高起点上参与国际科技前沿合作与竞争，在构建世界级区域创新共同体和全球科技创新网络核心节点上实现更大作为。

（二）维护国家产业链安全的形势和要求

当前，在外向型环节遭受严重冲击、产业链断裂风险加剧的大环境下，产业链区域化、本土化格局逐渐形成。主要经济体开始重新审视产业链全球布局的问题，并逐步增强对关键技术、关键环节的控制，加大对本国企业的支持力度，导致全球产业链收缩，新产业链布局多中心化明显。断链之忧也使不少西方国家开始防范对中国经济依存度上升带来的风险，并采取不同类型的"脱钩"政策，如美国、日本都提出了产业链回迁计划，并提供财政支持加速相关产业链重构，使我国相关产业发展面临更大压力。京津冀地区是我国保障产业链、供应链安全稳定的战略堡垒，要把发展经济着力点放在实体经济上，深入推进战略性产业集群建设，积极通过产业跨界融合加速形成若干未来产业，成为全国产业转型升级和创新发展的领头羊。以科技创新驱动产业链、供应链优化升级，提升产业链、供应链现代化水平，更好促进津冀制造业与北京现代服务业融合发展，共同打造产业链完善、辐射带动能力强、具有世界影响力的新兴产业集群，构建自主可控、安全可靠的生产供应体系。

（三）在推动区域协调发展中的形势和要求

习近平总书记高度重视区域协同发展，探索出了人口经济密集地区优化开发、协同发展的模式。区域协调发展在新时代赋予新的内涵，应以遵循客观规律为前提，强化顶层设计，充分发挥各地区比较优势，明确各地功能定位，形成比较优势为基础、各展所长、优势互补、各得其所的区域经济布局。推动交通一体化、生态环境协同保护、产业对接作为区域协同发展的先行领域率先发力，加快试点示范、改革创新，努力实现各地交通、生态、产业"一张图"规划、"一盘棋"建设、"一体化"发展。要把推动市场一体化作为区域协同发展的根本途径，加快推进市场一体化进程，下决心破除限制资本、技术、产权、人才、劳动力等生产要素自由流动和优化配置的各种体制机制障碍，推动各种要素按照市场规律在区域内自由流动和优化配置。因此，京津冀协同发展就是要围绕疏解北京非首都功能这一"牛鼻子"，进一步提高为中央政务服务保障水平，推动交通、生态、产业等重点领域合作先行，建设雄安新区、北京城市副中心，探索以世界级城市群为基础的人口经济密集地区优化开发模式。

二、协同创新存在的问题

2014—2020年，京津冀地区创新环境和能力提升的同时，地区间差距也逐步拉大。首先，在R&D人员全时当量和R&D经费等创新投入的绝对值上差距扩大，如2014年北京R&D人员全时当量与天津和河北的比值分别为2.17和2.43，2020年则分别为3.71和2.69。其次，在创新产出方面，天津和河北创新产出增长速度虽然较快，但是与北京之间的绝对差距仍旧在拉大。再次，京津冀地区各创新主体之间联系较欠缺，研发高度依赖于自身投入，产学研协同创新水平有待提高。最后，与一体化发展完善的长三角和粤港澳相比，京津冀区域协同发展进程缓慢。

（一）创新投入水平地区间差距较大

近年来，天津和河北的创新投入增长很快，但是物质资本投入和人力资本投入方面仍与北京存在差距，2014年，北京、天津和河北R&D人员数量之比为2.21∶1.06∶1，2020年则为2.41∶0.70∶1；2014年R&D经费投入之比为4.20∶1.47∶1，2020年比值为3.95∶0.78∶1，由此可见，河北创新投入增长较快，天津虽然在绝对值上处于上升水平，但是在相对值水平上有所下降，北京的绝对优势地位仍旧十分显著。北京 R&D 人员和经费有半数以上集中于高等院校和研发机构，受制度政策及创新环境等因素影响，这类资源很难自然流向天津及河北两地，加之北京的人才虹吸效应，北京创新投入的质量远高于天津和河北，且在短时间内这一状况很难改变。

从三地内部创新资源的分布状况来看，北京的创新投入主要集中于海淀区、北京经济技术开发区、昌平区、顺义区和朝阳区，五区规模以上企业 R&D 经费支出总额占全市比重接近 80%，北京高新技术企业 R&D 投入实现了创新集聚。从天津内部来看，滨海新区是国家级新区，吸引了大量的创新投资。河北创新投入主要在石家庄、唐山和保定三市。

因此，从创新投入方面来看，京津冀和三地内部之间差距都很大，这在很大程度上影响了区域协同创新水平的进一步提升。

（二）创新资源分布不均衡导致创新要素双向流动受阻

创新产出可分为以科技论文、专利、商标等为代表的科技创新产出以及以高新技术企业主营业务收入和新产品销售收入为代表的产业创新产出两种类型。

无论是科技创新产出还是产业创新产出，津冀两地与北京之间的差距都很大，尤其是科技创新方面。科技创新产出方面，2014—2020 年，天津和河北两地在国内专利申请受理数、高等院校发表科技论文和技术输出地合同金额三项指标的平均增长率都高于北京，尤其是河北进步明显，河北上述三项平均增长率分别为 27.45%、3.32% 和 71.55%，而北京对应平均增长率分别为 10.93%、1.65% 和 12.39%，河北科技创新产出追赶效应明显。但是天津和河北科技产出在绝对值上与北京差距悬殊，如河北技术输出低于合同金额增长速度，但是河北仍旧是技术合同净输入地，其技术输出合同金额和技术输入合同金额比值为 0.79，而北京这一比值为 2.02。由此可见，虽然津冀科技创新产出增长较快，但是北京科技创新遥遥领先。

天津和河北产业创新产出与北京之间的差距相对较小，津冀两地创新产出 2014—2020 年间平均增长速度高于北京，与科技创新产出相似，河北的追赶效应明显。从表 6-2-1 中可以看出，2017 年后河北规模以上工业企业新产品销售收入高于北京和天津，且高出幅度不断上升，但是北京高新技术企业新品销售收入仍为河北的 3 倍以上，差距仍然巨大。

表 6-2-1　2014—2020 年京津冀三地创新产出情况

创新产出	地区	2014	2015	2016	2017	2018	2019	2020
国内专利申请受理数（万件）	北京	13.81	15.63	18.91	18.59	21.12	22.61	25.42
	天津	6.34	8.00	10.65	8.70	9.90	9.60	11.15
	河北	3.00	4.41	5.48	6.13	8.38	10.13	12.56
高等院校发表科技论文（篇）	北京	115143	118985	118193	127627	129562	131118	126570
	天津	28769	32619	29977	28644	35322	35702	34443
	河北	29222	30563	36187	37524	34470	35323	34938
技术市场技术输出地域合同金额（亿元）	北京	3137.19	3453.89	3940.98	4486.89	4957.82	5695.28	6316.16
	天津	388.56	503.44	552.64	551.44	685.59	909.25	1089.56
	河北	29.22	39.54	59.00	88.92	275.98	381.19	554.96
规模以上工业企业新产品销售收入（亿元）	北京	4247.00	3564.04	4085.86	4119.28	4136.62	5220.20	5344.94
	天津	5665.11	5727.77	5642.83	4094.93	3855.66	3846.62	3891.99
	河北	3334.03	3476.24	3923.14	4662.33	5228.87	6484.73	7190.98
高新技术企业新产品销售收入（亿元）	北京	1865.11	1597.81	1768.43	1756.85	2028.08	2189.31	2487.54
	天津	1879.18	1746.80	1598.91	1210.04	1084.42	823.82	944.12
	河北	271.06	341.06	388.95	483.80	526.17	623.08	715.85

资料来源：《北京科技统计年鉴》《天津科技统计年鉴》《河北科技统计年鉴》。

由此可见，天津和河北创新产出增长速度较快，但是在创新产出方面北京仍然占据绝对优势，尤其是北京大量优质的高等院校和科研机构为其科技创新奠定了坚实基础。

（三）创新主体之间联系松散

区域协同创新效果取决于区域创新系统内各创新主体能否耦合互动，充分发挥各主体的优势，创新主体主要包括政府、企业、科研机构和高等院校等。

京津冀区域内各创新主体研发投入高度依赖于自身，产学研一体化进程缓慢。2014 年京津冀协同发展战略实施以来，三地规模以上工业企业、高等院校和研发机构 R&D 经费内部支出均保持较快增长速度，其中高等院校和研发机构经费主要依赖政府资金，工业企业内部经费支出高度依赖企业自身投资。从各主体 R&D 经费外部经费支出构成来看，企业之间、研发机构之间联系密切，此外，企业 R&D 经费中对研发机构支出占比也较高，在多数年份中占比超过 40%；而企业和研发机构与高等院校之间联系合作程度较低，除 2014 年外，这两类主体 R&D 经费外部支出中高等院校占比均低于 10%；高等院校 R&D 外部经费绝对值与企业及研发机构 R&D 外部经费相比较低，且高等院校 R&D 外部经费支出在三类机构中占比更为均衡（表 6-2-2）。

表 6-2-2　京津冀三地各创新主体 R&D 外部经费支出构成（%）

支出结构		2014	2015	2016	2017	2018	2019	2020
规模以上工业企业 R&D 外部经费支出	对境内研究机构支出	60.36	54.84	49.35	39.48	27.81	25.96	40.34
	对境内高校支出	15.40	9.43	8.76	7.09	7.12	8.65	7.51
	对境内企业支出	24.24	35.74	41.89	53.43	65.08	65.39	52.15
研发机构 R&D 外部经费支出	对境内研究机构支出	57.56	69.61	49.96	54.82	57.77	60.08	43.90
	对境内高校支出	5.43	4.95	6.14	8.01	6.66	6.67	9.04
	对境内企业支出	8.15	17.24	20.31	16.83	24.59	24.25	21.24
高等院校 R&D 外部经费支出	对境内研究机构支出	33.96	34.67	37.68	31.33	31.33	34.29	36.51
	对境内高校支出	28.97	29.84	30.81	34.49	36.02	36.51	35.12
	对境内企业支出	36.70	34.61	31.13	31.87	31.69	27.62	24.71

数据来源：《北京科技统计年鉴》《天津科技统计年鉴》《河北科技统计年鉴》。

（四）与长三角、粤港澳地区差距明显

京津冀区域一体化进程与长三角、珠三角相比起步较晚，存在着一些差距，尤其是在区域的科技创新方面。北京、上海、广东科创中心引领地位凸显，辐射带动京津冀、长三角、珠三角等区域创新能力进一步提升。

长三角作为中国经济最具活力、开放程度最高、创新能力最强的区域之一，带动长江经济带发展，形成高质量发展的区域集群。2020年，长三角R&D人员数、地方财政科技支出、R&D经费、企业引进技术经费、发明专利拥有量、新产品销售收入、高技术产品出口额等9项指标占全国比重均超过30%，创新投入和创新产出在全国均处于高水平。上海、江苏、浙江三地综合科技创新水平排名分别为第1位、第5位、第6位，均为科技创新水平第一梯度。由此可见长三角创新能力整体处于较高水平，各市创新水平较为平衡。

《粤港澳大湾区发展规划纲要》实施以来，积极组建粤港澳联合实验室，探索科研创新合作模式。广东在科技创新投入和科技促进经济社会发展方面领跑全国，R&D经费支出金额2705亿元，占全国总额的13.7%，位居全国首位，科技创新水平保持在全国第三水平，区域创新能力多年来一直居第一，且与其他省份创新能力差距不断拉大。中国香港地区是全球最自由的经济体之一，中国澳门地区是中国和葡语国家合作的重要平台，借助"三个地区、两种制度、三种语系"优势，广东携手港澳创建具有全球影响力的国际科技创新中心。

根据《中国区域科技创新评价报告2021》，北京综合科技创新水平排名第2位，天津排名第3位，河北排名第18位，由此可见河北与京津差距较大，创新协同发展面临很大挑战。

随着京津冀协同发展的不断深入，京津冀协同创新水平逐步提高，同时无法忽视的是，京津冀创新共同体建设目前仍面临诸多挑战。一是三地创新投入与产出水平悬殊，不利于协同创新水平的进一步提升；二是尚未确立企业主导的创新体系，与高等学校和科研机构的合作不甚紧密，不利于创新水

平的提升和创新成果的转化；三是与区域一体化发展成熟的地区相比，其创新能力和协同发展能力仍有很大差距。

第三节　京津冀协同创新的重点任务

坚持以深化体制机制改革，坚持创新驱动发展，推动有效市场和有为政府更好结合，构建世界级创新平台，聚焦重要领域和关键环节实施一批突破性举措，破解影响创新协同发展的深层次矛盾和问题，推动京津冀协同创新发展取得实效。

一、强化体制机制协同创新

聚焦科技协同创新和成果转化以及交通、生态、产业、公共服务等重点领域，着眼于破除制约协同发展的体制机制障碍，加强体制机制协同创新。

（一）完善协同发展体制机制创新政策体系

直面协同发展中政策错位、衔接不畅等问题，增强在财政、税收、人才、金融、土地、科研投入、成果转化、知识产权等方面政策衔接，以产业布局、园区建设、环境保护、公共服务、价值链拓展等工作为抓手，将政府"端菜"与市场"点菜"相结合，建立政策执行、衔接保障机制，确保协同发展政策精准落地。更好地发挥基层活力和创造力，支持基层按照发展需要先行先试，健全协同发展末端的政策创新机制。

（二）打破行政区划壁垒，提升自主协作水平

在京津冀具备条件的地区，如北京市通州区和河北省三河、大厂、香河三县市，由地方政府自主协商设立理事会作为管理组织，邀请知名企业家、专家学者等作为理事会成员共同参与制定区域发展规划、改革举措、支持政策以及推动重大项目建设等，具备条件后向其他地区复制推广。同时，研究探索京津冀海关、生态环保等部门具备条件时合并为区域性管理机构，提升

对相关领域的区域整体管理水平。

（三）完善财税分配机制

研究完善京津冀产业转移税收分享办法，综合考虑跨区域转移企业规模、所属行业性质、对区域经济发展的贡献、对环境影响等因素确定税收分享比例。完善科技成果转移转化及产业化的税收分享机制，促进北京科技成果在天津与河北转移转化。发挥京津冀三省市组建的产业协同发展投资基金作用，引导社会资本参与跨区域重大项目建设。

（四）加强区域协同治理法律保障

研究制定京津冀区域治理法律法规，对区域治理的主体、程序、执行、保障、监督等各环节进行规范，通过立法明确跨行政区管理组织的权责和地方政府权责划分。同时，完善京津冀地方政府政绩考核评价体系，加入区域协同发展指标，引导地方政府提升协同治理水平。

（五）构建多元主体良性互动的治理模式

鼓励公众、社会组织、行业协会、专家学者、企业等社会力量积极参与京津冀区域治理，畅通并规范社会各界参与治理的途径和渠道，建立社会主体参与经济、社会、文化等不同领域的规划制定、监督实施、评价激励等工作机制。同时，赋予基层政府更多自主权，鼓励基层政府与社会主体积极探索新模式，在基础设施建设、公共服务共建等方面开展灵活多样的协作。

二、构建紧密合作的区域协同创新共同体

京津冀应全面推进科技创新中心和综合性国家科学中心建设，优化布局重大科技基础设施、国家实验室、国家重点实验室，抓住核心技术创新这个"牛鼻子"，在"卡脖子"技术领域取得更多突破，争取尽快在核心技术上实现"弯道超车"和国产自主可控替代，以强大的科技实力和创新能力赢得未来发展主动权。

（一）建设世界一流高能级科技创新平台

1. 实施全球大科学装置和大科学计划

重大科技基础设施通过引发科技前沿突破、形成新兴战略产业、孵化产业创新人才等途径，对区域产业创新能力产生了显著的促进作用。重大科技基础设施因为具备大目标、大队伍、大投资、高集成度等特点，已经成为科技创新与产业发展的重要组成部分。目前，北京在用、在建、拟建的大科学装置已达 19 个，围绕物质科学、空间科学、地球系统科学、生命科学、智能科学等科学方向开展了重大布局。增强动力源地区的战略科技力量，可以更好发挥社会主义市场经济条件下新型举国体制优势，整合各方面力量开展协同攻关，加快提升创新能力，从而为实现更多依靠创新驱动的高质量发展提供科技支撑。应进一步加强重大科技基础设施开放共享。重大科技基础设施必须在布局建设与运行管理过程中坚持开放共享、合作共赢的理念，更好地发挥其在区域创新网络中的核心引擎功能。依托重大科技基础设施，大力吸引海内外顶尖实验室、科研机构、高校、跨国公司在京津冀设立全球领先水平的科学实验室和研发中心。建立与国内其他区域及重要企业共享机制，探索多元化建设和运营管理投入机制，提高重大科技基础设施服务国内科学研究和产业创新的能力。

2. 建设一批世界一流高校和科研院所

高等院校不仅是孕育创新科技人才的摇篮，同时为创新科技产品提供基础与应用研究的支撑。建设世界一流高校和科研机构是系统提升人才培养、学科建设、科技创新协同能力的前提条件和长远战略安排。加强人工智能、区块链、量子科技、生命科学、新能源等前沿学科专业战略布局，支持具备条件的高校设置交叉学科，鼓励高校与企业、科研机构共建产学研合作研究基地、高精尖创新中心等科教融合平台，提升高校科技创新水平和创新资源溢出带动能力。支持北京、天津重点高校建设基础研究机构，增强知识创新能力，提升全球知名度，培育世界一流学科，打造京津冀科学研究的重要引擎。支持京津冀三地高校深化科研教育合作，共建优势学科、实验室和研究机构，把北京、天津的科教优势转化为区域科技创新能力。

3. 推进国家级前沿科学交叉研究平台建设

重点要针对科技前沿，紧密结合科创资源和产业发展，推进高水平重大创新平台建设。一方面，建设世界一流前沿科学交叉研究平台。支持京津冀围绕人工智能、生物医药、先进电子信息材料等领域，共同组建一批协同创新平台。另一方面，以国家实验室建设为抓手，建设高水平科创平台。以提升原始创新能力为目标，以提升科研组织化、体系化能力为突破口，改革国家重点实验室依托单位设置模式，鼓励围绕重点领域协同开展基础研究和应用基础研究。深化"开放、流动、联合、竞争"机制建设，打造国家重点实验室"升级版"，保持国家重点实验室的创新性、先进性和引领性。

（二）贯通科技成果转化链条

京津冀科技创新发展虽有突出成绩，但科技成果转化深层次问题仍待破解。应深化改革创新，尽快破除科技成果转化过程中的瓶颈环节，各方合力推进科技成果产业化，为京津冀产业的高质量发展提供创新动力支撑。

1. 推动科技成果跨区域转化

着力深化"北京研发＋津冀转化"发展模式，促进北京研发、先进技术成果在津冀得以转化和应用。研究出台鼓励京津冀共建综合类国家技术创新中心政策，强化北京对京津冀科技辐射扩散能力，支持天津聚焦人工智能、量子信息、脑科学、生物制药、组分中药等前沿和优势领域实施重大科技专项，开展关键核心技术攻关和科技成果转移转化。探索设立科技成果转化基金，提升科技成果的跨区域转移和产业化效率。积极构建开放、协同、高效的共性技术研发平台，建立健全成果转化项目资金共同投入、技术共同转化、利益共同分享机制。推动高校、科研机构选派拥有科研成果、创新能力强的科研人员担任"科技专员"，深入企业开展技术转移和科普服务。

2. 促进技术服务专业化

支持高校、科研院所建设由专业人员运作的技术转移办公室，引导现有高校技术转移机构服务升级，完善机构运营和人员激励机制，促进高校院所成果转化。建立完善京津冀统一的科技服务转化平台，加强京津冀常态化项目对接、成果评价、技术交易等活动，实行线上对接，打造集成果转化、技术交易、金融服务于一体的成果转化交易平台。开展技术转移管理人才、技术经纪人、技术经理人等队伍建设，共同打造国家技术转移人才培养基地。支持大型国有银行、股份制商业银行、保险公司以及地方金融机构等，开发优质科技金融产品，开展天使投资、知识产权质押、科技贷款、科技保险等活动，为京津冀创新型企业提供全生命周期科技金融服务。

3. 支持成果转化新型组织发展

发挥新型研发机构、产业创新共同体等新型创新组织在成果转化方面的重要作用。支持量子科技、脑科学、人工智能、区块链、纳米能源、应用数学、干细胞与再生医学等领域新型研发机构发展，在 6G、光电、物质等领域新建一批与国际接轨的一流新型研发机构。鼓励在人才引进、知识产权、经费使用等方面先行先试，探索多元化投资机制，加快集聚战略科技人才及团队，推动实现国际前沿技术领域重大突破，强化产业技术供给，促进创新成果有效转化。

（三）突出科技金融在科技创新中的重要作用

科技金融优势是北京独特优势，为科技创新的研发、生产、市场快速有效对接创造了良好条件，有利于充分释放金融与科技的耦合效应。应该进一步深入研究金融体系，探索后续科技创新及创新型产业发展的规律和制度需求，积极为京津冀科技创新和创新型产业发展提供坚实支撑，也为全国创新驱动发展的金融支持提供经验。

1. 构建京津冀科技金融生态体系

科技金融生态体系应以多元化的科技融资市场为基础，集风投、创投、科创合作中心为一体，积极利用风投、创投来发挥科创成果转化的杠杆作用。关注全球风险投资的聚集趋势，把握龙头科技企业、"独角兽"公司的风险投资动向，推动京津冀风投创投网络的健康高效发展。运用北京金融优势，聚合以中关村科技园区为代表的业务平台，完善科技金融生态。探索政策性银行、商业银行、国有企业、民营企业等共同出资组建京津冀科技银行，定位于专职服务初创型、高成长型科技企业；建立符合科技型企业需求的业务流程和审核标准，扩大知识产权质押融资范围，加大科技信贷投放力度。

2. 建立针对科技型中小微企业的混合投资基金

依托北京现有股权投资平台的资源与经验，构建富有活力的基金，定向服务科技型中小微企业并支持其全生命周期发展。尤其是在科技型中小微企业"死亡谷"阶段、爬坡过坎的高风险阶段，其他社会资本不敢投、不愿投，由国有资本牵头给予市场化形式的扶持和帮助（在相关企业发展壮大后择机退出），将有力促进京津冀科技与产业创新的良性循环。

三、完善创新链产业链融合机制

着眼增强产业链、供应链自主可控能力，研究梳理京津冀主要优势产业链条，按照"围绕创新链布局产业链、围绕产业链部署创新链"定制创新链、产业链延伸融合发展的配套政策。

（一）围绕创新链布局产业链

1. 打造原始创新策源地

以北京科技创新中心建设为统领，以怀柔综合性国家科学中心为载体，发挥中关村科技园体制机制优势，加强对基础技术、非对称技术、颠覆性技术研究的系统布局，在数学与系统科学、物理、化学、计算技术、空间科学、再生医学等基础研究领域实现颠覆性创新。雄安新区要加快集聚创新要素资源、高起点布局高端高新产业，营造良好创新生态，汇聚起区域创新的强大后备力量。

2. 增强创新链对产业链支撑作用

继续引导京津高科技生产要素辐射外溢，"带土移植"中关村品牌，支持京津龙头企业根据协同创新重点进行技术研究，在京津冀全域布局创新链、产业链，在河北打造科技合作示范基地或中试中心。聚焦战略性、引领性、重大基础共性需求，实施重点领域研发计划，推动建设国家重点实验室和制造业创新中心，加强重大装备及关键部件共同研发、联合攻关，在"卡脖子"技术领域取得更多突破，大幅提高高端芯片、基础软件、关键零部件、重大装备自给率。

3.构建层次分明的区域创新体系

立足北京高端创新资源和人才集聚优势，打造国家自主创新重要源头和原始创新主要策源地。以京津为中心、石保廊为节点，加强中心节点间协作，推动创新资源向石保廊三市流动，促进三市提高创新产出能力、优化科技创新氛围，将石保廊打造成京津冀科技创新的新增长点。增强各市创新主体间的合作，重点通过石保廊带动河北省内其他城市创新发展，推动形成2—3个城市组团，以搭建技术交流平台、组建技术创新联盟等方式，强化各组团内城市及组团间创新主体的互动交流。

（二）围绕产业链部署创新链

1.以打造高端制造业基地为抓手实现产业链强链

沿京石邯、京津塘发展轴，在北京大兴国际机场临空经济区河北片区、雄安新区、正定新区、冀南新区，共同打造京津冀制造业集聚区，出台税费、融资优惠政策切实降低制造业企业成本，支持链上大型民营企业发挥体制机制灵活优势，助力高端制造业基地建设。

2.聚焦重点产业深入开展招商引资实现产业链补链

京津瞄准重点产业链中薄弱环节，建立产业需求和引进企业数据库，形成对外发布产业需求常态化机制，在全球范围内开展精准招商，放宽市场准入条件推动企业落地，推动国内外相关领域头部企业落地，进一步提升关键企业的强弱项作用。

3.通过提高部分产业科技含量实现产业链补链

河北各市结合自身比较优势，围绕北京高精尖产业体系构建，分阶段寻找需要协同的重点产业，如节能环保、新材料等，发挥所长推动建设特色产业园区或经济合作区，以京津新技术、新工艺为基础改造传统产业，积极由制造向智造转变，实现向产业链下游高附加值环节延伸。

四、建立开放创新网络

当前，全球新一轮科技和产业革命方兴未艾，国际经济和科技竞争形势复杂，高科技领域国际竞争日益激烈，京津冀应加快建立开放创新网络，加大与国内其他地区创新合作，积极融入并引领国际创新网络。

（一）构建国内创新合作网络

加大京津冀科技创新对国内其他地区经济社会发展的支持力度。加强京津冀与相邻地区协调联动，推进落实相关联动发展的政策举措，以科技创新引领，建立完善常态化合作机制。对周边山西、山东、内蒙古等省区在产业、生态、交通等方面开展科技创新领域的支持，凝聚区域协调发展合力。有序推进京津冀与环渤海其他省区在人才技术、能源供应、生态环境治理等方面科技交流合作。加强与粤港澳大湾区、长三角等重大战略区域的科技创新合作，依托成都、重庆、西安等内地重点城市高新技术产业开发区、高技术产业基地、战略性新兴产业基地、国家新型工业化产业示范基地等平台，加强创新链协同、产业链协作，在要素流动和国内国际市场连接等方面拓展创新成果转化合作空间。

（二）积极融入国际创新网络

区域创新链网络不仅具有多元化特点，还具有开放型特征，随着区域创新链的不断完善，区域创新资源基础不断提升，创新产业孵化与科技服务能力大大加强，在全国乃至全球创新网络中的配置能力不断增强，进而形成具有世界尖端科技创新能力的企业和组织，科技溢出效应明显，促进区域内创新链和产业链在研发、生产与营销网络的全球布局。京津冀要更加积极主动地融入全球创新网络和全球产业价值链重构，实现全球链接与辐射。支持京津冀与东北亚、"一带一路"沿线国家开展科技创新合作，共建合作园区、合作基金、联合实验室、国际技术转移中心、技术示范推广基地等平台。推动京津冀各类创新主体深度参与中外科技伙伴计划，与相关国家联合开展科学研究、技术创新、人才培养和成果转化。

第四节 促进京津冀协同创新的思路与对策

面向"十四五"，京津冀创新协同发展应以贯通创新链，突破创新合作的制度、环境、理念等深层次障碍，真正实现优势互补、分工协作、错位发展。

一、抓住重点领域重点区域，推进体制机制创新

着眼于破除制约协同发展的体制机制障碍，分领域研究制定改革事项清单，有序推进实施，切实克服协同形式多、实质内容少的弊端。充分发挥市场在区域协调发展新机制建设中的主导作用，建立京津冀统一市场建设协同工作机制，探索促进人口、技术、资本、数据等各类要素跨区域自由流动的制度安排，推进京津冀在市场准入、执法稽查、食品安全监管、消费者权益保护、质量基础设施建设等方面开展跨区域合作，逐步形成一体化发展市场机制。切实转变政府职能，深化"放管服"改革，支持京津冀开展制度创新，健全跨区域财税分享和利益补偿机制，减少支付、清算、征信等金融服务的行政壁垒，更好地发挥制度机制的支持保障作用。更好发挥"通武廊"地区"小京津冀"的独特作用，聚焦一体化制度创新和改革举措系统集成，推动社会管理、公共服务等领域一体化向要素市场、区域市场一体化延伸拓展，升级打造一体化发展示范区。支持天津市宝坻区与北京市通州区、河北省唐山市共同打造"京东黄金走廊"。

二、以企业为主体强化主体在创新链上的协同效应

在基础研究阶段，充分发挥北京、天津优质高端创新资源，以企业创新需求为牵引，对接创新链科技成果转化关键节点，推进战略性基础研究知识创新与前沿科技技术研发。支持天津聚焦人工智能、量子信息、脑科学、生物制药、组分中药等前沿和优势领域实施重大科技专项，开展关键核心技术攻关和科技成果转移转化。建立完善京津冀科技成果转化对接机制，完善科

技成果转化和交易信息服务平台，形成信息共享、标准统一、线上线下结合、产学研扁平化合作的技术交易市场体系。支持津冀高新区建立成果孵化与中试基地，与北京共建重大科研基础设施、产业技术创新平台、创新创业服务平台。建立京津冀一体联动的创新要素市场，促进创新资源自由流动和高效配置。加快组建以国家级技术转移示范机构、高等院校、科研院所和行业骨干企业为支撑的京津冀技术转移联盟，制定统一的技术信息标准、交易服务流程和服务规范。

三、推动创新资源与产业资源匹配布局

围绕京津冀"一核、双城、三轴、四区、多节点"空间布局，编制转型升级发展专项规划，实现产业、空间规划"多规合一"，进一步优化区域产业布局，理顺产业发展链条，构建区域间产业合理分布和上下游联动机制，打造立足区域、服务全国、辐射全球的优势产业集聚区。支持北京加快构建高精尖产业结构，形成创新引导型现代化经济体系。支持天津打造全国先进制造研发基地及生产性服务业集聚区，培育"中国信创谷""京津医药谷"等一批主导产业突出的创新标志区。支持河北积极承接首都产业功能转移和京津科技成果转化，全面建设新型工业化基地和产业转型升级试验区。推动京津冀探索跨空间管理、规划、建设产业园区，共建企业化运营管理主体，建立税收和运营收益分享机制，带动传统产业转型升级。

四、建立基于区域创新链的风险共担利益共享机制

建立区域创新链协同机制首先要建立不同城市共同参与的区域科技创新战略的规划协同机制，在顶层设计的指导下，聚焦破除人才、技术、资金、设备、信息、数据、样品等要素流动障碍，探索科技人才、科技基础设施等创新要素的共建共享。在基础研究和应用研究领域，聚力京津冀层面的科技创新共性问题，建立多方参与机制，共同建立国家和省级重大研发项目合作机制，促进各地优势创新资源的深度连接。在成果转化和产品开发过程中，

成立跨区域的创业投资资金联盟，建立激励企业和其他研发机构在京津冀范围内整合创新资源的体制机制。

本章参考文献

［1］徐唯燊.京津冀协同发展：进展、问题与建议［J］.北方经济，2020（11）：56-59.

［2］潘春苗，母爱英，翟文.中国三大城市群协同创新网络结构与空间特征——基于京津冀、长三角城市群和粤港澳大湾区的对比分析［J］.经济体制改革，2022（2）：50-58.

［3］王芗祥.京津冀协同打造国际科技创新中心升级版［J］.北京观察，2022（1）：68.

［4］李晓琳，李星坛.高水平推动京津冀协同创新体系建设［J］.宏观经济管理，2022（1）：60-67.

［5］孙颖，牛伟坤，李博，等.京津冀协同打造国际科技创新中心升级版［N］.北京日报，2022-01-08（009）.

［6］李兴光.京津冀区域科技协同创新体系的构建［J］.农村经济与科技，2021，32（24）：265-267.

［7］庄涛.京津冀协同创新关系：主体协同与空间关联［J］.科学学与科学技术管理，2021，42（12）：35-48.

［8］刘宾.协同发展中提升区域创新能力路径探讨——以京津冀为例［J］.理论探讨，2021（4）：84-90.

［9］高畅，张玲玲，杨振.创新三螺旋系统共识空间何以构建？——中国大科学工程实践的启示［J］.科学学研究，2021，39（11）：2077-2088.

［10］李梅，孙艳艳，胡嫣然，等.基于协同视角的京津冀科技资源优化配置机制构建［J］.科技管理研究，2021，41（4）：83-88.

第七章

京津冀生态环境协同保护

携手共治污染、守护碧水蓝天是京津冀推进协同发展的重要基础，也是惠及百姓的民生工程。自《京津冀协同发展规划纲要》实施以来，京津冀在生态环保领域率先突破，取得显著成效。"十四五"时期，京津冀协同发展进入到"滚石上山、爬坡过坎、攻坚克难"的重要阶段，面对新形势、新挑战，京津冀要在巩固已有成果的基础上，坚定推进协同发展战略，不断深化京津冀生态环境协同保护。

第一节 京津冀生态系统本底特征

生态环境既是维持人类生存的基础，也是促进人类文明发展的载体。掌握京津冀生态系统的本底特征将为构建京津冀协同保护体系提供指引。本节从生态系统本底特征出发，对京津冀的基本情况进行分析。京津冀自然地理基本要素特征见表7-1-1。

一、以生态涵养为基本功能的山区自然地理系统

京津冀位于东经 113° 04′ —119° 53′，北纬 36° 01′ —42° 37′，地处华北平原，以西为太行山地，以北为燕山山地，燕山以北为张北高原，其余为海

表 7-1-1　京津冀自然地理基本要素特征

自然地理要素	北京		天津		河北		京津冀	
	面积（平方千米）	比重（%）	面积（平方千米）	比重（%）	面积（平方千米）	比重（%）	面积（平方千米）	比重（%）
总面积	16411	100.0	11966	100.0	187693	100.0	216070	100.0
山地	10072	61.4	308	2.6	70197	37.4	80577	37.3
高原	0	0.0	0	0.0	24344	13.0	24344	11.3
丘陵	0	0.0	229	1.9	9066	4.8	9294	4.3
平原	6338	38.6	11381	95.5	57228	30.5	74946	34.7
盆地	0	0.0	0	0.0	22711	12.1	22711	10.5
湖泊洼淀	0	0.0	0	0.0	4148	2.2	4148	1.9
海岸线长度（千米）	0		153		487		640	

数据来源：《北京区域统计年鉴 2015》《天津统计年鉴 2015》《河北经济年鉴 2015》。

河平原，整体地势呈西北高、东南低的特征。区域内自然地理要素较为齐全：山地、高原、丘陵、平原、盆地、湖泊洼淀、海洋等均具备。京津冀地属暖温带半湿润季风气候带，全年无霜期较长，气候温和。春季干旱多风少雨，夏季湿润多雨，秋季秋高气爽少雨，冬季干冷少雨雪。区域年均气温为10.43℃，年均降水量为 508.81 毫米，年日照时数为 2635.68 小时。

（一）独特的地理区位、气候、地形特征决定了山区在防风固沙和雾霾防控上的双重地位

山区是整个京津冀的生态屏障，无论是在防风固沙还是在雾霾防控上都具有重要地位和作用。大风、地面上的沙尘物质、不稳定的空气状态是形成沙尘天气的 3 个基本条件。在地理位置上，京津冀北接内蒙古高原、西邻黄土高原，这两大高原植被稀疏、地表裸露，再加上降水偏少，极易起沙尘。在气候上，该区域属温带半湿润季风气候，主导风向是偏北风和偏西风，春季风速全年最大，因此高原的沙尘极易进入京津冀地区。在地形地貌上，京津冀整体格局呈明显的"簸箕状"。这种独特的地形地貌特征对于防风固沙有着双重作用，具体表现为：该地形地貌可恰好对来自北部和西部的沙尘进行阻挡，若山区植被覆盖率高，有利于削减沙尘；若山区植被破坏，则可能使得沙尘量累加。此外，该地形特征也使该地区对区域性输送式污染更为敏感。当夹携着污染物的南风顺着太行山到达北京后，受西山和北山的阻挡滞留在北京无法扩散，并进一步发生着二次反应，加剧北京的空气污染。

（二）主要降雨区和供水区的基本特征决定了山区在涵养水源上具有不可替代的重要作用

山区是京津冀地区重要的降水区。一方面，受西太平洋副热带高压影响，偏东风和偏南风成为该区域主要的水汽来源，加之该区域特殊的"簸箕状"环形山脉地形，使得太行山及燕山，尤其是燕山山前迎风坡成为该地区重要的降雨区。在京津冀地区历年平均降雨量分布中，降水中心多出现在燕山及太行山山前迎风坡及东南部和沿海地区，尤其燕山山脉以南是京津冀的多雨区。另一方面，由于靠近渤海，且海岸线与夏季自海上吹来的东南季风垂直，可接纳大量水分；同时燕山以南的山脉走向正对东南季风的潮湿气流，这样的地形条件加强了降水程度。

京津冀山区也是该区域重要的供水区。南水北调中线工程建成前，包括张家口、承德两市全域和唐山、秦皇岛两市山区在内的河北北部山地是北京、天津两市主要水源的集水地区。主要供应北京的官厅水库和密云水库以及天津和唐山的潘家口水库，它们共同保障着北京市80%、天津市90%的工农业生产和生活用水。

二、以生产生活为基本功能的平原自然地理系统

相对于山区、高原地区，平原地区自然生存条件较好、生产建设成本较低，历史上就是人类集聚和城市发展的主要区域。京津冀有 34.7% 的区域属于平原地区，这是京津冀人口经济活动主要承载地。2020 年末，该地区承载人口 11039.6 万，所含县级行政单位 199 个，创造地区生产总值 86393.22 亿元，其中第一产业增加值 4197.92 亿元，第二产业增加值 24117.68 亿元，第三产业增加值 58077.61 亿元。该区域承载了全国 7.82% 的人口，创造了 8.50% 的经济总产值，对国民经济和社会发展具有突出贡献。从产业结构看，京津冀地区第三产业占比较高，北京以第三产业为主导，天津、河北经济发展重心由第二产业向第三产业转移。

三、以生产生活的拓展和承载为基本功能的海域自然地理系统

京津冀濒临渤海，有着长达 640 千米的海岸线，其中天津海岸线位于渤海西部海域，南起岐口，北至涧河口，长达 153 千米；河北海岸线长 487 千米，管辖海域 7200 多平方千米，占全国的 2%。从经济社会角度来看，京津冀的海域是该地区生产生活的重要拓展地，天津港、唐山港、秦皇岛港、黄骅港是北方地区重要的港口，在 640 千米的海岸线上集中了海洋化工、物流、滩涂养殖、浅海油气矿产资源开发、旅游、盐业等多种经济活动；秦皇岛北戴河新区、唐山曹妃甸新区、天津滨海新区、沧州渤海新区等是经济和人口活动的重要集聚地；秦皇岛山海关、港城、昌黎黄金海岸等是景色秀丽的风景区。可见，京津冀海域系统作为生产生活的拓展地，承载了一定的经济社会功能。而从生态环境角度看，由于人口不断地向沿海地区聚集，围填海、海洋航运业、捕捞业、海洋化工、滨海旅游业等开发活动不断发展，使得海域系统面临的压力越来越大，海洋资源的开发与生态环境保护的矛盾日益突出。

第二节　京津冀生态环境保护的进展和成就

推进生态文明建设是中共中央提出的重大战略部署，也是实现高质量发展的重要方向、重大领域和重点任务。高质量发展包括生态环境保护与经济发展活力、创新力和竞争力的提升，没有生态环境的改善，就难以实现现代化。生态文明建设作为新时代发展的重要目标，需要以新发展理念为指引。京津冀地区的协同发展包括生态领域的协同发展，加快生态协同发展有利于促进本地区的生态平衡，推进生态文明建设。

一、中共中央、国务院的决策部署和总体要求

党的十八大以来，中共中央、国务院高度重视京津冀地区的生态环境建设与保护。2014 年初，习近平总书记在北京主持召开座谈会，专题听取京津冀协同发展工作汇报时强调，"实现京津冀协同发展，是面向未来打造新的首都经济圈、推进区域发展体制机制创新的需要""是探索生态文明建设有效路径、促进人口经济资源环境相协调的需要"。中央将京津冀协同发展定位为"重大国家战略"无疑令京津冀地区迎来了发展的新纪元。其中，生态环境保护是京津冀协同发展率先突破的三大重点领域之一。

2015 年，国家发展改革委、环境保护部共同发布了《京津冀协同发展生态环境保护规划》，明确了京津冀地区生态环境保护的目标。其中，近期目标是到 2017 年，构建基于生态一体化的合作机制，伴随非首都核心功能的疏解，初步完成区域绿色基础设施的规划和建设，扩大生态空间和环境容量，主要污染物排放明显减少；中期目标是到 2020 年，生态环境质量得到有效改善，山水林田湖良性互动、循环发展，产业绿色化成效明显；远期目标是到 2030 年，生态环境质量总体良好，环境基本公共服务趋于均等化，基本建成

覆盖全区域的宜居城市和美丽乡村。

二、党的十八大以来关于生态环境保护的政策体系

党的十八大以来，在中共中央和国务院的决策部署下，关于京津冀地区环境污染防治、生态保护修复、生产生活绿色发展等方面出台了多项政策，为京津冀生态环境保护构建了坚实的制度保障（表7-2-1）。

表7-2-1　京津冀生态环境协同保护进展状况

时间	政策及主要内容	关注领域
2013年10月	京津冀及周边地区大气污染防治协作机制正式启动，按照"责任共担、信息共享、协商统筹、联防联控"的工作原则，北京等6省区市和环境保护部等国家部委，将执行一系列工作制度，加大区域大气污染防治协作力度	大气污染防治
2014年2月	习近平总书记在北京主持召开座谈会，专题听取京津冀协同发展工作汇报，强调"实现京津冀协同发展，是面向未来打造新的首都经济圈、推进区域发展体制机制创新的需要，是探索完善城市群布局和形态、为优化开发区域发展提供示范和样板的需要，是探索生态文明建设有效路径、促进人口经济资源环境相协调的需要，是实现京津冀优势互补、促进环渤海经济区发展、带动北方腹地发展的需要，是一个重大国家战略，要坚持优势互补、互利共赢、扎实推进，加快走出一条科学持续的协同发展路子来"	京津冀总体
2014年3月	北京市环保局首设"大气污染综合治理协调处"负责京津冀大气污染治污联络，主要负责"京津冀及周边地区大气污染防治协作小组办公室"的文电、会务、信息等日常运转工作	大气污染防治
2014年8月	天津市与北京市签署《关于进一步加强环境保护合作协议》，明确要在大气污染防治、水污染防治、环境监测、科技标准、环境监察、环保信息等方面展开合作；天津市与河北省共同签署《加强生态环境建设合作框架协议》，就大气污染防治、保障水资源安全、防护林建设、发展清洁能源等方面开展合作	京津冀总体
2014年10月	京津冀签署了《京津冀水污染突发事件联防联控机制合作协议》，并确定2015年为水污染突发事件机制建立的开局之年，并规定三地每年召开轮值联席工作会，制定突发水污染事件联防联控年度工作方案，联合开展跨省环境风险隐患排查、突发环境事件应急演练等工作	水污染防治

续表

时间	政策及主要内容	关注领域
2014 年 12 月	京津冀晋鲁内蒙古六地联合成立机动车排放控制工作协调小组，这标志着京津冀及周边地区机动车排放污染监管平台正式搭建。借助这一平台，京津冀晋鲁内蒙古六省区市将率先在全国实现跨区域机动车排放超标处罚、机动车排放监管数据共享、新车环保一致性区域联合抽查等，使区域机动车污染减排更富实效	大气污染防治
2015 年 7 月	工业和信息化部印发《京津冀及周边地区工业资源综合利用产业协同发展行动计划（2015—2017）》，计划建立区域间协调发展新模式，推进工业资源综合利用产业规模化、高值化、集约化发展，充分发挥资源综合利用对保障资源安全和防治环境污染的重要作用，全面提升京津冀及周边地区工业绿色发展水平。力争到 2017 年，建设 10 个工业固体废物综合利用协同发展示范基地、15 个再生资源综合利用协同发展示范园区、50 个能够支撑京津冀及周边地区工业资源综合利用协同发展格局的重点示范项目，培育 30 家龙头企业，建设一批工业资源综合利用技术创新平台，形成跨区域工业资源综合利用协同发展新模式，建成全国工业资源综合利用协同创新发展的先行示范区。实现年消纳工业固体废物 4 亿吨，加工利用再生资源 2000 万吨，总产值达到 2200 亿元，年减少二氧化碳排放 400 万吨，减少细颗粒物排放 2000 吨，减少化学需氧量 7000 吨，节水 7000 万立方米，减排氨氮及其他水体污染物 3000 吨，减少京津冀及周边地区植被破坏和土地占用 5 万亩（1 亩＝0.0667 公顷）	固废污染防治
2015 年 12 月	国家发展改革委发布《京津冀协同发展生态环境保护规划》。规划要求：在空气质量方面，到 2017 年，京津冀地区 PM2.5 年均浓度应控制在 73 微克／立方米左右。到 2020 年，京津冀地区 PM2.5 年均浓度控制在 64 微克／立方米左右；在水环境质量方面，到 2020 年，京津冀地区地级以及以上城市集中式饮用水水源水质全部达到或优于Ⅲ类，重要江河湖泊水功能区达标率达到 73%；在资源消耗上限方面，2015—2020 年，京津冀地区能源消费总量增长速度显著低于全国平均增速，其中煤炭消费总量继续实现负增长。到 2020 年，京津冀地区用水总量控制在 296 亿立方米，地下水超采退减率达到 75% 以上。同时，首次规定了京津冀地区生态环保红线，并规定了环境质量底线和资源消耗上限	京津冀总体

时间	政策及主要内容	关注领域
2015 年 12 月	正式启动"京津冀环境执法联动工作机制",签署《京津冀区域环境保护率先突破合作框架协议》,联合印发《关于共同应对区域重污染的通知》。协议明确以大气、水、土壤污染防治为重点,以联合立法、统一规划、统一标准、统一监测、协同治污等十个方面为突破口,联防联控,共同改善区域生态环境质量。协议的签署,意味着三地在贯彻落实《规划纲要》精神,加快推进生态环保领域率先突破,共同打造京津冀生态修复环境改善示范区	环境治理能力
2016 年 7 月	生态环境部发布《京津冀大气污染防治强化措施(2016—2017年)》,要求京津冀以及保定、廊坊、沧州、唐山市组织制定本地 2017 年达到空气质量目标细化方案,切实落实党委政府环保"党政同责""一岗双责"及时分解落实任务措施。京津冀三地要按照强化措施要求,提前部署"电代煤""气代煤"工程,"散、乱、污"企业聚焦群排查、禁煤区设定、挥发性有机物(VOCs)治理等工作。总体目标:到 2017 年,北京市细颗粒物 PM2.5 年均浓度达到 60 微克 / 立方米左右,其中,南部四区(丰台、通州、房山、大兴区)均达到 65 微克 / 立方米左右。天津市 PM2.5 年均浓度达到 60 微克 / 立方米左右,其中,武清区、宝坻区、蓟县分别达到或低于全市平均水平。河北省 PM2.5 年均浓度达到 67 微克 / 立方米左右,其中,保定、廊坊市分别达到 77 微克 / 立方米和 65 微克 / 立方米左右	大气污染防治
2016 年 7 月	国家林业局会同京津冀三省市共同签订了《共同推进京津冀协同发展林业生态率先突破框架协议》,并印发了《京津冀生态协同圈森林和自然生态保护与修复规划》。协议从加快国土绿化步伐、提升森林资源质量、推动金融与科技创新、扩展自然保护空间、生态产业精准扶贫等区域联防联控。推动京津冀及周边相关地区的生态保护与建设协同发展。主要目标是:促进京津冀地区生态建设与保护,区域内土地沙化和水土流失得到全面治理,湿地功能得到有效保护和恢复,城乡绿化宜居水平明显提升,生态状况整体步入良性循环,建成全国生态修复环境改善示范区,为京津冀协同发展提供体系完备、功能稳定的生态保障。具体目标包括:到 2020 年,京津冀地区森林覆盖率达到并稳定在 35% 以上,森林面积达到 11415 万亩,森林蓄积量达到 2 亿立方米;湿地面积达到 1890 万亩,林业年产值达到 2188 亿元。其中,北京地区森林覆盖率达到 44%,森林面积达到 1155 万亩,森林蓄积量达到 1770 万立方米;湿地面积达到 81.6 万亩,林业年产值达到 160 亿元	生态保护修复

时间	政策及主要内容	关注领域
2016 年 12 月	根据工业和信息化部印发的《绿色制造 2016 专项行动实施方案》，北京制造业创新发展领导小组印发了《北京绿色制造实施方案》。方案明确，到 2020 年，绿色制造水平明显提升，企业绿色发展理念显著增强，与 2015 年相比，全市制造业物耗、能耗、水耗、污染物排放显著下降。规模以上工业万元增加值能耗下降 15% 以上，万元工业增加值用水量下降到 10 立方米以下，重点行业主要污染物排放强度进一步降低。绿色制造能力稳步提高，形成一批具有核心竞争力的骨干企业，累计完成 500 项左右重点技术改造项目，建设 50 个左右能源管理中心，创建 50 家绿色示范工厂、10 家绿色工业园区、10 家生态 (绿色) 设计示范企业、1—2 家绿色制造领域的产业创新中心 到 2025 年，制造业绿色发展和主要产品单耗、重点行业主要污染物排放强度达到世界先进水平，部分制造业领域绿色制造水平处于世界领先地位。形成创新驱动、集约高效、环境友好的产业发展新格局，成为全国绿色制造创新中心和示范应用中心	绿色生产
2017 年 2 月	环保部印发《京津冀及周边地区 2017 年大气污染防治工作方案的通知》，是为确保完成《大气污染防治行动计划》确定的 2017 年各项目标任务，切实改善京津冀及周边地区环境空气质量，进一步加大京津冀大气污染传输通道治理力度。确定了京津冀大气污染传输通道包括北京市，天津市，河北省石家庄、唐山、廊坊、保定、沧州、衡水、邢台、邯郸市，山西省太原、阳泉、长治、晋城市，山东省济南、淄博、济宁、德州、聊城、滨州、菏泽市，河南省郑州、开封、安阳、鹤壁、新乡、焦作、濮阳市（以下简称"2+26"城市）。其主要任务为：以改善区域环境空气质量为核心，以减少重污染天气为重点，多措并举强化冬季大气污染防治，全面降低区域污染排放负荷	大气污染防治
2018 年 2 月	国家林业局印发《京津冀生态率先突破科技创新行动方案》，提出以生态率先突破为基本方略，以增绿增质增效为着力点，以维护生态安全和发挥生态功能为主攻方向，积极推动京津冀协同发展。建设京津冀生态率先突破科技协同创新中心，在生态空间、国土绿化、防沙治沙、森林质量提升、湿地保护与恢复、环首都国家公园建设和林业精准扶贫等技术领域取得重大突破，森林生态建设与生物多样性保护取得显著成效，土地沙化和水土流失得到全面治理，湿地功能得到有效保护和恢复，城乡绿化宜居水平明显提升，生态状况整体步入良性循环，实现全区域生态建设的率先突破。到 2020 年，将京津冀地区建成全国生态保护与修复	生态保护修复

时间	政策及主要内容	关注领域
	样板，建成一批生态防护、森林质量提升、生态文化和产业扶贫示范区，建设一批国家林业科技创新、成果转化、标准化示范等基地，为京津冀地区森林覆盖率达到35%和生态服务功能提升超过25%提供科技支撑	
2018年3月	生态环境部发布《关于京津冀及周边地区执行大气污染物特别排放限值的公告》，是为了深入实施《大气污染防治行动计划》，切实加大京津冀及周边地区大气污染防治工作力度	大气污染防治
2018年7月	京津冀及周边地区大气污染防治协作小组调整为京津冀及周边地区大气污染防治领导小组，贯彻落实中共中央、国务院关于京津冀及周边地区（以下称区域）大气污染防治的方针政策和决策部署；组织推进区域大气污染联防联控工作，统筹研究解决区域大气环境突出问题；研究确定区域大气环境质量改善目标和重点任务，指导、督促、监督有关部门和地方落实，组织实施考评奖惩；组织制定有利于区域大气环境质量改善的重大政策措施，研究审议区域大气污染防治相关规划等文件；研究确定区域重污染天气应急联动相关政策措施，组织实施重污染天气联合应对工作	大气污染防治
2019年1月	习近平总书记主持召开京津冀协同发展座谈会进一步强调，"坚持绿水青山就是金山银山的理念，强化生态环境联建联防联治"。强化生态环境联建联防联治是推进京津冀协同发展的重要内容和关键支撑	京津冀总体
2019年7月	京津冀三省（市）生态环境部门印发《关于进一步加强京津冀交界地区生态环境执法联动工作的通知》，将联动执法机制进一步向区（市）县一级下沉，深化京津冀环境执法联动工作机制，切实加大交界区域污染源头管控力度，切实发挥联动执法实效	环境治理能力
2020年7月	交通运输部、国家发展改革委印发《绿色出行创建行动方案》通知，其中关于新能源和清洁能源车辆规模应用。重点区域（明确京津冀及周边地区、长三角地区、汾渭平原等区域）新能源和清洁能源公交车占所有公交车比例不低于60%，其他区域新能源和清洁能源公交车占所有公交车比例不低于50%。新增和更新公共汽电车中新能源和清洁能源车辆比例分别不低于80%。空调公交车、无障碍公交车比例稳步提升，依法淘汰高耗能、高排放车辆	绿色出行

时间	政策及主要内容	关注领域
2021年7月	工业和信息化部印发《京津冀及周边地区工业资源综合利用产业协同转型提升计划（2020—2022年）》，目标是推动区域工业资源综合利用产业高质量发展，把京津冀及周边地区打造成工业资源综合利用产业集聚发展示范区、区域协同发展实验区、产城融合发展典范区。到2022年，区域年综合利用工业固废量81亿吨，主要再生资源回收利用量达到1.5亿吨，产业总产值突破9000亿元，形成30个特色鲜明的产业集聚区，建设50个产业创新中心，培育100家创新型骨干企业。区域协同机制较为完善，基本形成大宗集聚、绿色高值、协同高效的资源循环利用产业发展新格局	固废污染防治
2021年7月	河北省政府办公厅印发《河北省建设京津冀生态环境支撑区"十四五"规划》，规划明确了主要目标，到2035年，京津冀生态环境支撑区功能定位基本实现，规划共设置主要指标19项，包括单位地区生产总值能源消耗降低、地下水压采量、生态保护红线面积等	生态保护修复
2021年11月	生态环境部发布《关于实施"三线一单"生态环境分区管控的指导意见（试行）》，服务高质量发展。加强"三线一单"生态环境分区管控在政策制定、园区管理等方面的应用，从源头上预防环境污染，从布局上降低环境风险。强化"三线一单"生态环境分区管控成果在京津冀协同发展等地区生态保护和高质量发展等重大区域战略中应用的实施跟踪，推动区域协同管控	生态保护修复

数据来源：作者整理。

（一）环境污染防治政策

在大气环境治理方面，继续完善重污染天气应急预案，研究和解决空气质量相对较差的城市所面临的大气污染问题。成立了京津冀及周边地区大气污染防治协作小组。在此基础上，七省（区、市）搭建了区域空气重污染预警会商平台，及时开展预警会商，科学判断污染变化趋势，采取有效防治措施。2015年开展了"京津冀及周边地区深化大气污染控制中长期规划研究项目"，谋划区域大气污染防治任务和措施。2016年，京津冀率先统一了空气重污染应急预警分级标准，修订了重污染天气应急预案，进一步加强联合应对，实现区域空气重污染过程"削峰降速"。同时，全面加强秋冬季攻坚。2018年，成立京津冀及周边地区大气污染防治领导小组，统筹推进区域大气污染治理重点工作。自2017—2018年秋冬季起，生态环境部等有关部委与北京市等相关省市连续4年联合印发秋冬季大气污染综合治理攻坚行动方案，聚焦重点区域、重点领域，加大治理力度，共同推进清洁能源替代，开展大气污染防治技术与产品联合攻关，改善了区域秋冬季大气环境质量。

在水环境治理方面，一是推动密云水库上游潮白河流域生态保护补偿。京冀两地政府于2018年签订了《密云水库上游潮白河流域水源涵养区横向生态保护补偿协议》，按月组织开展密云水库上游潮白河流域跨界断面水质联合监测。与河北省共同启动密云水库上游潮河流域规划编制工作。在稳步实施《密云水库上游潮白河流域水源涵养区横向生态保护补偿协议》的基础上，京冀持续加强密云水库协同保护，北京市密云区、怀柔区、延庆区和河北省承德市、张家口市共同签署保水合作协议，京冀两市三区组成"保水共同体"。开展官厅水库上游生态补偿机制前期研究。二是积极推进雄安新区上游流域综合治理。为进一步改善雄安新区上游水环境质量，京冀两地生态环境部门多次协调对接，联合印发《潮河流域生态环境保护综合规划》《白洋淀流域跨省（市）界水污染防治工作机制》，建立联合监测、信息共享、联合执法、应急联动等机制；房山区与保定市生态环境部门签订了《跨省（市）界河流水污染防治工作机制》，开展大石河流域水污染问题专项执法，督促属地提高精细化管理水平。三是共同完善水污染应急联防联控机制。2015年，京津冀生态环境部门根据《京津冀水污染突发事件联防联控机制合作协议》要求，三省市（厅）环境应急管理部门采取轮值方式开展联防联控工作，联合编制首个跨区域突发环境事件应急预案。每年制定《京津冀水污染突发事件联防联控工作方案》，并组织开展京津冀联合突发水环境污染事件应急演练，为跨界突发环境事件的妥善处置奠定坚实基础。

在土壤环境治理方面，京津冀积极开展土壤专项调查，查明土壤污染状况，锁定主要污染来源，联合研发土壤修复技术与设备，实施典型污染场地修复治理示范工程。同时积极开展环境治污和生态建设方面的投资。北京市持续关注并资助土壤修复关键技术的研发与产业化。在"十一五"期间，就针对主流的土壤修复技术如土壤淋洗法、生物降解法、化学氧化法、土壤通气法、热解析法等开展深入研究，并建立多个修复示范工程和示范基地。北京市保持和强化科技界与企业界在土壤地下水修复方面的前沿角色，带动天津和河北土壤修复技术的协同发展。河北省于2016年设立了区域性基金——PPP京津冀协同发展基金，用于支持河北区域内纳入省级PPP项目库且通过物有所值评价和财政承受能力论证的PPP项目，以及京津冀协同发展战略背景下的优质项目，助推京津冀协同发展战略实施。在固体废弃物回收利用方面，近年来，为加快推进京津冀及周边地区工业资源综合利用，产业协同转型升级，提升区域资源利用效率，工业和信息化部接连印发了《京津冀及周边地区工业资源综合利用产业协同发展行动计划（2015—2017）》《京津冀及周边地区工业资源综合利用产业协同转型提升计划（2020—2022年）》，北京、天津、河北、陕西、内蒙古、山东等六省区市逐步构建区域资源综合回收利用体系。"十二五"以来，京津冀及周边地区工业资源综合利用产业初具规模，年产值超过千亿元。建设了承德等一批大宗工业固体废物综合利用基地，在天津、河北、山东等地形成了废金属、废塑料、废电子电器等回收利用集聚区，培育了一批资源综合利用的龙头企业。

除此之外，京津冀三地密切联系，共同建立联动机制，加强环境联防联控联治综合能力。2015年，京津冀生态环境执法部门建立了京津冀环境执法联动工作机制，明确了定期会商、联动执法、联合检查、信息共享等工作制度，三地轮流召开执法联席会议，明确京津冀环境执法的年度重点任务。同时推动联动执法机制下沉。2019年，印发《关于进一步加强京津冀交界地区生态环境执法联动工作的通知》，将联动执法机制进一步向区（市）县一级下沉。目前，北京市各相关区已全部完成了与津冀交界的区（市）县联动执法协议的签署工作，推动联动执法下沉试点工作，进一步加大交界地区联合执法力度。京津冀地区多次联合开展联动执法。在大气污染防治方面，联动做好空气重污染应急应对。多次针对区域内电力、钢铁、冶金、焦化、水泥等行业高架源，冬季供暖燃煤锅炉和重点行业挥发性有机物排放源，以及当地应急减排措施进行联合检查。在水污染防治方面，三地生态环境执法部门联合公安、水务等部门，紧盯重点区域、重点行业、重点断面，开展同期、同步执法，联合打击交界地区环境违法突出问题。

（二）生态保护修复政策

京津冀三地明确了自身在京津冀地区生态功能中的地位及作用，发挥自身优势，不断推进生态保护修复工作，实施了"三北"防护林、京津风沙源治理、太行山绿化、京冀生态水源保护林、张家口坝上地区退化林分改造等一系列水土保持和风沙治理工程。

国家林业局会同京津冀三省市共同签订了《共同推进京津冀协同发展林业生态率先突破框架协议》，并印发了《京津冀生态协同圈森林和自然生态保护与修复规划》。协议从加快国土绿化步伐、提升森林资源质量、推动金融与科技创新、扩展自然保护空间、生态产业精准扶贫等区域联防联控。推动京津冀及周边相关地区的生态保护与建设协同发展。主要目标是：促进京津冀地区生态建设与保护，区域内土地沙化和水土流失得到全面治理，湿地功能得到有效保护和恢复，城乡绿化宜居水平明显提升，生态状况整体步入良性循环，建成全国生态修复环境改善示范区，为京津冀协同发展提供体系完备、功能稳定的生态保障。随后，国家林业局印发《京津冀生态率先突破科技创新行动方案》，提出以生态率先突破为基本方略，以增绿增质增效为着力点，以维护生态安全和发挥生态功能为主攻方向，积极推动京津冀协同发展。建设京津冀生态率先突破科技协同创新中心，在生态空间、国土绿化、防沙治沙、森林质量提升、湿地保护与恢复、环首都国家公园建设和林业精准扶贫等技术领域取得重大突破，森林生态建设与生物多样性保护取得显著成效，土地沙化和水土流失得到全面治理，湿地功能得到有效保护和恢复，城乡绿化宜居水平明显提升，生态状况整体步入良性循环，实现全区域生态建设的率先突破。

生态环境部发布《关于实施"三线一单"生态环境分区管控的指导意见（试行）》，服务高质量发展。强化"三线一单"生态环境分区管控成果在京津冀等重大区域战略中应用的实施跟踪，推动区域协同管控。

此外，三地还签订了《京津风沙源治理工程》等一系列区域合作协议。津冀两省市签署《关于引滦入津上下游横向生态补偿的协议》（第二期），共同实施引滦入津沿线污染治理。京冀两省市签署《密云水库上下游流域生态保护补偿协议》。指导京冀两省市联合编制《潮河流域生态环境保护综合规划》，积极推进北京、河北建立潮白河流域以及官厅水库上游永定河流域横向生态补偿机制。

（三）生产生活绿色发展政策

三地分别出台了相关政策和生活垃圾管理条例，加强生活垃圾管理，改善城乡环境，保障人体健康，维护生态安全。此举不仅加深三地民众对于绿色发展理念的认识，也促进京津冀地区经济社会可持续发展。北京修订《北京市生活垃圾管理条例》，规定生活垃圾收集和运输单位有随意倾倒垃圾等违法行为的，由城市管理综合执法部门责令清除，处 5 万元以上 50 万元以下罚款，没收违法所得；情节严重的，由城市管理综合执法部门吊销生活垃圾收集、运输经营许可证。天津出台《天津市生活垃圾管理条例》，明确实行生活垃圾全程分类管理，强化各级政府及部门的职责，加强规划与建设，完善源头减量措施，明确各方主体义务，促进资源化利用。河北出台《河北省城乡生活垃圾分类管理条例》，围绕全省城乡生活垃圾分类工作实际，提出工作原则和基本思路，明确政府、企业、公民等各类主体责任，加强设施规划建设，促进源头减量，构建生活垃圾分类投放、分类收集、分类运输、分类处理的全过程体系。

2016 年，为深入实施《中国制造 2025》，围绕《绿色制造工程实施指南（2016—2020 年）》，工业和信息化部决定组织开展绿色制造 2016 专项行动，并印发《绿色制造 2016 专项行动实施方案》（简称《实施方案》）。《实施方案》提及，在京津冀选择部分城市开展绿色制造试点示范，创建一批特色鲜明的绿色示范工厂。建设若干资源综合利用重大示范工程和基地,初步形成京津冀及周边地区资源综合利用产业区域协同发展新机制。

随后,北京制造业创新发展领导小组印发了《北京绿色制造实施方案》。方案明确,推行园区综合能源资源一体化解决方案,积极利用余热余压废热资源,推行热电联产和分布式能源,提高园区太阳能、地热、生物质等新能源应用比例。继续开展工业领域燃煤设施清洁能源替代工作,基本淘汰 10 蒸吨以下工业燃煤锅炉等。推进工业用能低碳化,优化调整工业用能结构,鼓励企业提高可再生能源,扩大太阳能、地热、生物质等新能源应用比例,加快工业企业分布式能源中心建设,在具备条件的工业园区或企业实施可再生能源替代化石能源,在园区及企业开展光伏、光热、风能、热泵等分布式能源和智能微电网建设。

三、生态环境保护取得的成就

党的十八大以来,京津冀三地树立和强化绿色发展理念,主动加大生态环境保护协作力度,签署了《京津冀区域环境保护率先突破合作框架协议》,明确以大气、水、土壤污染防治为重点,不断加大联合执法督导和治理力度,健全完善生态环境治理体系、制度法规等,促进绿色循环低碳发展,共同改善区域生态环境质量。三地在完善协作机制、统一规划、统一立法、统一标准、联合执法等多方面不断突破、深入合作,生态环境协同治理成效明显。

(一)污染防治攻坚战成效显著

大气环境方面,经过多年的协同治理,京津冀地区四项主要污染物浓度全面下降,空气质量整体得到改善。2020 年,北京地区全年空气质量优良天数为 276 天,优良率达到 75.4%。PM2.5 年均浓度为 38 微克 / 立方米,为 2013 年有监测记录以来的历史最低值,实现了七连降。天津市 2020 年的优良天数达到了 245 天,比 2019 年增加了 26 天。河北全省优良天数平均达到 234 天,比 2019 年增加 29 天。京津冀及周边地区"2+26"城市空气质量逐步改善,2020 年,优良天数比例范围为 49.5%—75.4%,平均为 63.5%,比 2019

年上升 10.4 个百分点。2021 年，京津冀及周边"2+26"城市 PM2.5 平均浓度同比下降 18.9%，臭氧平均浓度同比下降 5%。2019 年，北京市、天津市、河北省二氧化硫排放量分别为 1923 吨、17831 吨、286938 吨，相较于 2012 年分别下降了 98.0%、92.1%、78.6%；氮氧化物排放量分别为 98619 吨、114223 吨、1016548 吨，相较于 2012 年分别下降了 44.4%、65.8%、42.3%。2020 年，北京市、天津市、河北省二氧化硫年平均浓度分别为 4 微克 / 立方米、8 微克 / 立方米、44.8 微克 / 立方米，二氧化氮年平均浓度分别为 29 微克 / 立方米、39 微克 / 立方米、34 微克 / 立方米，可吸入颗粒物（PM10）年平均浓度分别为 56 微克 / 立方米、68 微克 / 立方米、79 微克 / 立方米 [①]（图 7-2-1）。

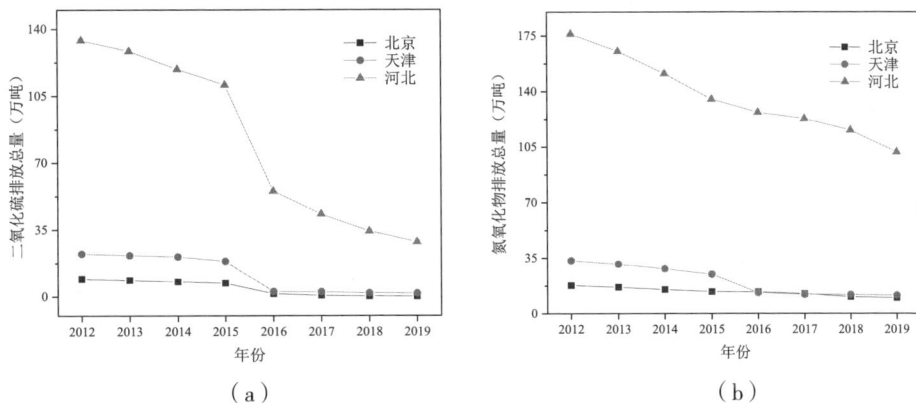

图 7-2-1 京津冀地区（a）二氧化硫和（b）氮氧化物排放总量（单位：万吨）

数据来源：生态环境部、国家统计局。

在水环境方面，2020 年，北京市地表水水质监测断面高锰酸盐指数年平均浓度值为 4.08 毫克 / 升，氨氮年平均浓度值为 0.34 毫克 / 升，同比分别下降 11.7% 和 40.4%，比 2015 年分别下降 47.1% 和 94.0%；地表水水体水库水质较好，湖泊、河流水质次之。2020 年，天津市优良水体（Ⅰ—Ⅲ类）比例达到 55%，同比增加 5 个百分点，劣Ⅴ类比例下降至 0，同比减少 5 个百分点，主要污染物高锰酸盐指数和化学需氧量年均浓度同比分别小幅上升 1.6%

---

① 指的是河北省各设区市。

和 2.8%，氨氮和总磷年均浓度同比分别下降 41.2% 和 12.7%。与 2014 年相比，天津全市优良水体（Ⅰ—Ⅲ类）比例增加 30 个百分点；劣Ⅴ类比例减少 65 个百分点，主要污染物高锰酸盐指数、化学需氧量、氨氮和总磷年均浓度分别下降 40.2%、51.7%、87.3% 和 72.2%。2020 年，河北省纳入国家考核的 74 个地表水水质监测断面中，达到或好于Ⅲ类（优良）断面比例为 66.2%，优于年度目标（48.7%）17.5 个百分点，"十三五"时期累计提高 27 个百分点；全部消除劣Ⅴ类断面，优于年度目标（25.7%）25.7 个百分点，2016—2020 年，累计下降 43.2 个百分点，为全国劣Ⅴ类断面累计消除量最多的省份。

在土壤污染治理方面，长期以来，京津冀的耕地遭遇了超强度的开发和利用。污水灌溉导致耕地土壤污染严重，钢铁、化工等行业发达，导致工业污染类型多样、特征复杂。农田土壤污染和土壤有机污染是京津冀污染土壤的典型类型。2016—2020 年，北京市实施农用地分类管理，建设用地实行风险管控，土壤环境风险得到有效管控，顺利完成土壤详查工作。全市土壤环境市控监测点位监测结果均小于土壤污染风险管制值。2017—2020 年，北京市历时 4 年顺利完成土壤污染状况详查工作。农用地的土壤污染状况详查以耕地为主，兼顾园地和人工牧草地，初步查明农用地土壤污染的面积、分布和污染程度；重点行业企业用地的土壤污染状况调查，按照行业类别、企业规模、生产年限、生产工艺、原辅材料等筛选原则确定调查地块，初步摸清土壤污染状况及污染地块分布。详查结果初步分析表明，北京市土壤环境状况总体良好。2016—2020 年，天津市国家土壤环境监测网例行监测结果表明，天津市农用地土壤环境质量总体较好。

（二）生态保护修复有效推进

2020 年，北京市全面完成城市绿心绿化任务。城市绿心是北京城市副中心重点功能区之一，占地面积 11.2 平方千米，其中绿化面积 64%。2019 年，北京市完成城市绿心 8000 亩绿化造林主体栽植，种植各类乔、灌木 50.4 万株，地被栽植 96.95 万平方米，铺设园路 5.82 万延长米，大型城市森林公园主体形象初步显现。在绿化建设中，北京积极营造近自然的城市森林，对

6000 余株原有大树全部保留，栽植乡土植物超过 80%，并打造多类型的小动物栖息空间，2020 年北京市森林覆盖率达到 45%，平原地区森林覆盖率达到 32%。

作为北京非首都功能疏解集中承载地，河北省扎实推进京津冀协同发展，加强重点领域合作。加强生态环境联建联防联治，抓好张家口"首都两区"建设，继续实施京津保生态过渡带等重大生态工程。扎实推进雄安新区规划建设：加强白洋淀全流域生态环境治理和修复保护，确保湖心区水质达到Ⅲ—Ⅳ类标准；建设雄安绿博园，完成造林绿化 10 万亩。推进山水林田湖草生态系统修复，完成全省生态保护红线勘界定标。编制重点河流、湖库、湿地生态环境保护规划，加强衡水湖、大运河河北段综合整治，加大引江、引黄调水补水力度。大规模开展国土绿化，完成营造林 800 万亩，提升营造林质量，坝上退耕还草 180 万亩，打造京津冀生态环境支撑区。

2019 年，河北省林草部门积极推动构建与京津一体化的生态格局，完成营造林 1026 万亩，全省森林覆盖率达到 35%。张家口首都水源涵养功能区和生态环境支撑区获批建设，完成张家口冬奥会赛区周边及张家口全域绿化 184 万亩。雄安新区规划建设进入新阶段，统筹推进流域治理和生态补水，白洋淀湖心区断面水质提升到Ⅳ类，新增造林 20 万亩，雄安新区累计植树造林 31 万亩。完成太行山燕山绿化 402 万亩、京津保生态过渡带绿化 65 万亩、廊道绿化 59 万亩。2020 年 1 月召开的河北省林草工作会议明确，2020 年河北继续把雄安新区、冬奥赛区周边和太行山燕山作为重点，在雄安新区营造近自然森林 10 万亩，在雄安新区外围保定、廊坊、沧州完成京津保生态过渡带营造林 60 万亩，在冬奥会赛区及全域完成营造林 130 万亩。

天津市深入推进京津冀协同发展重点领域协同合作。加强引滦水源保护，实施引滦入津上下游横向生态补偿协议，联动开展永定河流域综合治理和生态修复。加强生态保护修复，优化国土空间开发保护格局，坚持留白、留绿、留璞，坚决守好生态红线。2018 年 5 月，天津在滨海新区与中心城区中间地带划定 736 平方千米的绿色生态屏障区，将绿色生态屏障建设以地方性法规形式确定下来。通过联通天津北部盘山—于桥水库生态建设保护区、中部七里海—大黄堡生态湿地保护区、南部团泊洼—北大港生态湿地保护区，构筑京津冀环首都生态屏障带。2020 年，天津市实施"蓝色海湾"整治修复规划，建成临港湿地二期、中新天津生态城临海新城西侧湿地、东疆东部沿海岸线等一批生态修复工程，超额完成国家下达的 4 千米岸线和 400 公顷湿地整治修复任务目标。

（三）绿色发展理念深入人心

绿色生活方面，随着京津冀常住人口增加、居民生活水平提高，生活垃圾增加。为改善城乡环境，保障人体健康，维护生态安全，促进经济社会可持续发展，京津冀加强生活垃圾管理，生活垃圾清运量及处理量持续提升，民众的垃圾分类意识也逐渐增强。生活垃圾无害化处理能力提升，生活垃圾无害化处理厂（场）增加，无害化处理量大幅增加。2020 年，北京市绿色出行满意度超过 85%，中心城区工作日出行总量为 3619 万人次。其中，轨道、公共汽车、自行车和步行的出行量分别为 531 万人次、423 万人次、560 万人次和 1128 万人次，绿色交通出行量为 2642 万人次，中心城区绿色出行比例 73.1%。

绿色生产方面，2014—2017 年，京津冀地区淘汰化解过剩炼铁产能 4000 余万吨、炼钢 4100 余万吨、焦炭 1600 余万吨、水泥 5300 余万吨、平板玻璃 5100 余万重量箱；完成现役煤电机组超低排放改造装机容量 4955 万千瓦，淘汰燃煤锅炉 3.01 万台、8.7 万蒸吨，完成散煤清洁化替代 2000 余万吨；淘汰黄标车老旧车 276 万辆，推广新能源车 21 万辆，完成加油站储油库油气回收改造 9000 余座，关停退出高污染企业 3500 多家。2012—2019 年，京津冀三地累计共压减燃煤消费 6239 万吨。

四、生态环境保护典型经验——以大气治理为例

京津冀大气污染问题因其影响范围广、与群众生活关系密切，成为协同发展生态环保领域率先突破中重要的一环。近年来，三地政府全面贯彻中共

中央、国务院的部署要求，坚决落实习近平总书记"2·26讲话"精神和关于生态文明建设的重要指示，牢固树立协同发展的新思维，大气污染治理从各自为政的模式逐步转换到联防联控模式。三地资源共享、责任共担、相互支持、砥砺前行，不断推动京津冀大气污染联防联控工作机制深化，区域空气质量明显改善。

（一）大气联防联控机制

京津冀及周边地区是中国大气污染最严重的地区之一。2010年，环境保护部等九部委共同制定了《关于推进大气污染联防联控工作改善区域空气质量的指导意见》，首次提出区域联防联控的思路。2013年9月，国务院出台《大气污染防治行动计划》，将"建立京津冀、长三角区域大气污染防治协作机制，由区域内省级人民政府和国务院有关部门参加，协调解决区域突出环境问题，组织实施环评会商、联合执法、信息共享、预警应急等大气污染防治措施，通报区域大气污染防治工作进展，研究确定阶段性工作要求"作为一条重要措施列出，进一步明确了区域联防联控在我国大气污染防治工作中的地位。在环境保护部的协调下，2013年10月由京津冀及周边地区六省（直辖市）和国家七部委主要领导共同协商建立京津冀及周边地区大气污染防治协作小组，成立协作小组办公室。

为了进一步提升大气污染治理效率，2017年，环境保护部设定了大气污染传输通道城市，包括北京和天津2个直辖市，以及石家庄、唐山等其他26个京津冀及周边地区城市，简称"2+26"城市。2018年，国务院发布了《打赢蓝天保卫战三年行动计划》，将京津冀及周边地区划定为大气污染重点区域，并进一步加强了京津冀及周边地区"2+26"城市的大气污染防治政策。同年，京津冀及周边地区大气污染防治领导小组成立，该地区大气污染联防联控协作机制得到完善。2020年，京津冀PM2.5平均浓度为44微克/立方米，比2014年下降51%。北京空气质量达标天数为276天，达标天数比例为75.4%，比2015年增加90天。

（二）大气联防联控合作

近年来，京津冀大气污染治理合作领域逐步扩大，从最初共同研究确定阶段性工作重点、互通工作信息，到开展空气重污染预警会商、区域环境联动执法，再到标准、政策、资金等领域的全面合作。

区域重污染预警工作方面，京津冀逐步建立区域空气质量预报预警会商工作机制，从最初的简单电话沟通，到视频连线共同会商空气质量形势，从日常会商到重大活动期间随时会商，会商结果准确性不断提升。2014年亚太经合组织（APEC）会议、2015年抗战胜利70周年纪念等重大活动期间，各地密切沟通，紧密合作，准确预报预警结果，为科学启动区域应急减排措施，保障活动期间空气质量提供了有力支撑。2016年初，按照环保部统一部署，京津冀实现了空气重污染应急预警分级标准的统一，完成了空气重污染应急预案的修订，规范了预警发布、调整和解除程序，为统一应对区域性空气重污染、协同采取减排措施建立了基础。按照联防联控机制，京津冀三地联合会商空气质量，当预判可能出现大范围的空气重污染时，由环保部统一调度，及时启动空气重污染预警，实施空气重污染应急措施。

区域环境联动执法方面，2015年3月和12月，京津冀及周边地区机动车排放控制协作机制、京津冀环境执法联动工作机制陆续建立，共同打击环境违法行为，改善环境质量，形成了有部署、有行动、有标准，相互支持、共同配合的环境监察执法局面。2019年11月，京津冀三省（市）生态环境部门印发《关于进一步加强京津冀交界地区生态环境执法联动工作的通知》，将联动执法机制进一步向区（市）县一级下沉，深化京津冀环境执法联动工作机制，加大交界区域污染源头管控力度，切实发挥联动执法实效。

区域大气污染相关标准方面，2016年4月，京津冀三地统一实施机动车国五排放标准和油品标准。2016年底，统一了空气重污染预警分级标准，结束了预警标准不一致的历史，为下一步统一应急预案，统一应急措施的力度提供了基础。此外，京津冀三地的煤质标准和京津两地燃煤锅炉排放标准主要数据指标保持基本一致，实现了初步统一。2018年，生态环境部发布《关于京津冀及周边地区执行大气污染物特别排放限值的公告》，在大气污染传输通道城市执行大气污染物特别排放限值。逾期达不到的，有关部门应严格按照法律要求责令企业改正或限制生产、停产整治，并处以罚款；情节严重的，经批准后可责令停业、关闭。

区域大气污染防治政策方面，京津冀三地根据《京津冀及周边地区大气污染防治行动计划实施细则》，积极推进每年的《京津冀及周边地区大气污染联防联控重点工作》，签订了《京津冀区域环境保护率先突破合作框架协议》，实施了《京津冀公交等公共服务领域新能源汽车推广工作方案》《京津冀地区散煤清洁化治理工作方案》等。

区域大气治理资金合作方面，京津冀大气污染防治核心区设立后，以北京市、天津市以及河北省唐山市、廊坊市、保定市、沧州市等地作为京津冀大气污染防治协作区，研究建立协作区大气污染防治结对合作工作机制。北京市与河北省廊坊市、保定市，天津市与河北省唐山市、沧州市分别对接，建立大气污染治理结对工作机制。北京、天津两市在大气污染治理资金、技术等方面对河北四市予以支持帮助，落实帮扶重点工程项目，加快重点区域大气污染治理步伐。北京市、天津市两年来分别支持河北省4市大气污染治理资金9.62亿元和8亿元，其中北京市2015年和2016年连续支持河北4.6亿元和5.02亿元，促进了河北省相关地市的锅炉淘汰治理和散煤清洁化工作。

（三）联防联控经验

一是国家牵头，强力推进。京津冀大气污染防治联防联控始终由国家层面牵头推进。2013年，成立了京津冀及周边地区大气污染防治协作小组。每年在京津冀轮流召开联席会议，共同研究部署京津冀及周边地区大气污染联防联控重点工作，协调解决区域污染治理难题，联合保障国家重大活动期间空气质量等。2018年7月，京津冀及周边地区大气污染防治协作小组，又"升格"为领导小组，保证了京津冀大气污染联防联控落到实处，有利于加大协作力度，提升整体效能。

二是顶层设计，方案引领。2013年，环保部等部委联合印发了《京津冀及周边地区落实大气污染防治行动计划实施细则》。2016—2017 年，环保部组织制定了《京津冀大气污染防治强化措施（2016—2017 年）》《京津冀及周边地区 2017 年大气污染防治工作方案》《京津冀及周边地区 2017—2018 年秋冬季大气污染综合治理攻坚行动方案》。2018—2019 年，生态环境部制定《京津冀及周边地区 2018—2019 年秋冬季大气污染综合治理攻坚行动方案》《京津冀及周边地区 2019—2020 年秋冬季大气污染综合治理攻坚行动方案》。2020 年，生态环境部印发《京津冀及周边地区、汾渭平原 2020—2021 年秋冬季大气污染综合治理攻坚行动方案》。这些顶层设计方案，为推进京津冀及周边地区大气污染联防联控提供了重要的行动依据。

三是协作机制，保障落实。京津冀依托国家现有的监测和信息网络，建立了区域空气质量监测、污染源监管等专项信息平台，实现了区域内监测信息的共享，为区域重大环境问题研究决策提供信息支撑。建立区域空气重污染监测预警体系，及时互通预警信息，实施统一预警。在全国率先统一了空气重污染应急预警机制，为统一应对区域性空气重污染、协同采取减排措施建立了基础。建立区域重度污染天气的联动应急响应机制，共同启动应急预案，采取应急措施，遏制重大污染的发生。从区域、部门、社会三个层面开展规划环评和建设项目环评会商，同时，建立了专家参与的工作机制，提高区域内规划和项目的科学性和环境友好度，有效地避免不利环境的影响。京津冀大气污染防治核心区设立后，北京市与保定市、廊坊市，天津市与唐山市、沧州市分别建立了大气污染治理结对工作机制，促进了河北省相关地市的锅炉淘汰治理和散煤清洁化工作。

四是督察问责，倒逼治理。2017 年 4 月，环境保护部派出的 28 个督查组，对"2+26"传输城市开展为期一年、历经 25 轮次的大气污染防治强化督察。环保部对督察中发现的问题持续公开通报，截至 2018 年 2 月下旬，已向"2+26"通道城市政府发出 332 封督办函。强化督查、严格问责，用环境压力倒逼京津冀发展方式、企业生产方式向绿色转型。

第三节　"十四五"时期京津冀生态环境保护的重点任务

"十四五"时期是实现生态文明建设新进步的第一个五年，要明确京津冀"十四五"时期生态环境保护的重大任务，坚持"扩大环境容量、提高资源环境承载力"的理念，以持续改善环境质量为核心，不断加大生态环境建设力度，高效开展区域协同共治，深入打好污染防治攻坚战，推动京津冀地区实现绿色转型高质量发展。

一、精准实施大气污染协同治理

实施空气污染精细化管理，提高大气污染治理的针对性。针对京津冀城市群 PM2.5 时空特点，聚焦重型柴油车、扬尘、挥发性有机物（VOCs）等重点领域，做到问题精准、时间精准、区位精准、对象精准和措施精准。通过科学精准制定实施方案，编制重污染天气应急减排清单；建立预警管控机制，精准发布预警；严格执行重污染天气应急减排措施，精准落实整改，实现大气污染的有效治理。通过优化布设三地行政区域交界处的空气质量监测点位，加强空气微站点位建设，为区域大气精准治理提供支撑。

强化多污染物协同控制和区域联防联控，加强臭氧协同防控，打破 PM2.5 和 O_3 的跷跷板效应。以石家庄、唐山、邢台、邯郸市等"退后十"城市为重点，深入推进结构减排。目前，京津冀大气污染物减排进入了深水区，未来还需进一步完善区域协作机制，通过差异化减排措施，实现各项大气污染物的深度减排。

二、深入开展水污染系统防治

水污染治理是系统工程，需要系统治理，久久为功。水资源、水环境和水生态是水的三大子系统，是一个统一体，不可分割，因此必须用系统思维统筹水的全过程治理，从全局角度寻求治理之道。坚持"节水优先、空间均衡、系统治理、两手发力"的治水方针，落实水量总控，加强流域管理，维护河流生态。以滦河、潮白河、永定河流域为重点，保障京津冀饮用水源安全。进一步完善潮白河流域水源涵养区横向生态保护补偿机制，落实潮河流域生态环境保护综合规划。重点消除劣 V 类水体，深入开展水生态保护和修复试点，以白洋淀、衡水湖生态修复为重点和示范，持续改善湿地来水条件；以白马关河、凤河等生态修复工程试点，开展流域水生态状况监测评价。

三、加强土壤污染综合治理

深化土壤污染综合防治，稳步推进净土保卫战。一是严格准入，加强土壤生态环境风险源头防控。排查整治涉镉等重金属重点行业企业，动态更新土壤污染重点监管单位名录；防范建设用地新增土壤环境污染，鼓励土壤污染重点单位因地制宜实施管道化、密闭化、防腐防渗改造；对土壤污染重点监管企业开展周边土壤和地下水监督性监测，督促企业定期开展自行监测和安全利用，鼓励和支持企业发展循环经济和清洁生产。二是推进化肥农药减量增效，严格预防农用地土壤污染。对符合条件的优先保护类耕地，应划为永久基本农田，实行严格保护；对安全利用类耕地，要开展土壤和农产品协同监测，保障食用农产品安全；对严格管控类耕地，要加强用途管制，不再种植食用农产品。三是持续推进土壤修复试点，支持雄安新区土壤污染综合防治先行区建设。四是严格未利用地保护，加强巡查检查，防止土壤污染。

四、全面提升固体废物治理水平

提升固体废物治理水平，大力推进区域各城市"无废城市"试点建设。一是继续支持雄安新区、北京经济技术开发区及中新天津生态城开展"无废城市"建设试点工作，探索固体废物源头减量、资源化利用和无害化处置的城市发展模式。推动形成绿色低碳生活方式，促进生活源固体废物减量化、资源化。二是加快危险废物处置设施建设，提升危险废物环境监管能力。结合第二次全国污染源普查成果、危险废物转移联单等完善危险废物重点监管单位清单，加强危险废物收集网络体系建设，强化危险废物全过程环境监管。三是重点发展生活垃圾综合利用、危险废物安全处置、电子废物资源化、有机废弃物生产沼气等关键技术。四是不断深化固体废物综合管理改革，推动建立危险废物区域联防联控联治机制，总结经验做法，辐射京津冀地区。

五、科学保护陆域水生态系统

强化水生态保护。加大河湖和水资源保护力度，加强水生态系统保护与修复。推动京津冀三地定期互通上下游河流水量管控、水污染防治等工作，保障下游水生态基流，加强上下游水质目标衔接，共同推进流域水生态环境保护。实施大清河流域水污染综合治理，提升白洋淀流域生态涵养功能，协同保障河北雄安新区生态环境。共同推进永定河、北运河、潮白河等河流的生态河流廊道治理，共同实施河湖连通工程，打造环湖生态圈。

六、开展大规模国土绿化行动

推进大规模国土绿化行动，不断扩大绿色空间。一方面，大面积增加生态资源总量，持续加大以林草植被为主体的生态系统修复，有效拓展生态空间。全面落实"三北"防护林体系建设规划，抓好百万亩防护林基地建设。加强张承地区植树造林和人工种草建设，推进张家口"两区"（首都水源涵养功能区和生态环境支撑区）建设，不断提升当地生态系统质量和稳定性。另一方面，要下大力气保护好现有生态资源，全面加强森林、草原、湿地、荒漠生态系统保护，优化燕山太行山生态涵养区。

七、推动海洋生态保护与修复整治

严格海洋生态保护措施，系统推进海洋生态保护与修复，提高海洋资源环境承载力。一是要持续改善近岸海域环境质量，实施入海河流全流域系统治理，不断提升海洋生态环境风险防范能力。支持天津、河北围绕"渤海攻坚战"，协同提升渤海生态功能。二是要加大沿海滩涂生态保护和修复力度，加大海洋垃圾清理力度。通过实施城市生活垃圾分类，加强塑料废弃物回收利用，推动环境无害化处置，努力从源头减少塑料垃圾进入海洋环境。三是要加大非法渔船清理力度，加大海洋生物多样性保护力度。聚焦海洋自然保护地主要保护对象，加强海洋生态环境监测监管，强化对保护对象和违法行为的监管。

八、推动产业绿色化发展

推进传统产业绿色升级。以火电、钢铁、建材、石化、造纸、化工、印染等行业为重点，开展全流程清洁化、循环化、低碳化改造，全面推动传统优势产业绿色转型升级。着力完善绿色制造体系，推动提高绿色低碳能源使用比率，加强绿色工厂、绿色产品、绿色园区建设。

壮大绿色环保新兴产业。大力发展新能源、新能源汽车、节能环保等绿色产业。积极培育新技术、新产业、新业态、新模式，推动在节能环保领域，培育一批产业集群。加快数字化发展，推进5G、物联网、云计算、大数据、区块链、人工智能等新一代信息技术与绿色环保产业的深度融合创新。修订清洁生产管理办法，加大绿色环保企业政策支持力度。鼓励绿色发展水平先进的企业积极申报绿色工厂、绿色供应链、绿色产品等绿色制造示范单位。

第四节　京津冀生态环境保护面临的挑战及解决对策

加强京津冀生态环境保护是推动京津冀协同发展的重点任务，是实现京津冀经济可持续发展的重要支撑，也是提升京津冀民生福祉的最直接体现。进入新发展阶段，京津冀生态环境保护工作肩负新的历史使命。中共十九届五中全会通过的《关于制定国民经济和社会发展第十四个五年规划和二〇三五年远景目标的建议》提出，"加快推动京津冀协同发展""持续改善环境质量"，具体包括：深化大气污染联防联控联治，强化华北地下水超采及地面沉降综合治理；支持张家口首都水源涵养功能区和生态环境支撑区建设。

一、京津冀生态环境保护面临的挑战

京津冀初步建立了污染防治体系。政府层面，初步形成了生态环境保护的顶层设计方案，建立了区域生态环境保护协作机制。企业层面，随着中央环保督察和环保巡查的深入推进，企业的治污责任体系和守法环境明显得到了改善。居民和民众组织越来越多地参与到区域生态环境治理体系中。但面临的挑战仍然很多。

（一）生态环境质量持续改善压力较大

长期以来，由于京津冀资源禀赋、要素投入和经济发展水平存在差异，三地环境污染的区域性、叠加性、外部性特征与行政分割化、属地碎片化的治理之间的矛盾和冲突始终存在。

由中国社会科学院、首都经贸大学联合发布的《京津冀发展报告（2013）——承载力测度与对策》指出，北京的综合承载力已进入危机状态，天津已达警戒线，河北发展空间有限。存在人口超载（2015 年京津冀内部互补可承载人口 9800 万，而实际则达到 1.12 亿）、水资源短缺（现有水资源仅能承载六成人口）、大气污染（近年多次连发雾霾橙色预警）等诸多问题。

京津冀还面临着水资源短缺矛盾突出、流域水生态功能退化丧失的问题。京津冀全域属于资源型缺水地区。虽然"引滦入津""南水北调"等大型水利工程的实施在一定程度上缓解了该区域的饮水问题，但人口的不断集聚、经济的快速发展以及对水环境的破坏仍然使得这一地区的水资源供给状况日益严峻。区域多年平均水资源总量由 1956—1979 年的 291×10^8 立方米减少到 1980—2000 年的 219×10^8 立方米，2001—2016 年年均总量进一步减

少到 184×10^8 立方米。水资源量的日益衰减进一步加剧了区域水资源供需矛盾，给京津冀地区经济社会发展带来诸多不利影响。2020 年京津冀地区与各水资源一级区水资源量横向比较见表 7-3-1，可以发现京津冀地区水资源总量匮乏，其面临的水资源整体形势仍比较严峻。2000—2016 年，综合地表水与地下水的区域水资源开发利用程度高达 109%，进而导致河道断流、湿地萎缩、入海水量锐减。

表 7-3-1　2020 年京津冀地区与各水资源一级区水资源量

区域	降水量 （毫米）	地表水资源量 （亿立方米）	地下水资源量 （亿立方米）	水资源总量 （亿立方米）
北京	520.8	8.2	22.3	25.8
天津	704.5	8.6	5.8	13.3
河北	557.5	55.7	130.3	146.3
松花江区	649.4	1950.5	647.3	2253.1
辽河区	589.4	470.3	200.0	565.0
海河区	552.4	121.5	238.5	283.1
黄河区	507.3	796.2	451.6	917.4
淮河区	1060.9	1042.5	463.1	1303.6
长江区	1282.0	12741.7	2823.0	12862.9
东南诸河区	1582.3	1665.1	429.4	1677.3
珠江区	1540.5	4655.2	1068.7	4669.0
西南诸河区	1091.9	5751.1	1412.4	5751.1
西北诸河区	159.6	1213.1	819.6	1322.8
全国	706.5	30407.0	8553.5	31605.2

数据来源：《中国统计年鉴 2021》《河北省气候公报 2020 年》《2020 年中国水资源公报》。

在治理成本上，京津冀存在环境治理的成本—收益差异大的问题。有研究通过构建区域环境治理的成本—收益指标体系发现，京津冀地区治理水平一般，地区间治理差异却较大。京津冀三地之间在经济发展与生态环境保护方面难以统一协调，生态环境质量持续改善面临较大压力。

（二）生态环境重点任务呈新老交织态势

"十四五"时期，我国生态环境保护将进入减污降碳协同治理的新阶段。这意味着在继续加强大气、水、土壤污染等传统环境问题和常规污染物治理的同时，治理的重点也将逐步拓展至应对全球气候变化、生物多样性保护等领域。然而，在京津冀大气污染防治取得显著成效的同时，全区域空气质量达标仍任重道远。PM2.5仍是京津冀地区大气污染控制的首要目标，进一步下降的难度很大。与此同时，京津冀地区O_3污染逐年加剧，2013—2019年，京津冀臭氧年评价值（日最大8小时滑动平均90百分位浓度，MDA8-90）上升了34.4%，O_3超标的范围和程度都呈现恶化趋势。京津冀大气污染日益呈现PM2.5和O_3双高的态势高度符合污染特征，亟须开展PM2.5和O_3的协同治理。化石能源消费、工业生产、交通运输等均是环境污染物与温室气体排放的主要来源。因此该区域以煤炭为主的能源结构、以重化工为主的产业结构、以公路为主的运输结构是实现"双碳"目标和区域生态环境改善的共同挑战。

（三）人民对美好生活环境提出更高要求

习近平总书记强调："为了不断满足人民群众对美好生活的需要，我们就要不断制定新的阶段性目标，一步一个脚印沿着正确的道路往前走。""十四五"时期我国将进入新发展阶段，人民对美好生活的向往呈现多样化、多层次、多方面的特点。而优美的生态环境，是美好生活必不可少的自然条件。居民对大气污染最为关切，且具有为改善环境而牺牲个人利益的良好意愿。在对京津冀协同发展下河北省居民幸福指数的调查研究中发现，河北省居民生活是否幸福最看重的是生活环境，其次是身心健康。可以发现，一方面，人民群众对身边环境问题关注度越来越高；另一方面，人民群众对美好生活环境也提出了更高要求，人民群众日益增长的对优美生态环境的需要应不断得到满足。2021 年 11 月，中共中央、国务院发布《关于深入打好污染防治攻坚战的意见》，指出要坚持问题导向、环保为民，把人民群众反映强烈的突出生态环境问题摆上重要议事日程，不断加以解决。

二、推进京津冀生态环境保护的对策

在推进京津冀生态保护和环境治理的过程中，需要持续将坚持党的集中统一领导转化为推进生态文明建设的制度优势，以生态文明责任为核心聚合生态文明建设的各方力量，形成多措并举、多方参与、良性互动、协同协作的大环保格局，不断提升环境治理效能。政府作为环境治理的引导者，从"万能管家"转变为"协作伙伴"，将企业、公众及社会组织纳入跨区域环境治理体系之中，形成政府间、政府与企业间、政府与公众及社会组织间的良性互动格局。

（一）系统设计、协同推进

在"十四五"期间，京津冀地区生态环境保护必须全面贯彻落实五大发展理念和生态文明建设要求，以生态环境共建共治为核心，以生态环境空间统筹为抓手，以生态保护红线为硬约束，以最严格的生态环保制度为保障。首先要加强顶层设计，坚持区域统筹、流域统筹、陆海统筹、城乡统筹、环境与发展统筹，形成三地协同治理的生态环境管理新模式。其次，对京津冀地区大气、水和土壤等污染物排放总量进行系统联防联控联治，实施重点流域的综合整治，加快生活污水处理设施建设，实施严格的水资源保护，构建点、线、面相结合的京津冀都市圈生态环境防护安全网。最后大力发展绿色、低碳、可持续的生态经济，从治理源头上促进京津冀地区生态治理提质增效，同时坚持高标准、严要求，用最有效的机制、最管用的政策、最严格的制度、最可行的手段加强生态环境治理，使该地区在更高层次上实现人与自然、环境与经济、人与社会和谐发展。

建立系统协调发展机制。构建京津冀生态环境保护统筹协调机制，强化科技、教育、金融、土地、生态环境等领域的制度改革与统筹协调，破解发展不平衡不充分的问题，强化京津冀地区生态环境联建联防联治，实现区域的均衡发展。在生态环境的联建层面，建立统一规划、统一标准、统一政策机制，通过统筹协调提升生态承载力，不断扩大该区域的生态空间。在生态环境的联防层面，加强三地环境监测网的统一建设和协同防控，加强对大气污染等预防和监控，成立京津冀环境污染联建联防联控协会，培育社会组织，加强对环境污染问题的监督、举报，加强对环境污染指标的质量管理、污染评估、防控培训等。在生态环境联治层面，充分发挥北京、天津等地的创新资源优势，通过人才、技术、资金等帮扶促进河北高污染区域的生态环境治理，如发挥北京绿色低碳领域的技术优势和人才优势，采用先进治污减排技术，帮扶邯郸、邢台、保定等城市加强产业升级、技术改造、均衡发展与生态治理。

以生态环境高水平保护促进经济高质量发展。在"十四五"期间，突出以降碳为源头治理的"牛鼻子"，实施减污降碳协同治理，牵引促进经济社会发展绿色转型和生态环境持续改善。更加突出以生态环境质量改善、碳达峰倒逼总量减排、源头减排、结构减排，推动产业结构、能源结构、交通运输结构、农业结构加快调整，实现改善环境质量从注重末端治理向更加注重源头预防和治理有效传导，二氧化碳排放强度持续降低，主要污染物排放总量持续减少。加强山水林田湖草等各种生态要素的协同治理，增强各项举措的关联性和耦合性，提高综合治理的系统性和整体性。在流域治理上，突出流域上下游、左右岸、干支流协同治理，以水生态修复为核心，统筹水资源、水环境、水生态系统治理。京津冀三地尤其是河北地区要加快传统产业升级改造，培育高新技术产业体系，大力创建绿色经济发展模式。充分发挥科技创新优势，加快局部地区高污染型产业向生态型产业转型，从源头上减少或禁止污染排放。借助京津冀协同发展机遇，推动绿色产业发展尤其是打造文化生态旅游业，探索资源利用最优化、环境污染最小化、经济效益最大化的生态经济发展之路。从源头提高京津冀生态环境保护的整体效率，从生态环境保护的角度实现经济的高质量高水平发展。

（二）精细管理、有效监管

着力完善与新发展格局相适应的生态环境保护制度体系，在生态文明体制改革顶层设计总体完成的基础上，有效发挥改革措施的系统性整体性协同性，有效激发相关责任主体内生动力。重点在监管能力、投入机制、全民行动等方面形成突破，从执法、监测、信息、科研、人才队伍等各方面提升监管能力，建立健全稳定的财政资金投入机制和"谁污染、谁付费"的市场化分摊机制，并推动形成简约适度、绿色低碳、文明健康的生活方式和消费模式。

采取多种形式、切实有效的生态环境治理手段，在治理过程中促进生态治理提质增效。不能仅停留在以资金补偿为主要治理手段的层面上，而是要以环境项目建设、企业设备改造、产品研发、技术扶持、产业转移等多种形式，拓宽区域生态环境治理路径。此外，还应积极推广绿色贷款、碳排放交易、社会参与等有效手段，逐步实现区域生态环境治理目标。

进一步量化和细化生态环境保护和发展指标，并结合公共治理的具体要求和特点，从治理结果上促进生态治理提质增效。构建生态环境治理的考核体系，不能仅考虑生态环境保护和发展所涉及的价值原则和评价指标，同时还应当把治理目标、治理主体、治理手段、治理效果等因素纳入评价体系之中。特别是通过生态环境治理考评，及时发现区域生态环境保护和发展中的共性和个性问题，并及时纠正和解决生态环境治理实践中的重点难点。

促进京津冀生态环境监管一体化，是实现区域生态环境保护协同联动的重要保障，需从区域环境基础设施配置、环境监测网、环境监察执法、环境预警与应急、环境信息建设等方面共同加强能力建设。一是突破地域行政边界，对流域、区域内生态环境监测与监管设施、污染治理设施、环境修复设施等统一规划、统一布局，全面推进环境基础设施共建共享，逐步减小区域间不均衡状态。二是整合区域生态环境监测力量，保证监测的权威性与独立性。在大气污染防治统一监测、统一监管的基础上，对区域内地下水、地表水、生态、土壤、核与辐射、气象和污染源等环境监测资源进行有效整合，对京津冀地区环境监测实施统一规划、统一布局、统一监测标准、统一技术体系、统一环境信息发布。三是建立跨区域、跨部门的联合监察执法机制。加强三地协同环保执法工作，联合公安、工商等部门建设横向执法体系，将环境执法关口前移，形成高效执法合力。

（三）全面统筹、科学决策

要按照高质量发展要求，以改善生态环境质量为核心，遵循生态环境的自然性和科学性，加快补齐生态环境短板，科学推动京津冀地区生态环境保护。

坚持绿水青山就是金山银山的理念，坚持绿色发展理念，强化生态环境联建联防联治；以保护生态环境、改善空气质量、改善人居环境，提高人民生活质量，建设和再现京津冀地区自然生态和秀丽景色为目的；以健全组织、区域联动、联防联控治理保护生态环境工程为载体；以围绕全面治理大气污染、水体污染，增强区域环境保护合力为主线；以健全制度、依法治理，综合治理污染源为手段，建立机制、强化领导、明确责任、加大治理污染力度，修复和改善京津冀地区生态环境的质量，提升京津冀一体化可持续发展的能力，实现经济社会与自然生态环境的协调发展，实现京津冀"天变蓝、水变清、地变绿"的美好愿景。

坚持环境污染防治和生态保护一体化原则。既要加强污染防治，也要加强生态保护，污染防治和生态保护之间是密切相关的。坚持生物和生态多样性原则。坚持统一规划与依法管控原则。统一规划，严格落实《规划纲要》以及其他相关的规划。依法管控，包括空间管控、产业结构管控、产业准入负面清单管控以及城市增长边界的管控等。坚持功能分区与分类管控原则。坚持激励与约束并重原则。通过严格环境准入、环境标准、总量控制、环保考核等管理措施强化政府管控与约束，规范开发建设行为。坚持协调保护与自主性相结合原则，发挥地方的能动性。

坚持深化改革创新，建立健全现代环境治理体系，加快形成与治理任务、治理需求相适应的治理能力和治理水平。要完善生态文明领域统筹协调机制，加快形成导向清晰、决策科学、执行有力、激励有效、多元参与、良性互动的"大环保格局"，实现从"要我环保"到"我要环保"的历史性转变。关键还是强化、优化监管体系的建设，包括监测评估、监督执法、督察问责，统筹地上地下、陆地海洋，形成发现问题、解决问题的闭环管理系统，在不断解决实际问题中推动工作前进。全力提升生态环境执法、监测、信息、科研、人才队伍等各方面能力，从研究、规划、统筹、治理、监督、发展等全方位推动京津冀生态环境保护。

（四）因地制宜、分类施策

根据《京津冀协同发展规划纲要》《京津冀协同发展生态环境保护规划》《河北省主体功能区规划》以及"三线一单"、国土空间规划等，综合考虑自然和社会经济条件、生态系统特征，以县（市、区）为基本单元，统筹京津冀协同发展要求，按照主体功能定位实施差异化生态环境保护政策。

在冀西北地区，以建设首都水源涵养功能区和生态环境支撑区为主导，突出生态系统整体性保护；重点发挥生态保障、水源涵养、旅游休闲等功能，大力发展绿色产业和生态经济。在燕山—太行山地区，以太行山、燕山等生态廊道为主体，建设太行山—燕山自然保护地，打造生态引领示范区，筑牢燕山和太行山"两山"生态安全屏障。依托"两山"天然生态屏障功能，重点开展风沙源治理、太行山绿化、退耕还林等生态工程建设，提高水源涵养功能。实施湿地恢复重大工程，积极推进退耕还湿、退田还湿，采取综合措施，恢复湿地功能；开展水和土壤污染协同防治，综合防治农业面源污染和生产生活用水污染；加大燕山—太行山山区等重点生态功能区的补偿力度，完善森林、草原、湿地等重点领域生态保护补偿机制。提高草原资源数据化、网络化管理水平，推进退化草原生态治理；加强臭氧污染控制，实现细颗粒物（PM2.5）浓度稳中有降。

冀中南功能拓展区，以突出生态环境问题为抓手，加大生态修复和环境治理力度，促进环境质量持续改善；推动产业绿色转型，加快基础设施建设、农业种植结构调整，建设城乡融合发展示范区；实施耕地质量保护与提升行动，鼓励开展土壤改良，实施沃土工程、有机肥施用工程、测土配方施肥工程等，防止未污染耕地土壤污染和酸化；城市重点开展细颗粒物（PM2.5）和臭氧协同治理。

环京津核心功能区，对接京津生态环境保护要求，加强环境污染治理与人居环境安全保障，加快推动生态环境根本好转；环首都生态过渡带以提升环京津核心功能区生态空间比重，重点建设成片森林和恢复连片湿地，防止城市过度连绵发展，保障区域生态服务功能与生态游憩空间；在环京津核心功能区，突出人居风险防护，强化污染治理、产业结构调整及重点河湖污染防治，加强西部太行山和白洋淀生态环境保护，打造与京津一体化发展先行区。

分类提高城市发展水平，推进城市地区集约绿色低碳发展，支持城市地区高效率聚集经济和人口，统筹推进京津冀城市群生态共建环境共治，保障生态环保型工业产品和服务，对不符合城市功能定位的重点污染企业，依法加快搬迁退出城市建成区，向环境容量充足、扩散条件较好的区域转移；强化农产品主产区耕地保护，优先保障农产品生产安全，加快发展现代农业，深入实施农药化肥减量行动，严格控制农业面源污染，改善农村人居环境；强化生态功能区生态保护和修复，提高生态服务功能，推动生态产品价值实现，支持生态功能区人口逐步有序向城市化地区转移，禁止或限制大规模高强度的工业化城市化开发。

本章参考文献

［1］王丽.京津冀地区资源开发利用与环境保护研究［J］.经济研究参考，2015（2）：47-71.

［2］李正涛.京津冀地区沙尘活动及其对城市大气环境的影响［D］.石

家庄：河北师范大学，2013.

[3] 王丽.经济与自然结合视角的北京雾霾问题探讨 [J]. 宏观经济研究，2021（5）：142-154.

[4] 李勇军.京津冀区域发展与治理研究：基于五年进展的分析 [M]. 北京：人民日报出版社，2020.

[5] 生态环境部.联防联治京津冀大气治理成效显著 [EB/OL]. https：//www.mee.gov.cn/ywdt/spxw/202102/t20210219_821524.shtml，2021-02-19/2021-11-2.

[6] 京津冀协同发展领导小组办公室.京津冀协同发展报告（2019年）[M]. 北京：中国市场出版社，2020.

[7] 王金南.推动环境治理体系和治理能力现代化 [N]. 中国环境报，2018-06-12（003）.

[8] 张贵，吕荣杰，金浩，等.京津冀经济社会发展报告（2018）[M]. 北京：社会科学文献出版社，2018.

[9] 吴舜泽，崔金星，殷培红.把生态文明制度体系优势转化为生态环境治理效能——解读《关于构建现代环境治理体系的指导意见》[J]. 环境与可持续发展，2020，45（2）：5-8.

[10] 协同共生：京津冀环境治理的实践路径 [EB/OL]. https：//baijiahao.baidu.com/s?id=1636023426772650848&wfr=spider&for=pc，2019-06-11/2021-12-2.

[11] 郝吉明，许嘉钰，吴剑，等.我国京津冀和西北五省（自治区）大气环境容量研究 [J]. 中国工程科学，2017，19（4）：13-19.

[12] 生态环境部.超出环境容量50%的高强度排放是京津冀秋冬重污染根本原因 [EB/OL]. https：//baijiahao.baidu.com/s?id=1666734762331162480&wfr=spider&for=pc，2020-05-15/2021-12-2.

[13] 余灏哲，李丽娟，李九一.基于量—质—域—流的京津冀水资源承载力综合评价 [J]. 资源科学，2020，42（2）：358-371.

［14］王家庭，马洪福，曹清峰，等.我国区域环境治理的成本—收益测度及模式选择——基于30个省区数据的实证研究［J］.经济学家，2017（6）：67-77.

［15］谷树忠，胡咏君，周洪.生态文明建设的科学内涵与基本路径［J］.资源科学，2013（1）：2-13.

［16］叶峻，张国平，潘庆先.京津冀协同发展与生态文明建设刍议——兼议生态文明建设亦乃社会系统工程［J］.河北师范大学学报（哲学社会科学版），2018（3）：122-128.

［17］余永跃，雒丽.坚定不移贯彻新发展理念建设社会主义生态文明［J］.毛泽东研究，2017（5）：12-20.

［18］高红贵.关于生态文明建设的几点思考［J］.中国地质大学学报（社会科学版），2013（5）：42-48+139.

［19］李惠茹.京津冀生态环境协同保护研究［M］.北京：人民出版社，2018.

［20］何伟，张文杰，王淑兰，等.京津冀地区大气污染联防联控机制实施效果及完善建议［J］.环境科学研究，2019，32（10）：1696-1703.

［21］牛桂敏，屠凤娜.京津冀大气污染联防联控的经验与思考［J］.求知，2019（1）：52-54.

［22］郑逸璇，宋晓晖，周佳，等.减污降碳协同增效的关键路径与政策研究［J］.中国环境管理，2021，13（5）：45-51.

［23］王继龙，杨冰，刘觅颖.京津冀居民生态环保意识调查与建议［J］.节能与环保，2018（9）：48-50.

［24］姜树涛，王少英，朱君梅.京津冀协同发展下河北省居民幸福指数调查研究［J］.产业与科技论坛，2018，17（21）：72-73.

［25］张伟，蒋洪强，王金南.京津冀协同发展的生态环境保护战略研究［J］.中国环境管理，2017，9（3）：41-45.

［26］生态环境部.生态环境部部长黄润秋在2021年全国生态环境保护

工作会议上的工作报告［EB/OL］. https：//www.mee.gov.cn/xxgk2018/xxgk/xxgk15/202102/t20210201_819774.html，2021-02-01/2021-12-17.

［27］常纪文.京津冀生态环境的协同保护［EB/OL］. http：//www.71.cn/2019/0524/1045029_3.shtml，2019-05-24/2021-12-17.

［28］水利部海河水利委员会.坚持节水优先强化用水监管全面加强海河流域水资源管理［EB/OL］. http：//www.hwcc.gov.cn/wwgj/haiweiyw/201903/t20190322_74351.html，2019-03-22/2021-12-20.

［29］刘桂环，王夏晖.从供给侧发力，健全生态产品价值实现机制［EB/OL］. https：//m.gmw.cn/baijia/2020-11/30/34413642.html，2020-11-30/2021-12-20.

［30］彭文英，尉迟晓娟.京津冀生态产品供给能力提升及价值实现路径［J］.中国流通经济，2021，35（8）：49-60.

［31］段铸，刘艳.以"谁受益，谁付费"为原则建立横向生态补偿机制，京津冀如何破题［J］.人民论坛，2017（5）：96-97.

［32］胡少雄，史志华，马振刚，等.京津冀横向生态补偿问题与优化策略［J］.现代营销（信息版），2020（2）：185.

［33］京津冀协同发展领导小组办公室.京津冀协同发展报告（2020年）［M］.北京：中国市场出版社，2021.

［34］国家统计局.中国统计年鉴2021［M］.北京：中国统计出版社，2021.

［35］北京市园林绿化局（首都绿化委员会办公室）.北京市园林绿化局2019年度绩效任务第三季度进展情况［EB/OL］. http：//yllhj.beijing.gov.cn/zwgk/sx/201910/t20191015_530425.shtml，2019-10-09/2021-12-29.

［36］北京市政府.2020年北京市政府工作报告［R］.2020.

［37］北京市政府.2021年北京市政府工作报告［R］.2021.

［38］北京市交通委员会.本市召开绿色出行创建线上论坛［EB/OL］. http：//jtw.beijing.gov.cn/xxgk/dtxx/202108/t20210825_2476639.html，2021-

08-25/2021-12-29.

［39］京津冀协同发展领导小组办公室.牢牢把握北京非首都功能疏解"牛鼻子"努力推动京津冀协同发展迈上新台阶取得新成效［N］.人民日报，2021-03-12（11）.

［40］北京市人民政府.北京市"十四五"时期生态环境保护规划［EB/OL］.http：//www.beijing.gov.cn/zhengce/zfwj/zfwj2016/szfwj/202112/t20211210_2559052.html.

［41］河北省人民政府.河北省建设京津冀生态环境支撑区"十四五"规划［EB/OL］.http：//www.xiongan.gov.cn/2021-11/22/c_1211456867.htm.

第八章

京津冀公共服务共建共享

促进公共服务共建共享是落实京津冀协同发展战略的关键。京津冀协同发展战略实施以来，北京、天津、河北三地不断加强公共服务交流合作，在教育、卫生、养老等方面先试先行，对接效果较为显著，合作共建、协同共享的态势初步形成。为推进京津冀协同发展迈向更高水平，需要聚焦问题、创新模式、完善机制，加快实现公共服务共建共享、普惠均等。

第一节　京津冀公共服务共建共享的成效

京津冀协同发展战略实施以来，各地区协同推进实施一批重点公共服务工程项目，促进优质公共服务资源均衡配置，公共服务共建共享取得积极成效，协同发展成果转化为京津冀人们实实在在的获得感。

一、制度体系不断完善

在京津冀协同发展战略框架下，北京、天津、河北三地在公共服务领域出台了若干政策措施，为促进公共服务共建共享奠定了制度基础。2015—2020 年三省（市）在公共服务领域先后出台了 20 多项政策，通过建立联席会议制度共同推进重点领域改革、构建创新发展共同体以及推动区域试点示范，为三地在公共服务领域的深入合作建立了通畅的渠道（表 8-1-1）。如北京市与河北省签署《京冀两地教育协同发展对话与协作机制框架协议》，鼓励在京高校开展区域教育合作，北京和唐山两市在曹妃甸启动北京数字学校平台系统，开启合作办学之路；京津冀三地民政部门签署《京津冀民政事业协同发展合作框架协议》《京津冀养老工作协同发展合作协议（2016 年—2020年）》，探索在养老等十大领域进行合作；京津冀民政部门联合印发《关于增设京津冀养老服务协同发展试点机构的通知》，进一步增设张家口九鼎老年公寓、沧州泊头市福星园老年公寓等 6 家协同发展试点养老机构。

表 8-1-1　近年来出台的京津冀公共服务领域协同发展相关文件

年份	北京	天津	河北
2015		《天津市贯彻落实〈京津冀协同发展规划纲要〉实施方案（2015—2020 年）》	《中共河北省委河北省人民政府关于贯彻落实〈京津冀协同发展规划纲要〉的实施意见》
	《京冀两地教育协同发展对话与协作机制框架协议》** 《京津冀民政事业协同发展合作框架协议》*		
2016			《河北省推进京津冀医疗卫生协同发展规划（2016—2020 年）》 《河北省人民政府关于加快发展现代保险服务业助力京津冀协同发展的实施意见》
	《京津冀养老工作协同发展合作协议（2016 年—2020 年）》* 《深化京津冀食品药品安全区域联动协作机制建设协议》*		
2017	《关于北京市基本医疗保险跨省异地就医住院医疗费用直接结算有关问题的通知》《北京城市总体规划（2016 年—2035 年）》	《推进京津冀协同发展工作规则》	
	《京津冀教育协同发展行动计划（2018—2020 年）》* 《关于增设京津冀养老服务协同发展试点机构的通知》*		

续表

年份	北京	天津	河北
2018	《北京推进京津冀协同发展2018—2020年行动计划》	《2018年深入推进京津冀协同发展重点工作安排》	《河北省大运河文化保护传承利用实施规划》
2019		《天津市2019年重点建设、重点前期和重点储备项目安排意见》	
	《京冀医疗保障协同发展医疗服务协议》**		
2020	《北京市通州区与河北省三河、大厂、香河三县市协同发展规划》	《天津市重点支持平台服务京津冀协同发展的政策措施（试行）》	《河北省推进京津冀协同发展工作2020年工作要点》《2020年京津冀文化和旅游协同发展重点工作方案》
	《异地居住人员领取养老（工伤）保险待遇资格协助认证合作三方框架协议书》*		

注：* 表示该文件为京津冀三地联合签署或印发，** 表示该文件为京冀两地联合签署或印发。

资料来源：根据相关文件整理；侯胜东：《新时期京津冀公共服务多元化协同供给机制建设》，《中国劳动关系学院学报》2021年第3期，第117—124页。

二、公共服务领域合作模式不断创新

近年来，京津冀三地在公共服务共建共享中的协作领域不断扩大，合作模式不断创新。如，2014年以来，京津冀三地通过学校联盟、结对帮扶、开办分校等多种模式在基础教育领域开展跨区域合作；积极推进异地就医门诊直接结算试点，实现中医药医疗资源共享；建立重大公共卫生事件联防联控机制，联手应对新冠病毒感染等。以教育领域为例，京津冀三地不断创新合作模式：在"教育行政机构＋中小学（幼儿园）"模式下，地方教育行政机构作为教育政策的制定者和实施者，通过制定和实施相关的章程、准则，增强三地中小学、幼儿园合作的可持续性和规范性；在"高校＋中小学"合作模式下，北京市、天津市与河北省高校积极承担教学、科研和服务职责，通过创办附属中小学校、开展师资培训等途径，推动三地教育资源配置和中小学协同发展；在"科研机构＋中小学"模式下，北京市、天津市的教育科研部门充分发挥集聚优势，通过设立研究机构，创建京津冀基础教育研究协同发展创新平台，开展三地的协同创新科研项目；在"企业＋"合作模式下，通过企业、高校和政府三方合作的方式，充分发挥企业在学校基础设施建设、后勤管理和服务等方面的作用。

三、部分公共服务领域省市间差距显著缩小

京津冀协同发展战略实施以来，京津冀公共服务均等化水平显著提升。2007—2019 年，三地基本公共服务水平指数呈不断上升趋势，其中，河北基本公共服务水平增长最快，年均增长率为 9.16%。[①] 河北省多项公共服务水平与京津及全国平均水平差距显著缩小。2013—2019 年，河北省分别有 11 项、12 项公共服务水平与北京、天津水平差距缩小，其中，生均计算机台数、本科以上专任教师占比、生均教育经费、每万人拥有卫生技术人员、每万人医疗机构床位、人均文化事业费支出等教育、医疗、文化等基本公共服务水平和经费投入水平代表性指标与北京、天津的差距呈现显著减小趋势（表 8-1-2）。

表 8-1-2　河北省与北京、天津主要公共服务水平对比（单位：%）

项目	2013 年		2019 年		2013—2019 年变化	
	河北/北京	河北/天津	河北/北京	河北/天津	河北/北京	河北/天津
生均计算机台数	23.6	50.8	27.4	52.7	3.8	1.9
师生比	70.3	81	61.1	78.4	-9.2	-2.6
本科以上专任教师占比	67.5	71	76.3	78.8	8.8	7.8
生均教育经费	18.8	42.9	22.8	48.1	4	5.2

[①] 闫程莉、安树伟：《中国首都圈中小城市功能的测度与分类研究》，《改革与战略》2014 年第 4 期。

续表

项目	2013 年		2019 年		2013—2019 年变化	
	河北 / 北京	河北 / 天津	河北 / 北京	河北 / 天津	河北 / 北京	河北 / 天津
每万人拥有卫生技术人员	28.4	54.3	46.8	92	18.4	37.7
每万人医疗机构床位	84.1	105.6	95.9	129.2	11.8	23.6
每百万人口三级医院数量	25.8	30.8	19.2	35.7	−6.6	4.9
人均医疗卫生支出	39.8	59.3	40.2	74	0.4	14.7
人均职工养老保险支出	74.4	98.2	85.7	92.5	11.3	−5.7
退休人员人均养老金	67.6	89.9	66.6	79.2	−1	−10.7
城乡居民基础养老金标准	14.1	27.5	15.2	36.6	1.1	9.1
人均财政社保支出	32.5	46.3	38.8	46.5	6.3	0.2
每万人拥有博物馆数量	72.9	102.9	46.3	42.3	−26.6	−60.6
人均拥有公共图书馆藏量	26.5	26	26.9	30	0.4	4
人均体育场地面积	61.8	65.6	61.1	67.5	−0.7	1.9
人均文化事业费支出	15	26.8	22.1	31.2	7.1	4.4

资料来源：梁静：《推进京津冀公共服务共建共享研究》，《国有资产管理》2021 年第 9 期，第 39—43 页。

四、公共服务重点领域共建共享取得积极进展

随着京津冀协同发展战略深入推进，一批重点公共服务工程项目推进实施，公共服务重点领域共建共享水平取得明显进展。

（一）教育合作不断加深

基础教育资源深度融合。京津两市高水平中小学校与河北省开展跨区域合作办学，津冀中小学共享北京优质数字资源，河北省选派千名中小学骨干校长教师赴京优质学校跟岗学习，京津冀教育协同发展学校共同体启动建设，北京市景山学校、北京五中、北师大附中、八一学校、北京八中、史家

胡同小学等在河北省唐山市曹妃甸协同发展示范区，廊坊市香河、大厂、永清、固安等县，保定市、涿州市等地建设分校项目有序实施。

高等教育合作办学逐步深化。京津冀高校联盟建设进一步深化，建设优质课程共享平台、开放优势科研资源、联合开展研究等重点合作任务深入推进，先后组建了京津冀工业院校、师范院校、农林院校、医科院校等9个创新发展联盟，建设优质课程共享平台、开放优势科研资源、联合开展研究等重点合作任务深入推进，北京农学院与天津农学院通过合作办学积极推进本科生交流培养和学分互认。

职业教育交流日益密切。建成"人力资源需求信息共用共享平台""产教融合校企合作区域性协作平台""现代服务业创新创业型人才共育平台""师资与学生交流交换平台""现代服务业区域性研究平台"5个平台，建立京津冀产教对接"合作对话""协同创新""区域共研""区域联动"4项机制，先后成立商贸、互联网＋、信息安全等10个跨区域特色职教集团，在资源共享、渠道贯通、教育教学合作交流、学生互访、联合人才培养等方面开展合作。京津冀职业教育协同发展研讨会、工作推进会、产教对接会等不同形式的交流活动多次举行。

（二）医疗卫生协作紧密

医疗机构合作持续深化。截至2019年底，河北省400余家医疗卫生机构与京津开展合作，合作项目突破500个。检查结果互认扎实有效，河北省133家医疗机构与京津278家医疗机构实现36项临床检验结果互认，89家医疗机构与京津87家医疗机构实现20项医学影像检查资料共享，三省市启动异地就医门诊直接结算试点。执业医师多点执业全面推开，三省市跨省执业医师数量达到2184人。

卫生应急协作不断深化。依托河北医科大学第三医院建设国家卫生应急移动医疗救治中心，重点加强专业处置救援能力、自我保障能力和远程投送能力建设。实现三地省级疾控机构实验室检测结果互认以及经京津冀任一省级疾控机构认可的流行病学调查结果互认。综合监督工作机制日益完善，目前京津冀已有近 10 家地级市、县、区签署卫生综合监督交流合作协议。

（三）社会保险制度初步实现互联互通

医疗保障方面，京津冀不断加快医疗保险制度衔接，建立异地就医结算制度，逐步完善跨省市的区域社会保险体系。以省级异地就医信息平台为基础，逐步实现省级医保信息系统即时连接，全面实现异地就医人员医疗费用在就医地报销，逐步实现医疗保险参保人员异地就医联网结算。此外，京冀两地还建立了养老和医疗保险转移接续业务的联席会议制度，定期交流、通报和协调基本情况，以提高转移接续的工作效率。目前，在国家政策框架内，京津冀区域已初步实现企业职工基本养老保险关系转移接续，并按照国家规定及时办理参保缴费和转接手续，以促使跨区域流动人员能够及时享受基本养老保险待遇。

（四）公共文化体育领域合作不断深化

先后成立京津冀图书馆艺术职业教育联盟，京津冀公共图书馆总分馆制、文化馆总分馆制建成数量分别为 88 个、80 个，打造"京津冀群众合唱节"等公共文化活动品牌。推动文化产业协同发展，积极推动扩大文化消费试点工作，将北京市、天津市、石家庄市、廊坊市确定为第一批国家文化消费试点城市，支持北京国家文化产业创新试验区、天津中新生态城国家动漫产业综合示范园等平台建设。协同推进区域文化遗产保护传承，举办 4 届京津冀非物质文化遗产联展。北京和河北张家口合作承办 2022 年冬奥会和冬残奥会，共同打造以冰雪运动和文化民俗为核心的旅游产品体系。

第二节　京津冀公共服务共建共享面临的突出问题

京津冀发展不平衡不充分问题依然突出，公共服务共建共享面临标准化建设不完善、合作协调机制不健全、公共服务供给不均衡、公共服务管理仍存在盲区等突出问题，满足京津冀地区人民日益增长的美好生活需要的能力需持续提升。

一、公共服务标准化建设仍不完善

目前，京津冀尚未完全实现标准化的公共服务供给。与北京市和天津市相比，河北省公共服务标准存在标准量化指标较低、标准服务事项不够细化、标准覆盖范围较小、标准内容不够科学合理等问题。以养老服务领域为例，京津冀养老服务机构尚无统一的行业标准，各地养老服务质量标准存在较大差距，机构养老护理服务分级的划分依据、划分标准不统一，养老机构相关补贴标准差距悬殊。如京籍养老机构每张新增床位的一次性建设补贴为2.5万元，而河北省养老机构每张床位仅有4000元的建设奖补；北京市对于养老机构收住生活不能完全自理的老人每人每月补助500元，对于能自理的老人每月补贴300元，而河北省仅为每床提供不低于每月100元的奖补。[①] 目前，京津冀养老服务相关标准对接方面的工作还没有实质性进展，难以满足跨区域养老人群的服务要求和三地老年人口养老资源的公平可及性。同时，虽然京津冀发布了一系列区域性公共服务标准，但缺乏监督评估机制，导致约束性的公共服务标准建设滞后。

二、公共服务共建共享的合作协调机制不太健全

目前，京津冀整体合作协调机制还不健全，公共服务共建共享缺乏明确的制度保障，部分领域尚未建立常态化沟通渠道，协而不同现象依然存在。目前，受行政体制、管理能力等因素约束，京津冀公共服务在部门对接、项目对接方面仍存在一定问题，国家和京津冀出台的政策大多属于倡导性，缺乏刚性约束和具体指导，难以解决经费保障、机构协调、人员统筹、服务对接等诸多的现实壁垒。此外，部分公共服务主管部门之间缺乏常态化的联络沟通机制，在出台涉及三地协同发展方面的公共服务政策时，难以做到信息

---

① 杨健：《京津冀基本公共服务共建共享：理论逻辑、实践经验与发展路径》，《天津行政学院学报》2020年第5期，第79—87页。

共享、政策共商，在一些具体工作对接上也存在机制不顺的问题。

三、公共服务供给不均衡问题依然突出

目前，京津冀三地基本公共服务均等化水平不断提升，但三地在部分公共服务供给方面的不均衡问题依然突出，河北部分公共服务指标与京津及全国平均水平的差距依然明显。如 2019 年，河北每万人三级医院数量仅分别为北京、天津、全国平均水平的 19.2%、35.7% 和 50%，每万人拥有博物馆数量仅分别为北京、天津、全国平均水平的 46.3%、42.3%、50%，人均拥有公共图书馆藏量仅分别为北京、天津、全国平均水平的 26.9%、30%、48.6%。

四、部分地区公共服务管理仍存盲区

（一）公共教育：结构性供需匹配难度大

学前教育包括幼儿托养服务仍然滞后，学前教育"公益普惠"程度不高。随着农村人口向城市和城镇转移，公办幼儿园"大班额""超级园"现象加重，学前教育同时面临扩规模和提质量的双重考验。生育政策的调整客观上加剧了普惠性学前教育资源不足的问题，使得儿童"入园难""入园贵"问题更加严重。部分农村学校对配置的教学、生活设施设备疏于管理，新补充装备的教学仪器设备使用率较低，采购的图书过于陈旧、内容不符合中小学生的年龄特点。流动人口子女中，适龄儿童入学率较低，不能在应受教育的年限及时入学，绝大多数流动儿童被排除在正规学校校门外，客观上面临着无校可上的问题。受传统观念影响，职业教育发展面临生源掣肘，产教融合乏力。

（二）就业创业：精准帮扶存在信息壁垒

随着经济结构调整、动能转换加快，特别是新经济形态的蓬勃兴起，劳动者素质技能与产业发展需求不相匹配的结构性矛盾日益突出。经济领域矛盾和风险向劳动关系领域传导，一些用人单位侵害劳动者权益的问题时有发生，劳动者平等意识、权利意识不断增强，劳动争议和劳动违法案件持续高

位运行。在创业扶持机制上，创业担保贷款管理体系不完善，反担保"门槛"较高，对创业者申请贷款的积极性形成了制约。流动人口中的大城市里的"半市民"、低学历"漂族"等就业不稳定现象始终存在，迫切需要得到有效的就业创业帮扶。大多数返乡创业人员，存在着职业技能相对比不优、信用相对比较低、担保相对比较难、抵押物不充足、基层的融资渠道少等问题。

（三）社会保险：**不保和断保现象较为突出**

社会保障水平差距大，社会保险的"双轨制"造成农村及社会弱势群体得不到充分保障。城乡医疗保障制度分设、体制分割、机构分设、资源分散，管理成本增加、网络建设重复、信息难以共享等问题短期内仍然突出。医疗保险人均资金差异较大，存在农村投保人数少等现象。数字经济带来了就业的普遍灵活化趋势，灵活就业人员增加，但受部分参保政策影响，非户籍灵活就业人员不能在居住、就业地参加基本社会保险，造成了事实上脱保。

（四）医疗卫生：**需求低下和利用不足并存**

部分地区医疗卫生服务水平仍然相对较低，城乡医疗卫生资源配置不合理，农村医疗技术人才缺乏，普遍存在年龄老化、专业水平低的情况。疾病防治体系和基本公共卫生服务项目基础建设仍需进一步加强，医疗卫生服务能力有待提高。由于经济原因和不享受完善的医疗保障制度限制，流动人口中的农民工及其随迁家属等群体对医疗服务费用的承受能力相对较低。劳动年龄流动人口在基本公共卫生服务利用上相对薄弱。

（五）社会服务：**服务机构效率普遍不高**

各类养老机构、儿童福利和救助保护机构缺乏，城乡社区服务设施、殡葬服务机构等民政公共服务设施建设历史欠账仍然存在。随着失能、半失能老年人的数量持续增长，养老机构和社区服务设施床位严重不足，供需矛盾突出，照料和护理问题日益严峻。健康养老产业发展水平不高，医养结合、社区养老、居家养老发展缓慢。社会救助制度建设滞后于经济社会发展，兜底脱贫对象保障水平还比较低，分享改革发展成果的程度还不高，临时救助救急难作用发挥不充分，流浪乞讨人员、重度及困难残疾人、孤儿及困境儿童救助保障水平不高。

（六）公共文化体育：服务质量不高与错位并存

公共文化体育服务内容、质量和水平仍存在较大的结构性差距，市县、城乡之间公共文化体育服务设施、内容等的差距较大。服务基层特别是农村的公共文化体育产品和服务项目种类少、数量不足、质量不高。一些公共文化体育设施利用率不高，活动不足，甚至出现闲置现象，公共资源没有实现最大的社会效益。部分地区尚未构建形成上下贯通的应急广播体系。一些公共体育场地设施开放时间有限，难以满足人民群众需求。

（七）公共住房保障：公共住房体系仍然缺位

部分城市公租房选址位置偏远，与城市产业布局和主要居民区脱节，配套设施不完善、交通不便，保障对象不愿选择，造成公租房保障效率受到影响。部分大城市公租房实际供给数量远无法满足常住人口需求，特别是城市"夹心层"处于无房可保的状态。公租房分配和准入机制不完善，"关系保"现象普遍存在，租户在经济条件改善后，没有准确的核查退出机制，部分地方甚至出现了长期"蹭租"情况，严重影响了保障公平性。虽然公租房保障范围也开始由城镇低收入住房困难家庭扩大到中等偏下收入住房困难家庭，由城镇户籍家庭扩大到新就业无房职工、外来务工人员等新市民群体，但是由于外来中低端劳动力流动性较大，这些举措并没有完全解决流动人口城市住房保障的稳定性问题。

第三节　推进京津冀公共服务共建共享的重点任务

在高质量发展阶段，聚焦京津冀人民群众最关心最直接最现实的民生问题，深入推进公共服务共建共享，持续推进基本公共服务均等化，多渠道扩大高品质公共服务供给能力，稳步提升整体公共服务保障水平，不断满足人民群众美好生活需要，努力增进京津冀人民在国家重大战略实施中的获得感，推动向共同富裕迈出坚实步伐。

一、实施补短板行动，共筑京津冀一体化公共服务网络

（一）推进基本公共服务标准化便利化

全面实施基本公共服务标准化管理，坚持问题导向和目标导向相结合，围绕幼有所育、学有所教、劳有所得、病有所医、老有所养、住有所居、弱有所扶等领域，建立健全基本公共服务标准体系，以标准化促进基本公共服务均等化、普惠化、便捷化，实现城乡区域基本公共服务标准统一、制度并轨、质量水平有效衔接。统筹考虑经济社会发展水平、城乡居民收入增长等因素，逐步提升基本公共服务保障水平，增加保障项目，提高保障标准。开展基本公共服务保障区域协作联动，按照常住人口规模和服务半径统筹基本公共服务设施布局和共建共享，推动基本公共服务资源向基层延伸、向农村覆盖、向边远地区和生活困难群众倾斜。

（二）全面建设城乡居民社区 15 分钟公共服务圈

按照城市空间结构、人口规模变化特征，进一步优化完善银行网点、菜市场、农贸市场、文化活动中心、公共绿地广场、金融邮政、医疗保健及其他各类便民服务点布局建设，积极打造"15 分钟康体运动圈""15 分钟休闲购物圈""15 分钟上学就医圈"等。在城市中心城区和基础条件较好的乡镇、农村社区，聚焦居民日常需求，围绕社区养老、学前教育、医疗健康、特色文体、出行等生活服务功能，建设标准统一全域覆盖的"15 分钟优质生活服务圈"；在基本公共服务还存在短板的乡镇和农村社区等，着力建设"15 分钟基本公共服务圈"，优先满足居民基本教育、医疗、养老、社保、文化、体育、住房等需求。加快推进健康社区建设，树立"大卫生、大健康、大服务、大共享"理念，完善社区医疗保健、公共卫生、养老、体育等高品质服务体系，形成均衡协调、一体高效的社区健康服务圈，精准化、全方位、全生命周期保障人民健康。

（三）构建高效协同的多领域跨区域公共服务管理体系

推动京津冀跨区域、跨领域公共服务资源整合，着力缩小城乡、区域、不同领域和人群之间的不合理差距，协调安排好设施建设、人员队伍和日常运转的一揽子资源投入保障。出台确保京津冀公共服务供给主体、资金来源和管理体制的规范性制度。制订京津冀公共服务"洼地"人才引进制度，出台相关优惠政策和扶持措施，吸纳更多优秀人才向京津冀公共服务"洼地"流动，以解决京津冀公共服务"洼地"教育、卫生和文化等领域人才短缺问题。由统计部门牵头，建设基础信息库，搭建公共服务大数据平台，形成指标化、日常化、动态化的监测体系。

二、实施"缩差距"行动，拓展优质公共服务资源服务边界

（一）促进教育资源均衡布局

构建高效畅通的教育协同机制，缩小区域内部教育发展水平的差距。一是加强政策衔接。持续深化河北与京津签订的教育合作协议，建立京津冀教育发展协商机制，共同争取国家政策在重大教育事项、区域统筹管理、教育改革创新实验等方面的支持，发布统一的教育现代化指标体系。二是推进交流协作。搭建优质教育"八大共享平台"，制订优质教育、师资培养、数字教育、职教融合、研学基地、国际交流、监测评价、教育生态等"八大共享平台"建设方案。编制义务教育学校布局规划，鼓励开展多种形式的跨地区合作，支持优质民办学校跨地区建设分校或校区，逐步统一学校建设标准。三是创新合作模式。鼓励采取托管、合作共建、举办分校等模式，均衡布局京津优质教育资源，支持有条件的在京部委所属高校与当地教育部门协作，共建附中、附小、附幼，组建"京津冀高等学校联盟"。重点探索区域教育联盟、集团化办学、大学区制等学校发展共同体的改革路径。鼓励优质学校跨区帮扶薄弱学校，遴选一批小学、初中学校结成姊妹校，通过校长挂职交流、教师跟岗培训，开展深度合作。建立京津冀职教联盟，深化完善职业教育联盟跨区域合作发展机制，组建跨市职业教育集团，联合培养高素质技术

技能人才。

（二）推进医疗卫生共建共享

将京津冀医疗卫生共建共享放在更加突出的位置，加快推动河北与京津优质医疗卫生资源配置、医疗服务水平和基本公共卫生服务均等化。一是加强顶层设计。加快建立跨省级行政区的利益协调共享机制，健全医疗卫生协同发展政策框架体系，建立统一的京津冀全域医疗卫生服务准入标准。编制区域医联体建设工作方案，构建优势互补、上下联动的医疗卫生一体化模式。统筹规划建设区域性医疗中心，促进城际间医疗卫生资源联合协作。二是推进医疗合作。推动京津优质医疗卫生资源与河北省开展深度合作，采取对口帮扶合作方式对河北省现有医疗资源改造提升，推动合作共建医联体。建立医疗机构间医疗救治双向转诊合作制度，推动在医疗机构、医院等级评审、医疗服务质量检查、医疗事故鉴定等领域共享医疗专家库。开展全民健康信息平台建设，推进"互联网＋医疗健康"融合发展，实现卫生健康信息共享、业务协同和医疗健康服务"一卡通"。建立重大疫情信息通报与联防联控工作机制、突发公共卫生事件应急合作机制和卫生事件互通协查机制。三是深化医疗改革。进一步加强医疗卫生领域的"放管服"，以统一京津冀基本医疗保险政策为目标，逐步实现药品目录、诊疗项目、医疗服务设施目录的统一。完善区域二级以上医疗机构医学检验结果互认和双向转诊合作机制。加快在基本医疗异地就医结算方面取得突破，实现基本医疗保险定点医疗机构互认和就医医疗费用联网结算，推动异地门诊医疗全面联网结算。鼓励京津冀医疗机构打造互联网医院，搭建远程医疗平台。

（三）实现社会保障互联互通

推进养老社保共建共享，进一步完善社会保障基本制度、创新社会保障服务体系，逐步实现京津冀社会保障一体化。一是完善政策体系。制定统一的社会化管理服务办法，加快推进养老、医保、工伤保险、失业保险等社保政策一体化，实现社会保险关系在不同地区、不同群体之间顺畅接续和合理转移。完善京津冀养老服务协同发展等相关规划，在社会保障和就业相关政策的范围界定、标准规范、实施流程等方面加强统筹衔接，完善跨地区购买养老服务等政策。二是做好社保对接。打破行政壁垒，加快社会保障信息平台互联互通，推进基本医疗保险异地就医直接结算，尽快实现社会保障"一卡通"。建立医保监管联动制度，推动违规查处结果互认。完善跨部门社会救助家庭经济状况信息核对平台建设。推进社会保险异地协同经办和养老保险关系无障碍转移，实现养老待遇领取资格核查互认，推动联建或跨市共建养老服务设施。制定和统一养老服务机构建设标准和服务标准、养老服务等级评定制度，完善养老服务标准管理体系，建立和完善养老服务准入、退出制度和监管机制。三是协同发展康养产业。鼓励京津医养机构到周边适宜城市建设医养基地，推进银发老人到周边城市旅居养老。围绕京津居民健康养老需求，在保定、张家口、承德、秦皇岛等市以及太行山高速沿线地区，打造京津居民康养休闲集中区，引导京津优质养老资源通过合作共建、设立分院、整体搬迁等形式到河北省布局兴业。

（四）推进文化旅游协同发展

以满足人民更高层次的文化休闲需求为核心，在文化旅游资源、活动、服务和管理等方面实现共建共享，逐步实现一体发展。一是加强政策联动。编制京津冀文化与旅游融合发展总体规划，加强京津冀文化和旅游试点示范区建设，培育示范区文化和旅游品牌。二是推动资源共享。统筹利用长城、运河、沿海等特色资源，共同打造一批跨区域、高品质的文化和旅游产品。推动京津冀美术馆、博物馆、图书馆和群众文化场馆区域联动共享，探索建立跨区域图书馆、博物馆总分馆制度，形成"一站式"公共文化服务平台。三是完善提升京津周边地区休闲康养旅游功能。完善丰富短期休闲度假旅游产品，以 2.5 天休闲度假为发展方向，结合环湖、森林、草原、湿地、文化、历史等特色优势资源，发挥现有精品项目带动作用，加强休闲度假产品开发，着力打造一批适应京津居民周末"微度假"精品休闲旅游项目。大力发展生态旅游、文化旅游、森林旅游、健康旅游、体育旅游、乡村旅游、工业旅游、会展旅游、商务旅游、红色旅游及探险、登山、自驾车等特色旅游、中高端旅游，积极开发陆地、水上、空中旅游等新产品。

（五）协同提升社会治理现代化水平

加快推进京津冀在政务信息、信用体系、文化教育、科技、旅游、交通物流、医疗卫生、社会保障、户籍户政等社会各领域的信息资源共享。共建区域政务服务一体化平台，实现政务信息资源共享交换、互联互通。建立健全基层社会治理网络，推动社会治理数据互联互通，推广网格化服务管理。建设区域性食品药品检验检测中心，推进检验检测资源共用共享，协同保障食品药品安全。共建市民云平台，实现"数据互通、服务共享"。建立区域城市管理合作机制，强化城市管理标准共享，鼓励京津市政维护、环卫清扫保洁等城市管理标杆企业跨区域开展城市管理运营维护，促进区域城市管护水平整体提升。

（六）共建安全韧性城市群

系统优化区域应急指挥体系，搭建基于大数据、云计算的应急指挥信息化系统。建立京津冀安全风险电子数据库和电子地图，构建智能化风险防控体系，健全应对重大突发风险的组织动员体系和应急处理机制，建设国家区域应急救援中心。健全重大公共卫生应急管理体系，健全重大疫情监测预警、医疗救治、紧急征用等制度，优化完善紧急医学救援体系，加强村（社区）等基层防控能力建设。推动资源整合和信息共享，建立京津冀重大疫情信息通报与联防联控工作机制、突发公共卫生事件应急合作机制和卫生事件互通协查机制。建设国家级疾控中心和应急疾病医疗设施，推动公共设施平战两用改造。健全应急物资保障体系，建设救灾物资集散中心、重要医用物资战略储备中心、国家级应急物流调度和储运基地，打造国家战略应急物资储备基地和公共卫生区域医疗中心。

三、实施"提品质"行动，搭建"康、教、娱、养、居"优质公共服务体系

（一）"康"全覆盖

深化分级诊疗、现代医院管理、全民医保、药品供应保障、综合监管等

改革。加强公共卫生服务体系建设,补齐疾病防控、妇幼保健、精神卫生短板。支持中医药事业传承创新发展。加强基层卫生能力建设,加快基层医疗卫生机构标准化建设,加强医疗卫生人才培养,每个乡镇至少建成1所达标卫生院,每个村建成1个达标卫生室。全面开展家庭签约服务,逐步形成基层首诊、双向转诊、急慢分治、上下联动的分级诊疗机制。实施科教强卫工程,打造技术高峰和人才高地。推进健康保障工程,实施癌症综合防治、母婴安康、儿童青少年预防近视等普惠性工程。实施大型医院"高精尖优"发展工程和县级医院服务主责提升工程。出台支持社会资本进入医疗等领域的相关政策。

(二)"教"育均等

加强政策协调,由"全纳"至"缩差"转变政策目标,深入推进义务教育均衡发展,支持通过远程共享、集团联盟等方式,跨城市配置优质教育资源,鼓励优质学校建立分校或兼并托管薄弱学校,缩小区域、城乡、学校之间的差距,推进优质基础教育资源共建共享,实现优质教育资源均衡配置。推动校际间优质教师资源跨区域共享,强化特岗教师、教师交流轮岗等政策力度,完善义务教育学校教师校长交流轮岗机制,激励目标由"永久留任"向"阶段性就职"转变。拓展基本公共教育服务,全面普及学前教育和高中阶段教育。加快发展学前教育,有效缓解幼儿"入园难",充分保障适龄儿童的入园需求。实施高中阶段办学条件提升攻坚工程,深入推进高考综合改革。创新职业教育管理体制,完善职业教育联盟跨区域合作发展机制,深化产教融合、校企合作,加快建设和完善现代职业教育体系。鼓励发展各类民办教育,推进职业教育集团化办学,引导社会力量和民间资本参与网络教育、职业培训中心等建设。促进高校与国内外著名高校合作办学,推进"一流大学"和"一流学科"建设。

(三)"娱"乐全民

深入实施文化惠民工程,推动公共文化和体育场地设施等免费向居民开放,推动在重点城镇建设文化体育综合体。完善现代公共文化服务体系,深入实施文化惠民工程，加快大型公益性文化设施建设，实施基层公共文化设施标准化工程，推进"三馆一站"免费开放、全民文化艺术普及计划和全民阅读活动，在重点城镇建设一批文化体育综合体。推动"互联网＋"不断发展，强化平台管理，实现百姓"点单"。加大政府资金投入，扩大专项建设基金支持范围，完善政府和社会资本合作（PPP）机制，通过特许经营、注入资本、公建民营、购买服务等方式调动社会资本参与积极性。

（四）"养"有所供

大力发展护理床位，在土地利用总体规划和国有建设用地年度供应计划中统筹养老服务用地布局。根据老年人分布及其身体状况，统筹区域养老服务设施布局，鼓励联建或跨市共建养老服务设施。加强社区养老服务设施与社区服务中心（服务站）及社区卫生、文化、体育等设施的功能衔接。鼓励中医医疗机构与养老机构合作开展中医药与养老服务结合试点，支持有条件的养老机构设置护理院、康复医院。推动京津冀建立城乡居保待遇确定和基础养老金正常调整机制，完善城乡居保制度，增强制度发展的协同性。推动各地率先接入全国统一的社会保险公共服务平台，简便优化经办服务流程，全面推进社保关系转移接续电子化，实现关系转移接续全程精准可控。

（五）"居"有保障

做好城市"夹心层"、新成长劳动力住房保障，扩大保障性住房覆盖面，在有条件地区逐步将保障性住房（含公共租赁房）纳入居住证基本公共服务保障范围，将居住证持有年限或社保缴纳年限作为保障性住房申请依据。进一步加大保障性住房供给，支持政府将持有的存量住房用作保障性住房，鼓励有关机构整合拥有长期租赁权的社会闲置房源用作廉租房或公租房，政府予以租金补贴。加快租赁住房市场创新发展，大力发展长租房市场，鼓励相关机构以市场化手段、以低成本资金整合各类资源，把大量社会闲置房源转化为长租房源，明确租售同权，规范市场秩序。利用互联网、大数据等信息手段，提高公租房信息公开透明程度，对保障对象全面实施"动态管理"，确保有进有出、能进能出。鼓励支持地方政府在外来务工人员集中的开发区和工业园区，引导各类投资主体建设保障性住房，优先保障用工单位和园区的务工人员。支持外来务工人员数量较多的企业在符合规划和规定标准的用地规模范围内，利用企业办公及生活服务设施用地建设保障住房。政策支持满足新市民自购房需求，加大经济适用房、限价房或共有产权房的供给比重，激励房地产商开发面积适中的紧凑型可支付住房。

第四节　促进京津冀公共服务共建共享的对策

紧扣体制机制创新、要素保障、生产供给、共享模式、监督评价等关键环节，积极改革创新，系统推进京津冀公共服务提质增效，不断增强公共服务对京津冀协同发展战略落地实施的支撑能力。

一、创新公共服务共建共享体制机制

构建公共服务协同治理机制，针对京津冀基本公共服务差距较大和缺乏相应协调机构的突出问题，研究设立区域公共服务一体化发展的专门机构，制定基本公共服务一体化的发展规划，解决各地区、各级政府之间以及不同部门之间各自制定的基本公共服务标准、政策、口径不统一与方向不明确等问题，保障基本公共服务供给的统一性，打破部门分割和地区封锁，形成地区之间有效对接的统一的基本公共服务体系。建立跨行政区补偿机制，建立成本共担的项目保障方式，对不同的公共服务项目采取不同的利益补偿方式，逐步建立京津冀区域协同治理模式下按市场规则运作的横向转移支付制度。健全公共服务共建共享相关法制保障，建立保障基本公共服务一体化法律法规体系，整合现有部门和各地方关于教育、就业和社会保障等领域的法规，形成更加完善的区际基本公共服务一体化的法律基础。

二、强化公共服务协同发展财力保障

合理划分中央和地方各级政府公共服务供给的事权和财权，明确中央政府和各级政府事权和财权的划分、各级政府和各个部门的基本公共服务的供给责任、各地区基本公共服务供给的标准和质量。财政支出优先保障基本公共服务补短板，明确省市县政府公共服务领域事权和支出责任，用好中央财政支出政策，加大省级财政对基层政府提供基本公共服务的财力支持。改革现有的财政转移支付体系，加大中央对于落后地区的转移支付比例，保障基本公共服务均等化。建立与河北省经济发展和财力增长相适应的公共服务财政支出增长机制，重点支持公共服务领域的薄弱环节。将更多公共服务项目纳入政府购买服务指导性目录，加大政府购买力度，完善财政、融资和土地等优惠政策。探索以财政一体化促进公共服务一体化，充分利用专项转移支付来实现基本公共服务均等化；调整转移支付结构，加大一般转移支付力度，推进转移支付信息公开，增强地方政府公共服务供给能力。鼓励各种慈善机构等非政府组织参与公共服务资金供给，弥补政府财政投入缺口。

三、创新公共服务多主体供给机制

以"政、企、社、民"为主体，创新机制，激活市场力量参与活力。转变传统的政府主导的基本公共服务管理理念和投入模式，加快实现由"行政化管理"向"社会化管理"转变，即加快实现社会资本在教育、医疗卫生、文化服务、养老、就业和社会保障等领域的投入和市场化运营。紧紧围绕居民日益增长的多层次、多样化基本公共服务需求，降低准入门槛，引导社会资本进入社会发展领域，建立京津冀政府和市场共同参与的公共服务供给机制，以社会资本投入运营、社会资本与政府合作、政府向社会力量购买服务等方式推动京津冀公共服务一体化发展，提高公共服务供给的灵活性和多元化。聚焦重点区域，着重弥补环首都贫困带公共服务的短板，通过政府购买服务的形式，培育发展新型社会组织和慈善机构，优化传统公共服务工作机制，实施精准化帮扶。进一步放开非基本公共服务市场，放宽准入条件，优化事中和事后监管，发挥行业协会作用，促进行业自律。发挥河北省社会组织的数量优势，加强政府科学引导，将社会组织数量优势转化为公共服务治理优势。

四、推广"互联网＋"品质公共服务智慧共享模式

搭建京津冀品质公共服务智慧共享云平台，推动医疗卫生、公共教育、公共文化体育、社会服务和社会保障、公共住房等子平台建设，进一步促进品质公共服务协同配置和精准化供给。着力发展医疗卫生、公共教育、公共文化体育、社会服务和社会保障、公共住房等的智慧化新形态，发展在线个性化教育、远程医疗、智能居家养老、数字文化、共享运动、共享住房等，推广"互联网"平台预约、"订单式"服务、"定制式"服务、"共享式"服务等，实现品质公共服务资源供需的点对点配置。在国家互联网法律体系的框架下，按照在发展中规范的原则，完善和细化以"互联网＋"为主要依托的智慧共享型公共服务相关法律制度和行业激励性规范，为品质公共服务智慧共享提供法律支持和保障。

五、建立公共服务监督评价机制

加强公共服务质量评价组织建设，建立公共服务评价机构，搭建以公共服务需求用户为中心的第三方互动和评价平台，通过网络化、流程化、社会化协作机制提升公共服务评价综合效益和质量。构建完整的政府购买公共服务"全过程"绩效评价体系，强化事后评价和过程监测，共建"事前承诺、中期考核、年终大考"的全流程公共服务质量评价模式。明确乡镇、街道、行政村、城市社区、自然村、居住小区等空间单元的服务功能要素标准，精准对接京津冀对基本公共服务和非基本公共服务的需求，编制由三地政府协同共享的重点需求标准目录。构建政府、企业、社会第三方多元供给主体间的相互监督机制，完善事前、事中、事后监督，及时纠偏并采取相应的制裁

措施，平衡多主体的特殊利益与社会的整体利益。

本章参考文献

［1］欧阳慧，李智，等.首都一小时美好生活圈：内涵、经验与实践［M］.北京：人民出版社，2021.

［2］周京奎，白极星.京津冀公共服务一体化机制设计框架［J］.河北学刊，2017，37（1）：130-135.

［3］杨健.京津冀基本公共服务共建共享：理论逻辑、实践经验与发展路径［J］.天津行政学院学报，2020，22（5）：79-87.

［4］梁静.推进京津冀公共服务共建共享研究［J］.国有资产管理，2021（9）：39-43.

［5］侯胜东.新时期京津冀公共服务多元化协同供给机制建设［J］.中国劳动关系学院学报，2021，35（3）：117-124.

［6］安树伟.京津冀协同发展战略的调整与政策完善［J］.河北学刊，2022，42（2）：159-169.

第九章

京津冀高水平开放合作

京津冀区位优势显著，创新要素集聚，产业基础雄厚，综合实力较强，但发展不平衡不充分的问题也比较突出，正处于转方式、优结构、换动力的攻关期。立足新发展阶段，以服务构建新发展格局为切入点，全方位扩大对内对外开放，拓展开放的高度、广度和深度，以开放促合作，以开放促协同，在高水平开放合作中实现高质量发展，成为京津冀协同发展实现新突破的必由之路。

第一节　京津冀开放合作取得的成效

过去8年来，京津冀以参与共建"一带一路"为引领，加快推进各类对外开放平台建设，不断拓展全方位、多层次区域开放合作格局，开放型经济发展水平得到明显提升。

一、京津冀协同开放支撑体系逐步完善

（一）开放合作平台快速提质升级

京津冀已初步形成以机场群、港口群、海关特殊监管区等为主的全方位、多层次、宽领域对外开放平台体系，拥有9个对外开放口岸、3个自贸试

验区、10 个综合保税区、21 个国家级开发区、5 个跨境电子商务综合试验区等（表9-1-1）。北京市在 2020 年获批国家服务业扩大开放综合示范区，中国国际服务贸易交易会已成为国家级对外开放三大展会平台之一，中关村论坛、金融界论坛影响力不断扩大；至 2022 年 8 月，北京海关审核海外仓备案企业 18 家，海外仓 31 个，分布于美国、加拿大、西班牙、南非等国家和中国香港地区。天津出口加工区、东疆保税港区、保税物流园区升级为综合保税区，东疆进口贸易创新示范区建成全球第二大飞机租赁聚集地；中日（天津）健康产业发展合作示范区获批建设；服务贸易创新发展试点持续深化，数字服务、中医药服务 2 个国家级出口基地获批；口岸扩大开放实现新突破，航空口岸大通关基地一期工程竣工，国际贸易"单一窗口"服务功能不断完善，跨境贸易便利化创历史最好水平。中国（河北）自由贸易试验区挂牌运营、探索创新逐步深入，北京大兴国际机场临空经济区、曹妃甸协同发展示范区等重大承接平台加快建设，中国廊坊国际经贸洽谈会、中国国际数字经济博览会等重大活动成功举办。

表 9-1-1 京津冀开放合作平台

平台类型	北京	天津	河北
自贸试验区	中国（北京）自由贸易试验区	中国（天津）自由贸易试验区	中国（河北）自由贸易试验区
开放口岸	航空口岸（1个）：北京；铁路口岸（1个）：北京	水运口岸（2个）：天津、渤中；航空口岸（1个）：天津	水运口岸（3个）：秦皇岛、唐山、黄骅；航空口岸（1个）：石家庄
综合保税区	2个：北京天竺综合保税区、北京大兴国际机场综合保税区	4个：天津东疆综合保税区、天津滨海新区综合保税区、天津港综合保税区、天津泰达综合保税区	4个：曹妃甸综合保税区、秦皇岛综合保税区、廊坊综合保税区、石家庄综合保税区

续表

平台类型	北京	天津	河北
跨境电子商务综合试验区	1个：中国（北京）跨境电子商务综合试验区（2018年7月获批）	1个：中国（天津）跨境电子商务综合试验区（2016年1月获批）	3个：中国（唐山）跨境电子商务综合试验区（2018年7月）、中国（石家庄）跨境电子商务综合试验区（2019年12月）、中国（雄安新区）跨境电子商务综合试验区（2020年4月）
国家文化出口基地	3个：北京天竺综合保税区、东城区、朝阳区	1个：中新天津生态城	
外贸转型升级基地	9个	9个	24个
国际合作区	中德经济技术合作先行示范区（顺义）、中日创新合作示范区（大兴）等	中日（天津）健康产业发展合作示范区、中新天津生态城、天津意大利中小企业园等	石家庄经开区国际医药食品产业园、张家口高新区中欧冰雪产业园、高碑店经开区中德建筑节能产业园、沧州中捷高新区中欧产业园、武强经开区国际乐器文化产业园和魏县经开区国际装备制造产业园等
境外经贸合作区	赞比亚中国经济贸易合作区、尼日利亚莱基自由贸易区（中尼经贸合作区）、中白工业园、缅甸皎漂特区工业园、塞尔维亚中国工业园等	中埃泰达苏伊士经贸合作区、中国·印度尼西亚聚龙农业产业合作区等	中塞友好（河北）工业园区、华夏幸福印尼卡拉旺产业园等
国际友城	55对（截至2020年底）	28对（截至2022年2月）	101对（截至2021年底）

数据来源：作者根据相关部门及地方公开信息整理。

（二）对内对外开放通道畅通快捷

对外开放交通枢纽能力不断增强。近年来，京津冀大力发展海铁、海空、空陆联运，加密航班航线，推进国际航空物流中心建设，加快打造京津冀区域铁路枢纽、航空枢纽、海上门户。大兴国际机场顺利建成投运并开启通往世界"新国门"，北京迈入"双枢纽"时代，年旅客吞吐量超过1亿人次。天津港作为京津冀出海口，陆桥运量稳居全国沿海港口首位，年集装箱吞吐量跃上2000万标箱台阶。

基础设施互联互通水平稳步提高。近年来，京张、京雄城际以及张大、张呼、京沈等高铁开通运行，京滨、京唐城际以及津兴、京雄商等高铁加快建设，雄忻高铁、津潍高铁、环渤海高铁等获批建设。截至2022年8月底，京津冀高铁营业里程达2369千米，覆盖京津冀所有地级市，"轨道上的京津冀"主骨架基本成型；放射状交通网络加快形成，与环渤海经济区其他省份交通联系大幅增强。

对外开放大通道不断增加。京津冀地区已经开通"京石欧""沧石欧"等多条国际铁路班列。天津港与世界上180多个国家和地区的500多个港口保持贸易联系，拓展集装箱航线达到138条，其中"一带一路"集装箱航线40多条，同时拥有二连浩特、阿拉山口、霍尔果斯和满洲里三条大陆桥过境通道和海铁联运通道42条。2022年10月，河北省沧州市黄骅港首条外贸集装箱航线（沧州黄骅港—上海港—泰国林查班港）正式开航，实现外贸集装箱航线"零"的突破。

（三）国际营商环境持续优化

京津冀重点领域改革深入推进。近年来，三地深入推进供给侧结构性改革，在深化"放管服"改革、要素市场化配置改革等方面取得新突破，营商环境大幅改善。北京市在国内营商环境评价中连续两年蝉联第一。天津市深入推进"一制三化"审批制度改革，承诺审批事项达到852项，除特殊事项外，100%的政务服务事项实现"一网通办"，网上实办率达到98%；企业开办时间压缩至1个工作日以内，实现"32证合一"；全面完成滨海新区各开发区法定机构改革，推进治理体系和治理能力现代化。河北省率先实现"50证合一"和市县两级"一枚印章"管审批，"证照分离"改革实现全域覆盖；"双创双服""三深化三提升""三创四建"活动接力推进；"十三五"期间市场主体数量增加到692.9万户，增长1.1倍，民营经济活力不断增强。

营商环境持续优化。"通武廊"地区"小京津冀"改革试验加快实施；公共服务一体化持续推进，专业技术人才职称资格互认互准。建成"京津冀+雄安（3+1）"政务服务"一网通办"平台，不断扩展"一网通办"事项范围。三地税务部门联合制定19项跨区域协同便利化举措，共同发布京津冀办税事项"最多跑一次"清单。

二、区域合作及协同开放水平稳步提升

（一）建立重大平台协同联动机制

建立自贸试验区联席会议机制。京津冀三地签署《京津冀自贸试验区三方战略合作框架协议》，建立自由贸易试验区联席会议，启动京津冀自贸试验区智库联盟。京津冀自贸试验区互通互联，通过示范效应和溢出效应，在京津冀地区内复制推广成熟的经验。截至2021年底，为推动京津冀自贸试验区内政务服务一体化，三地联合推出三批153项"同事同标"政务服务事项，大大促进京津冀协同开放发展。2022年8月，北京关区进、出口整体通关时间分别为25.14小时、0.61小时，处于历史最佳水平区间。

建立跨区域开放合作平台。2020年11月，国内首个跨省级行政区域建设的海关特殊监管区域——北京大兴国际机场综合保税区获国务院批复建设，其由北京、河北、首都机场集团两地三方共同建设管理运营，致力于打造全国首创综保区跨界共商共建共享新模式的标杆和全球创新资源接驳地，推动京冀协同发展和港区融合发展。2021年12月，北京大兴国际机场综合保税区（一期）正式封关运营。

加强开放平台共建共享。北京在中国国际服务贸易交易会中联合设置"京津冀展区"，为三地企业携手走出去搭建平台。天津港与唐山港、沧州港

合资合作，携手打造世界一流的绿色、智慧、枢纽港口，促进国家航运要素聚集。此外，天津设立了总规模 100 亿元的京津冀产业结构调整引导基金，成立京津冀众创联盟，实现离岸租赁、国际保理、物流金融、医疗健康、数字经济、二手车出口等创新业务。

（二）合力促进通关贸易便利化

通关一体化改革深入推进。2014 年 7 月，京津冀海关正式启动区域通关一体化改革，三地进出口企业可以根据自身需求自主选择申报、纳税口岸，大大提高了区域通关效率。近年来，北京"单一窗口"与天津关港集疏港智慧平台加快对接，推动北京企业从天津港进出口的全程无缝衔接，进一步畅通了京津冀国际贸易大通道。例如，来自北京奔驰汽车有限公司的进口汽车配件从船抵天津港到运至北京厂区仅需要 4 个小时。此外，京津冀不断加强口岸合作，实施 144 小时过境免签政策，促进区域在商务合作及入境旅游消费等方面协同联动。

提升跨境贸易便利化水平。2019 年 10 月，三地海关签署支持雄安新区全面深化改革和扩大开放的合作备忘录，提升京津冀跨境贸易便利化水平。2021 年，雄安新区首票应用"集疏港智慧平台"办理的"船边直提"报关单顺利通关，首票抵港直装报关单顺利通关放行。一系列便捷通关措施落地实施，不仅助力雄安新区开放发展，也加强了其与京津及国内其他区域的交流合作。

（三）国内区域合作持续推进

2015 年，国务院批复同意《环渤海地区合作发展纲要》；2018 年，《关于建立更加有效的区域协调发展新机制的意见》明确提出，以北京、天津为中心引领京津冀城市群发展，带动环渤海地区协同发展；同年，国家发展改革委发布《关于支持山西省与京津冀地区加强协作实现联动发展的意见》。在有关政策文件指导下，京津冀与山西、山东、辽宁、内蒙古等省区不断深化基础设施、生态环境联防、产业转移等领域合作。如 2018 年京津冀以及山西四省市政府和中交公司联合组建永定河流域治理投资公司，以投资主体一体化带动永定河流域治理一体化。

近年来，京津冀地方政府携手长三角、粤港澳等举办了中国大运河文化带"京杭对话"、"京津冀—粤港澳"青年创新创业大赛、"京津冀—粤港澳"先进制造高端峰会等各类活动，在科技创新、高端产业等领域合作不断增强。同时，航运物流领域合作也在加强。2021年，天津港集团与广州港集团联合国内知名内贸航运企业发起成立中国内贸集装箱港航服务联盟，并发布"海上高速–FAST"品牌，京津冀—粤港澳交通主轴加快建设；2022年，沧州黄骅港至上海港集装箱班轮航线开航，京津冀与长三角及长江经济航运物流通道不断拓展。

三、国际开放合作规模持续扩大

（一）高端资源要素集聚功能增强

北京国际交往中心功能建设成效显著。亚洲基础设施投资银行、联合国教科文组织国际创意与可持续发展中心成功落户，在京国际组织从73家增长至99家。北京入围《财富》世界500强企业数量达60家，居全球城市榜首。积极培育品牌性国际文化节庆活动60余个，圆满举办国际体育赛事94项，北京的国际吸引力和城市魅力明显增强。

区域对外交流交往水平稳步提高。京津冀国际友好城市数量大幅增加，国际化水平和影响力显著提升。"十三五"期间，北京市级国际友好城市数量从52个增长至55个，区级友好（交流）城市新增61个。截至2021年底，天津国际友好城市增至96对，覆盖51个国家；河北共有101对国际友好城市及友好交流城市，覆盖五大洲42个国家。

区域要素资源集聚能力大幅增强。"十三五"期间，天津自贸试验区累计新登记市场主体5.4万户，注册资本2.7万亿元，新增外资企业超过2800家；聚集260多家知名航空企业，形成集总装、研发、维修和培训为一体的民用航空全产业链，民用航空、高端装备制造等先进制造业年产值超过400亿元。中国（河北）自由贸易试验区大兴机场片区自成立以来，廊坊区域新增内资企业1794家，新增外资企业14家，实现进出口1.63亿元，实际利用外资入统1.33亿美元。

（二）制度型开放取得新成效

自贸试验区改革示范引领作用不断加强。京津冀自贸试验区自建立以来，共有多项举措入选国务院自由贸易试验区"最佳实践案例"（表 9-1-2）。其中，至 2020 年上半年，天津自贸试验区已总结推出 178 项可与京津冀地区联动发展的经验案例，区域通关一体化、租赁跨关区联动监管、"一个部门、一颗印章审批"、融资租赁收取外币租金、税务综合一窗等一批创新成果在京冀推广实施。特别是天津自贸试验区在全国率先实施京津冀区域通关一体化改革，2019 年进、出口通关时间分别下降至 36.8 小时和 3.27 小时，有效提升了地区通关效率，助力畅通京津冀国际贸易大通道。

表 9-1-2　京津冀地区自贸试验区入选"最佳实践案例"

批次	中国（天津）自由贸易试验区	中国（河北）自由贸易试验区
第一批	·京津冀区域检验检疫一体化新模式 ·以信用风险分类为依托的市场监管制度	
第二批	·集成化行政执法监督体系	
第三批	·平行进口汽车政府监管服务新模式 ·租赁资产证券化业务创新	
第四批	·保税租赁海关监管新模式	·四大机制打造京津冀协同发展示范样板

数据来源：根据商务部公开信息整理。

重点领域改革开放试验深入推进。多地入选服务业扩大开放、全面深化服务贸易创新发展、市场采购贸易方式试点及跨境电商综合试验区，相关领域改革试点深入推进，并已形成一批可复制的成功经验，有效带动区域开放发展（表 9-1-3）。其中，雄安新区加快智能城市建设助力服务贸易新业态发展入选商务部全面深化服务贸易创新发展试点第一批最佳实践案例；深入开展数字人民币创新应用入选商务部全面深化服务贸易创新发展试点第二批最佳实践案例。此外，雄安新区跨境电子商务"9610"模式、"9710"模式落地实施，2021 年跨境电商出口额突破 2300 万元，实现了从无到有的跨越式发展。天津市电子商务、外贸综合服务平台、汽车平行进口、中转集拼、二手车出口、保税维修等贸易新模式加快发展。

表 9-1-3　京津冀地区重点领域改革开放试点

试点内容	北京	天津	河北
服务业扩大开放试点	国家服务业扩大开放综合示范区	天津服务业扩大开放综合试点	
全面深化服务贸易创新发展试点	北京	天津	石家庄、河北雄安新区
市场采购贸易方式试点		1 个：天津王兰庄国际商贸城	2 个：河北省白沟箱包市场（保定）、河北唐山国际商贸交易中心

数据来源：根据商务部公开信息整理。

（三）开放型经济取得积极成效

对外经贸联系持续增强。2013—2021 年，京津冀外贸总额从 38050 亿元增长至 44421 亿元，年均增速为 1.95%，其中与大洋洲、非洲、拉美地区联系较为紧密（图 9-1-1）。"十三五"时期，北京市实际利用外资达 820.7 亿

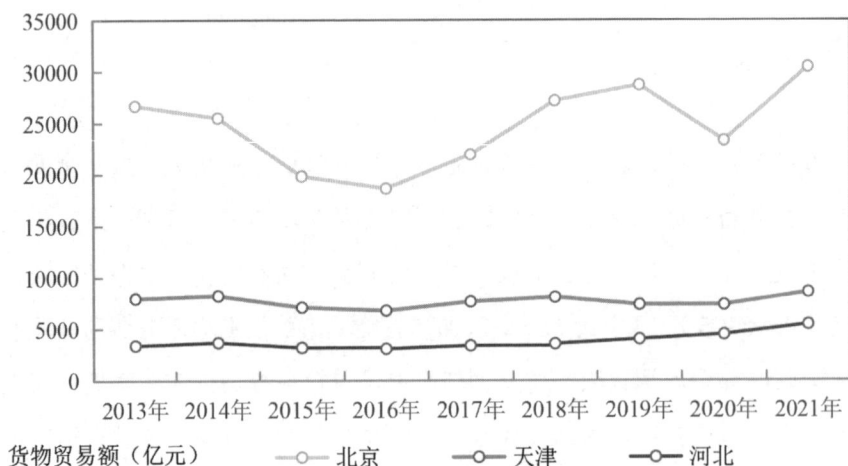

货物贸易额（亿元）　─○─ 北京　─○─ 天津　─○─ 河北

图 9-1-1　2013—2021 年京津冀三地货物贸易总额变化

数据来源：国家统计局数据。

元，是"十二五"时期的 1.8 倍；河北省外贸外资规模不断扩大，外贸进出口累计超过 1.8 万亿元、年均增长 6.7%，实际利用外资累计实现 480.9 亿美元、年均增长 8.4%。2021 年，京津冀外贸出口总额为 13024 亿元，占全国 6.0%，外贸出口总额创 8 年来新高。

国际产能合作取得积极成效。以参与共建"一带一路"为引领，京津冀推动建设的中白工业园、天津中埃·苏伊士经贸合作区、中塞友好（河北）工业园区、华夏幸福印尼卡拉旺产业园等多个境外经贸合作区加快提档升级，成为国内企业走出去的重要平台。此外，京津冀参与国际产能合作取得积极成效，打造了河钢塞尔维亚钢厂等一批标志性样板工程。

对外人文交流合作不断深化。京津冀与共建"一带一路"国家在科创、文化、教育等领域交流合作不断加强。其中，天津率先打造的"鲁班工坊"是中国职业教育国家化发展的重大创新，已成为共建"一带一路"国际交流知名品牌，2016 年以来已在 19 个国家开设 20 个鲁班工坊。

第二节 京津冀开放合作面临的形势

当前，我国进入全面建设社会主义现代化国家的新发展阶段，面对百年未有之大变局，对我国以及京津冀区域对外开放提出了新要求。京津冀应坚持扩大开放和深化改革并行，对内合作与对外开放并重，切实提升全球资源配置能力，打造引领全国高质量发展的重要引擎。

一、当前开放合作所处的环境

新一轮科技革命和产业变革深入发展，以信息技术、人工智能为代表的新兴科技快速发展，数字化、智能化和绿色转型步伐加快，外贸创新发展潜力突出。我国加快构建以国内大循环为主体、国内国际双循环相互促进的新发展格局，为京津冀在更大范围、更宽领域、更深层次推动对外开放提供了重大机遇。共建"一带一路"向高质量发展迈进，我国作为成员国之一的《区域全面经济伙伴关系协定》（RCEP）落地实施，为拓展国际合作新空间提供了良好环境和政策利好。我国已转向高质量发展阶段，国内经济长期向好，超大规模市场优势日益显现，产业体系完备，人力资源丰富，自主创新步伐加快，京津冀推动高水平对外开放的内部支撑和制度优势明显。

受之前新冠病毒感染影响，国际市场需求疲软，跨境贸易投资增长乏力，发达经济体政策外溢影响明显，外部需求不稳定不确定性增强。经济全球化遭遇逆流，单边主义、保护主义、霸权主义愈演愈烈，多边贸易面临挑战，贸易规则日趋破碎化，个别国家寻求构建"去中国化"的投资经贸框架体系，加大了开展国际合作面临的困难及潜在风险。国际力量对比深刻调整，新兴市场国家和发展中国家地位持续上升，部分国家大力组建各种形式的"小圈子"和"同盟体系"或谋求制造业回流，对外部供应链依赖减少，全球产业链供应链政治化、本土化、区域化、多元化发展趋势明显。特别是随着大国博弈不断升级，个别国家试图加大对我国的技术封锁，我国产业链供应链面临重点领域、关键环节受制于人的突出风险，产业链和供应链自主可控能力亟待增强。

二、开放合作面临的问题

（一）开放水平有待提升

与粤港澳大湾区、长三角等地区相比，无论是从开放规模、开放强度还是开放层次而言，京津冀仍存在明显差距。从开放规模来看，2021年，京津冀外贸总额为44421亿元，占全国外贸总额的11.4%，较2013年下降3.4个百分点；同年，长三角、广东外贸总额分别为141042亿元、82682亿元，远远高出京津冀。从开放强度来看，2021年，京津冀外贸依存度为46.2%，而长三角、广东分别为51.1%、66.5%。从开放层次来看，重点结合外贸商品结构来看，京津冀对外货物贸易中能源占比较高，2020年占比达到28.7%，而机械制品占比为18.2%；长三角及粤港澳大湾区对外贸易中机械制品占有重要地位，同年机械制品相应占比分别为39.8%、56.8%（表9-2-1）。

表9-2-1　2020年三大战略区域外贸商品结构对比

外贸商品	广东省	长三角	京津冀
动物产品	1.0%	1.1%	2.1%
植物产品	1.1%	1.7%	4.2%
食品饮料	1.2%	0.9%	1.0%
矿物	0.8%	3.3%	7.6%
能源	1.6%	2.2%	28.7%
化学制品	2.9%	8.5%	7.2%
塑料橡胶	4.2%	5.6%	2.1%
毛皮及其制品	0.8%	0.7%	0.6%
木材及其制品	1.5%	1.9%	1.1%
纺织服装	5.1%	9.1%	3.1%
鞋帽制品	1.2%	1.2%	0.2%
非金属矿物制品	3.1%	2.2%	1.9%
金属及其制品	4.7%	7.7%	6.1%
机械制品	56.8%	39.9%	18.2%
交通运输设备	2.1%	4.3%	10.5%
杂项制品	12.2%	9.7%	5.3%

数据来源：根据中国海关数据整理计算绘制。

（二）区域开放合作水平差距明显

京津冀内部经济发展差距较大，开放发展水平同样差距明显，特别是河北省产业结构层次偏低，市场化国际化程度不高，营商环境仍需进一步优化，开放发展内生动力不足，与京津两地差距显著。从开放经济规模及强度来看，2021年北京市外贸总额为30436亿元，占京津冀外贸总额的68.5%，大于津冀两省市之和，外贸依存度为75.6%；河北外贸依存度仅为13.4%，远远低于全国平均水平（图9-2-1）。从开放平台来看，三地自贸试验区不同片区发展不均衡现象明显，部分园区基础设施建设、服务保障能力、开放型经济发展水平亟待提升，对区域国际化发展支撑不足。从营商环境来看，区域内部差距依然明显，根据国家发展改革委《中国营商环境报告2021》，北京、天津在总体、跨境贸易、市场监管等多项指标中都属于标杆城市，而石家庄仅在包容普惠创新一项评价中属于进步较快城市，与京津两地差距明显。从对外开放领域来看，京津在服务业领域开放水平较高，两地皆入选了国家服务业扩大开放试点，且分别拥有3家、1家国家文化出口基地，而河北对外开放仍然集中在钢铁等传统行业，开放发展层次差别较大制约了协同开放水平。

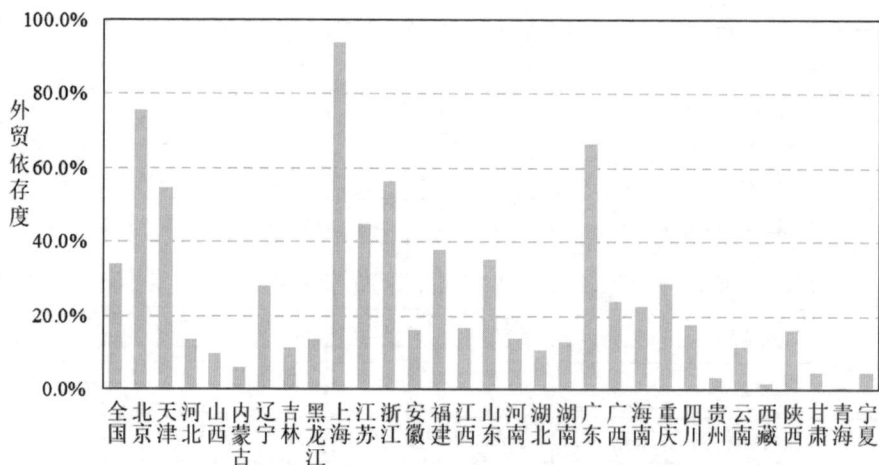

图9-2-1　2021年全国及31省区市的外贸依存度

数据来源：根据《中国统计年鉴2022》整理计算绘制。

（三）制度型开放发展水平不高

一是由于对外开放权限仍集中于国家部委层面，三地自贸试验区建设围绕重点领域、重点要素的开放权限相对有限，部分含金量高、关注度高的政策落地较为困难，缺少具有战略性、系统性的开放政策集成创新。二是服务业制度型开放水平仍有较大提升空间。对标国际规则标准来看，京津冀围绕服务业发展新模式、新业态、新产业的制度创新和开放型经济体系治理能力有待提升。如北京服务业开放领域及范围较为局限，开放数量不足经济合作与发展组织国家服务业开放种类的1/3。三是开放创新政策可复制推广性不强。部分创新开放政策仅适用于本组团，在本省（直辖市）范围内推广还需部委授权，更难以在京津冀复制推广。四是国际化服务保障能力有待提升。国际化人才队伍支撑不足，境外专业人才引进面临职业资格互认从业限制、居留许可等掣肘因素；入驻京津冀自贸试验区的专业服务机构层级不高、数量不足，对国际高端人才吸引力不强。

（四）对内开放合作动力不足

受传统的以地区生产总值为中心的经济考核体系和政绩衡量标准影响，京津冀内部及与国内其他地区合作受行政壁垒及体制机制制约明显。一方面，京津冀内部以及与周边地区在部分领域同质化竞争依然存在，进一步降低了京津冀内部协同开放发展的积极性与动力。如天津、唐山、青岛、大连等围绕北方航运中心定位竞争激烈，导致不同港口之间存在重复布局外贸集装箱航线等问题，造成货源分散及成本增高，降低了国际通道吸引力及竞争力。另一方面，国内各省市之间行政壁垒依然突出，区域合作受体制机制障碍制约明显。如北京大兴国际机场综合保税区横跨京冀两地，需要按封关区域统一运营，亟待建立由京冀两地政府一次性充分授权、单一管理机构依授权独立管理运营的管理体制，避免多头管理引起的行政成本增加、效率低下等问题。此外，环渤海经济区及中西部省区市的市场化程度不高、经济不够活跃，进一步制约了区域合作深入推进。

三、未来开放合作的方向

一是坚持持续深入推进制度型开放，着力提升全球资源配置能力。充分发挥国际交往平台多、对外开放程度高、国际规则衔接好等开放优势，率先加大服务业、先进制造业等重点领域对外开放先行先试力度，积极参与全球经济治理，推动国际贸易和投资便利化，强化规则标准制定能力和示范引领带动，进一步吸引集聚国际人才、技术、数据等高端要素资源，切实服务国家产业链、创新链稳定发展和科技自立自强重大战略需求。

二是坚持对外开放与内外并重，强化联系国内国际市场的枢纽桥梁作用。作为全国高质量发展动力源地区之一，京津冀理应发挥经济基础好、对外开放水平高的优势，加快打造连接国内国际市场的枢纽桥梁，率先探索建立国内和国际双循环良性互动机制及路径，先行建设一批国家级、世界级产业集群，强化科技创新国际合作及策源能力，增强全国产业转型升级和创新发展的头雁效应。

三是坚持改革创新与开放合作互动互促，提升区域协同开放水平。聚焦京津冀协同开放面临的突出问题，进一步加大行政体制及要素市场化配置改革力度，完善区域开放合作平台，建立健全区域协同开放机制，推动建立统一高标准市场，以改革促开放、以开放促改革，率先探索建立高水平开放型经济新体制，以此推动京津冀经济发展质量变革、效率变革、动力变革。

第三节　京津冀开放合作的重点任务

立足新发展阶段，京津冀地区应着眼打造衔接国内国际双循环的枢纽桥梁，加快提升对外开放门户功能，强化与国内重点地区合作，积极参与共建"一带一路"，以高水平开放合作促进高质量发展。

一、强化京津冀地区对外开放门户枢纽功能

（一）打造高水平开放合作平台

持续提升北京国际交往中心功能。加强国际交往重要设施和能力建设，强化对国家主场外交和重大外事活动服务保障能力。探索建立国际组织招引目录，制定支持国际组织落户的若干措施，争取符合北京城市战略定位和高质量发展需要的国际组织及分支机构落户。

提升重大平台联动开放水平。支持京津冀自贸试验区主动对标国际高水平经贸规则，加大在数字贸易、服务贸易等领域先行先试，共享制度创新成果，探索创新市场准入机制，促进贸易、投资、资金流动、物流运输、人员流动等方面自由化与便利化。加大对各类国家级开放平台的功能协调，探索不同开放合作平台的互通、共享、共容性政策，延长政策服务链条、扩大覆盖范围，放大政策叠加效应。推动大兴国际机场综合保税区实现更多新模式、新业态、新场景、新体制落地，助力京津冀协同发展。鼓励自贸试验区抱团参与"一带一路"建设，共建共享境内外合作园区。

完善开放合作平台布局。加强开放平台统筹规划和分工布局，持续推动制度创新和先行先试，努力建设开放型经济新高地。支持亦庄综合保税区（申报中）以先进制造业为特色，高标准打造保税先进制造平台和科创平台，探索综合保税区高效服务新模式。以纾解北京非首都功能为抓手，支持天津、河北开放合作平台积极提升承接能力，加快打造一批主题鲜明、专业突出的内引外联基地。

（二）提升国际资源配置能力

加强对内对外投资合作。充分依托各类开放合作平台及载体，加速推动人才、资本、技术的双向流动，推进全球高端创新资源和要素集聚优化。以汽车、装备、电子信息等先进制造业及现代服务业为重点，进一步放宽市场准入限制，积极引进全球500强和行业龙头企业，支持具备条件的企业建立境外生产基地、营销网络、产品配送中心和售后服务中心，共同开拓建立全球创新链、产业链、供应链。积极引进境外专业服务行业，提升服务贸易自由化、便利化水平。大力发展高能级创新型总部经济，增强全球营运网络地位和话语权，打造跨国公司研发中心。

大力促进服务贸易创新发展。依托北京国家服务业扩大开放综合示范区、天津服务业扩大开放综合试点及两地全面深化服务贸易创新发展试点，围绕文化、旅游、国际会展、数字、金融、物流、贸易、信息服务、医疗健康、教育等重点领域，分类放宽准入限制及消除行政壁垒，提升服务业国际竞争力。依托"一带一路"科技创新园区,探索构建国际技术转移网络,支持北京等地科技服务等知识型服务贸易"走出去"。支持河北加快发展服务贸易,积极推动服务贸易高质量发展示范基地(集聚区)、示范企业建设。推进服务贸易便利化,建立服务贸易促进机制和政策体系,探索建设一批服务贸易境外促进中心。

完善国际人才引进政策。借鉴张江国家自主创新示范区国际人才试验区、广州南沙国际化人才特区等先进经验,稳步开展外国人永久居留、外国人来华工作许可、出入境便利服务、留学生就业等政策试点,吸引集聚国际一流的高端科技人才、企业家、高技能劳动力以及行业前沿企业和研发机构。推动国际人才认定、服务监管部门信息互换互认,确保政策执行一致性。推进国际社区建设,完善国际学校、国际医院、国际人才公寓等配套公共服务,提高国际人才综合服务水平。

(三)合力打造具有国际竞争力的营商环境

主动对接国际高标准市场规则体系。对标国际标杆区域,充分学习借鉴和推广北京、上海等先进自贸试验区先进经验,联合提升外商投资管理和服务水平,全面实施外商投资准入前国民待遇加负面清单管理制度,放宽外资准入限制,健全事中、事后监管体系。共同加强国际知识产权保护,建设知识产权保护体系,建立快速维权机制,支持知识产权专业服务机构在区域内交叉设点。建立健全外商投资企业投诉工作机制,保障外国投资者和外商投资企业合法权益等。

加快推动区域市场一体化。推动京津冀不断打破行政壁垒和体制机制障碍,合作完善商品市场,互相开放和发展完善劳务、人才、金融、技术等要素市场,促进区域资源高效流动及优化配置。加强京津冀技术市场融通合作,对有效期内整体迁移的高新技术企业保留其高新技术企业资格。逐步推动实现北京、天津、河北自贸试验区内政务服务"同事同标",推动实现政务服务区域通办、标准互认和采信、检验检测结果互认和采信。探索建立北京、天津、河北自贸试验区联合授信机制,健全完善京津冀一体化征信体系。

深入推进政府职能转变和体制机制改革。以市场主体需求为导向，加快转变政府职能，完善监管服务机制，提高政务服务能力和水平。健全以重点监管为补充、以信用监管为基础的新型监管机制，完善跨领域跨部门协同监管机制。充分运用现代科技工具，深化"互联网＋政务服务"，实现政务服务事项应上尽上、网上全程办理。推动形成保护产权、维护契约、促进一体、保障公平的市场秩序，健全社会信用体系，联动实施最严厉的失信惩治制度。

二、强化国内区域合作

（一）深化与环渤海其他地区合作

协同提升对外开放合作水平。以"一带一路"建设为引领，发挥对外开放大通道大平台的门户作用，打造陆海统筹、东西互济对外开放格局，以区域大市场建设为重点，加强国际区域合作，构建黄海国际次区域合作框架。以推动自由贸易试验区、国家级新区、临空经济区、边境口岸、边境经济合作区等平台能级提升为重点，建设更高水平开放型经济，深化外向型经济体制改革，加快推动制度型开放步伐。

促进基本公共服务共建共享。加强晋冀鲁豫、冀晋蒙、冀辽蒙省际交界区域的合作，围绕缩小教育、医疗卫生、文化等基本公共服务设施和专业人才资源方面的区域差距，补齐欠发达地区基本公共服务短板，支持建立跨区域教育、医疗卫生、文化合作联盟组织，促进基本公共服务供给保障体制机制衔接，引导跨区域加强教育合作、共享医疗卫生资源、深化文化交流合作。

（二）促进与长三角、粤港澳大湾区等高水平合作

合作畅通国内大循环。加快港口群和机场群联动，构建南北沿海交通联系主通道。搭建跨区域"政产学研用服金"协同创新体系，联合开展关键核心技术攻关工程，引领国内产业转型升级。依托上海市、北京市、广州市、天津市等国际消费中心城市建设，加强总部经济、首店经济以及文化创意、时尚产业、科技服务等发展交流合作，联合培育新型消费和打造新消费场景。

共同提升国际合作竞争力。推动建立自贸试验区定期沟通机制，加强海

关监管模式创新、服务贸易等领域交流合作，推动在政府职能转变、贸易投资、金融创新、数字经济等领域加快对接国际高水平经贸规则，联动深化制度型开放。围绕国际合作急需的会计、法律、仲裁等专业服务，加快搭建跨区域综合服务平台，共同提升国际化营商环境。探索通过共组投资集团、共建发展基金等途径，共同开发国内外市场。积极对接粤港澳大湾区，加强同香港地区、澳门地区的开放合作。

（三）加强与中西部地区合作

携手共建开放型产业链、供应链、创新链。充分发挥京津冀特别是京津两市科技创新资源密集、人才与资金充裕、服务业发达、港口条件优良等优势，重点面向周边国家市场需求，拓展强化与中西部地区在通关商贸物流、招商引资、产业转移、科技创新等方面合作。支持通过共建产业园区、发展"飞地经济"等形式，鼓励引导京津冀劳动密集型产业率先向中西部地区转移，以做强国内大循环提升国际大循环竞争力。

通过经验示范推广提升开放水平。以优化国际营商环境、提升通关及投资贸易便利化水平、扩大制度型开放为导向，充分依托各类自贸试验区、综合保税区等开放平台，加快推进京津冀先进改革试点经验做法在中西部都市圈及城市群复制推广，如通关一体化改革模式、以信用风险分类为依托的市场监管制度、保税租赁海关监管新模式，示范带动中西部开放发展。

三、积极参与"一带一路"建设

（一）畅通对外交流通道

推动构建世界级机场群。完善集疏运体系，实现大兴国际机场与北京中心城区"1小时通达、一站式服务"、与周边城市2小时通达。支持河北航空公司积极引进全货机运力，大力拓展国外货运航线。强化京津冀机场群分工协同，优化航线网络布局，提升北京双枢纽竞争力，形成分工合作、优势互补、协同发展的机场群，提升在全球资源配置中的枢纽地位。

加快天津北方国际航运枢纽建设。发挥天津海陆交汇枢纽作用，推进与北京空港、陆港融合发展，加强与唐山港、黄骅港等港口群对接，建设安全绿色、畅通高效的货物运输体系，构建贯通京津冀及"三北"地区、联通中蒙俄经济走廊、连接东北亚的运输网络。支持天津港与雄安新区监管互认、执法互助和通关一体化，构筑京津冀更加便捷的海上通道，加快建设北方国际航运核心区。

合作畅通对外铁海联运通道。支持唐山港、黄骅港积极开展进口矿石、出口钢材等大宗物资铁水联运、"散改集、杂改集"等联运模式。增加国际货运班列开行频次，推动中欧中亚班列提质增效，畅通中蒙俄多式联运示范线路。巩固日韩、东南亚等国际集装箱航线，谋划开辟培育远洋国际集装箱航线。大力发展集装箱海铁联运，研究开行北京—天津港集装箱铁路班列。

（二）拓展国际经贸合作

完善境内外经贸合作园区建设。进一步提升经济开发区能级水平，引导加强与重点国家（地区）合作，打造一批主体功能突出、外资来源地相对集中的国际合作产业园。推动特色园区体制机制与国际通行经贸规则对接，进一步增强开放合作的品质和聚集外部优良资源要素的功能。推动中埃·苏伊士经贸合作区等境外园区提档升级，依托重大国际产能合作项目和对外投资集中区，稳步推进保加利亚中国—中东欧国家"17+1"农业合作示范区等境外园区建设，带动国内企业组团出海。

拓展国际产能合作。支持京津冀企业合作开展国际投资、跨国兼并收购和共建国外产业园区，协同开拓国际市场。有序开发非洲、西亚等海外工程市场，在石油化工、新能源领域开展工程项目合作，积极参与沿线国家基础设施建设，带动高端装备"走出去"，打造"京津冀＋一带一路"海外工程出口基地。深化与"一带一路"市场对接和贸易往来，推动在沿线国家和地区布局电子商务海外仓。做大对外工程承包规模，积极创建国家数字服务出口基地。紧抓《区域全面经济伙伴关系协定》（RCEP）落地实施契机，加强与东北亚、东盟、欧盟等国家的经贸往来合作和国际产能合作。

（三）促进人文交流合作

完善人文交流合作机制及品牌。支持京津冀不断拓展国际友城交往深度和广度，完善友城互动、部门联动、资源共享、渠道共用的国际友城工作长效机制，建立健全友城间常态化沟通联络机制，推进更广泛更多元务实合作。持续提升服务"一带一路"建设国际合作平台能级，聚焦科技创新、数字经济、专业服务、人文交流等优势重点领域，不断擦亮"留学北京""藤蔓计划""鲁班工坊"等招牌，打造一批人文交流合作知名品牌。

深化重点领域合作。加强科技园区合作、共建联合实验室、技术转移转化和科技人文交流等领域国际合作。继续巩固扩大与共建国家在农业、环保、冬奥、冰雪经济等方面合作，深化与友好省州和友好组织在生物医药、装备制造、数字经济、新能源、新材料、金融等领域对接合作。依托京津冀医药医疗产业优势，积极打造大健康服务贸易产业链，建设大健康特色服务进出口基地，加快设立中医药海外中心，开展中医药传播，推动"健康丝绸之路"建设。

第四节　推动京津冀高水平开放合作的对策

针对开放水平有待进一步提高、一体化发展水平不足、区域合作动力不强、协同开放机制不健全等突出问题，建议应从加大自贸试验区改革开放试点支持力度、提升区域内部一体化水平、建立环渤海地区合作机制、完善区域协同开放体制等方面加大政策发力，切实促进京津冀高水平开放合作。

一、加大自贸试验区改革开放试点支持力度

鼓励京津冀自贸试验区积极对标国际标准，加大先进制造业、服务业、数字经济、知识产权保护、内外资一致性等方面先行先试力度。支持京津冀以共同对接落实 RCEP 经贸规则为契机，探索建立自贸试验区协同开放对接

机制，完善京津冀自贸试验区改革创新成果直通共享机制，率先将自贸试验区建设成为协同开放融合的先行区、引领区。加快完善自贸试验区制度创新合作对接、产业转移合作和投资合作保障、人才跨区域资质互认和双向聘任、政务服务一体化等机制，促进三地金融、技术及数据自主有序流动，打造京津冀产业合作、统一数据开放两大合作平台。支持自贸试验区建立和完善制度创新容错机制，调动政府和企业的积极性，贯彻实施竞争中性原则，为深化市场经济改革提供保障。支持北京市国家服务业扩大开放综合示范区的改革成果及时推广辐射到京津冀全域，依托推动服务业发展体制配套改革。

二、支持提升京津冀一体化发展水平

聚焦当前京津冀协同发展的体制机制障碍，支持京津冀以积极融入打造国家统一大市场为抓手，研究制定协同发展体制机制改革方案，破除教育、医疗卫生、养老、社会保障等领域区域合作的体制壁垒，推动三地涉及属地管理的政务服务互通互认，推动更多高频次的政务服务跨省市通办。大力推进土地、资本、劳动力、技术、数据等要素市场化改革，创新要素市场化配置方式，完善区域要素交易规则和服务标准体系，建设统一开放的要素市场。率先推动京津冀三地实现科技创新成果、专业技能、人才资质等互认，推进金融基础设施、信息网络、服务平台、服务标准一体化建设。建议三地支持条件比较好的省际交界地区设立区域协同发展试验区，支持这些试验区率先探索和积累经验，后续有序复制推广至京津冀区域。

三、支持建立环渤海经济区更高层次区域合作机制

建立环渤海经济区合作协调机制，同时完善省区市多边合作机制，并建立行业主管部门之间合作机制。可在京津冀协同发展领导小组体制下，研究推动环渤海经济区重大战略部署、重大工程项目布局、重大改革任务先行先试，协调解决区域合作中的突出问题，切实从区域协调机制层面发挥京津冀协同发展战略的引领作用，提升环渤海经济区在国家层面的战略地位和功

能。以雄安新区开放发展先行区建设为引领，加快打造与国际投资贸易通行规则相衔接的制度创新体系和开放载体，助力提升河北省的开放水平和市场化水平，进而改善营商环境，为京津冀培育区域开放合作竞争新优势创造条件。

四、推动建立完善区域协同开放互利共赢机制

一是推动统一制定京津冀发展规划，进一步增强京津冀协同发展相关规划的实施约束力。二是建立京津冀协同发展的法规体系，研究制定《京津冀协同发展条例》，加快打破分割垄断、遏制不良竞争，促进合理分工、实现一体化发展。三是研究共建京津冀区域经济一体化发展投资基金，建立完善互利共赢税收分享和征管协调机制，创新开放平台及园区共建共享政策，切实完善区域一体化发展制度保障。四是支持京津冀各类平台加强与全国试点省市的交流合作，在更大范围建立协同开放机制。此外，探索京津冀产业链引资合作模式，建立境外投资合作风险预警信息共享机制。

本章参考文献

［1］范恒山.以开放合作推动京津冀协同发展［N］.经济日报，2018-09-17.

［2］冯奎，王铁铮.自贸区联盟：制度型开放新机遇［J］.前线，2022（3）：53-56.

［3］河北省发展和改革委员会宏观经济研究所课题组，肖金成.京津冀世界级城市群发展研究［J］.经济研究参考，2018（15）：25-44.

［4］冣新伟."十四五"时期京津冀推动共建"一带一路"高质量发展的思考［J］.海外投资与出口信贷，2022（3）：32-36.

［5］冣新伟.京津冀地区推动服务业高水平开放的对策建议［J］.城市，2022（3）：31-38.

［6］王红霞．城市群的发展与区域合作：城市与区域合作发展研究热点综述［J］．上海经济研究，2006（12）：115-123.

［7］肖金成．未来京津冀协同发展的着力点［J］．中国投资（中英文），2021（Z9）：14-16.

［8］肖金成，张燕，公丕萍．京津冀与环渤海经济区的耦合发展——兼论"点轴—群区"发展模式［J］．开放导报，2022（3）：7-17.

［9］许长凯．京津冀协同发展与区域经济一体化若干思考［A］//.对接京津——行业企业 基础教育论文集［C］．2022：100-113.

［10］叶振宇．对接"一带一路"共促协同开放［J］．前线，2021（11）：70-72.

［11］张涛．以开放合作推动京津冀产业协同发展［J］．北京观察，2019（11）：22-24.

［12］赵立斌，范鹏辉，张梦雪，等．生产网络视角下河北与京津协同对接"一带一路"研究［J］．国际经济合作，2022（3）：33-43.

［13］中共北京市委北京市人民政府推进京津冀协同发展领导小组办公室．扎实推动京津冀协同发展在京华大地落地生根开花结果［J］．宏观经济管理，2022（1）：11-13.

第十章
培育经济增长极

增长极在拉动区域经济发展中起着极为重要的作用。改革开放 40 多年来，经济特区、开发区和新区作为经济增长极，在我国改革开放的实践中已经被证实发挥出巨大作用。发挥重点区域、重大载体平台引擎带动功能和作用，在京津冀区域内因势利导积极培育不同层级的区域经济增长极，有利于更好带动区域高质量发展。

第一节　增长极理论在中国的实践

增长极理论自 20 世纪 50 年代提出后，经过几十年的发展和在世界许多国家包括中国的实践，在推动区域经济发展和格局变迁等方面取得了一定成效，在推动京津冀协同发展中可以借鉴成功经验，充分发挥增长极对区域发展的带动作用。

一、增长极的内涵

增长极理论是在区位理论和非均衡增长理论的基础上，由法国经济学家弗朗索瓦·佩鲁（Francois Perroux）最早提出。他在《略论经济增长极概念》中指出，增长并非同时出现在所有的地方，它以不同的强度首先出现在一些点上，然后通过不同的渠道向外扩散，并对整个经济产生不同的终极影响。此后，增长极理论经布代维尔、赫希曼、缪尔达尔等学者的发展，逐渐成为比较成熟的理论体系。

第一，增长在空间上是非均衡的，首先会出现在某些点（即增长极）上。增长极理论实质上是非均衡发展理论的一个分支，不论是强调产业推进型的功能学派，还是强调极化的地理学派，都认为经济发展不会在各地同步出现，在极化空间中存在若干增长极，通过推动性企业带动相关产业发展，进而对周边的腹地产生影响。

第二，增长极对周边区域的影响是由多种作用交替，共同导致的结果。正如磁极的离心力和向心力，增长极对周围区域也同时具有科技、产业、劳动力等向外溢出的离心力和吸引优质资源汇聚的向心力。瑞典经济学者缪尔达尔相对悲观，认为"回流效应"总是远大于"扩展效应"；但赫希曼等学者认为可以通过"看不见的手"，平衡"涓滴效应"和"极化效应"，长期来看，增长极的"涓滴效应"完全可以缩小地区间的差距。

第三，增长极是一个具有多层次、网络化的区域空间体系。从地理空间看，从国家、省到地级市，每个层级都可以是相应的增长极，根据地理空间的大小不同，相应的增长极可分为不同的等级。这些不同层级的增长极相互作用，共同构成经济增长极体系。通过增长极可以实现"以点带面"的效果，共同促进区域经济发展。

二、增长极理论在中国的实践

改革开放 40 多年来，增长极理论在我国区域发展政策中得到了充分的体现，我国培育经济增长极的实践表明，经济增长极在推动区域甚至国家经济创新、快速、可持续发展中具有重要作用。

（一）增长极理论在中国的实践

从增长极的概念上可以看出，增长极的本质是集中发展，增长极作为区域中的一个点，大量要素在该点上聚集，共同推动经济迅速发展。在我国的区域发展战略中，特区、新区、开发区以及工业园区等都是带动周边区域经济发展的增长极。

从增长极的级别上，深圳特区、浦东新区、滨海新区等对区域辐射影响力最大，属于国家级增长极，经开区、高新区、综合改革配套试验区等带动整个城市的发展，属于省市级增长级，工业园区、特色小镇和特色小城镇属于县级层面的经济增长极。

我国增长极的培育大概分为三个阶段。第一阶段是以经济特区为龙头的探索阶段（1979—1990 年），国家相继在深圳、珠海、汕头和厦门 4 个城市设立经济特区，并在 14 个沿海开放城市建立经济技术开发区，探索经济体制改革和对外开放，其中深圳特区的快速发展成为全国发展的先进示范；第二阶段是开发区全面推广阶段（1991—2000 年），借鉴特区和首批开发区发展的经验，在 1992 年到 2000 年间，国务院共批复设立 45 个国家级开发区。2001 年，国内生产总值和外商实际投资同比分别增长 7.3% 和 14.9%，45 个国家级开发区国内生产总值和外商实际投资增幅分别高达 25.7% 和 36%。到 2019 年，我国共设立 219 个国家级经济技术开发区；第三阶段是以国家级新区为载体的创新发展阶段（2000 年以来），1992 年 10 月，浦东新区正式成立，短短几年，浦东新区就吸引了大量国际跨国公司入驻。2017 年 4 月 1 日，河北雄安新区获批设立，目前我国共有国家级新区 19 个。

（二）增长极对中国发展的重大意义

改革开放以来的经济发展实践表明，增长极在拉动经济发展、深化改革开放、体制机制创新、辐射带动周边区域转型发展等方面发挥了举足轻重的作用。

1. 增长极是拉动区域经济发展的引擎

改革开放以来我国建立特区、开发区、新区的实践证明增长极理论是有效的。如深圳自成立经济特区以来，从边陲小镇崛起为充满创新与活力的国际化大都市。深圳充分利用国际国内两个市场、两种资源，积极开展境外资源开发、境外上市融资、海外研发等，推动与国际投资、贸易等规则相衔接。目前，深圳累计实际利用外资近 1200 亿美元，近 300 家世界 500 强企业落户深圳，对外投资存量居全国大中城市第一位。深圳特区先后打造前海深港现代服务业合作区和前海蛇口自贸片区等重大开放平台，前海蛇口自贸片区注册企业增加值在 2013 年至 2019 年间增长 44.9 倍，平均增速高达89.2%，是深圳同期增速的 8.2 倍。

特区的发展经验在开发区得到借鉴，开发区在优化营商环境，推动"放管服"改革、加大科技创新政策先行先试等方面走在全国前列。根据商务部考核评价结果，2020 年，全国 217 个国家级经开区的生产总值 11 万亿元，占国内生产总值的 11%，共拥有高新技术企业 4.1 万家，拥有国家级孵化器和众创空间 560 个，217 个国家级经开区税收收入占所在地级市税收收入的17.6%。苏州工业园区、广州经济技术开发区、上海金桥经济技术开发区等都成为城市经济发展新动能的重要区域。

2. 增长极是深化改革和体制创新的策源地

2020 年 10 月 14 日，习近平总书记在深圳经济特区建立 40 周年庆祝大会上的讲话中指出，"兴办经济特区，是党和国家为推进改革开放和社会主义现代化建设进行的伟大创举"。深圳经济特区从改革开放初期第一个打破平均主义"大锅饭"工资制度、敲响土地拍卖"第一槌"、第一家外汇调剂中心成立等诸多"第一"，到党的十八大以来，大力实施改善营商环境、"强区放权"、商事登记改革"30 证合一"、推进知识产权保护、财政预算管理等重大改革，实行具有风向标意义的"二次房改"，创业板改革并试点注册制正式落地，特区在体制机制创新上始终处于领跑地位。目前，深圳商事主体超过 300 万户，商事主体数量、创业密度均居全国第一，营商环境居全国前列。

国家级开发区在优惠政策的支持下充分发挥了体制创新的功能，在大力引进和利用外资，不断进行各种超前的改革试验等方面做出了重要贡献，形成了具有中国特色的开发区经验。开发区的管理模式，就是"管委会 + 融资平台"。管委会作为当地党委政府的派出机构，特点就是集中、精干、高效。同时，融资平台也是开发区的创新，通过融资平台，开辟了基础设施建设的资金来源。开发区不断改善投资环境，提供优质服务，促进招商引资。从管理性政府到服务型政府的转变就是从开发区开始的。

3. 增长极是辐射带动周边区域加快发展的动力源

经济增长极有三大效应：世人瞩目的焦点、要素流动的洼地和人才集中的高地。这三大效应为增长极成为高端产业集聚地创造了条件。特别是国家级新区，不光是承接主城区的产业外溢，更加强调吸引和培育新兴高端产业，带动整个区域的产业发展。如浦东成为国家级新区后，受益于大量的资金支持、一系列优惠政策及体制机制创新，吸引了大量国际跨国公司入驻，新区以国际竞争力为标准对外资项目进行遴选，促使浦东直接发展先进制造业和高新技术产业，推动技术创新与产业升级。陆家嘴商务中心区从无到有，短短几年便成为上海市的标志区。浦东新区作为先进制造业和金融、物流等现代服务业的重要集聚区，带动了上海市传统工业体系和服务业的产业升级，也成为促进长三角区域格局变迁的重要动力源。

三、国内成功案例对京津冀的启示

在我国培育区域经济增长极的过程中，深圳经济特区、上海浦东新区、北京中关村等成为引领区域创新发展的重要增长极。这些成功案例为京津冀区域协同发展提供了可借鉴的经验。

（一）合理规划并积极培育增长极

增长极可以聚集要素资源，在欠发达地区更需要规划培育经济增长极。深圳特区、浦东新区原有经济基础都很薄弱，凭借毗邻香港、临近浦西的区位优势及一系列政策支持和要素投入，才有了今日的发展成就。北京中关村、天津滨海新区等在辐射带动地方经济增长方面发展发挥出重要作用，但京津到河北面临产业层次的较大落差，因此，更应该在河北培育增长极，以实现与京津的产业及人才、资金、技术等资源的全面对接。相比开发区，新区的配套功能更为完善，能够更好地辐射带动周边地区城镇和农村的发展。

（二）强化以创新驱动重点产业发展

通过科技创新和制度创新双轮驱动，推动重点产业的发展。近年来，深圳以高新区为重点，强化源头创新，选择战略性新兴产业进行针对性布局，形成一批具有重大影响力的新型科研机构，至 2020 年底，高新区拥有国家级和省级研发机构 643 家，占全市的 40.9%；专利合作协定（PCT）国际专利申请量 14660 件，占全市的 72.5%。2022 年 1 月，深圳高新区获科技部火炬中心批准，成为科技金融创新服务"十百千万"专项行动首批实施单位，为深圳高新区探索打造科技金融创新服务的新样板和政银合作的新模式创造了新契机。[①]

浦东新区开发之初，就明确浦东并非功能单一的工业项目聚集地，而是上海整体经济的综合承载区，以 4 个国家级开发区为具体抓手，围绕各自明确的主导功能推进形态和功能开发，由点及面，逐步形成产业集聚发展、功能特色鲜明的城市发展格局，浦东率先探索实践了以功能开发为核心的新区开发模式，为我国高速发展的开发区建设提供了浦东经验。开发区有经济技术开发区、高新技术产业开发区、旅游度假区、综合开发区等多种类型。新时期京津冀开发区发展需要借鉴浦东发展的经验，注重产城统筹、城乡统筹，在发展开发区的同时，要注重发展具有带动性的新兴产业，严控房地产泡沫，以实现产城融合发展。

第二节　京津冀培育经济增长极的成效

北京中关村、天津滨海新区及秦皇岛北戴河新区等自成立以来，依托良好的区位优势和政策机遇，经济得到快速发展，迅速成为带动京津冀区域发展的增长极。

[①] 读创科技：《国家高新区 2021 年度排名出炉　深圳高新区升至第二名》，https://appdetail.netwin.cn/web/2022/02/7e540a60d949dea8a0d77b1a716fc0c0.html。

一、中关村高新技术开发区

（一）中关村科技园区的发展历程

中关村从 20 世纪 80 年代的电子一条街开始，发展为目前的中关村国家自主创新示范区，大致经历了四个阶段。

第一阶段，中关村起源于中关村电子一条街（1980—1988 年）。

20 世纪 80 年代初，受美国硅谷影响以及北京市科学技术协会支持，中国科学院物理研究所陈春先等科技人员开始"下海"经商、自主创业。此后，在中关村地区逐渐形成一批科技人员创办的民营科技企业，探索实现将科技成果转化为生产力。到 1987 年，在中关村地区形成近百家科技企业聚集的局面，被称为"电子一条街"。

第二阶段，北京市新技术产业开发试验区时期（1988—1999 年）。

1988 年 5 月 10 日，国务院正式批准《北京市新技术产业开发试验区暂行条例》，规定以中关村地区为中心，在北京市海淀区划出 100 平方千米左右的区域作为北京市新技术产业开发试验区的政策区范围。5 月 20 日，北京市政府印发《北京市新技术产业开发试验区暂行条例》，由此，北京市新技术产业开发试验区正式成立。试验区经过两次调整，形成"一区五园"的空间格局。

第三阶段，中关村科技园区时期（1999—2009 年）。

1999 年 6 月 5 日，国务院印发《关于建设中关村科技园区有关问题的批复》，原则同意北京市政府和科技部《关于实施科教兴国战略，加快建设中关村科技园区的请示》中关于加快建设中关村科技园区的意见和关于中关村科技园区的发展规划。2006 年，经新一轮调整，中关村科技园区总面积达 232.52 平方千米，包括海淀园、丰台园、昌平园、德胜园、电子城、亦庄园、石景山园、大兴生物医药产业基地等，形成了"一区十园"的空间格局。

第四阶段，中关村国家自主创新示范区时期（2009 年至今）。

2009 年 3 月 13 日，国务院发布《关于同意支持中关村科技园区建设国家自主创新示范区的批复》，明确中关村科技园区的新定位是国家自主创新示范区，目标是成为具有全球影响力的科技创新中心。2012 年 10 月 13 日，国务院批复同意调整中关村国家自主创新示范区空间规模和布局，由原来的"一区十园"增加为现在的"一区十六园"。

（二）中关村取得的主要成就

第一，中关村经济总量保持持续较快增长，对北京市的影响力不断增大。如图 10-2-1 所示，从 2009 年到 2019 年，中关村示范区增加值由 2263.7 亿元增至 10410.2 亿元，10 年间实现增加值翻了两番，中关村地区生产总值占北京市比重由 18.6% 增长到 29.4%，以占北京市不足 3% 的土地，贡献了北京市近 30% 的地区生产总值。

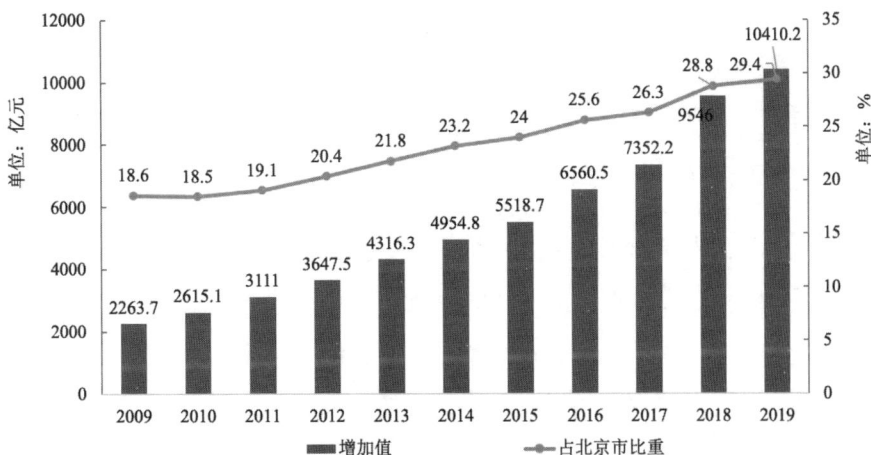

图 10-2-1　2009—2019 年中关村示范区增加值及占北京市比重

数据来源：《中关村年鉴（2020）》。

第二，中关村示范区在全国开发区多个领域中都处于领先地位。如表 10-2-1 所示，2019 年，中关村拥有高新技术企业近 2.5 万家，从业人员达 281 万人，总收入达 66422 亿元，实缴税费 2597 亿元，在指标上远超第二、第三位的上海张江示范区及武汉东湖示范区。在全国 169 个国家高新区中，中关村示范区总收入占比超 17%，中关村高新技术产业已经具备相当规模和实力，已成为北京经济社会发展的重要支柱,成为国家高新技术产业发展的一面旗帜。

表 10-2-1　国内部分高新技术产业开发区主要经济指标一览表（2019 年）

名称	企业数 （家）	从业人员 （万人）	总收入 （亿元）	工业总产值 （亿元）	实缴税费 （亿元）
中关村示范区	24892	281.0	66422.2	11886.7	2597.1
上海张江示范区	8180	131.4	25157.1	12032.7	1182.7
武汉东湖示范区	3480	57.5	13052.6	4808.7	696.0
西安高新区	4752	54.8	11640.3	8479.8	871.1
天津高新区	4357	28.1	5417.6	2780.3	183.8
成都高新区	2650	41.0	7032.4	4522.1	265.1
广州高新区	5282	70.5	11724.6	7408.3	552.1
深圳高新区	6011	100.5	17039.3	11080.9	713.3
苏州高新区	1386	22.8	3547.4	3102.0	120.0
全国高新区合计	141147	2213.5	385519.4	240262.0	18594.3

数据来源：《中国科技统计年鉴2020》。

第三，中关村科技创新具有较强的辐射能力。如图 10-2-2 所示，2019年，中关村技术交易成交额共 3932.3 亿元，其中，流向北京市的有 1226.8 亿元，占成交总额不足 1/3，流向外省市的达 2190.6 亿元，占比达 56%。从技术交易成交项来看，2019 年，中关村技术交易成交 55514 项，其中，流向北

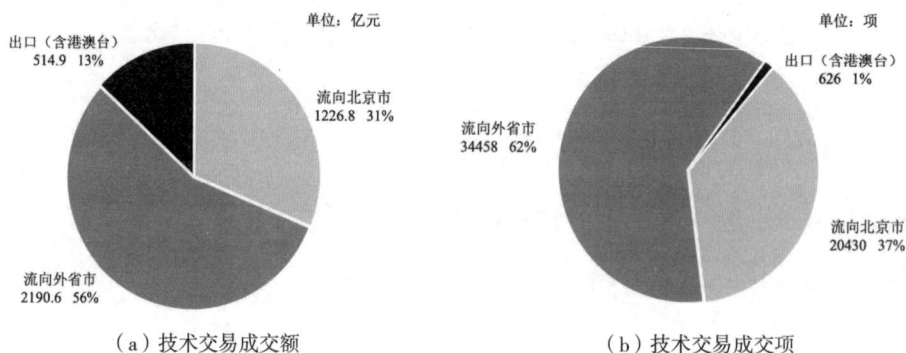

（a）技术交易成交额　　　　　　　（b）技术交易成交项

图 10-2-2　2019 年中关村示范区科技交易流向分布统计

数据来源：《中关村年鉴（2020）》。

京市的有 20430 项，流向外省市的有 34458 项，占总成交数比重分别为 37% 和 62%。显示出中关村科技创新成果转化上巨大的溢出能力，京津冀通过强化与中关村科技成果对接，就近实现创新成果转化产业化。

二、天津滨海新区

天津滨海新区自设立以来发展势头迅猛，成为天津市经济发展的重要引擎。近年来天津滨海新区发展速度放缓，面临着经济转型升级与高质量发展的挑战。

（一）天津滨海新区的发展历程

天津滨海新区位于天津东部沿海，地处沿海经济带和京津冀城市群的交会点，是亚欧大陆桥最近的东部起点。面积 2270 平方千米，海岸线长 153 千米。辖天津经济技术开发区、天津港保税区、天津滨海高新技术产业开发区、天津东疆保税港区、中新天津生态城，21 个街道城镇。天津滨海新区成立于 20 世纪 90 年代，2005 年，成为国家级新区，并被国务院批准为第二家国家级综合配套改革试验区。2015 年 2 月，国务院在天津滨海新区设立了天津国家自主创新示范区；2015 年 4 月，中国（天津）自由贸易试验区正式挂牌运行；2016 年 9 月，天津滨海新区与中关村合作共建天津滨海—中关村科技园；2019 年 2 月，天津滨海新区提出建设繁荣宜居智慧的现代化海滨城市，进一步融入京津冀城市群。

（二）天津滨海新区取得的主要成就

天津滨海新区自设立以来，对天津市经济发展做出了巨大的贡献。如图 10-2-3 所示，2001—2015 年，滨海新区的地区生产总值在天津市所占比重从 35.71% 上升到 56.05%，其中，2009 年到 2015 年，滨海新区的地区生产总值占天津市地区生产总值的比重持续超出 50%。虽然到 2020 年底，滨海新区地区生产总值在天津市所占比重降到了 41.7%，但滨海新区地区生产总值的增速始终高于天津市，对天津市经济发展起到了重要推动作用。从产业结构来看，滨海新区的三次产业结构从 2009 年的 0.19∶67.44∶32.37 转变为 2021 年的 0.40∶45.90∶52.70，第二产业的产值比重下降了 20.54 个百分点，第三产业的产值比重相应上升了 20.33 个百分点,产业结构显著优化(图 10-2-4)。滨海新区作为全国综合配套改革试验区、国家自主创新示范区和北方首个自由贸易试验区,是天津市重要的经济增长引擎。

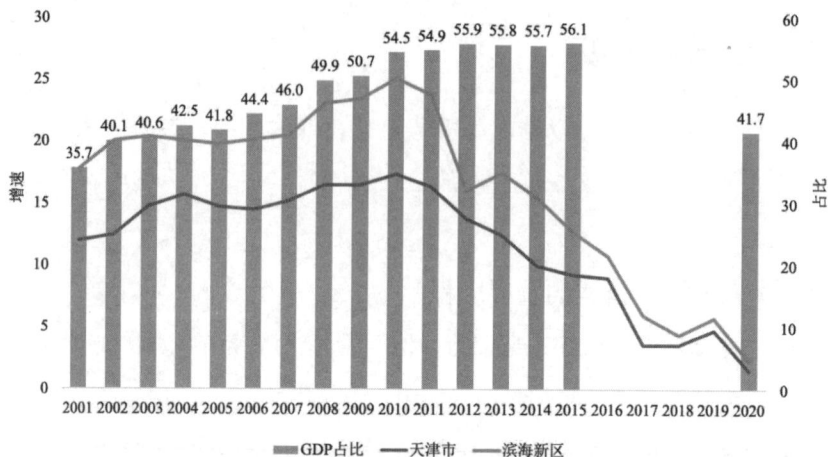

图 10-2-3　滨海新区与天津市地区生产总值增速及滨海新区地区生产总值比重(%)

数据来源:《天津滨海新区统计年鉴》(2002—2021 年)、《天津统计年鉴》(2001—2021 年)。

注:2016—2019 年没有披露滨海新区的地区生产总值数据。

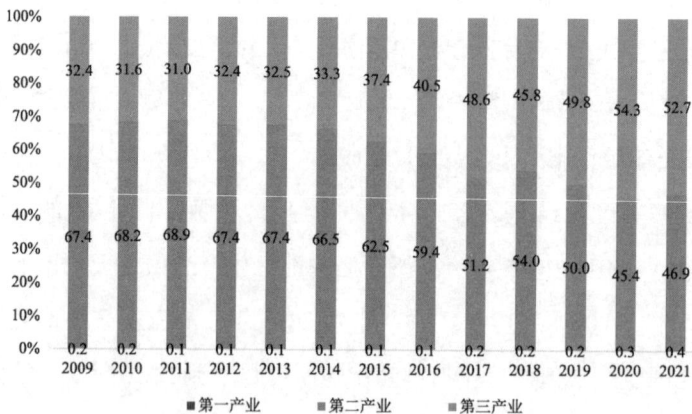

图 10-2-4　滨海新区三次产业结构

数据来源:《天津滨海新区统计年鉴》(2010—2021 年),2016—2019 年数据来自《天津市滨海新区国民经济和社会发展统计公报》,2021 年数据来自天津市滨海新区统计局。

近 10 年来，天津滨海新区的建成区面积与人口都得到了长足的增长。如图 10-2-5 和 10-2-6 所示，建成区面积从 2009 年的 283.75 平方千米增加到 2020 年的 383.39 平方千米，增长 35.12%；户籍人口数量则从 118.57 万人增长到 149.70 万人，增长 26.25%，滨海新区的户籍人口在天津市所占的比重从 12.1% 上升到 13.2%；常住人口数量也从 2011 年的 253.66 万人增加到 2019

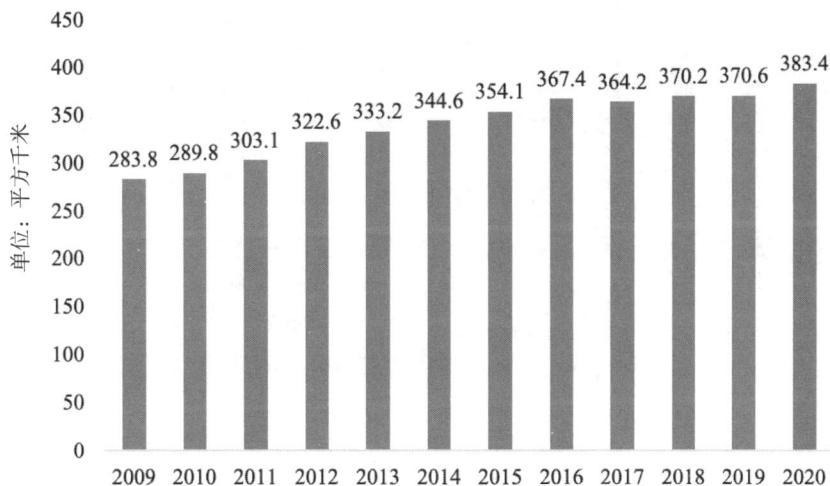

图 10-2-5 天津滨海新区建成区面积

数据来源：《天津滨海新区统计年鉴》（2010—2021 年）。

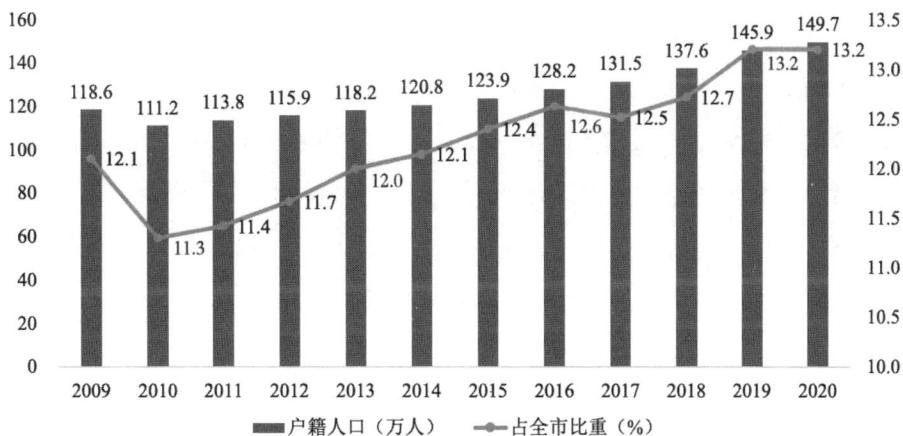

图 10-2-6 天津滨海新区户籍人口数量与在全市所占比重

数据来源：《天津滨海新区统计年鉴》（2010—2021 年）。

年的 299.86 万人，增长 18.21%，但从 2017 年开始，常住人口增速放缓甚至出现负增长，导致 2020 年常住人口数量断崖式下跌至 206.73 万人，但 2020 年滨海新区常住人口仍占天津市常住人口的 14.9%，见图 10-2-7。

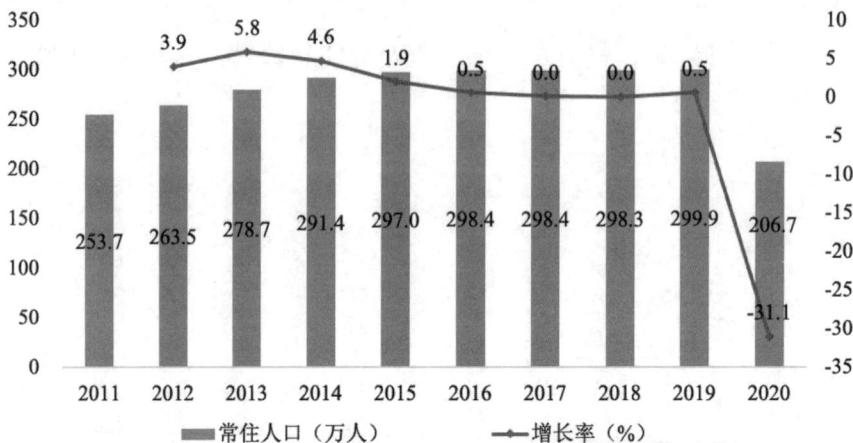

图 10-2-7　天津滨海新区常住人口数量与增长率

数据来源：《天津滨海新区统计年鉴》（2010—2021 年）。

天津滨海新区产业体系日益完善。新区积极发展新一代人工智能产业，天河超算、曙光信息、南大通用入选国家大数据产业试点示范项目；航空航天装备产业链逐步完善，空客总装线项目、彩虹无人机、银河麒麟操作系统发展成效显著；新能源产业迅速发展，动力电池、风电机组产业规模不断扩大；生物医药产业链条基本完备，开发区、高新区入围国家生物医药产业园区综合竞争力 50 强；形成汽车全产业链，整车产能达到 130 万辆，发动机、变速器等配套生产能力大幅提升。建成 8 个国家新型工业化产业示范基地，形成汽车及机械装备制造、石油化工 2 个两千亿级产业集群，新一代信息技术、新能源新材料 2 个千亿级产业集群；国家高新技术企业、科技型中小企业分别达到 3900 家和 3740 家。

三、秦皇岛北戴河新区

北戴河新区自然地理条件得天独厚，依托区位优势与政策支持，大力发展旅游、生命健康产业，成为秦皇岛市的重要经济增长极。

（一）新区的成立背景

北戴河新区位于河北省东北部，秦皇岛市区西部沿海地区，辖区北起洋河，南至滦河，西接京哈铁路和沿海高速公路，东到渤海海域，总面积425.8平方千米，海岸线长82千米，人口16.9万。2006年12月，河北省政府批准设立黄金海岸保护建设管理区；2011年1月，河北省政府批准成立秦皇岛北戴河新区；2016年9月，经国务院同意，国家发展改革委等13个部委联合批准设立北戴河生命健康产业创新示范区，是我国唯一的生命健康产业创新示范区，包括北戴河新区、北戴河区和北戴河机场空港区域，规划面积520平方千米，核心区位于北戴河新区，面积40平方千米。

（二）北戴河新区发展取得的成就

北戴河新区拥有京沈高速、沿海高速、京秦铁路、津秦客专等交通干线，距北京260千米、天津230千米。2020年，地区生产总值43.8亿元，三次产业结构2.9∶7.0∶90.1，固定资产投资92亿元，同比增长7%；一般公共预算收入10.15亿元，同比增长17.7%；全年签约项目19个、总投资378亿元，储备项目90个、总投资988亿元。新区创新发展"旅游+"模式，现代旅游产业蓬勃发展，建设了远洋蔚蓝海岸、渔岛海洋度假区等度假基地，引入一批高端旅游项目，阿那亚黄金海岸社区获评全国休闲旅游度假典范，新区被评为河北省全域旅游示范区。北戴河生命健康产业创新示范区创新发展生命健康产业，重点承接北京医疗、教育、科技等非首都功能疏解，努力建设高端医疗服务聚集区、京津冀生物技术创新转化基地、生态宜养地、环渤海体育健身基地、国际健康旅游目的地。建设了石药干细胞研发基地、北戴河心脑血管病医院、现代中药示范基地等重大项目，形成了生命科学园、医疗器械产业港、福美健康科技园等园区。

四、唐山曹妃甸新区

唐山曹妃甸新区成立以来，促进人口和产业集聚，产业结构持续优化，成为唐山市新的经济增长极。

（一）曹妃甸新区成立的背景

曹妃甸新区于 2012 年 7 月经国务院批准正式设立，总面积 1943 平方千米，常住人口 30 万，下辖曹妃甸工业区、南堡开发区、曹妃甸新城、垦区四大功能区。曹妃甸开发建设从 1992 年开始规划论证，2003 年正式开发建设。2015 年《规划纲要》将曹妃甸协同发展示范区列为四大战略合作平台之首。2017 年，中共河北省委九届六次全会提出把曹妃甸打造成全省新的增长极和唐山"一港双城"建设的核心承载区。2019 年 8 月 31 日，中国（河北）自由贸易试验区曹妃甸片区正式挂牌，曹妃甸加快打造东北亚经济合作引领区、临港经济创新示范区。

（二）曹妃甸新区发展取得的成就

曹妃甸新区设立以来经济快速发展。如图 10-2-8 所示，地区生产总值从 2012 年的 356.12 亿元增长到 2020 年的 682.37 亿元，增长 91.61%，地区生产总值在唐山市所占比重从 2012 年的 6.08% 上升到 2020 年的 9.46%，主要经

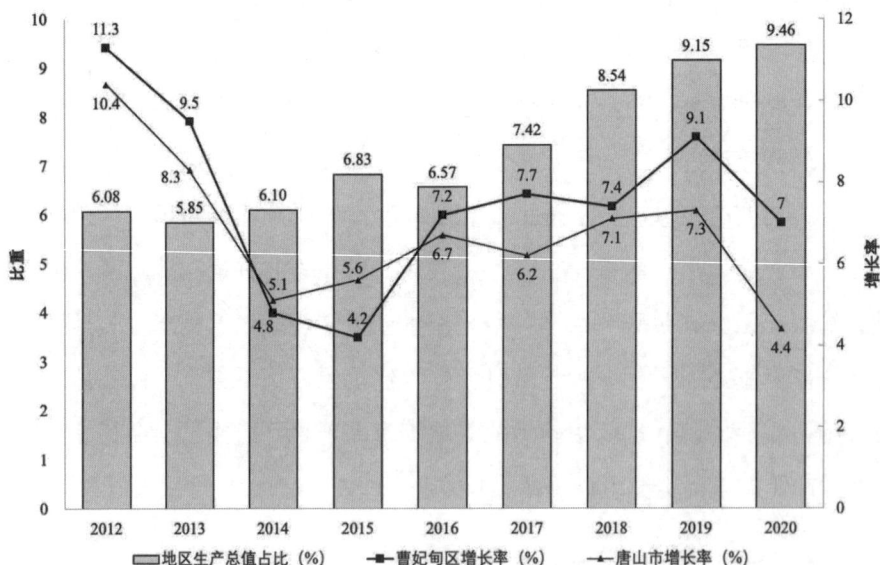

图 10-2-8　曹妃甸新区与唐山市地区生产总值增速及曹妃甸新区地区生产总值比重

数据来源：《唐山统计年鉴》（2013—2021 年）。

济指标增速居于河北省领先地位，对地区经济增长发挥了重要的推动作用。三次产业结构从 2012 年的 6.0∶68.3∶25.6 转变为 2020 年的 5.3∶52.6∶42.1（图 10-2-9）。曹妃甸新区先后被列为国家首批循环经济试点产业园区、国家级经济技术开发区、国家级石化产业基地、中日韩循环经济示范基地、综合保税、跨境电商综合试验区、国家智慧城市试点和自由贸易试验区，新区发展水平不断提升。

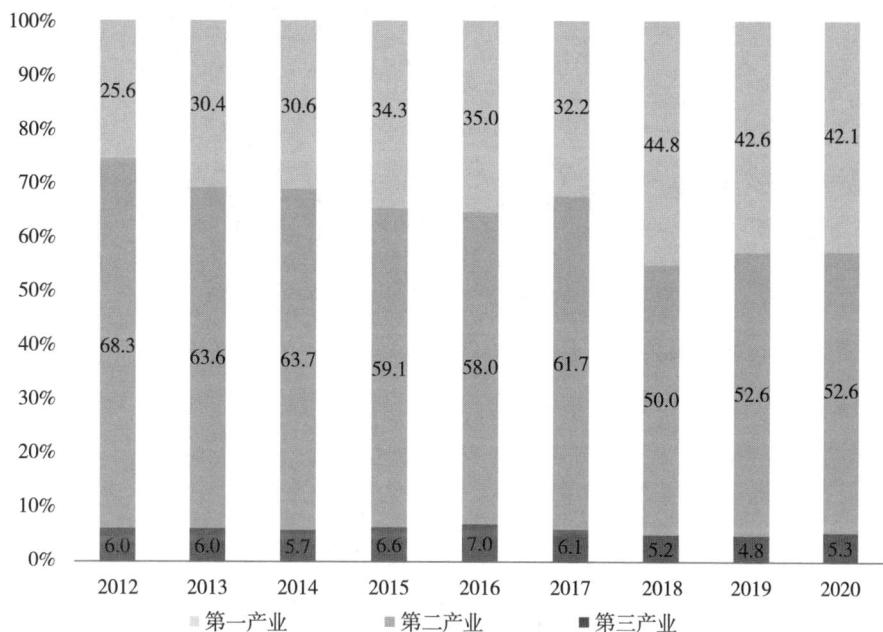

图 10-2-9　曹妃甸新区三次产业结构

数据来源：《唐山统计年鉴》（2013—2021 年）。

随着建设水平不断提升，曹妃甸新区吸引力不断增强，如图 10-2-10、10-2-11 所示，常住人口数量从 2012 年的 26.27 万人增长到 2020 年的 35.21 万人，增长 34.03%，占唐山市常住人口数量的比重从 3.45% 上升到 4.56%，城镇化率也显著提升。

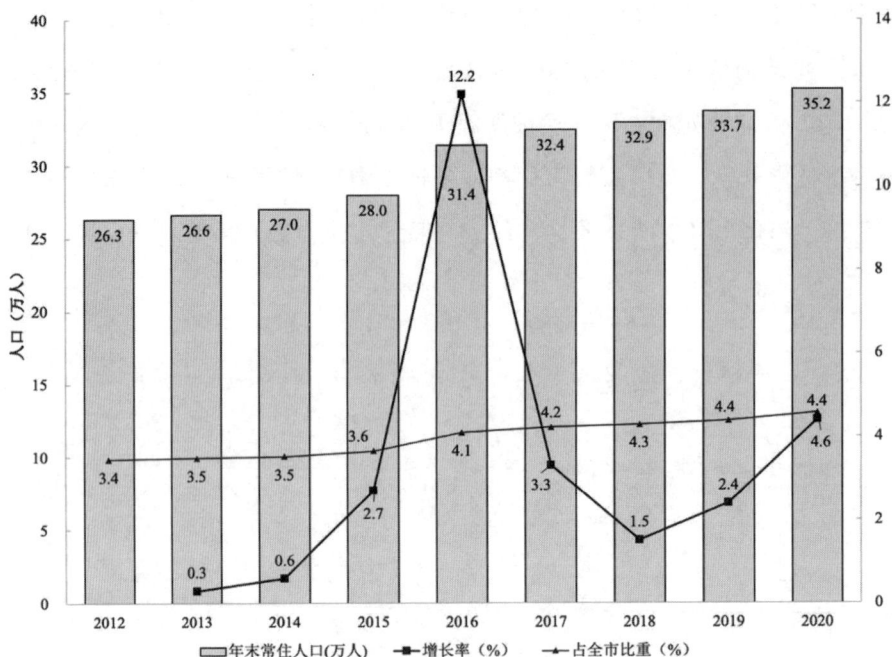

图 10-2-10　曹妃甸新区常住人口数量、比重与增长率

数据来源：《唐山统计年鉴》（2013—2021 年）。

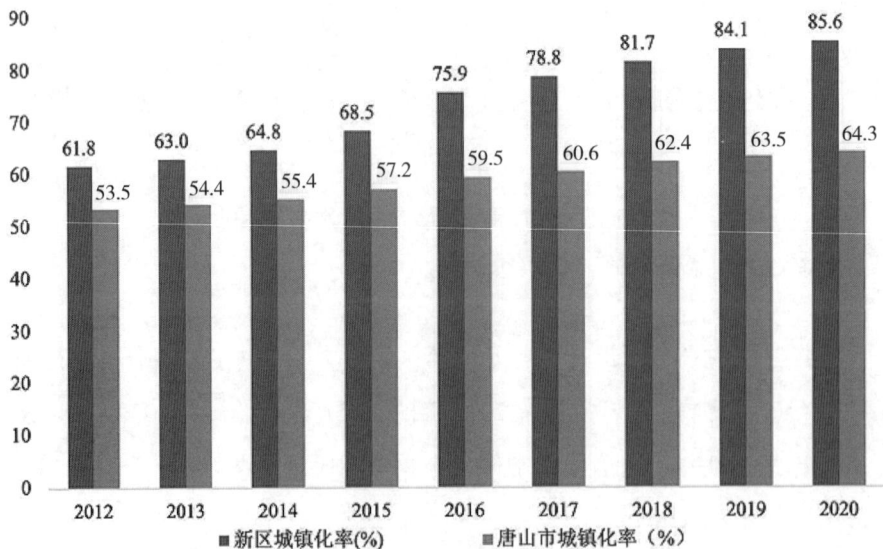

图 10-2-11　曹妃甸新区与唐山市城镇化率

数据来源：《唐山统计年鉴》（2013—2021 年）。

五、沧州渤海新区

沧州渤海新区是河北省沿海经济带的新的经济增长极，也是沧州市经济发展的助推器。

（一）渤海新区成立的背景

沧州渤海新区位于河北省东南沿海地区，下辖黄骅市、中捷产业园区、南大港产业园区、国家级沧州临港经济技术开发区和港城区"一市四区"，总面积 2400 平方千米，人口 77 万，海岸线 130 千米。新区成立于 2007 年 7 月，2010 年升级为国家级经济技术开发区，是河北省打造的沿海经济带重要增长极和全省高质量发展样板，也是国家新型工业化产业示范基地、国家海水淡化产业发展试点园区、国家循环化改造示范试点园区和中国物流实验基地。

（二）渤海新区发展取得的成就

渤海新区成立后，扎实推进港、产、城高质量融合发展，经过十余年的开发建设，已由大规模基础建设为主的开发阶段，步入跨越发展的关键时期，最具成长性的亿吨深水综合大港建成，现代滨海新城加快建设，重点打造汽车及零部件、绿色石化及新材料、生物医药、现代物流、主题旅游、通用航空、冶金和装备制造七大主导产业。汇聚北汽集团、神华集团、中国航天科技集团、冀中能源集团、美国嘉吉、美国空气产品公司、法国威立雅等一大批国内外 500 强企业。

2019 年，新区黄骅港绿色安全评价位列全国沿海港口第一，吞吐量跻身全国沿海港口 10 强；新签约 847 个亿元以上产业项目和高新技术项目，高新技术产业增加值同比增长 27.1%，33 家优势企业和 23 个重点技改项目入选沧州市工业"双百工程"；黄骅经济开发区成功入选国家级中小企业创业创新特色载体名单，临港经济技术开发区连续 7 年跻身全国化工园区 20 强，位列第 11 位；先后获评中国滨海旅游新兴目的地、中国最佳运动康养休闲旅游景区、中国最佳品质文化旅游目的地和 2019 年全域旅游发展优秀城市；省委、省政府制定出台《加快沧州渤海新区高质量发展的实施方案》，《黄骅港总体规划》获得省政府正式批复。2021年，新区地区生产总值占沧州市的18.2%，实际利用外资4.3亿美元，占沧州市的57.9%，一般公共预算收入68.3亿元，同比增长17.5%，占沧州市的22.8%，增速高于沧州市8.7个百分点，在沧州市的龙头带动作用日益凸显。

六、邯郸冀南新区

邯郸冀南新区是邯郸市重点培育的经济增长极，也是推动河北南部装备制造业产业升级的重要引擎。

（一）冀南新区成立的背景

冀南新区位于邯郸市主城区南部，晋冀鲁豫四省交界地区的中心，境内铁路交叉、国道交会、高速纵横、航空便捷。新区于2012年10月19日挂牌成立，面积353平方千米，截至2020年6月，冀南新区托管1个街道、4个镇、4个乡。2012年11月17日，国务院正式批复《中原经济区规划（2012—2020年）》，明确提出"邯郸依托冀南新区建设全国重要的先进制造业基地，成为在中原经济区内具有重要影响力的中心城市"，"将邯郸打造成为中原经济区与环渤海等经济区域合作交流的北部门户"。冀南新区是河北省的战略发展新区，是河北省政府继曹妃甸新区、渤海新区之后批准设立的第三个战略发展新区。

（二）冀南新区发展取得的成就

依托省级装备制造聚集区，重点发展先进装备制造产业和现代物流产业。重点建设五大专业装备基地，包括以专用车和重卡为重点的车辆装备基地；以管材、新材料为重点的装备材料基地；以冶金、矿山设备为重点的重型装备基地；以棉机、纺机为重点的成套设备基地和以华通机电为重点的机电装备基地。同时，依托内陆港、航空港、陆港物流园和邯港高速、邯黄铁路、青兰高速等重大项目，配套发展装备、钢铁、建材、农产品等专业物流，规划建设国家级保税区物流中心，建设晋冀鲁豫四省交界区域最大的现代物流枢纽。

冀南新区经济发展速度呈波动上升趋势，但地区生产总值在邯郸市所占的比重仍较低，经济体量相对较小（图10-2-12）。如图10-2-13所示，冀南

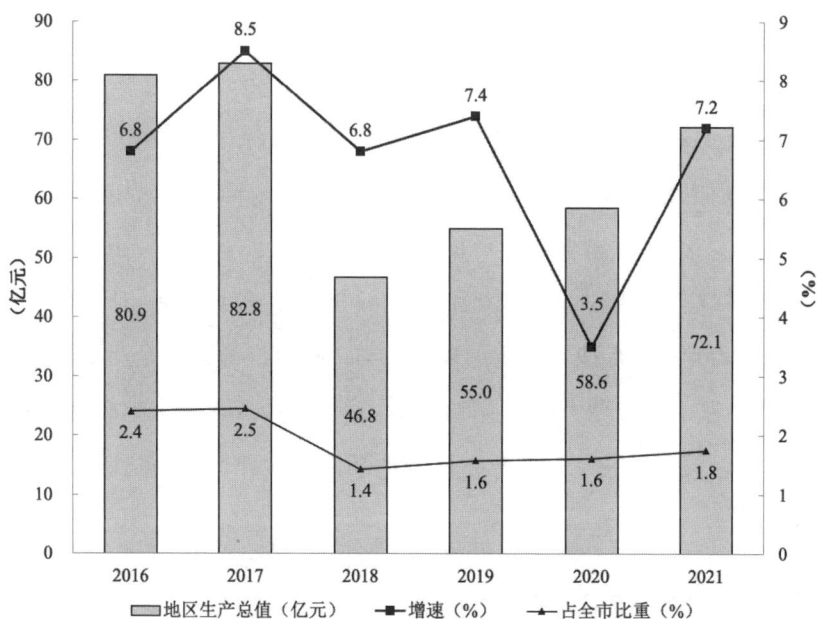

图 10-2-12　冀南新区与邯郸市地区生产总值增速及冀南新区地区生产总值比重

数据来源：《邯郸统计年鉴》（2017—2020 年），冀南新区主要经济指标
（2019—2021 年）。

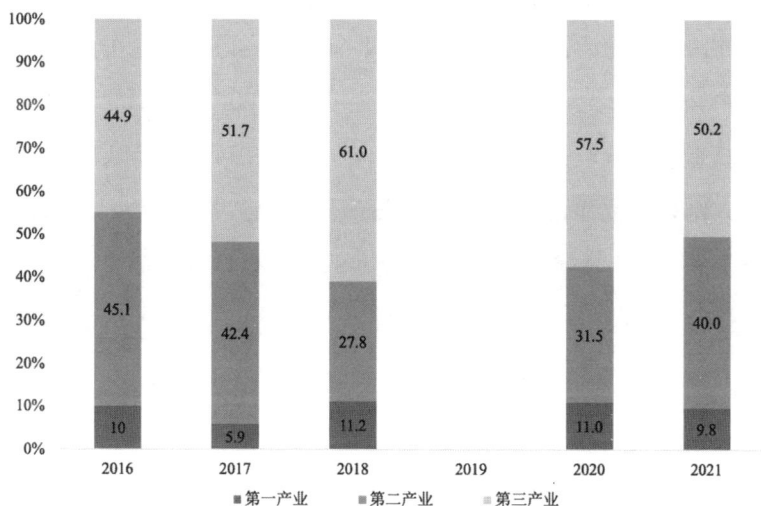

图 10-2-13　冀南新区产业结构

数据来源：《邯郸统计年鉴》（2017—2020 年），冀南新区主要经济指标
（2019—2021 年）。

新区的产业结构有所优化，第三产业的产值比重超过50%，产业结构仍有优化的空间。2019年，常住人口数量28.45万。

2016年，冀南新区获批成为全国首批国家级产城融合示范区，2020年，新区初步形成以先进装备制造为主导，现代物流、新能源、节能环保为支撑的产业体系，装备制造业已经形成"管、件、机、车、罐"五大类拳头产品，新兴铸管产能亚洲第一，标准件占有全国40%市场份额，棉机、纺机、煤机、矿机和专用车形成了一定的规模实力；拥有规模以上企业74家、高新技术企业22家、科技型中小企业385家。目前已经成为国家级新型工业化产业示范基地、国家级住宅产业化示范基地和国家级现代装备制造创新型产业集群试点。

七、石家庄正定新区

正定新区是石家庄中心城区"一城三区"的核心组成部分，也是石家庄未来新兴产业和高端服务业发展的重要载体。

（一）新区成立的背景

正定新区，原称滹沱新区，位于河北省石家庄市正定县东南部滹沱河北岸、正定古城东侧，与石家庄主城区隔河相望。2009年，河北省政府提出要把石家庄打造成为500万人口的特大城市，石家庄市委、市政府借鉴国内外先进经验，结合石家庄市实际，提出北跨滹沱河建设正定新区，正定新区于2011年5月破土动工建设，规划定位于承载文化、体育、教育、医疗、现代服务业、金融、会展、科技创新集聚功能。

2017年2月，河北省委办公厅、河北省人民政府联合印发《关于正定县、正定新区实行"县区合一"管理体制改革的意见》，"县区合一"管理体制改革加速推进正定县和正定新区更深层次融入以石家庄为中心的大都市圈建设，加快产城融合发展进程，为建设现代省会新高地、发展主平台提供了更多有利条件。

（二）正定新区发展取得的成就

2020年正定县地区生产总值达到293.27亿元，一般公共预算收入达到43.6亿元，"十三五"期间年均增长25.3%，增幅位列石家庄市前列。正定县累计拥有省级创新型企业2家，市级创新型企业14家，科技型中小企业697家，小巨人企业27家，是河北省县域科技创新能力监测评价A类县。正定县高新技术产业发展日益活跃，规上高新技术产业增加值年均增长19.72%，获评省工业转型升级示范县；农业现代化进程进一步加快，纳入了石家庄市国家现代农业示范区实施范围；会展经济发展迅速，获得了"辉煌70年中国最具影响力品牌展会奖"等十多项荣誉和"2019年度中国十佳县域会展城市"称号，中国国际数字经济博览会永久落户正定；旅游业蓬勃发展，"古城古韵、自在正定"品牌影响力日益提升。

第三节　培育新的经济增长极

随着近年来雄安新区设立、通州区与北三县一体化发展等重大区域发展战略的提出，以及2022年北京冬奥会和冬残奥会举办，使雄安新区、通州与北三县、张家口崇礼新区崛起为京津冀新的经济增长极。

一、雄安新区

雄安新区作为北京的重要一翼，是习近平总书记亲自决策、亲自部署、亲自推动的一项历史性工程，成立以来，新区建设扎实开展，目前新区已进入承接北京非首都功能疏解和大规模建设同步推进的发展阶段，一座生机勃勃的"未来之城"正在逐渐展现。

（一）雄安新区建设的重大意义

2017年2月，习近平总书记在河北省安新县考察时强调指出，"规划建设雄安新区是具有重大历史意义的战略选择，是疏解北京非首都功能、推进京津冀协同发展的历史性工程"。

第一，雄安新区建设有助于非首都功能加快疏解。北京非首都功能疏解，需要将部分产业、人口向市域范围之外疏解，雄安作为一个相对集中的疏解承载地应运而生。雄安新区的高标准规划建设，为承接在京高校、事业单位、国家级科研院所及国有企业总部等非首都功能提供了良好的承载空间。

第二，雄安新区的建设有利于推动京津冀协同发展。设立雄安新区，是以习近平同志为核心的党中央为深入推进京津冀协同发展作出的重大历史性战略选择，是千年大计、国家大事。有助于实现京津冀不同行政体制间统筹规划，下好协同发展"一盘棋"。同时，雄安新区将重点发展新一代信息技术等高端高新产业，一个高质量发展的雄安新区将成为带动河北省发展的重要增长极。

第三，雄安新区建设是新发展格局下治国理政的创新实践。雄安新区的设立，是我国改革开放以来的又一重大历史节点。雄安新区将践行新发展模式，坚持一张蓝图绘到底，建设一座绿色、现代、智慧的数字化新区，探索解决人口经济密集地区如何优化发展的问题。

（二）雄安新区的发展规划

习近平总书记强调，"建设雄安新区是千年大计"。新区首先就要新在规划、建设的理念上，要体现出前瞻性、引领性。雄安新区建设中也综合考虑了各方面因素，在规划建设中始终坚持高起点、高标准、高质量，努力建设一个高质量的城市样板。

首先，生态优先的理念在规划建设中得到很好体现。按照规划，整个雄安新区范围内 70% 是蓝绿空间，且开发强度要控制在 30% 以内。雄安新区坚持先植绿、后建城，良好生态环境是雄安新区的重要价值体现。"千年大计"，就要从"千年秀林"开始，努力接续展开蓝绿交织、人与自然和谐相处的优美画卷。

其次，高标准进行启动区规划。雄安新区的启动区规划面积 38 平方千米，承担首批北京非首都功能疏解项目落地的重任。启动区规划方案在全球范围内招标，最终从100多个方案中遴选出来，方案将城市建设与传统中国文化相结合，既富有现代气息，又保留中国特色。启动区内设有科学园、大学城、创新坊、互联网产业园、总部基地、金融岛等，同时配套良好的教育和医疗资源。人口密度则计划控制在每平方千米1万人左右，意在打造宜居宜业的优质环境。

再次，雄安新区规划中注重实现职住平衡。在城区规划中提出"一主、五辅、多节点"，其中，"一主"作为新区的主城区先行启动建设；另外规划雄县、容城县等五个外围组团，用来回迁安置及承担部分疏解功能，组团与组团之间间隔开，每个组团都合理规划生产、生活、公共服务及商业配套，实现组团内职住平衡；此外，发展若干个特色小城镇和美丽乡村，严格划定开发边界，以防大规模开发房地产。

最后，雄安将"引进一批北京高水平大学、科研院所，布局建设一批国家级科技创新平台，打造一批新型研发机构，承担实施一批国家级重大科技项目，吸引培育一批高新技术企业、龙头骨干企业和高成长性科技型企业，聚集一批战略科技人才、科技领军人才、青年科技人才、创新团队和创新型企业家，构建以科技创新为核心，多领域互动、多要素联动的科技创新体系"。

（三）雄安新区取得的主要成就

第一，修复生态环境，雄安新区生态底色越筑越牢。作为北京非首都功能疏解集中承载地，雄安新区将建设成为绿色生态宜居新城。雄安新区规划建设中强化环境治理，保护白洋淀生态功能，坚持先植绿、后建城，蓝绿交织，城淀相融。雄安新区设立后，在白洋淀环境综合整治方面做了大量工作，整治完成入河入淀排污（排放）口1.1万多个，2020年，白洋淀水质达到近10年最好水平，实现"全域Ⅳ类、局部Ⅲ类"目标。随着白洋淀生态修复与"千年秀林"工程等稳步推进，雄安新区的生态"底色"正越筑越牢，一座清新明亮水城共融之城呼之欲出。

第二，绿色智慧新城加快建设，同步建设"地上、地下、云上"三座城。在地上，包括无人驾驶巴士等智慧生活场景正越来越多地落地雄安新区。在地下，综合管廊分为上下两层，除负二层将电力、通信、燃气等各种管线集于一体之外，新区还在负一层设计了智慧物流通道，未来将借助城市云计算平台供无人物流车通行，缓解城市交通压力。在云上，雄安新区规划建设"雄安云"，面向未来城市运营提供强大的云计算能力支撑，同时成立区块链实验室，做好数字城市基础建设。2020年5月，雄安新区智能城市标准体系框架正式发布，规划近100项标准，建设"一中心、四平台"，围绕建设新型智能城市、为全国树立典范的目标，做好数字城市基础建设。

第三，从规划到建设有序推进。雄安新区建设坚持规划先行，历时3年多，形成"1+4+26"规划体系（规划纲要，总体规划、白洋淀生态治理与保护规划、起步区控制性规划、启动区控制性详细规划，26个专项规划），之后转入大规模开工建设阶段。2020年底，京雄城际铁路开通运营，北京西站至雄安新区最快50分钟、大兴机场至雄安新区最快19分钟可达。京雄高速河北段等3条经由雄安新区的高速公路开通，雄安新区对外骨干路网基本形成。容东片区约900栋安置住宅开始陆续交付。截至2021年底，雄安新区共有177个重点项目有序推进。雄安新区已进入承接北京非首都功能疏解与大规模建设同步推进的重要时期。

第四，坚持创新发展和开放发展，打造国际化开放发展新平台。根据国家和河北省布局，支持雄安新区在贸易投资自由化、便利化和高端高新产业发展等方面先行先试，加快建设国家数字经济创新发展试验区和金融创新先行区。雄安新区国家数字经济创新发展试验区、数字交易中心正在加快建设。同时，全面深化服务贸易创新发展试点，努力打造面向全球的服务贸易创新引领集聚示范区。[①]

第五，有效承接北京非首都功能疏解。雄安新区启动区作为展示新区形象的一张亮丽名片，也是雄安新区为疏解对象提供注册、供地、审批、建设

---

① 雄安发布：《高标准推动雄安新区开放发展先行区建设》，https://mp.weixin.qq.com/s/D5zYxCcZ_3rGa9KMiyEFZw。

的"一站式"综合服务平台。其主要功能包括规划展示、商务洽谈、会议接待、政务服务、新闻发布等，为新区承接疏解打牢基础，对促进雄安新区招商引资、推进新区建设起着积极的作用。2021年4月，中国卫星网络集团有限公司在雄安新区揭牌成立，并与雄安新区管委会签署合作协议，成为首家注册落户雄安新区的中央企业。目前，包含中国星网等首批央企疏解项目，中国电信、中国移动、中国联通三大产业园项目也全面进场施工。

二、通州区与廊坊"北三县"

北京城市副中心作为北京的另外一翼，在承接北京非首都功能疏解中承担着重要使命。随着"高质量建设北京城市副中心，促进与河北省三河、香河、大厂三县市一体化发展"被写入《中华人民共和国国民经济和社会发展第十四个五年规划和2035年远景目标纲要》（简称《"十四五"规划纲要》），通州区与北三县一体化发展对于京津冀协同发展的重要性进一步提升。

（一）通州区与北三县一体化发展的重要意义

第一，有利于疏解北京非首都功能，治理"大城市病"，优化首都发展格局，探索人口经济密集地区优化开发新模式。城市副中心作为首都的一翼，承担着承接非首都功能的重要使命。通州区与北三县公共服务一体化，可承接部分教育、医院等优质公共服务资源，有助于缓解中心城区拥堵问题。

第二，作为重大区域发展战略，有利于破解协同发展中的突出问题，探索京津冀协同发展新机制，加快区域协同发展。有利于推进北京城市副中心建设，拓展发展新空间，辐射带动京津冀东部协调发展，形成京津冀新的经济增长极。

第三，是解决交界地区矛盾，破解区域发展不平衡的现实需要。通过一体化发展，突破行政区分割导致的交通问题，缩小两地公共服务落差，以产带人，改变环京地带燕郊等"睡城"现象，对解决城乡发展不平衡不充分的现实矛盾、满足人民群众对美好生活的向往、探索新型城镇化发展路径有重要意义。

（二）通州区与北三县一体化发展规划

通州区与北三县作为京津冀的核心功能区，自京津冀协同发展战略实施以来，北京市与河北省高度重视通州区与北三县协同发展，出台了一系列政策文件（表10-3-1）。

表 10-3-1　通州区与北三县一体化发展重大事项

时间	重大事项
2016 年 6 月	北京市与河北省签订《关于北京城市副中心与廊坊北三县地区统一规划、加强管控有关工作的备忘录》，对通州区和北三县实行"统一规划、统一政策、统一管控"
2018 年 9 月	增加统一标准，将"三统一"变为"四统一"，推动与廊坊"北三县"高质量协同发展
2019 年 1 月	《北京城市副中心控制性详细规划（街区层面）》对外发布，提出充分发挥城市副中心示范引领作用，辐射带动廊坊北三县地区协同发展，强化交界地区规划建设管理，打造区域发展新引擎，建设京津冀区域协同发展示范区
2020 年 3 月	国家发展改革委发布《北京市通州区与河北省三河、大厂、香河三县市协同发展规划》，为"北三县"和通州区未来一体化发展划定路线图
2021 年 3 月	"促进通州区和北三县一体化发展"被明确写入《"十四五"规划纲要》，这意味着通州区与北三县的一体化已经成为国家战略
2021 年 11 月	国务院印发《关于支持北京城市副中心高质量发展的意见》（简称《意见》），《意见》指出，积极推进城市副中心、通州区与河北省三河市、大厂回族自治县、香河县一体化高质量发展，探索逐步实现共同富裕的新路径，为推进京津冀协同发展作出示范
2021 年 11 月	廊坊市制定的北三县与北京市通州区协同发展"1+5+12"系列规划正式批复实施，为廊坊市推进北三县与通州区协同发展奠定规划基础

资料来源：根据相关规划资料整理。

2020 年 3 月，国家发展改革委发布《北京市通州区与河北省三河、大厂、香河三县市协同发展规划》，是国家层面指导通州区与北三县规划建设的基本依据，对通州区与廊坊北三县从空间格局、文化魅力、生态环境、综合交通、产业经济、公共服务、基础设施、防灾减灾、政策机制等领域提出协同发展的要求，为深入推进通州区与北三县一体化发展指明方向。

2021 年 3 月，《"十四五"规划纲要》在"深入实施区域重大战略"部分提到"高质量建设北京城市副中心，促进与河北省三河、香河、大厂三县市一体化发展"。将北三县首次写进《中华人民共和国国民经济和社会发展第十四个五年规划和 2035 年远景目标纲要》中，将"协同发展"变成"一体化发展"，可以预见"十四五"时期通州区与北三县的一体化进程将进一步加速。

（三）通州区与北三县合作的主要成就

第一，交通基础设施加快建设，初步形成互联互通的综合交通网络。轨道交通方面，京唐城际铁路已开通运营，北京轨道交通 M22 号线于 2021 年开工建设。跨界交通方面，首都地区环线高速公路贯通，唐通公路、三河南连接线等项目相继建成通车。燕潮大桥、京秦高速潮白河特大桥建成通车，目前与通州区联通的跨潮白河桥梁达 5 座。神威北大街、厂通路等 4 条跨界道路及跨河桥梁项目已列入通州区与北三县协同发展综合交通专项规划。

第二，区域生态治理联防联动机制成效明显，生态环境不断优化。在大气、水污染联防联控方面，京津冀环保部门建立了统一的空气污染预警应急机制，三地环境监测部门初步实现了重污染天气环境信息共享，制定三地重污染天气应急预案。对潮白河沿线排口进行全面封堵，强化日常巡查，实现潮白河岸上截污；配合水务和环保部门共同推进潮白河综合治理。通过与京津两地联动协同治理，PM2.5 年均浓度、综合指数均超额完成年度任务要求，区域涉及的 4 个国、省控断面水质均达到考核目标要求。

第三，一体化发展体制机制初步建立。目前，已有 15 家北京市医疗机构纳入北三县异地直接结算范围，北三县门诊异地直接结算试点工作全面启动。通州区与廊坊市签订了政务服务"区域通办"联动机制框架协议，通过453 项高频便民事项、70 项政务服务事项实现了"区域通办"。在国内首开"企业在河北、监管属北京"的跨区域管理体制先河，借助体制机制创新，一系列深层次问题正逐步破解。

三、张家口崇礼区

2022 年冬奥会的筹办为崇礼区带来基础设施完善、城乡环境提升等诸多红利，冬奥会和冬残奥会的成功举办大大提升了崇礼区的世界知名度，为崇礼区体育文化旅游产业的发展带来重大机遇。

（一）冬奥会为崇礼的发展带来的机遇

2016 年，国务院批复崇礼撤县设区。崇礼区位于河北省西北部，总面积 2334 平方千米，总人口 13.1 万，辖 2 镇 8 乡 211 个行政村 406 个自然村，是 2022 年北京冬奥会、冬残奥会雪上项目的重要举办地之一，入选国家级旅游度假区。

崇礼区距北京直线距离 150 千米，冬奥会的举办加速推进崇礼基础设施建设，京张高铁通车后，从北京到崇礼最短车程不到 1 小时，进入京津冀"1 小时生活圈"。区内 80% 面积为山地，山地坡度多在 5°—35° 之间，最大垂直落差达 800 米，适宜开发不同级别的滑雪赛道；冬季平均气温零下 12℃，平均风速 2 级，降雪早、积雪厚，存雪期长达 150 天；位于北纬 41° "世界黄金滑雪带"上，成为举办冬季奥运会雪上项目比赛的绝佳地点。目前已建成万龙、云顶、太舞、富龙、银河、多乐美地、长城岭 7 家滑雪场，拥有雪道 169 条 161.71 千米，雪道面积约 410 公顷，索道魔毯拖牵 68 条 45.63 千米，成为国内最大的高端雪场集聚区。

（二）崇礼区的发展成就

冬奥会有力推动了崇礼区的经济发展。如图 10-3-1 所示，2019 年以来，崇礼区地区生产总值增速迅速提升，从 2019 年的 2.3% 增长到 2021 年的 8%，经济发展势头强劲。2021 年崇礼区地区生产总值达到 37.2 亿元，同比增长 8.0%，增速位居张家口市第五位，高于全市（6.3%）1.7 个百分点。同时，2019 年以来崇礼区的产业结构大幅调整，如图 10-3-2 所示，第三产业的比重从 2018 年的 39.3% 跃升为 2019 年的 56.8%，并维持在 56% 以上。在冬奥会的影响下，崇礼知名度越来越高，冰雪产业和旅游行业蓬勃发展，服务业

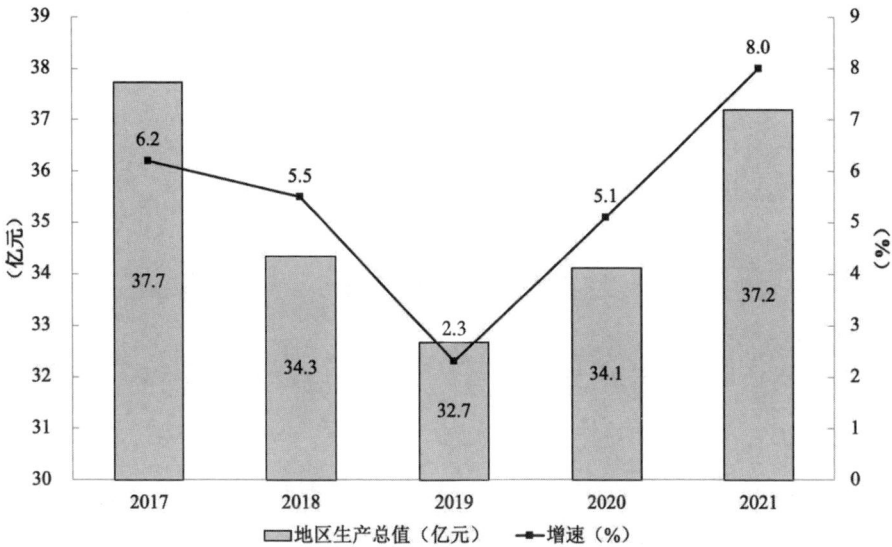

图 10-3-1 崇礼区地区生产总值与增速

数据来源：崇礼区经济运行情况分析（2017—2021年）。

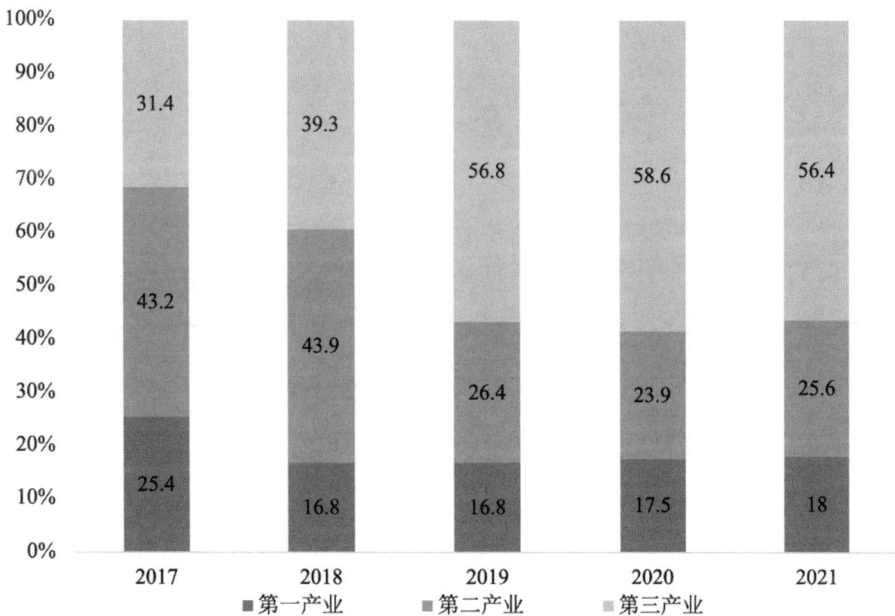

图 10-3-2 崇礼区产业结构

数据来源：崇礼区经济运行情况分析（2017—2021年）。

发展亮点突出，2021年全区规模以上服务业共实现营业收入12.6亿元，同比增长61%。其中，文化、体育和娱乐业共实现营业收入11亿元，占比达到87.4%，同比增长72.4%，就业人数占全部规上服务业的75.8%。

第四节 开发区：地级市的经济增长极

开发区作为地级市的经济增长极，有力地带动了所在城市的发展，有些增长极已经成为城市的重要名片。以北京经开区、中关村国家自主创新示范区为龙头的开发区，在发展高新技术产业、深化改革开放、推动原始创新等方面发挥重要作用，是拉动京津冀经济发展的重要增长极。

一、开发区已经成为拉动地方经济增长的重要动力源

北京经开区、天津经开区等13个国家级经开区，2019年实现地区生产总值7274亿元，占京津冀生产总值的8.6%。税收收入、出口及利用外资等经济指标也表现优秀（表10-4-1、表10-4-2），成为拉动区域经济增长的重要力量。

表10-4-1 2019年京津冀国家级经开区主要经济指标

省市	经开区	地区生产总值（亿元）	税收收入（亿元）	财政收入（亿元）	出口总额（亿元）	实际利用外资（亿美元）
北京（1家）	北京经开区	1932.8	604.6	801.4	394.9	5.6
天津（6家）	天津经开区	2009.1	576.1	687.3	1060.4	11.8
	西青经开区	335.1	41.4	41.4	91.2	1.5
	武清经开区	320.8	82.7	82.7	101.7	1.2
	天津子牙经开区	99.4	39.4	41.4	44.8	0.3

续表

省市	经开区	地区生产总值（亿元）	税收收入（亿元）	财政收入（亿元）	出口总额（亿元）	实际利用外资（亿美元）
河北（6家）	北辰经开区	183.7	37.4	37.4	100.2	1.8
	东丽经开区	81.5	14.1	14.1	18.5	0.1
	秦皇岛经开区	268.3	43.5	45.3	155.9	4.2
	廊坊经开区	548.1	69.6	76.1	62	3.7
	沧州临港经开区	440.2	59.4	66.4	22.5	4.2
	石家庄经开区	351.8	85.4	88.4	35.7	3.4
	唐山曹妃甸经开区	533.9	88.4	115.1	88.7	2.5
	邯郸经开区	170	17.3	18	17.1	0.4
合计		7274	1759	2115	2193	40

数据来源：《中国商务统计年鉴2020》。

表 10-4-2　2019 年京津冀国家级开发区主要经济指标

区域	开发区	企业数（个）	营业收入（亿元）	总产值（亿元）	实缴税费（亿元）	出口额（亿元）
北京市（1家）	中关村国家自主创新示范区	24892	66422.2	11886.7	2597.1	2507.3
天津市（1家）	天津滨海高新区	4357	5417.6	2780.3	183.8	333.1
河北省（5家）	石家庄高新区	1720	2123.1	1142	120.9	84.9
	唐山高新区	303	125.4	119.5	8.3	4.5
	保定国家高新区	606	2058.5	1101.8	94	74.4
	承德高新区	70	168.2	148	7.8	1.1
	燕郊高新区	248	487.4	265.2	28.4	5.6
合计		32196	76802	17443	3040	3011

数据来源：《中国科技统计年鉴2020》。

二、开发区已成为承载地级市经济发展的主要支撑区

从数量上看，京津冀地区 13 个地级市中，天津、邯郸、保定属于第一层级，拥有的各类省级开发区数量不低于 20 个；北京、石家庄、唐山等 8 个地级市属于第二层级，拥有 10 个以上省级开发区；秦皇岛和承德属于第三层级，分别拥有 8 个和 9 个省级开发区（表 10-4-3）。以天津滨海高新区为例，从 2014 京津冀协同发展上升为国家战略以来，高新区高标准承接北京非首都功能疏解，高质量深化重点领域协同融合，仅在 2021 年，高新区就累计签约落地京冀招商项目 372 个，总投资 500 多亿元。[①]

表 10-4-3　京津冀省（直辖市）级开发区数量（家）

序号	城市	经开区	高新区	工业园区	其他开发区	合计
1	北京	11		3	2	16
2	天津	8		9	4	21
3	石家庄	18	1			19
4	唐山	16	2			18
5	秦皇岛	7	1			8
6	邯郸	19	1			20
7	邢台	16	3			19
8	保定	19	1			20
9	张家口	15	1			16
10	承德	7	2			9
11	沧州	15	2			17
12	廊坊	7	5			12
13	衡水	8	5			13

资料来源：根据国家发展改革委《中国开发区审核公告目录（2018 年版）》，河北省商务厅全省 190 家省级以上开发区（综合保税区）名单整理。

---

① 天津高新区：《高新区谱写京津冀协同发展新篇章》，http://www.tht.gov.cn/sitefiles/cms/page.aspx?s=1&n=61&c=120063。

三、开发区成为改革创新的重要策源地

开发区作为改革开放的"排头兵",积极进行投资体制改革、土地制度改革、行政管理体制改革、社会保障制度及企业制度的改革等。通过探索新机制,增创新优势,开发区保持了持续发展的动力。设立开发区平台公司也是体制创新的产物,有效解决开发区大量基础设施投资的资金来源问题。包括政府和社会资本合作(PPP)模式、基础设施 Reits 等都是促进开发区发展的创新尝试。

四、开发区成为区域协同发展的承载地

中关村与天津、秦皇岛、保定、石家庄等地开发区开展各种形式的园区共建及合作,努力打造类中关村的创新生态和京津冀协同创新的示范区,深化区域产业和科技合作。随着北京非首都功能的疏解,许多北京外迁企业就近落户天津及河北的开发区,为开发区提档升级创造良好机遇。

本章参考文献

[1] 肖金成.增长极是区域经济发展的最有效战略[J].经济,2021(3):36-39.

[2] 魏后凯,年猛,李功."十四五"时期中国区域发展战略与政策[J].中国工业经济,2020(5):5-22.

[3] 李仁贵.区域经济发展中的增长极理论与政策研究[J].经济研究,1988(9):63-70.

[4] 李兰冰.中国区域协调发展的逻辑框架与理论解释[J].经济学动态,2020(1):69-82.

[5] 樊杰,王亚飞,梁博.中国区域发展格局演变过程与调控[J].地理

学报，2019，74（12）：2437-2454.

　　[6]李政，杨思莹.国家高新区能否提升城市创新水平？[J].南方经济，2019（12）：49-67.

　　[7]肖金成."十四五"时期区域经济高质量发展的若干建议［J］.区域经济评论，2019（6）：13-17.

　　[8]付华.在区域经济发展中培育经济增长极［J］.开放导报，2021（4）：71-79.

　　[9]庄良，叶超，马卫，等.中国城镇化进程中新区的空间生产及其演化逻辑［J］.地理学报，2019，74（8）：1548-1562.

　　[10]王宁.中国区域发展的新特征与新思路［J］.区域经济评论，2019（4）：45-53.

　　[11]杜罗莎，张丹丹，陈驰.产业园区转型升级过程中的政府职能定位［J］.宏观经济管理，2019（7）：55-63+72.

　　[12]薄文广，殷广卫.国家级新区发展困境分析与可持续发展思考［J］.南京社会科学，2017（11）：9-16.

　　[13]刘芬，邓宏兵，李雪平.增长极理论、产业集群理论与我国区域经济发展［J］.华中师范大学学报（自然科学版），2007（1）：130-133.

　　[14]郝寿义，曹清峰.论国家级新区［J］.贵州社会科学，2016（2）：26-33.

　　[15]吴昊天，杨郑鑫.从国家级新区战略看国家战略空间演进［J］.城市发展研究，2015，22（3）：1-10+38.

　　[16]肖良武，黄臻，罗玲玲.省域经济增长极选择及培育路径研究［J］.经济问题，2017（5）：117-122.

　　[17]刘秉镰，朱俊丰，周玉龙.中国区域经济理论演进与未来展望［J］.管理世界，2020，36（2）：182-194+226.

第十一章
规划建设现代化都市圈

　　都市圈是我国城镇人口空间分布的重要载体，也是城市群形成和发展的重要一环，在我国推进新型城镇化进程中起着承上启下的重要作用。《国家新型城镇化规划（2014—2020年）》明确强调，特大城市要适当疏散经济功能和其他功能，推进劳动密集型加工业向外转移，加强与周边城镇基础设施连接和公共服务共享，推进中心城区功能向1小时交通圈地区扩散，培育形成通勤高效、一体发展的都市圈。《关于培育发展现代化都市圈的指导意见》明确提出："以促进中心城市与周边城市（镇）同城化发展为方向，以创新体制机制为抓手，以推动统一市场建设、基础设施一体高效、公共服务共建共享、产业专业化分工协作、生态环境共保共治、城乡融合发展为重点，培育发展一批现代化都市圈，形成区域竞争新优势，为城市群高质量发展、经济转型升级提供重要支撑。"建设现代化都市圈不仅是促进城市群发展的有效手段，而且是推进高质量城镇化的重要手段，起着引领区域协调发展、城乡融合发展和乡村振兴的重大作用，也起着引领现代化经济体系建设和经济高质量发展的作用，最终有利于探索具有中国特色的国家治理体系和治理能力现代化模式。

第一节　都市圈的概念与范围界定

一、都市圈的概念

最早提出和使用"都市圈"概念的国家是日本。1951 年，日本学者木内信藏研究日本城市后，提出了"三地带学说"，即大城市的圈层由中心地域、周边地域和边缘广阔腹地三部分构成。后来，木内信藏关于"都市圈"的思想发展成为"都市圈"理念，且得到了日本政府部门的认可。20 世纪 80 年代后期，我国地理、规划、经济等领域的学者才开始研究都市圈相关问题。1989 年，中国人民大学周起业、刘再兴、张可云等教授合著《区域经济学》一书，提出大都市圈是指以大城市为依托，包括周围地区发展形成的中小城市，所形成的联系紧密的经济网络。1996 年，王建提出在中国规划建设"九大都市圈"的设想。他认为，以当时的交通技术条件估算，都市圈直径可达 200 千米甚至接近 300 千米，空间范围则在 4 万至 6 万平方千米之间，在这一区域内人们乘汽车可以实现在一天内的面对面交流。高如嵩和罗明义认为，都市圈的核心城市经济比较发达，且城市功能较强，都市圈的空间范围覆盖其核心城市对周边邻接地域产生经济辐射作用的最大地域范围，在这一地域范围内，核心城市与周边邻接地区之间存在内在的经济联系，且能够促进这些地区经济发展。2005 年，陈秀山主编《中国区域经济问题研究》一书，对都市圈进行了经济学意义上的定义，即都市圈是由一个都市及其周边的若干腹地城市组成的环状经济区域，该都市作为都市圈的经济中心，具有较高的首位度，且通过中心辐射带动作用与周边城市形成密切的经济关联。2007 年，肖金成、袁朱在中国经济时报上发表《中国将形成十大城市群》一文，对城市群和都市圈的概念进行了辨析。他们认为，都市圈属于同一城市的作用范围，一般是根据一个或两个大都市辐射的半径为边界并以该城市命名；城市是一个区域的中心，通过极化效应集中了大量的产业和人口，获得快速的发展；随着城市规模的扩大、实力的增强，对周边区域产生辐射带动效应，形成一个又一个城市圈或都市圈。每个城市群都有一个或多个都（城）市圈。

《关于培育发展现代化都市圈的指导意见》对都市圈的概念做了界定："城市群内部以超大特大城市或辐射带动功能强的大城市为中心、以 1 小时通勤圈为基本范围的城镇化空间形态。"

都市圈是都市通过辐射效应与周边地区发生相互作用的产物，都市圈的范围是都市与周边城市相互联系和合作的区域，都市与周边城市的关系是产业协作和功能分工的关系。因此都市圈是以超大城市、特大城市或辐射带动功能强的大城市为核心，以核心城市的辐射距离为半径，所形成的功能互补、分工合作、经济联系比较紧密的区域。其主要包含四个方面的内涵：一是都市圈的核心城市是超大城市、特大城市或辐射带动功能强的大城市，即都市，都市是形成都市圈的前提条件；二是都市圈的辐射核即核心城市，多数情况下只有一个，在极少数情况下出现两个实力相当距离很近的都市共同辐射一个区域，谓之"双核"都市圈，也有一主一次两个辐射核形成的都市圈，都是都市圈的特殊情况；三是都市圈内的经济社会联系主要是产业链条的延伸，即产业链上下游联系和市场联系；四是都市圈的大小取决于都市辐射半径的大小，都市规模越大，交通联系越便利，区域一体化水平越高，都市的辐射半径就越大。

二、都市圈空间范围的确定

都市圈的范围取决于作为核心城市的辐射范围，而都市辐射范围的大小则受到都市规模、距离远近、地理条件、交通条件、技术进步、历史文化、行政体制等因素的综合影响。因此，在界定都市圈空间范围的过程中，不仅要考虑到这些因素的影响，而且要选择科学合理的界定方法，还要基于现实需要遵循一定的界定原则，从而增强都市圈空间范围界定的科学性和合理性。

（一）都市圈范围的决定因素

都市的规模大小。作为都市圈的核心城市，都市对周边地区的辐射力主要取决于其规模所集聚的经济势能。这种经济势能包括城市人口数量、经济发展水平、城市基础设施、城市环境质量、商品流通、文明程度等许多因素。都市的经济势能主要取决于人口规模和经济规模两个方面。其实，一个城市的人口规模与经济规模是息息相关、相辅相成的。一般来说，一个都市的人口规模和经济规模越大，其经济势能就相应越强，其辐射带动的空间范围也就相应越大。

地理距离的远近。都市对周边地区的辐射力遵循距离衰减规律。也就是说，与都市的地理距离越近，受到都市的辐射力就越强，反之，则越小。随着科技进步，距离对经济联系的影响趋于缩小。但是，对于都市对周边地区的辐射带动作用来说，地理距离仍是一个不能回避或忽略的重要因素。

自然地理条件。对于现代经济社会发展来说，自然地理条件仍是十分重要的。如果一个地区和城市与都市之间存在高山或大河，即使地理距离很近，都市对它们的辐射力衰减速度要比直接相连的平原地区快得多。尽管现代科技进步使得桥梁和隧道的建设容易了很多，也快了很多，但是，仍需要付出不小的代价和成本。即使有了桥梁和隧道，区域间和城市间的经济联系活动仍不如平原地区方便和便捷。因此，在有高山或大河阻隔的地方，大都市的辐射距离相对较短。

交通设施的便利程度。交通设施对区域间、城市间经济联系的影响是不言而喻的。在我国，尤其是在东部沿海地区，地势较为平坦，国道、省道、高速公路、铁路等交通基础设施星罗棋布，大大方便了区域间和城市间的经济活动。21世纪以来，我国快速建设起来的高速铁路网络，更是使区域间和城市间的经济联系活动变得更加便捷和频繁。对于都市来说，哪个方向的交通方式越便捷、越多样，都市就对哪个方向的辐射力越强、也越远。

通信技术进步及应用。在都市圈形成的早期阶段，都市对周边地区和城市的辐射带动作用主要来源于制造业上下游联系和市场吸引力。随着都市的发展壮大和经济转型，都市辐射带动周边地区和城市发展的动力源也在发生转变，生产性服务业在都市发挥辐射带动功能中的角色越来越重要。通信技术的快速进步和大规模普及，使得都市为周边地区和城市提供生产性服务变得更加便捷和有效，进一步深化和强化了都市对周边地区和城市的辐射带动作用。

历史文化因素。历史文化是影响都市辐射距离远近的深层次原因。如果大都市所在区域地缘相接、文化相近、人缘相亲，经济交流很方便、很有效，有利于都市对周边地区和城市的经济辐射和产业扩散。

行政体制因素。行政体制因素能够影响都市对周边地区和城市的辐射带动作用是显而易见的。基于政绩考核的考虑，囿于"一亩三分地"的观念和思维，都市所在行政区的地方政府会想方设法阻碍本地企业迁移出行政区范围。越是计划经济色彩浓厚的地区，地方政府越有冲动想方设法来阻挠企业的自由迁移。这样一来，就大大弱化了都市对周边地区和城市的辐射带动作用。如北京和天津都是人口规模千万以上的大都市，但对河北的辐射带动作用都不明显，河北的经济社会发展普遍滞后，城市规模普遍较小，形成悬殊的经济社会发展落差，京津冀协同发展需要中央政府的强力推动。

（二）都市圈范围的界定方法

经济动力学理论认为，物理学的万有引力定律也适用于区域经济学领域，可以用来测度城市间的经济联系，即在一定区域内城市间在经济上也存在着相互吸引的规律，从而形成城市间的经济联系。城市间相互吸引力由城市间的物质流、人员流、能量流、技术流、信息流、服务流等流空间集合的强度和频度组成。这些流空间所集合的强度和频度越大，城市间的相互吸引力越强。与万有引力的计算公式相类似，城市间的相互吸引力与两个城市的质量和城市间的距离有关。其中，城市质量包括城市的人口规模和经济实力，城市间距离是指经济距离。大都市对周边城市的引力强度计算公式为：

$$U_{ij} = \frac{\sqrt{P_i G_i \times P_j G_j}}{D_{ij}^2} \tag{11.1}$$

式中，U_{ij} 表示大都市 i 与城市 j 间的引力强度，P_i 和 P_j 分别表示大都市 i 和城市 j 的人口规模，G_i 和 G_j 分别表示大都市 i 和城市 j 的经济实力，D_{ij} 表示大都市 i 与城市 j 间的经济距离。

城市的人口规模和经济实力都可以从统计年鉴中直接获取或用其他统计数据代替，任意两城市间的地理距离可以通过地图软件测量得来。关键是如何测度任意两城市间的经济距离。高汝熹和罗明义（1998）认为，城市间的经济距离由两城市间交通运输方式的便捷性、多样性和经济发展水平的差距来决定。以此思路为基础，他们提出了一种简便可行且具有较强科学性的计算任意两城市间经济距离的方法。本研究借鉴高汝熹和罗明义（1998）的思路和方法，以地理距离为基础，通过两次修正得到大都市与某一个外围城市的经济距离。其计算公式为：

$$D_{ij}=d_{ij} \cdot \alpha_{ij} \cdot \beta_{ij} \tag{11.2}$$

式中，D_{ij} 表示大都市 i 与城市 j 间的经济距离，d_{ij} 表示大都市 i 与城市 j 间的地理距离，α_{ij} 和 β_{ij} 分别表示大都市 i 与城市 j 间的交通方式修正权重和经济落差修正权重。其中，交通方式修正权数的取值主要取决于大都市与周边某一个城市间交通运输方式的便捷性和多样性，经济落差修正权数的取值主要取决于大都市与周边某一个城市间的人均地区生产总值差距。

城市间进行经济联系活动的交通方式主要有铁路、公路、江海航运和民用航空。民用航空适用于远距离的城市间经济联系活动，对于诸如都市圈等小区域内的城市间经济联系活动使用率极少，本文暂不考虑。对于诸如都市圈等小区域来说，江海航运在近距离的城市间经济联系活动中不具有普遍性，且逐步被高速公路和铁路所取代，本文也暂不考虑。21 世纪以来，我国高速铁路建设快速发展，逐步建成了较为完善的高速铁路网络，也成为城市间经济联系活动的重要方式。

经济落差综合反映了城市经济发展水平的差异。若城市间的经济落差太大，城市间的产业关联和经济沟通就比较困难，容易出现"城沟"或"断裂点"，大城市很难对周边中小城市和小城镇产生较强的经济辐射带动功能；若城市间的经济落差较小，城市间比较容易形成密切的产业关联和经济关系，有利于形成较强的城市间经济联系，从而使得城市间经济融合一体化发展。经济落差权重的设定原则根据大都市周边某一个城市的人均地区生产总值与都市的比值大小而定。场强是都市周边某一个城市是否可以划入都市圈空间范围的另一个重要依据。场强是指都市的经济辐射场在周边某一个城市所在地理位置的强度。一般来说，场强越大，该地理位置上的城市被划入都市圈空间范围的可能性越大。其计算公式为：

$$S_{ij} = \frac{\sqrt{P_i G_i}}{D_{ij}^2} \quad\quad（11.3）$$

式中，S_{ij} 表示都市 i 在城市 j 所在地理位置的场强，P_i 表示都市 i 的人口规模，G_i 表示都市 i 的经济规模，D_{ij} 表示都市 i 与城市 j 间的经济距离。

都市与周边某一个城市间的引力强度和在该城市所在地理位置的场强组合成向量（U, S）。向量（U, S）是判定都市周边某一个城市是否划入都市圈的重要依据。基于现实情况，科学合理地设定临界值向量（U', S'）。当向量（U, S）优于或等价于向量（U', S'）时，即 U 大于或等于 U' 和 S 大于或等于 S' 同时满足时，该城市则被划入都市圈的空间范围。

（三）都市圈范围的界定原则

以地级市为基本单元。都市对周边地区的经济辐射半径一般都在 50 千米以上，最长可达 200 千米左右，主要取决于都市规模的大小。在都市经济辐射的空间范围内，存在数量可观的大中小城市和小城镇。在中国的语境下，以行政级别来划分，这些城市不仅包括省级城市（直辖市）和副省级城市，而且包括地级城市、副地级城市和县级城市。为了降低数据计算的烦琐性，且保证计算结果的有效性，一般情况下选择地级及以上城市作为研究的基本对象，根据都市圈空间范围的界定方法，如果该城市被判定划入都市圈的空间范围，则其管辖的行政区全部划入都市圈的空间范围。

辐射距离有限性。都市的经济社会联系是开放性的。都市不仅可能与周边地区和城市之间存在经济社会联系，而且可能与国内其他地区和城市甚至国外的地区和城市之间存在广泛而又密切的经济社会联系。都市圈是以都市为中心，以辐射距离为半径，形成的空间范围。都市圈内的城市接受都市的辐射带动，经济联系更加紧密，但这种辐射带动作用的强度是随距离延伸而衰减的，不可能无限延伸。因此，依据都市规模的大小，科学合理地选择相应的地理距离，以其为半径，以都市为核心，在此空间范围内运用上述界定方法来合理界定每个都市圈的空间范围。

在地理上保持连续性。都市圈是在地理上连续的区域。选择以地级及以上行政区为研究对象，可能会出现距离都市较远的行政区被划入都市圈的空间范围，而较近的行政区却不能划入都市圈的空间范围的现象。在这种情况下，基于都市圈在地理上保持连续性的考虑，距离都市较近的县级行政区也应划入都市圈的空间范围。

生态、流域和产业的现实相关性。生态安全和用水安全对于都市来说至关重要。在某些都市的周边地区，可能存在部分地区和城市地处都市的"上风上水"位置，既是都市的生态屏障，又是都市所在流域的上游或水源地。这些地区和城市的经济活动直接影响着该都市的生态安全和用水安全。这些地区的经济发展水平和城市发育水平一般较低，尽管不能通过界定方法判定划入都市圈的空间范围，但是出于保障都市生态安全和用水安全的考虑，把它们划入都市圈的空间范围也是合理的。

第二节　京津冀三大都市圈

京津冀是国家首都所在地，经济社会发展水平都较高，已经出现北京、天津、石家庄三大都市，并分别向周边地区辐射形成了北京都市圈、天津都市圈和石家庄都市圈。

一、京津冀城市发展现状

京津冀由北京、天津两个直辖市和河北省省会石家庄以及张家口、承德、秦皇岛、唐山、廊坊、保定、沧州、衡水、邢台和邯郸 10 个地级市及定州、辛集两个省直管县级市组成。[①]

改革开放以来，随着经济快速发展，京津冀各地城镇化水平不断提高，许多城市的人口规模快速壮大。2005—2020 年，京津冀城镇化水平由 49.31% 提高到 68.61%，15 年间提高 19.30 个百分点，其中，北京市提高 3.91 个百分点，天津市提高 9.65 个百分点，河北省提高 22.39 个百分点（表 11-2-1）。2020 年，城区常住人口在 1000 万人以上的城市有 2 个，即北京和天津；城区常住人口在 300 万至 500 万人之间的城市有 1 个，即石家庄；城区常住人口在 100 万至 300 万人之间的城市有 4 个，即邯郸、唐山、保定和秦皇岛；城区常住人口在 50 万至 100 万之间的城市有 6 个，即张家口、邢台、沧州、廊坊、衡水和承德；没有城区常住人口在 500 万至 1000 万人之间的城市，其他城市的城区常住人口都在 50 万人以下（表 11-2-2）。

表 11-2-1　京津冀城镇化水平变化

地区	2005 年	2020 年
北京市	83.62%	87.53%
天津市	75.07%	84.72%
河北省	37.69%	60.08%
京津冀区域	49.31%	68.61%

数据来源：国家统计局网站。

[①] 2013 年 6 月，正定市由保定市代管县级市划归河北省直接管辖，辛集市由石家庄市代管县级市划归河北省直接管辖，行政区划隶属关系均不变。

表 11-2-2　2020 年京津冀区域城市分类情况

城区常住人口[①]	城市
城区常住人口在 1000 万人以上（超大城市）	北京、天津
城区常住人口在 500 万至 1000 万人之间（特大城市）	–
城区常住人口在 300 万至 500 万人之间（Ⅰ型大城市）	石家庄
城区常住人口在 100 万至 300 万人之间（Ⅱ型大城市）	邯郸、唐山、保定、秦皇岛
城区常住人口在 50 万至 100 万之间（中等城市）	张家口、邢台、沧州、廊坊、衡水、承德
城区常住人口在 50 万以下（小城市）	定州、任丘、迁安等

数据来源：《中国城市建设统计年鉴 2020》。

二、京津冀三大都市

都市一般指超大城市、特大城市或辐射带动功能强的大城市。大城市分为Ⅰ型大城市和Ⅱ型大城市，Ⅰ型大城市是指城区常住人口在 300 万至 500 万人之间，可以认定它们是辐射带动功能强的大城市。因此，在我国城市发展语境下，城区常住人口在 300 万人以上的城市可称为都市，包括超大城市、特大城市和Ⅰ型大城市。在京津冀区域，北京和天津都是超大城市，河北省省会石家庄是Ⅰ型大城市，由此可以判定北京、天津和石家庄都已发展成为都市（表 11-2-3）。

表 11-2-3　2020 年京津冀区域都市发展情况

城市规模等级	城市名称	城区常住人口（万人）
超大城市	北京	1916.40
	天津	1174.44
Ⅰ型大城市	石家庄	336.35

数据来源：《中国城市建设统计年鉴 2020》。

---

① 城区常住人口由城区人口和城区暂住人口相加得出。

三、京津冀三大都市的辐射范围

京津冀三大都市通过产业关联、市场关联等经济联系对周边地区产生经济辐射，从而形成各自的辐射范围。接下来，分别以北京、天津和石家庄为辐射核科学界定它们的辐射范围。

（一）京津冀三大都市辐射范围的备选城市

在科学界定京津冀三大都市辐射范围之前，需要确定相比辐射范围大一些的备选范围。都市的辐射距离与其人口规模之间有着必然的关系，人口规模越大，其辐射距离一般越远，但都市的辐射距离也是有极限的。罗明义指出，东京都市圈是日本最大的和最成熟的都市圈，其圈域半径在 150 千米左右。在此基础上，合理确定中国都市圈的备选范围：如果是超大城市，其辐射范围备选的圈域半径确定为 200 千米左右；如果是特大城市，其辐射范围备选的圈域半径确定为 150 千米左右；如果是 I 型大城市，其辐射范围备选的圈域半径确定为 100 千米左右。利用地图软件测量工具，分别在距离北京和天津 200 千米左右和距离 I 型大城市 100 千米左右的空间范围内寻找北京、天津和石家庄三大都市辐射范围的备选城市（如表 11-2-4 所示）。

表 11-2-4　界定出京津冀三大都市辐射范围的备选城市一览表

都市辐射范围的备选圈域半径	都市名称	都市辐射范围备选的主要城市
200 千米左右	北京	廊坊、保定、唐山、张家口、承德、沧州
	天津	廊坊、唐山、沧州、保定、衡水
100 千米左右	石家庄	辛集、定州、衡水、邢台

资料来源：作者自行整理。

（二）数据说明及其来源

城市间地理距离和交通方式用地图软件查询得出；各城市的人口规模由城区人口与城区暂住人口的统计数据相加得来，2020 年统计数据来源于《中国城市建设统计年鉴 2020》；鉴于数据的可得性和代表性，各城市的经济规模和经济发展水平分别用各市市辖区的地区生产总值和人均地区生产总值来表示，2020年统计数据均来源于《中国城市统计年鉴2021》。

（三）京津冀三大都市与其辐射范围备选城市的经济距离

运用公式（11.2），以北京、天津、石家庄三大都市与其辐射范围备选城市的地理距离和交通条件，以及各城市人均地区生产总值为基础，对地理距离进行两次修正后，得到2020年京津冀三大都市与其辐射范围备选城市的经济距离（表11-2-5至表11-2-7）。从计算结果可以看到，都市与其辐射范围备选城市的经济距离相对于地理距离是缩短了还是拉远了，取决于都市与该备选城市间交通方式快捷性、多样性和经济落差大小的综合影响。其中，有的城市尽管与都市的地理距离较远，但因为与都市间的交通方式快捷和多样，且与都市的经济落差较小，反而使得该城市与都市的经济距离较近；有的城市尽管与都市的地理距离较近，但因为与都市间的交通方式不够快捷且单一，与都市的经济落差较大，造成该城市与都市的经济距离被拉远了；还有的城市尽管与都市间的交通方式较为快捷且多样，缩短了与都市的地理距离，但因为与都市的经济落差过大，最后反而拉远了该城市与都市的经济距离；等等。

表11-2-5　2020年北京与其辐射范围备选城市的经济距离

城市	交通方式修正权重	经济落差修正权重	经济距离（千米）
廊坊	0.50	1.20	30.00
保定	0.50	1.20	84.00
唐山	0.50	1.00	77.50
张家口	0.50	1.20	99.00
承德	0.50	1.20	105.60
沧州	0.50	1.20	108.00

数据来源：作者自行计算得出。

表 11-2-6　2020 年天津与其辐射范围备选城市的经济距离

城市	交通方式修正权重	经济落差修正权重	经济距离（千米）
廊坊	0.50	1.00	32.00
沧州	0.50	1.00	46.00
唐山	0.50	0.80	41.20
保定	0.50	1.20	90.60
衡水	1.10	1.20	257.40

数据来源：作者自行计算得出。

表 11-2-7　2020 年石家庄与其辐射范围备选城市的经济距离

城市	交通方式修正权重	经济落差修正权重	经济距离（千米）
辛集	0.50	0.80	25.20
定州	0.50	1.00	33.50
衡水	0.50	0.80	42.80
邢台	0.50	1.00	54.50

数据来源：作者自行计算得出。

（四）京津冀三大都市与其辐射范围备选城市的引力强度和场强

运用公式（11.1）和公式（11.3），以北京、天津和石家庄三大都市与其辐射范围备选城市的经济距离，以及各城市的人口规模和地区生产总值为基础，计算得出 2020 年京津冀三大都市与其辐射范围备选城市的引力强度和场强（表 11-2-8 至表 11-2-10）。除都市与其辐射范围备选城市的经济距离外，都市到其辐射范围备选城市所在位置的场强仅与该都市的质量（包括人口规模和经济实力）有关，但都市与其都市圈备选城市的引力强度不仅与该都市的质量有关，而且与该备选城市的质量有关。因此，都市与其辐射范围备选城市的引力强度大小与该都市到其辐射范围备选城市所在位置的场强大小并不完全一致，即不存在正向的相关关系。也就是说，有可能出现都市与其辐射范围内某一个备选城市的引力强度较大，但该都市到该备选城市所在位置的场强反而较小的情况。

表 11-2-8　2020 年北京与其辐射范围备选城市的引力强度和场强

城市	与北京的引力强度	北京在该城市所在位置的场强
廊坊	2429.86	9.24
保定	588.82	1.18
唐山	1266.95	1.38
张家口	235.91	0.85
承德	112.90	0.75
沧州	184.59	0.71

数据来源：作者自行计算得出。

表 11-2-9　2020 年天津与其辐射范围备选城市的引力强度和场强

城市	与天津的引力强度	天津在该城市所在位置的场强
廊坊	1044.21	3.97
唐山	497.52	1.92
沧州	2150.23	2.40
保定	247.48	0.50
衡水	11.38	0.06

数据来源：作者自行计算得出。

表 11-2-10　2020 年石家庄与其辐射范围备选城市的引力强度和场强

城市	与石家庄的引力强度	石家庄在该城市所在位置的场强
辛集	168.14	1.73
定州	115.83	0.98
衡水	111.03	0.60

城市	与石家庄的引力强度	石家庄在该城市所在位置的场强
邢台	86.79	0.37

数据来源：作者自行计算得出。

（五）京津冀三大都市圈的空间范围

观察京津冀三大都市与其辐射范围备选城市的引力强度和场强变化，综合考虑后，设定临界值向量（100，1）。当都市与其辐射范围某一个备选城市的引力强度和到该城市所在地理位置的场强组合成的向量（U，S）优于或等价于向量（100，1）时，即引力强度值大于或等于100和场强值大于或等于1两个条件同时满足时，该城市被判定划入该都市的辐射范围，从而得到都市圈的空间范围。以此方法，初步界定出北京都市圈、天津都市圈和石家庄都市圈的空间范围（表11-2-11）。

表11-2-11　初步界定2020年京津冀三大都市圈的主要城市一览表

都市圈	核心城市	包含的主要城市
北京都市圈	北京	北京、廊坊、保定、唐山
天津都市圈	天津	天津、廊坊、沧州、唐山
石家庄都市圈	石家庄	辛集、定州 [①]

资料来源：作者自行整理。

对比引力强度和场强，并结合都市圈在地理上的连续性、生态和流域的关联性等界定原则及其他特殊因素，对北京都市圈、天津都市圈和石家庄都市圈的空间范围进行合理调整。无论北京通州副中心城市建设与廊坊北三县一体化发展，还是大兴国际机场建设，都说明廊坊与北京的经济联系更加紧

---

① 2020年，石家庄与定州的引力强度为115.83，而石家庄到定州的场强为0.98，约等于1，应划入石家庄都市圈。

密，但考虑到天津与廊坊的合作发展，尤其是武清与永清，借力大兴机场的交通便利，实现同城化发展，因此把廊坊同时划入北京都市圈和天津都市圈。从地理区位和港口合作方面考虑，把唐山划入天津都市圈比较合理。张承地区是首都北京的水源地和生态屏障，尽管北京到张家口和承德的场强均未达到1，但从保障首都北京用水安全和生态安全考虑，把张家口和承德划入北京都市圈。由此，得到北京都市圈、天津都市圈和石家庄都市圈合理调整后的空间范围（表11-2-12）。

表11-2-12　合理调整后京津冀三大都市圈的主要城市一览表

都市圈	核心城市	包含的主要城市
北京都市圈	北京	北京、廊坊、保定、张家口、承德
天津都市圈	天津	天津、廊坊、唐山、沧州
石家庄都市圈	石家庄	辛集、定州

资料来源：作者自行整理。

第三节　京津冀现代化都市圈规划

中国特色社会主义进入新时代，人民日益增长的美好生活需要与不平衡不充分的发展之间的矛盾成为新的社会主要矛盾，京津冀地区体现得尤为突出。2014年2月，习近平总书记提出，"要推动京津冀协同发展"。2015年4月，中共中央政治局审议通过《京津冀协同发展规划纲要》，提出以有序疏解北京非首都功能，解决北京"大城市病"为基本出发点，推动京津冀协同发展，并提出要建设京津冀世界级城市群。城市群由都市圈与其周边的都市圈或城市圈实现空间耦合而形成，都市圈是城市群的核心区域。在京津冀区域，分别以北京、天津、石家庄为核心城市的三大都市圈如果不能实现内部的和相互的协同发展，就难以实现京津冀协同发展，京津冀建设世界级城市群也就无从谈起。推动京津冀协同发展和建设京津冀世界级城市群都对京津冀规划建设现代化都市圈提出了战略要求。

一、京津冀规划建设现代化都市圈的重要意义

2019 年 2 月 19 日，国家发展改革委发布的《关于培育发展现代化都市圈的指导意见》指出："建设现代化都市圈是推进新型城镇化的重要手段，既有利于优化人口和经济的空间结构，又有利于激活有效投资和潜在消费需求，增强内生发展动力。"京津冀规划建设现代化都市圈在实现经济高质量发展、促进区域协调发展、推进乡村振兴、建设世界级城市群等方面都具有重要的战略意义。

（一）有利于实现京津冀经济高质量发展

党的十九大报告指出，我国经济已由高速度增长阶段转向高质量发展阶段，要求未来的经济发展更多地依靠科技创新，提高资源要素的利用效率，减少排放，降低污染，保护环境。规划建设现代化都市圈，促进资源要素在都市圈范围内自由流动，让市场决定要素配置，不仅有利于提高资源要素的利用效率，而且有利于人才交流、促进科技创新。北京和天津的高校和科研院所数量众多，都是高素质人才和高科技企业的集聚地，通过规划建设现代化都市圈，强化京津两大都市与周边河北城市之间的产业协作关系，推动河北城市加快产业转型，并逐步形成区域科技创新系统及其正反馈机制，即北京和天津承担科技创新的功能，周边河北城市承担新技术成果中试和产业化及反馈的功能，加快区域科技创新的步伐和产生新技术、新应用的频度，不断提高资源利用效率和经济效益，减少污染排放，从而推进京津冀整个区域的经济高质量发展。

（二）有利于促进京津冀区域协调发展

区域协调发展战略是党的十九大报告提出的新时代七个国家重大战略之一。都市圈不仅包含经济发达的核心城市，而且包含欠发达的周边地区，是促进区域协调发展较为适宜的空间尺度，有助于促进区域协调发展的政策和

机制更快更好地实施和"立竿见影"，也有助于为更大空间尺度的区域协调发展起到示范作用和提供经验借鉴。京津冀的区域发展差距是惊人的，主要表现为河北各市及整体与京津之间悬殊的发展差距，尤其是在北京都市圈内最为突出。2020年，北京市人均地区生产总值高达16.49万元，是河北省的3.40倍，除北京市外，廊坊市是北京都市圈内人均地区生产总值最高的，不到北京市的40%。京津冀规划建设现代化都市圈，推动京津冀协同发展的促进政策和引导机制率先落实到都市圈内，尤其是北京都市圈，通过增强核心城市尤其是北京对廊坊、保定等城市的辐射带动作用，加快提高河北各市的经济发展水平，尽快把核心城市与周边地区之间的发展差距缩小至可接受范围内，形成都市圈协调发展格局，进而实现京津冀整个区域的协调发展。

（三）有利于推进京津冀乡村振兴

乡村振兴战略也是党的十九大报告提出的新时代七个国家重大战略之一。都市圈是一个区域，不仅包括城市和城镇，而且包括大面积的农村地区。在都市圈内，城市和城镇为农民提供工业品和各种服务，农村地区则为城市和城镇的居民提供粮食、蔬菜和水果，以及旅游、休闲、度假、体验等活动的去处。京津冀区域人口密集，尤其是河北省人口众多、城镇化水平较低，推进乡村振兴的任务艰巨。京津冀规划建设现代化都市圈，通过强化核心城市对周边地区的辐射带动作用，促进周边地区的城市和城镇加快经济发展，创造更多的就业岗位和创业机会，把农村地区的农业富余劳动力吸纳进来，不仅要实现就业类型的转变，而且要实现社会身份的转变，赋予他们真正的市民身份，享受与城镇居民同等的不受歧视的公共服务和社会福利。一方面，这些城市和城镇在核心城市的辐射带动下大量吸纳农业转移人口，减少了农村地区的人口数量，降低了乡村振兴的压力。另一方面，这些城市和城镇在核心城市的辐射带动下人口规模快速壮大、居民收入快速提高，使得农产品的市场需求快速扩大且更加旺盛，与此同时，城镇居民到农村地区旅游、休闲、度假、体验等活动的需求也逐渐旺盛起来，农村地区通过大力发展观光农业、特色农业、绿色农业并实现一二三产业融合发展就能实现产业快速兴旺、农民收入大幅度提高，从而推进乡村振兴。

（四）有利于建设京津冀世界级城市群

以首都为核心的世界级城市群是《京津冀协同发展纲要》确定的京津冀区域四个整体功能定位之首，也是京津冀城市群发展的战略目标。从美国波士华城市群、日本东海道城市群、英国英格兰城市群等世界级城市群来看，世界级城市群不仅在经济体量上举足轻重，而且具有完善的城镇规模等级结构。京津冀城市群不但在经济体量上与国际上的世界级城市群难以比拟，而且城镇规模等级结构严重不合理。京津冀城市群呈现出"哑铃"形城镇规模等级结构，即存在超大城市过大，特大城市、大城市和中等城市发展不足，小城市过小的严重问题，这些问题在北京、天津、石家庄三大都市圈内也都有体现。京津冀规划建设现代化都市圈，要通过增强核心辐射带动作用壮大周边城市的人口规模，使大城市发展成为特大城市、中等城市发展成为大城市、小城市发展成为中等城市，加快扩充特大城市、大城市和中等城市的数量，逐步优化京津冀三大都市圈乃至城市群整体的城镇规模等级结构，促进京津冀城市群向世界级城市群迈进。

二、京津冀三大都市圈的规划范围

规划建设现代化都市圈要用发展的眼光。随着经济社会发展，核心城市的人口规模和经济实力可能会进一步壮大，交通条件更加便捷，核心城市的辐射距离可能会进一步延长，对更远地区产生较强的辐射带动作用。如石家庄在不远的将来，很有希望发展成为人口规模 500 万人以上的特大城市。因此，京津冀三大都市圈的规划范围应根据核心城市及周边地区的发展潜力适度扩大。

（一）北京都市圈

北京都市圈，也可称之为首都都市圈，以北京为核心城市，规划范围包括北京市、廊坊市、保定市、张家口市和承德市。2020 年，北京都市圈土地面积约 11.93 万平方千米，常住人口约 4527.85 万人，城镇化率高达 73.3%，地区生产总值约 4.60 万亿元，产业结构为 2.9∶19.0∶78.1，人均地区生产总值高达 10.17 万元（表 11-3-1）。

表 11-3-1　北京都市圈主要指标一览表

地区	土地面积（平方千米）	常住人口（万人）	城镇化率	地区生产总值（亿元）	产业结构	人均地区生产总值（万元）
北京市	16000	2189.31	87.50%	36102.60	0.3∶15.8∶83.9	16.49
廊坊市	6420	546.41	64.84%	3301.10	6.7∶31.0∶62.3	6.04
保定市	20852	1044.80	55.98%	3484.50	11.8∶30.9∶57.3	3.34
张家口市	36303	411.89	66.10%	1600.10	16.7∶26.9∶56.3	3.88
承德市	39719	335.44	56.58%	1550.30	21.7∶32.1∶46.2	4.62
北京都市圈	119294	4527.85	73.25%	46038.60	2.9∶19.0∶78.1	10.17

数据来源：各市 2020 年国民经济和社会发展统计公报。

北京都市圈主要城市有北京、保定、张家口、廊坊、承德等，其中，超大城市 1 个，即北京；Ⅱ型大城市 1 个，即保定；中等城市 3 个，即张家口、廊坊和承德；没有特大城市和Ⅰ型大城市；其余都是小城市（图 11-3-1）。

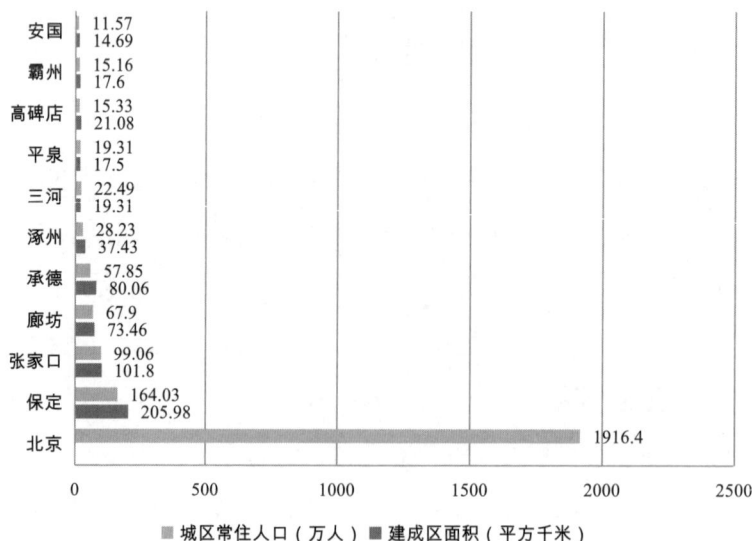

图 11-3-1　北京都市圈主要城市的人口规模和建成区面积

数据来源：《中国城市建设统计年鉴 2020》。

（二）天津都市圈

天津都市圈以天津为核心城市，规划范围包括天津市、廊坊市、沧州市、唐山市和秦皇岛市。2020年，天津都市圈土地面积约5.36万平方千米，常住人口约3748.57万人，城镇化率达到69.34%，地区生产总值约3万亿元，产业结构为5.2∶38.9∶55.9，人均地区生产总值达到8万元（表11-3-2）。

表11-3-2　天津都市圈主要指标一览表

地区	土地面积（平方千米）	常住人口（万人）	城镇化率	地区生产总值（亿元）	产业结构	人均地区生产总值（万元）
天津市	12000	1386.60	84.70%	14083.73	1.5∶34.1∶64.4	10.16
廊坊市	6420	546.41	64.84%	3301.10	6.7∶31.0∶62.3	6.04
沧州市	13488	730.08	51.14%	3699.90	8.5∶38.8∶52.7	5.07
唐山市	13829	771.80	64.32%	7210.90	8.2∶53.2∶38.6	9.34
秦皇岛市	7813	313.69	63.97%	1685.80	13.8∶32.7∶53.5	5.37
天津都市圈	53550	3748.57	69.34%	29981.43	5.2∶38.9∶55.9	8.00

数据来源：各市2020年国民经济和社会发展统计公报。

天津都市圈主要包括天津、唐山、秦皇岛、沧州、廊坊等城市，其中，超大城市1个，即天津；Ⅱ型大城市2个，即唐山和秦皇岛；中等城市2个，即沧州和廊坊；没有特大城市和Ⅰ型大城市；其余都是小城市（图11-3-2）。

（三）石家庄都市圈

石家庄都市圈以石家庄为核心城市，规划范围包括石家庄市、辛集市、定州市、衡水市、邢台市和邯郸市。2020年，石家庄都市圈土地面积约4.88万平方千米，常住人口约3306.91万人，城镇化率达到60.79%，地区生产总值约13674.30亿元，产业结构为11.0∶34.7∶54.3，人均地区生产总值约4.14万元（表11-3-3）。

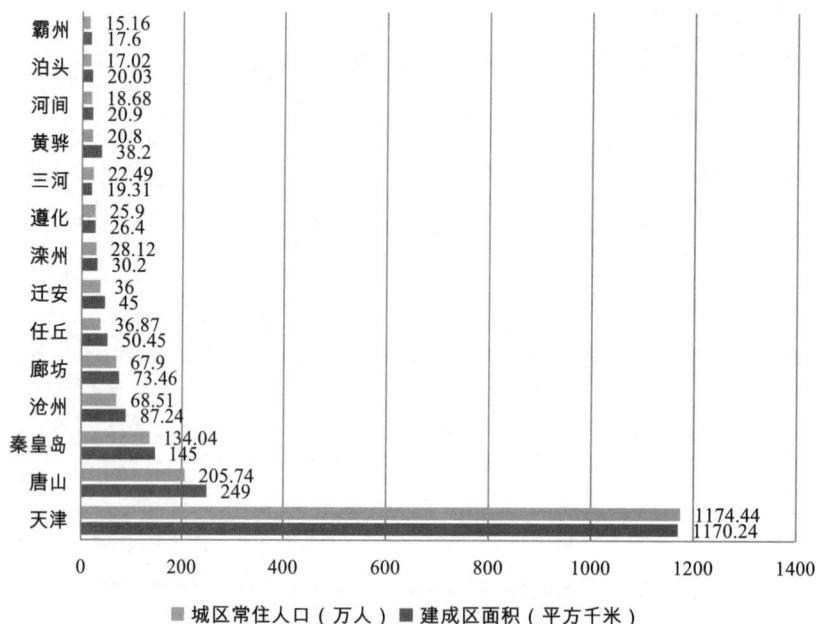

图 11-3-2　天津都市圈主要城市的人口规模和建成区面积

数据来源：《中国城市建设统计年鉴 2020》。

表 11-3-3　石家庄都市圈主要指标一览表

地区	土地面积（平方千米）	常住人口（万人）	城镇化率	地区生产总值（亿元）	产业结构	人均地区生产总值（万元）
石家庄市	13579	1064.05	70.18%	5508.70	8.0 : 26.8 : 65.1	5.18
辛集市	951	59.46	61.92%	426.40	13.6 : 62.4 : 24.0	7.17
定州市	1283	109.60	57.22%	342.00	23.5 : 35.0 : 41.4	3.12
衡水市	8758	421.29	54.74%	1560.20	15.1 : 31.4 : 53.6	3.70
邢台市	12143	711.11	54.10%	2200.40	14.2 : 37.4 : 48.4	3.09
邯郸市	12047	941.40	58.27%	3636.60	10.4 : 43.2 : 46.4	3.86
石家庄都市圈	48761	3306.91	60.79%	13674.30	11.0 : 34.7 : 54.3	4.14

数据来源：各市 2020 年国民经济和社会发展统计公报。

石家庄都市圈主要包括石家庄、邯郸、邢台、衡水、辛集、定州等城市，其中，Ⅰ型大城市1个，即石家庄；Ⅱ型大城市1个，即邯郸；中等城市2个，即邢台和衡水；没有超大城市和特大城市；其余都是小城市（图11-3-3）。

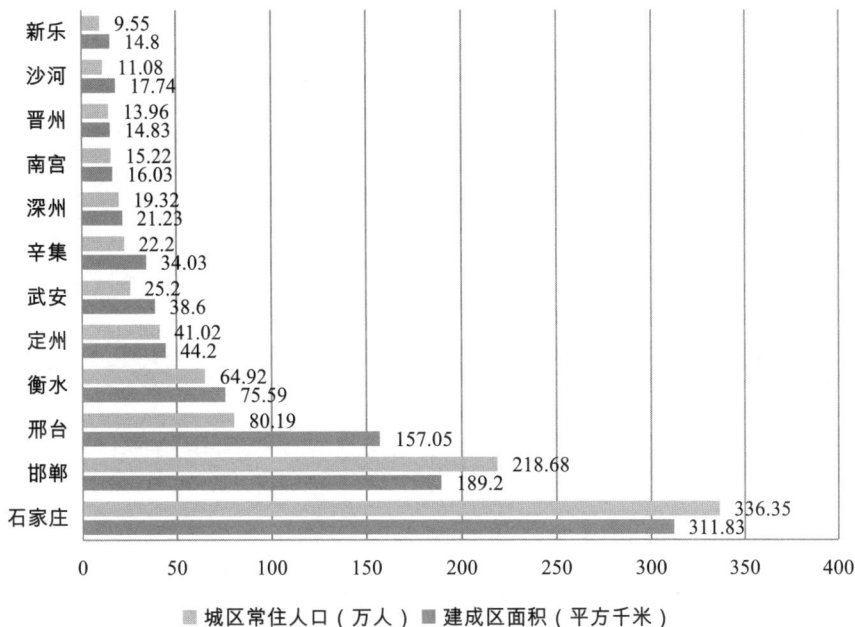

图11-3-3 石家庄都市圈主要城市的人口规模和建成区面积

数据来源：《中国城市建设统计年鉴2020》。

三、京津冀规划建设现代化都市圈的目的

国家发展改革委发布的《关于培育发展现代化都市圈的指导意见》指出，"近年来，都市圈建设呈现较快发展态势，但城市间交通一体化水平不高、分工协作不够、低水平同质化竞争严重、协同发展体制机制不健全等问题依然突出"。这些问题在京津冀区域尤其突出。因此，京津冀应规划建设三大都市圈，围绕提升三大都市圈的发展质量和现代化水平，推动三大都市圈协同联动发展，进而支撑京津冀协同发展，建设京津冀世界级城市群。

国家发展改革委《关于培育发展现代化都市圈的指导意见》提出，围绕提升都市圈发展质量和现代化水平，探索编制都市圈规划或重点领域专项规

划。都市圈规划属于区域规划。区域规划是国家和地区经济建设在空间上的战略部署，对国家和地区发展具有战略性导向作用。党的十九大报告明确指出，"发挥国家发展规划的战略导向作用"。在国外，通过区域规划来引导和促成城市网络已成为国家宏观调控的主要手段。都市圈规划是引领都市圈经济社会发展的战略性、纲领性、综合性规划。编制都市圈规划，目的在于引导都市圈高质量发展，实现都市圈内部协调发展。

在我国现有的行政管理体制、财税管理体制和政绩考核制度的大背景下，地方政府囿于"一亩三分地"的观念束缚，各自为政，对行政辖区外的事务很难顾及，恶性竞争、重复建设等问题仍然存在，行政分割对都市的对外辐射有极大的制约，尤其是在京津冀区域，包括一个省和两个直辖市，其中北京还是国家首都，行政区经济问题非常严重，人口规模超千万的京津两大都市不能有效地辐射带动周边的河北地区发展，导致出现异常悬殊的区域发展差距。

京津冀规划建设现代化都市圈，一是对都市圈内的地方政府行为产生强有力的约束作用，消除三大都市圈内尤其是在京冀间、津冀间流动的行政壁垒，让市场在资源配置中起决定性作用，避免发生恶性竞争现象；二是对都市圈经济社会发展起到战略引导作用，提出都市圈的功能定位和发展方向，引导城市间尤其是北京与周边河北城市间、天津与周边河北城市间加强交通、产业、民生、生态等领域的合作分工。

京津冀规划建设现代化都市圈，应强化都市圈规划与《规划纲要》、各城市总体规划及重点领域专项规划的有机衔接，确保协调配合、同向发力，从率先实现都市圈同城化、高质量发展入手，促进京津冀整个区域协同发展、一体化发展和城乡融合发展，进而提升京津冀区域的经济综合实力和国际竞争力，加快缩小与世界级城市群之间的各方面差距。

四、京津冀现代化都市圈的规划重点

规划建设现代化都市圈，应描绘都市圈发展的远景蓝图，提出都市圈经济社会及生态建设的总体部署，涉及面广，但规划内容不可能包罗万象，要重点突出、可操作性强。

（一）规划范围

编制都市圈规划必须明确规划的范围。都市圈规划是规划未来，核心城市现在是Ⅰ型大城市，未来就可能发展成为特大城市，对周边地区的辐射带动能力进一步增强，辐射距离更远，辐射范围会向外大幅度扩展。如石家庄的人口有条件发展到500万人以上，成为特大城市，将对邢台甚至邯郸产生较强的辐射带动作用，在规划石家庄都市圈时，就有必要把邢台和邯郸规划进来。因此说，编制都市圈规划要用发展的眼光适度扩大规划范围。然后，根据确定的规划范围分析都市圈发展的经济基础、产业结构、开发程度、城市体系、发展环境等内容，对都市圈的发展基础和所处环境形成基本认识。

（二）总体要求

包括指导思想、基本原则、发展思路和发展目标等内容。指导思想要贯彻习近平新时代中国特色社会主义思想以及党和国家的方针政策，坚持创新、协调、绿色、开放、共享的发展理念，以深化区域合作为主题，推动统一市场建设；以创新体制机制为动力，促进都市圈高质量发展，形成区域竞争新优势。基于都市圈的基础条件以及国家赋予的重大机遇，放眼全国乃至全世界，提出都市圈发展的战略思路。发展目标的确定要科学合理，提出城市发展、产业集聚、人口分布、经济发展、科技教育等方面的中长期目标。

（三）空间布局

根据开发程度及开发潜力，首先确定包括核心城市在内的城市建设边界，城市建设边界也叫城市发展红线。红线并不意味着一味控制城市的建设用地规模，要根据发展趋势和发展潜力，保持一定的弹性。然后，基于地理特点确定都市圈的发展模式，如点—轴开发、梯度开发、圈层开发等；最后，明确都市圈的城镇体系，也就是大中小城市的空间分布和小城镇的数量。值得注意的是，都市圈规划是在现有发展基础上的规划，是对现有状况的改善和分布格局的优化，不是无中生有，不能推倒重来。

（四）基础设施互联互通

推进城市间基础设施互联互通，重点构建现代化的综合交通运输体系。这些基础设施包括高速铁路、城际铁路、市郊铁路、高速公路、普通公路、机场、港口、通信、能源、水利等。基础设施建设要具有合理性、经济性和一定的超前性，互联互通要服务于城市建设和产业发展，有利于人员交流、要素流动。应以打通"断头路"和"瓶颈路"为重点，合作共建物流枢纽，共同打造"轨道上"的都市圈。

（五）产业协同发展

都市圈要构建具有国际竞争力的现代化产业体系。都市圈的产业发展要强调空间集聚，工业要进园区，就业人口要向城市和城镇集中，核心城市的产业链条要向周边城市延伸，每个城市的产业链条要向县城和城镇延伸。每一个城市都要确定功能定位，强调城市功能间的分工互补。推动核心城市产业高端化发展，夯实中小城市制造业基础，促进城市功能互补，如核心城市重点发展现代服务、高科技、文化会展等产业，周边城市发展制造、物流等产业，小城镇发展零部件、旅游康养、农产品加工等产业。每个城市的产业发展要符合本城市的功能定位和发展条件，不可盲目强调先进性、高新技术性和服务业高占比。探索建立核心城市产业向周边城市转移、其他城市间合作的项目共建机制、成本分担机制、收益共享机制及建设用地指标的跨行政区交易机制。

（六）公共服务均等化

都市圈要率先推进公共服务均等化。推进市政交通和旅游同城化，实现都市圈一卡通服务。推进体制机制改革创新，探索都市圈内教育、医疗、社会保险、住房公积金、养老保障等公共服务和政策互通互认对接共享的方式。探索实行联合办学、教师互助、学生联培等形式，推进核心城市优质教育医疗服务资源向周边城市和城镇延伸。利用现代信息技术手段，共建共享公共服务平台，推进都市圈政务服务、行政执法和社会治理联通联动。

（七）生态环境共保共建

生态环境保护是都市圈规划必不可少的内容，尤其是在生态环境问题突出的京津冀区域更是重点内容之一。强化都市圈生态网络共建和环境污染联防联治，核心城市要担主责和重任，与周边城市加强生态环境保护各方面合作，联防联治大气污染和流域污染，加强河湖库渠上下游、左右岸生态环境保护联合行动和执法，倡导和推广生产、生活、出行等方面的绿色方式，建立生态屏障、流域上下游等方面的横向补偿机制。

（八）体制机制创新

未对体制机制进行创新，是很多区域合作和规划流于形式的重要原因。应探索构建都市圈协商合作、规划协调、政策协同、社会参与等方面的新机制。在都市圈规划中，要明确都市圈的合作体制与机制。通行的做法一是建立都市圈的领导小组，由各市主要领导参加，核心城市的主要领导任领导小组组长，主要领导变更，组长也随之变更；二是建立市长联席会议制度，每年要召开一次会议，议定实施的项目和有关事项；三是建立领导小组办公室，作为常设机构，负责落实领导小组决定的事项；四是建立都市圈合作基金，为开展合作事务和共同项目建设提供资金支持，一般按财政预算的一定比例缴纳，是都市圈管理机构持续运行的保障，通过建立合作基金，成员间就建立了权利义务关系。

（九）保障措施

明确都市圈范围内各行政主体应履行的义务，建立相应的机构或明确责任机构和责任人。强调社会参与，加强公众监督和意见反馈。都市圈规划实质上是区域合作规划，本身的约束力就不强，如果没有强有力的保障措施，很容易束之高阁、形同虚设，上级政府的支持与监督变得非常重要。国家和上级政府的政策支持和资金保障成为都市圈规划顺利实施并取得成效的关键。

五、京津冀规划建设现代化都市圈的对策

促进京津冀三大都市圈高质量发展是推进京津冀协同发展、建设世界级城市群的内在要求。京津冀规划建设现代化都市圈，应强化北京、天津和石家庄"三核"的辐射带动作用，推动"三核"辐射带动"三圈"，着力推进一

批重要举措和体制机制改革创新的实施。

（一）进一步增强京津对周边地区发展的辐射带动作用

对都市圈形成和发展来说，核心城市对周边地区强有力的辐射带动作用至为关键。北京和天津都已是人口规模超千万的大都市，但对周边地区发展并没有起到很好的辐射带动作用。推动北京都市圈和天津都市圈高质量发展，进一步增强京津对周边地区发展的辐射带动作用是重中之重。

加大将北京传统产业和非首都功能向保定、廊坊等地区转移的力度。充分把握河北雄安新区建设这一国家战略带来的历史机遇，推动河北雄安新区高标准建设、高质量发展，打造成为北京的"反磁力中心"，集中承接北京疏解的非首都功能。充分发挥北京强大的科技创新优势，鼓励和支持北京高校、科研院所和高新技术企业与保定、廊坊等地区开展战略合作，促进科技创新成果的中试基地和生产基地落地保廊地区。鼓励和支持北京各类科技园区到保廊地区共建产业园区，共同探索工业园区代管运营新模式新机制。推动河北雄安新区与保定中心城区相向发展，加强交通联系和功能互动，在不太长的时间内可能崛起一座人口规模接近500万人的组合型现代化都市，成为北京辐射带动北京都市圈协调发展的名副其实的"二传手"。研究规划京雄城际铁路延伸至保定中心城区。加强北京与张家口、承德等地区在生态休闲旅游产业发展方面的合作，引导北京人到张家口、承德等地区休闲旅游、避暑度假，共同探索北京冬奥会遗产利用形式，加强北京冬奥会休闲旅游资源一体化开发合作，促进张承地区生态文化休闲旅游型产业大发展。北京应瞄准科技创新中心的战略定位，打造成为高科技产业的全球创新中心，提升中国科技创新的世界影响力，同时致力于文化创意、文化旅游、会展等现代服务业发展，提升国际化综合服务能力，建设成为具有全球影响力的世界城市。

推动天津与唐山、沧州、廊坊等地区加强经济联系，加强交通基础设施互联互通和港口分工协作，强化创新驱动和产业对接，共同打造京津冀协同发展的滨海经济带。以天津滨海新区、唐山、沧州等城市为关键节点，规划建设津冀滨海城际铁路。充分发挥天津石油和海洋化工、装备制造、电子信息、生物技术与现代医药、新能源和新材料等支柱产业形成的巨大制造业优势，向唐山、沧州、廊坊等城市延伸产业链。天津应着力发展战略性新兴产业，推动制造业与金融、商务、物流、商贸等生产性服务业良性互动，逐步实现产业结构转型升级，努力建设成为辐射带动京津冀乃至中国北方地区发展的经济中心。

北京和天津的产业发展应实施"负面清单"制度，"负面清单"目录里的产业要严控项目新建和规模扩张，并积极推动这些产业向周边城市拓展产业链和转移扩散，通过产业辐射和联动促进周边城市加快发展。

（二）加快提升石家庄作为核心城市的辐射带动能力

石家庄是河北省的政治、经济、科技、金融、文化和信息中心，区位条件优越，腹地面积广阔，产业基础良好，是河北省经济综合实力仅次于唐山但发展潜能最大的城市。目前，石家庄刚迈入都市的门槛，辐射带动能力还不够强，辐射范围还不够大。

推动石家庄都市圈高质量发展，不仅要提升石家庄作为核心城市的辐射带动能力，而且要增强石家庄对周边地区的辐射带动作用。加快石家庄产业集聚，提升经济综合实力，壮大人口规模，进一步强化其作为河北省政治、经济、科技、金融、文化和信息中心的地位。集约节约利用土地资源，合理有序拓展发展空间，通过产业集聚发展吸引和引导人口流入和集中，使石家庄发展成为人口规模500万人以上的特大城市，大幅度提升其辐射带动周边地区发展的能力。推动石家庄产业结构转型升级，引导传统产业向辛集、定州、衡水等城市转移，增强石家庄现代服务业对周边城市产业发展的服务能力，建设区域性中心城市。

河北省应集全省之力高标准建设正定新区，完善提升基础设施条件，对标对表国家标准改善营商环境，通过项目建设和政策支持引导优质生产生活要素向正定新区集聚集中，进而吸引企业集聚和人才创业创新，并强化正定新区产业发展与石家庄中心城区现代服务业之间的优势互补和互动合作。支持正定新区申报国家级新区，作为"十四五"时期推动京津冀协同发展的重要举措，支撑石家庄加快壮大而成为京津冀协同发展的重要一极。

（三）完善都市圈交通设施网络体系

以都市圈为单元，整合加密城际交通网络，积极推进大运量的城际快速轨道交通建设，为核心有机疏散和要素重新集聚创造条件。一是加快改善核心城市与周边地区之间的交通连接，尤其要消灭北京市、天津市与周边河北县市间的"断头路"，重点疏解北京中心城区的交通负荷。二是以天津现代化都市圈建设为依托，构建纵贯南北的综合交通体系，强化滨海经济带交通联系，充分发挥高铁和城际铁路建设带来的辐射效应，使得天津经济辐射的传导路径更加顺畅。三是进一步加强天津港、唐山港、黄骅港、秦皇岛港之间的合作分工，推动港口后方铁路、公路、空运、水运等基础设施建设，共建形成综合性、多功能的现代化港口物流交通运输体系。四是推进石家庄市郊铁路建设，加强石家庄与周边中小城市间的经济联系，建设园区铁路专用线，满足企业对外运输的需求。

（四）支持核心城市引领编制都市圈发展规划

支持北京、天津和石家庄引领编制都市圈发展规划，加强规划编制过程中的协商合作。都市圈的规划范围可以适当扩大，天津都市圈可以把秦皇岛市纳入规划范围，石家庄都市圈可以把邢台、邯郸两市乃至山西省阳泉市纳入规划范围。

都市圈发展规划要重点探索多元合作方式：一是建立都市圈领导小组，由各市主要领导组成，核心城市的主要领导任领导小组组长；二是建立市长联席会议制度，每年召开一次会议，议定实施的项目和相关事项；三是建立都市圈合作基金，用于公共事务支出，按各市财政预算收入的一定比例缴纳，市长联席会议决定支出事项，保障都市圈管理机构持续运行；四是建立跨地区基础设施、公共服务、生态环境及产业项目共建的成本分担机制和收益共享机制，项目成本由合作各方分担，项目收益由合作各方分享，探索合作建设项目的税收分配办法；五是探索支持政策鼓励行业协会在促进都市圈高质量发展中发挥积极作用，构建跨地区行业联盟，共同制定行业发展规划和市场规则，探索各类市场资源的连接和整合。

（五）"三核"引领"三圈"，探索经济区与行政区适度分离新模式

北京和天津都是人口规模千万以上的大都市，作为河北省省会的石家庄也跻身于都市之列，应推动京津冀从"双城记"向京津石"三核引领"转变，以"三核"引领"三圈"，促进北京都市圈、天津都市圈和石家庄都市圈互动发展，"三圈"共同支撑京津冀世界级城市群建设。

行政区在我国起着"上下联动，纲举目张"的巨大作用，也是我国的体制优势，但现行行政管理体制也容易造成行政壁垒、市场分割等行政区经济问题，对区域协调发展造成制约。京津冀是一省两市三个省级行政区，行政区经济问题体现得尤其突出，如何解决这一棘手问题和两难困境，可行的办法是将行政区与经济区适度分离，建立都市圈经济合作区，核心城市承担引领都市圈规划、交通体系建设、协调经济发展的职责，探索建立与行政区并行不悖的有效的协调合作机制。

（六）推动河北县城和城镇体制机制创新

县城和城镇都是推进都市圈城乡融合发展的关键环节。当前，河北县城和城镇存在的体制问题明显制约着在都市圈城乡融合发展中的支撑作用。一是河北省的县城基本仍处于建制镇行政体制，许多县城横跨数个建制镇辖区。二是相当数量的城镇没有规划，有规划的也没有按规划建设，普遍存在"沿路爬"现象。三是没有镇级财政，建制镇仍实行"乡财县管"。四是绝大多数的城镇仍实行行政村体制。

城乡融合发展是破除城乡二元体制、实现乡村振兴的重要途径，意在"城乡互促、融为一体"。推动都市圈城乡融合发展，在充分发挥核心城市辐射带动作用的同时，应把县城和城镇作为促进各都市圈城乡融合发展的重心，尤其要加快推动河北县城和城镇体制机制改革创新。一是推动河北县城行政区划调整，实行街道行政管理体制，理顺街道办事处的职能职责和工作关系，强化县城城市品质提升，增强县城对经济和人口的综合承载能力和对全县经济社会发展的综合服务能力。二是建制镇的镇区，也就是城镇，具有

城市的所有功能，应依照城市进行规划管理，国土空间规划要明确各城镇的规划范围，并据此开展城镇规划编制，严格按照城镇规划进行建设，严禁与城镇规划不符的建设行为。三是"乡财县管"是特定历史阶段的产物，极不利于城镇的发展，应进行县级财政体制改革，加强镇级财政建设，赋予建制镇政府完整的财政权，可将营业税以及未来开征的房地产税全部留给镇级财政，作为城镇和城乡基础设施建设的资金来源，不断强化城镇作为农村政治中心、商贸中心、文化娱乐中心和公共服务中心的功能。四是充分论证县辖乡镇的数量，因地制宜推进撤乡并镇，尽可能扩大镇域的人口规模，每个镇可设立13平方千米的工业园区，发展农产品加工业和一般制造业，增加财政收入。五是推进城镇行政体制改革，镇政府所在地的行政村一律改为社区。

本章参考文献

［1］刘庆林，白洁.日本都市圈理论及对我国的启示［J］.山东社会科学，2005（12）：72-74.

［2］韦伟，赵光瑞.日本都市圈模式研究综述.现代日本经济［J］.2005（2）：40:-45.

［3］［日］富田和晓，藤井正.新版图说大都市圈［M］.王雷，译.北京：中国建筑工业出版社，2015.

［4］谢守红.大都市区的概念及其对我国城市发展的启示［J］.城市，2004（2）：6-9.

［5］周起业，刘再兴，祝诚，等.区域经济学［M］.北京：中国人民大学出版社，1989.

［6］沈立人.为上海构造都市圈［J］.财经研究，1993（2）：8-10.

［7］王建.九大都市圈区域经济发展模式的构想［J］.宏观经济管理，1996（10）：21-24.

［8］王建.美日区域经济模式的启示与中国都市圈发展战略的构想［J］.战略与管理，1997（2）：1-15.

［9］高汝熹，罗明义.城市圈域经济论［M］.昆明：云南大学出版社，1998.

［10］陈秀山.中国区域经济问题研究［M］.北京：商务印书馆，2005.

［11］肖金成，袁朱.中国将形成十大城市群［N］.中国经济时报，2007-03-29.

［12］张学良.以都市圈建设推动城市群的高质量发展［J］.上海城市管理，2018（5）：2-3.

［13］罗明义.中国城市圈域经济发展态势分析［J］.思想战线，1999，25（3）：7-14.

［14］徐现祥，刘毓芸，肖泽凯.方言与经济增长［J］.经济学报，2015，2（2）：1-32.

［15］李廉水，［美］Roger R. Stough，等.都市圈发展：理论演化·国际经验·中国特色［M］.北京：科学出版社，2007.

［16］谢守红.都市区、都市圈和都市带的概念界定与比较分析［J］.城市问题，2008（6）：19-23.

［17］肖金成，马燕坤，张雪领.都市圈科学界定与现代化都市圈规划研究［J］.经济纵横，2019（11）：32-41+2.

［18］马燕坤，肖金成.都市区、都市圈与城市群的概念界定及其比较分析［J］.经济与管理，2020，34（1）：18-26.

［19］肖金成.未来京津冀协同发展的着力点［J］.中国投资（中英文），2021（Z9）：14-16.

［20］安树伟，安琪.加快建设石家庄现代化都市圈［J］.前线，2021（11）：73-76.

［21］肖金成，韩劲，马真真，等.河北省城乡融合发展体制机制创新研究［J］.经济与管理，2020，34（4）：38-44.

第十二章
推进京津冀世界级城市群建设

国务院颁布的《国家新型城镇化规划（2014—2020 年）》明确提出，京津冀城市群要以建设世界级城市群为目标。《京津冀协同发展规划纲要》也明确提出建设以首都为核心的世界级城市群。本章从城市群理论与实践的角度出发，重点阐述世界级城市群的内涵与京津冀世界级城市群建设的方向。

第一节　世界级城市群的由来、含义与特征

从世界级城市群这一概念的字面含义来看，"世界"体现的是全球性，说明城市群对世界经济的影响；"级"的含义为"层次"与"等次"，从城市群的层次和等次来看，在全球化的背景下，与世界其他地区的城市群相比，世界级城市群总体规模（如人口和经济总量）较大，在国内和国际联系上具有较高层次的联系度，在全球产业价值链分工中居于高端地位，在对世界经济的影响与控制上具有核心作用，强调的是对全球经济的高层次影响力。对世界级城市群概念的界定，可以从全球化背景下的全球生产网络体系与国家地域空间组织体系两个方面进行阐释和界定。

一、从城市群到巨型城市区域

"城市群"是具有中国特色的一个概念，一般认为是城镇化发展高级阶段

的空间呈现。从国内与城市群相关的文献来看，一般认为对城市群的研究起源于法国地理学家戈特曼（Jean Gottmann）的研究。1957 年，戈特曼将美国东北部包含十几个都市区联合而成的具有 3000 万人口以上的城市密集区定义为城市群（megalopolis）①，并将其视为城镇化发展高级阶段的地域呈现。戈特曼将城市群的基本特征和功能界定如下：城市群是国家的核心区域，是国家对外交往的枢纽性地区，城市较为密集，中心城市与外围地区的经济一体化程度较高，有较为快速便捷的交通网络，人口的规模较大，戈特曼设定了 2500 万人的城市群人口标准。1976 年，戈特曼又以 2500 万人口这一规模标准提出了世界六大城市群的观点，认为当今世界有 6 个超过 2500 万人口的城市群，分别为美国东北海岸城市群、五大湖城市群、日本的东海道城市群、英格兰城市群、欧洲西北部城市群和以上海为中心的长三角城市群。这六个城市群具有以下特征：一是都市区的人口密度较高；二是由有形基础设施与无形流动要素等形成的联系叠加网络，使区域更加紧密地联结在一起，并形成相互依存的关系；三是城市群在空间结构上具有多样性与复杂性，由城市、城镇、郊区和农业地区构成了城市群多样性空间；四是城市群具有良好的生态系统。②

戈特曼关于城市群的研究，拓展了城镇化的空间形态，使城市群概念开始在全球推广，在世界学术界引起了广泛的影响。诚如哈瑞斯（J. Harrison）与霍乐（M. Hoyler）所言，戈特曼的城市群概念，已经成为全球化充分发挥作用下城市增长的实验室，成为他留给当代的一个主要遗产。

尽管戈特曼提出的世界六大城市群与当今全球化下在世界舞台上具有较高规模和功能层次的城市群基本吻合，但由于其所处时代缺乏经济全球化这一客观背景，无法对世界级城市群在全球中的地位、功能以及在全球化这一

---

① 我国学者有的将戈特曼提出的 "megalopolis" 一词翻译为城市群，有的将其翻译为大都市带或大都市连绵区。Jean Gottmann, "Megalopolis or the Urbanization of the Northeastern Seaboard", Economic Geography, Vol. 33, No. 3 (Jul., 1957) , pp. 189–200。

② 原文为城市群必须包含由高密度廊道所形成的绿带，它不应该是由水泥、钢材、砖和汽车所组成的毫无希望的拥挤图像。Jean Gottman, "Megalopolitan systems around the world", Ekistics, 243, February 1976。

背景下如何形成内部互动关系等方面进行过多阐述。而进入 21 世纪以后的巨型城市区域（类似于我国的城市群）的研究，弥补了既有城市群研究不注重与全球化进行互动作用的缺憾。近年来，在欧美等西方国家先后提出了"Mega-city Regions（巨型城市区域）"与"Mega-region（巨型区域）"的概念，试图通过巨型城市区域内部的中心城市——世界城市与周边腹地城市一体化水平的提升，维系其世界城市的全球竞争优势和实现其促进区域内部均衡发展的基本目标。彼得·霍尔（Peter Hall）和凯瑟·佩恩（Kathy Pain）将巨型城市区域定义为一种新的形式：由形态上分离但功能上相互联系的 10—50 个城市集聚在一个或多个较大的中心城市周围，通过新的劳动分工显示出巨大的经济力量。这些城市作为独立的实体存在，即大多数居民在本地工作且大多数工人是本地居民，同时也是广阔的功能性城市区域的一部分，它们被高速公路、高速铁路和电信电缆所传输的密集的人流和信息流即流动空间连接起来，这就是 21 世纪初出现的城市形式。[①] 2006 年，美国区域协会《美国 2050》规划中提出了巨型区域的概念，将巨型区域界定为是在新的全球化经济中形成的一种重要的空间组织形态，是自然产生的新的经济单元，在更大尺度范围内行使着人才、生产、创新和市场的功能，有着联系较为紧密的网络联系体系。[②]

巨型城市区域、巨型区域与中国所提出的城市群概念，具有共同的特点。

---

① 2005 年，欧盟委员会资助 POLYNET 项目的 8 个研究小组在西北欧 "Interreg IIIB" 计划下界定了英格兰东南部、兰斯塔德、比利时中部、莱茵鲁尔、莱因美因、瑞士北部、巴黎区域以及大都柏林 8 个巨型城市区域，这些巨型城市区域人口从 350 万至 1800 万不等，面积从 7000—40000 平方千米不等，横跨了欧洲从北部的英格兰西北到南部的意大利米兰之间分布着 30 多个大都市区，其人口规模在 1 亿左右，集中了欧洲的大部分产业。该报也专门提出了该区域，指出，目前欧盟核心区是欧盟唯一一个较大和明显的国际经济一体化区域，即由伦敦、巴黎、米兰、慕尼黑和汉堡五大都市组成的五角形区域。该区域可提供较强的国际经济功能与服务，收入水平高，基础设施发达。但其生产总值尚未达到足以改变现有非均衡空间发展状况的程度，并符合 ESDP 的基本目标。

②《美国 2050》规划划定东北部、五大湖等 11 个巨型区域。从 11 个巨型城市区域来看，每个巨型城市区域均以一个世界城市为中心，由数量不等的周边大中小城市所构成。并在提升国际竞争力、促进区域平衡发展、基础设施（通信、能源、高铁、交通、安全等）、景观保护、跨行政区域合作等方面提出了相应的政策支持措施，以使这些巨型区域未来能够吸引高技能劳动力的区域、能够提供高质量生活的区域以及作为"世界门户"的交通枢纽区域具有更优越的区域竞争优势。

彼得·霍尔与凯瑟·佩恩指出戈特曼早在 1961 年就已经在其关于"Metropolis（城市群）"的先驱研究中最早界定高度城市化的东北海岸为巨型城市区域。泰勒（Peter J. Taylor）也认为彼得·霍尔等人的划分与戈特曼的城市群概念有一定的相似性，但是它无疑更加复杂，因为它具有更强的内在相互联系。另外，它与戈特曼的模式存在着根本的不同，因为它是建立在卡斯特尔（Manuel Costells）的"流动空间"基础之上，这些区域是国家参与经济全球化的核心地带，具有较大的流量规模，是国家对外交往的门户地区，在全球要素流动中居于重要的核心节点地位。由此可以看出，我国长三角规划、珠三角规划中提出的世界级城市群与欧洲提出的巨型城市区域、美国提出的巨型区域在概念、特征与空间上具有高度的一致性。

二、从世界（全球）城市到全球城市区域

20 世纪五六十年代，世界大城市规模扩张带来空间结构的变迁，成为世界城市研究最先关注的领域。1966 年，彼得·霍尔基于国家城镇体系的视角认为主要国家的中心城市已经超越国家内部的城镇体系而在全球政治经济中占据重要地位，彼得·霍尔将英国的伦敦、法国的巴黎、德国的莱茵—鲁尔、荷兰的兰斯塔德、苏联的莫斯科、美国的纽约和日本的东京 7 个城市列为具有全球性影响的世界城市，并描述了世界城市的五大特征。[①] 但由于在20 世纪 60—70 年代世界城市理论研究尚缺乏经济全球化这一客观背景，学者

[①] 彼得·霍尔彼得·认为世界城市具有五大特征：（1）世界城市通常是重要的国际政治中心，是国家政府的所在地，也是国际政治组织的所在地，并且也是各类专业组织、制造业企业总部所在地；（2）世界城市是重要的国际商业中心，是内外物流的集散地，往往拥有大型国际海港和空港，又是所在国最主要的金融中心与财政中心；（3）世界城市是文化、教育、科学、技术、人才中心，集聚了大型医院、著名高等学府和科研机构、规模宏大的图书馆和博物馆等基础设施，通常拥有庞大而发达的传媒网络；（4）世界城市是巨大的人口集聚地，拥有数百万至上千万的城市人口；（5）世界城市是国际娱乐休闲中心，拥有古典或现代化的剧场、戏院、音乐厅以及豪华的宾馆、饭店和各类餐饮场所。在彼得·霍尔的《世界城市》一书中，彼得·霍尔认为韦伯的区位论和克里斯塔勒的中心地理论并没有过时，经济活动向城市的集聚现象和全球城市等级结构都正在出现，新的"工业区"实际上是传统"工业区"的明显扩大，大都依然是指挥和控制型城市。世界城市所体现出的世界性（Cosmopolitan），正是其所属国家地缘政治优势的一种体现。

们普遍将对世界城市理论发展的里程碑式的影响的研究归于约翰·弗里德曼（J. Friedman）和沙森（Saskia Sassen）在世界（全球）城市上的理论研究。20 世纪七八十年代，跨国公司的多国资源配置使国际分工体系发生巨大变迁，国际经济联系日渐紧密，新的国际劳动分工成为将跨国公司经济活动和世界城市体系联系起来的桥梁，1982 年，约翰·弗里德曼与 G·沃尔夫（G. Wolff）在《世界城市的形成：一项研究和行动的议程》一文中指出，世界城市作为经济全球化所催生的全球新的国际劳动分工的产物，成为全球经济的协调和控制中心，且只能产生于核心国家，在半边缘国家仅具有产生世界城市的部分条件。伊丽莎白·科瑞德（Elizabeth Currid-Halkett）总结了关于世界城市的研究文献，认为世界城市的形成主要基于以下四个方面。一是约翰·弗里德曼 [1][2]、诺克斯（Paul L. Knox）和泰勒、沙森认为世界（全球）城市是专业服务和金融活动的世界中心，是全球资本汇集的场所。二是跨国公司作为全球生产运营体系的中心，在全球经济中具有高层次行政管理职能，通过世界城市控制遍及整个世界的生产活动。三是理查德·佛罗里达（Richard

---

[1] 约翰·弗里德曼提出了世界城市的七大特征：一是城市与世界经济的一体化深度、广度形式及其在新的全球劳动分工中的功能，将由世界城市的内部功能和结构所决定；二是世界城市是全球生产与市场的主要组织协调者与管理者，是全球化下资本流动的基本关键节点，基于在节点中的不同功能促成了世界城市等级体系的形成；三是世界城市的控制功能体现在其生产就业部门结构的动态演化之上；四是世界城市是国际资本的主要集散地；五是世界城市是大量国内外劳动力迁移的主要集中地；六是世界城市是空间与阶层极化分布的结果；七是世界城市运行所产生的社会成本往往超越自身的财政支付能力。

[2] 约翰·弗里德曼发表了《我们的起点在哪里：十年来的世界城市研究》一文，在该文中，约翰·弗里德曼回顾了 10 年来关于世界城市或全球城市的研究，在概念问题上归纳了各项研究的共同点：第一，世界城市连接了较大区域的国家的和国际的经济体，也就是说世界城市作为中心服务全球资金、劳动力、信息、商品和其他相关经济要素的流动，他们是全球经济体系的组织节点；第二，世界城市作为一个全球资本汇集的空间，在一个具有世界范围的规模上，承担着一系列国家经济和区域经济资本的汇集。这一空间是包括主要的生产区域，专业生产部门，当然也包括消费者的空间集聚。第三，世界城市是一个较大规模的城市化区域，超越行政管理界限与周边城市有着较为密切的相互联系。第四，区域性城市—全球系统的控制节点—被纳入空间节点的等级体系，主要基于他们所控制的经济权力。因此，根据世界城市的经济权力（全球资本的汇集程度），可以将世界城市划分为不同的等级，如区域级、国家级与世界级。第五，世界城市的主导文化是国际化的，具有控制被誉为跨国资产阶级这一社会阶层的能力。

Florida）认为，创造力或产生"有意义的新形式（模式）"的能力，是全球经济体系的核心原则。世界城市应是那些具有创新创意的人的高度集中地，具有全球创新功能。四是世界城市是全球生产网络中连接全球高端生产服务，生产与消费及辅助性服务的主要空间节点，世界城市的崛起不是依靠它所固有的能量而是通过流量的扩展来获得和积累全球的财富和经济权力。克里斯特·帕恩瑞特（C. Parnreiter）结合跨国公司主导下的全球价值链分布特征，提出世界城市也是全球价值链的关键节点与治理核心，是全球价值链高端环节的汇集点，是获取当地的知识和紧密联系客户的关键因素。尽管对世界城市至今尚未形成一个公认的定义，但是这并不影响其对世界城市基本内涵进行深入的探讨。从现有的上述文献来看，对世界城市的内涵有各种各样的解释，这种解释各有其不同的视角与侧重点，但都突出了世界城市的基本属性主要表现为是否作为一个资本的积累、集聚地和是否充当组织、控制生产的分配、流通的角色。

在世界城市研究不断深化，全球及地方生产网络中城市和所在区域上下游价值链关系不断深化的大背景下，西方学术界开始反思这种单一中心城市的地理空间模式是否能够反映当代世界经济地理格局的真实面貌。在上述关于世界城市的分析中，所存在的核心问题之一是侧重于孤立的个案研究，仅对世界城市体系顶端的城市进行分析，而对一般性城市研究不足，尤其是缺乏对全球城市周边腹地中小城市的深入分析，单一的世界城市研究无法真实准确地刻画全球生产网络组织的全球经济地理网络格局和发展实质。

基于对单一中心城市的地理空间模式是否能够反映当代世界经济地理格局的真实面貌的反思，西方学术界开始拓展世界城市与其腹地关系的研究。艾伦·斯科特（Allen J. Scott）认为全球化凸显世界城市承担全球化过程的功能的同时，也对世界城市周边区域施加了重要影响，由此提出了"全球城市区域"的概念，将全球城市区域定义为由大都市区与其周围腹地扩展而组成的空间组织，其自身具有分散化特征，且内部经济政治关系更以一种复杂的形式进行紧密连接，并且具有广泛的超国家关系。作为一种新的政治经济单元，繁荣的全球城市区域的内部经济和政治事务都在以错综复杂的方式加强和遥远地区的跨界联系，并日益成为现代生活的生产与协调中心。彼得·霍尔认为全球城市区域由与世界城市联系紧密的边缘地区和世界城市本身构成。全球城市区域的地理结构具有明显的多中心性，主要包括传统中心城区、较新的商务中心、内边缘城市、外边缘城市、最外围边缘城市、专门化的郊区中心等。因此，全球城市区域具有较高的多样化经济与专业化经济特征，是全球经济发展的新引擎，也是全球生产贸易、经济增长和科技创新的发源地。全球城市区域是对世界城市概念在理论及实践上的延伸，并越来越明显地成为国际政治经济舞台上一个独特空间。全球化背景下，全球城市区域内的各城市之间、各产业之间与产业内上下游之间具有较高的一体化水平。因此，由艾伦·斯科特开启的全球城市区域研究，弥补了原有世界城市在其腹地关系研究上的不足。与世界城市相比，全球城市区域概念具有两个方面的侧重点，一是强调世界城市及其区域在全球经济中的超国家地位和作用；二是强调全球城市区域内部大都市区与其腹地在政治、经济等方面的复杂关系。

与传统的切块设市所形成的城市行政区不同，我国目前的"市"含义并非一个单纯的城市行政区概念，而是一个政府行政管理层级，是市县合治模式的产物，市级政府除了管辖城区之外，还管辖县及辖区内的农村，是一种城市区域概念。我国20世纪80年代撤销地区行署（省级政府派出机构）实行市管县体制，其目的是把城市周围与城市有密切地缘关系的地域行政区划归城市统一领导，以解决城乡分割问题，实现城市行政区与城市经济区的基本一致。因此，就我国的城市群含义来看，其更类似于一种数个相邻且有着较为紧密关系的城市区域的集合体。综合上述观点，借鉴姚世谋先生的城市群定义，本书将在一定区域内密集分布的城市地区，因地域相邻而产生较高互动作用与功能分工的城市地区集合体这一空间组织称为城市群。

三、世界级城市群的含义及其特征

自戈特曼开创城市群的研究以来，城市群的研究得到了世界学者的广泛关注。哈瑞斯与霍乐指出，在过去的 20 年中，戈特曼的城市群已经成为东亚新兴经济体和美国巨型区域规划思想的一种主导性思想。同时，马丁·莫格里奇（Martin Mogridge）和约翰·帕尔（John Parr）证明英格兰东南部地区、中国的长三角城市群、日本的东海道城市群等就是欧美学者所称谓的巨型区域或巨型城市区域。[①] 从城市群研究来看，随着经济全球化与区域经济一体化的推进，任何城市群的发展已经脱离了其原有的国家城市体系范畴，都离不开经济全球化的影响。因此，对城市群的研究需要在全球化与区域经济一体化互动中予以重新审视。因此，基于上文对世界城市、全球城市区域与戈特曼的世界级城市群的综合分析，借鉴艾伦·斯科特的全球城市区域概念的实质内涵（图 12-1-1），将世界级城市群定义为由高级别世界城市与周边多个

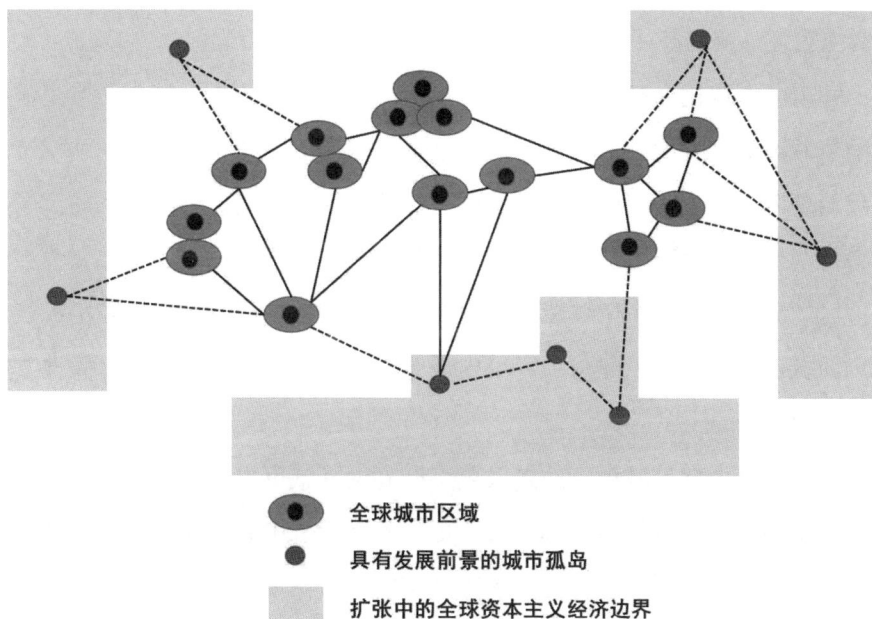

全球城市区域

具有发展前景的城市孤岛

扩张中的全球资本主义经济边界

图 12-1-1　全球化下的地理空间

资料来源：Allen J. Scott，CITY-REGIONS: ECONOMIC MOTORS AND POLITICAL ACTORS ON THE GLOBAL STAGE。

① 彼得·霍尔等：《从大都市到多中心都市》，《国际城市规划》2008 年第 1 期。

大中小城市共同组成，在经济、社会、文化等方面基于空间临近性而发生密切交互作用，能够依托其巨大规模经济效应和高层次功能，在全球经济层面发挥具有超国家影响力的城市群，是世界大国影响全球经济的核心载体。

结合世界城市、城市群的特征与功能，世界级城市群有以下几个特征：

具有巨大的人口与经济规模。城市群是一个国家比较发达的地区，集聚了不同规模与不同专业化功能的城市，拥有优质的人力资本和物质资本，单位面积人口密度和经济产出较高，人口和经济规模在国家或区域中占有较高比重，具有巨大的综合效益和市场潜力。因此，巨大的人口规模、经济规模、人口密度与经济密度是衡量城市群规模等级的重要指标。人口密集是产业高度密集的结果，当前以美国东北部城市群、美加五大湖城市群、英格兰城市群、日本东海道城市群、中国长三角城市群为代表的世界级城市群，是世界上最发达的经济区，具有规模庞大的人口和经济规模。

城市间专业化分工程度较高。基于城市网络之上的分工整合是城市群的精髓。城市群应实现的理想场景是：生产性服务业在中心地区集聚，制造业扩散至外围地区，中心地区生产性服务业的发展能够依托外围地区的市场而获得持续繁荣，而外围地区通过参与分工进而实现振兴。由于中心城市与外围地区的分工，使整个区域能够实现规模经济和多样化发展，突破了以往所强调的城市经济范畴，建构了区域内部合作的经济基础，从而更有效地参与全球化背景下的区域竞争。

核心城市为世界城市。世界级城市群以世界城市为核心，在全球经济中发挥控制和指挥、价值链核心、专业化服务与金融中心功能。大国经济在全球经济中占据重要地位，大国内部次区域层面为城市群，城市群的核心是服务能级较高的中心城市。中心城市往往能够依托周边腹地即城市群的发育和国家的外向经济发展成为代表国家参与全球竞争的世界城市，在全球经济中代表国家发挥协调和控制作用。从美国东北部城市群、英格兰城市群与日本东海道城市群来看，这些世界级城市群之所以能够在全球发挥重大的影响力，离不开城市群内世界城市的全球影响力（表 12-1-1）。

表 12-1-1　世界城市与所在城市群

世界城市	地理位置	所在城市群	贸易中心	航运中心	金融中心	政治中心	科技中心
伦敦	泰晤士河穿城而过，与欧洲蓝香蕉地带隔海相望，并由海底隧道连接	英格兰城市群	世界贸易中心	世界航运中心	世界金融中心	欧洲政治中心	欧洲科技中心
纽约	哈德逊河入海口，天然良港，内部运河与铁路枢纽	美国东北部城市群	世界贸易中心	世界航运中心	世界金融中心	世界政治中心	北美科技中心
东京	濒临太平洋东岸	日本东海道城市群	世界贸易中心	世界航运中心	世界金融中心	国家政治中心	国家科技中心
香港	世界航道要脉，航线通达五大洲、三大洋	中国粤港澳大湾区城市群	世界贸易枢纽	世界航运枢纽	世界金融中心	否	否
法兰克福	莱茵河和多瑙河的中转站，欧洲中央银行所在地	莱茵鲁尔城市群	区域交通枢纽	河运中转站	区域金融中心	否	国际科技中心

资料来源：余秀荣（2011），有改动。

连接国内国外的流动空间。城市群是全球生产要素与信息集聚和扩散的中心地，是参与全球经济竞争的重要空间单元，是国家对内对外联系的门户地区，具有较强的要素集聚功能和扩散功能。因此，城市群一方面充当起全球经济网络的重要节点，对现有和即将到来的全球竞争提供资金、生产管理、控制与服务等功能。另一方面充当网络连接功能。城市群依托各种交通、通信等基础设施与文化、传统等非物质网络关系，将功能节点（城市）以及节点间的"流"相互连接起来，实现城市之间，群内与群外各种流的交换，形成城市间经济社会联系相对紧密、功能有机整合的城市网络。

经济一体化程度较高。一体化体现在内部和外部两个方面。城市群内部一体化主要指各城市通过基础设施一体化、市场一体化、功能一体化和利益协同化的网络，推进城市功能之间的相互衔接、融合、互补与分工。外部一体化是指城市群的对外开放水平，即城市群经济融入世界经济的能力，涉及与国际贸易投资规则的一体化程度、外贸成本的降低、与外部经贸联系度等。城市群内外一体化程度较高，要素内外流动顺畅，城市功能之间相互衔接互补，各城市均能获取集聚与分工收益的好处，能够实现城市群整体发展的利益最大化。

第二节　迈向世界级的京津冀城市群

北京作为外部连接最广泛、最密集的世界城市，是人才流、信息流、资金流等最为频繁的重要节点。随着我国参与经济全球化、区域经济一体化的加深，必然为京津冀城市群带来巨大的贸易和投资体量及流量，能够促使北京与周边城市建立更为广泛的联系，推进北京向世界城市功能跃升，推动以首都为核心的京津冀城市群加速向世界级城市群迈进。

一、大国首都全球影响力日益彰显

新中国成立初期，根据中央变消费城市为生产城市的方针以及发展首都工业、增加工人阶级在首都总人口比重的意见，北京市将发展工业作为首都建设最重要的任务。1983年，中央对北京工作的四项指示及国务院对北京城市规划的审批，重新定位了首都城市发展方向——全国的政治中心和文化中心。北京的城市建设和各项事业的发展，必须服从和充分体现这一城市性质的要求，为中共中央、国务院领导全国工作和开展国际交往，为全市人民的工作和生活，创造日益良好的条件。2014年2月，习近平总书记考察北京市时提出了新要求，将北京市的首都功能确定为全国政治中心、文化中心、国际交往中心、科技创新中心。落实首都功能定位，北京必须有所为有所不为。不为在于要推动非首都功能向外疏解，有为是以非首都功能向外疏解重新优化空间功能组合，增强政治中心、文化中心、国际交往中心和科技创新中心功能，把首都建设成为国际一流的和谐宜居之都，更具全球影响力的大国首都，形成以首都为核心的京津冀世界级城市群。

在政治中心和国际交往中心上，北京作为大国首都，是中国的形象与象征，所面临的世界关注度和所需要发挥的影响力都将大幅提升。作为中国的首都，北京是中国政治机构的所在地，是对外政治经济诸领域国家决策的中心地，也是邦交国家使馆所在地、国际组织驻华机构主要所在地、国家高层次对外交往活动主要发生地、国家对外交往的重要航空枢纽地。同时，北京也是世界 500 强企业的重要集聚地。高层次企业总部设在北京的原因是历史形成的结果，同时也是企业发展的需要。2016 年，北京有 58 家总部企业进入世界 500 强榜单，占中国入围企业比重超过五成（52.7%），位居世界城市之首。外资总部、科技创新型总部、金融和信息总部分别占全市总部企业的 1/7、1/5、1/4。第三产业占总部企业的 3/4。世界知名企业在京设立跨国公司地区总部达到 161 家，其中，国外世界 500 强企业投资的地区总部达 67 家。① 伴随中国的崛起，需要北京在全球政治、经济、文化、社会、生态等领域增强大国首都的领导力、控制力和影响力，成为在全球关键问题领域提供中国方案、中国模式与中国示范的典范城市，在增强中国全球治理能力中发挥核心节点支撑作用，在全球政治经济交往中发挥重要影响力。

在文化中心上，北京作为国家主要历史文化、新闻、出版、影视等机构所在地和国家大型文化、体育活动举办地，文脉底蕴深厚，文化资源丰富，肩负着面向世界展示传播中华文化的重任。北京的历史文化具有全球吸引力。未来，北京需要依托文化优势，通过创新创意与具有中国文化特征及元素的产品的输出，提升中华文化对世界的影响力，成为向全球展示与投放中国"软实力"的中心。

在科技中心上，北京拥有众多的科技创新机构、中国最大的科技成果交易市场，也是科学、技术、工程和数学为主体的科技人才的集散地和培训基地。全球创新型城市承接"新经济"的发展，从而成为全球高科技产业技术标准制定和研发的"技术极"，对全球经济发展和产业更新具有重大影响力。围绕新一轮技术革命，依托国家产业规模优势，北京能够在新兴技术领域抢占技术制高点，在全球经济与本轮新技术革命中发挥影响力。

随着我国经济实力的不断提升与北京四个中心功能的不断优化，北京的世界城市地位不断提升，2000 年北京在全球排名中并未进入前 30，2010 年北京全球排名位居 12 名，2020 年北京跃升至全球第六，在全球城市体系中的影

---

① 搜狐网：《2016 年北京总部企业达 4007 家　世界 500 强数量连续四年居首》，https://www.sohu.com/a/129376184_114731。

响力日益提升（表 12-2-1）。

表 12-2-1　2000 年、2010 年、2020 年 GaWC 的 Alpha 世界城市

2000 年		2010 年		2020 年	
Alpha++	Alpha-	Alpha++	Alpha-	Alpha++	Alpha-
伦敦 纽约		伦敦 纽约		伦敦 纽约	华沙 首尔 约翰内斯堡 苏黎世 墨尔本 伊斯坦布尔 曼谷 斯德哥尔摩 维也纳 广州 都柏林 台北 布宜诺斯艾利斯 旧金山 卢森堡 蒙特利尔 慕尼黑 德里 圣地亚哥 波士顿 马尼拉 深圳 利雅得 里斯本 布拉格 班加罗尔
Alpha+	墨西哥城 苏黎世 台北 孟买 雅加达 布宜诺斯艾利斯 墨尔本 迈阿密 吉隆坡 斯德哥尔摩 曼谷 布拉格 都柏林 上海（31） 巴塞罗那 亚特兰大	**Alpha+**	迈阿密 都柏林 墨尔本 苏黎世 新德里 慕尼黑 伊斯坦布尔 波士顿 华沙 达拉斯 维也纳 亚特兰大 巴塞罗那 曼谷 台北 圣地亚哥 里斯本 费城 约翰内斯堡	**Alpha+**	
香港（3） 巴黎 东京 新加坡		香港（3） 巴黎 新加坡 东京 上海（7） 芝加哥 迪拜 悉尼		香港（3） 新加坡 上海（5） 北京（6） 迪拜 巴黎 东京	
Alpha		**Alpha**		**Alpha**	
芝加哥 米兰 洛杉矶 多伦多 马德里 阿姆斯特丹 悉尼 法兰克福 布鲁塞尔 圣保罗 旧金山		米兰 北京（12） 多伦多 圣保罗 马德里 孟买 洛杉矶 莫斯科 法兰克福 墨西哥城 阿姆斯特丹 布宜诺斯艾利斯 吉隆坡 首尔 布鲁塞尔 雅加达 华盛顿		悉尼 洛杉矶 多伦多 孟买 阿姆斯特丹 米兰 法兰克福 墨西哥城 圣保罗 芝加哥 吉隆坡 马德里 莫斯科 雅加达 布鲁塞尔	

资料来源：根据 GaWCAlpha 级世界城市排名整理。

备注：括号中的数字为中国世界城市在全球世界城市中的位次。

二、城市群的人口与经济规模较大

京津冀位于我国北部沿海地区，面向渤海，背靠太岳，携揽"三北"，战略地位十分重要，是我国经济最具活力、开放程度最高、创新能力最强、吸纳人口最多的地区之一，也是拉动我国经济发展的重要引擎。在京津周围，有 11 个人口超过 50 万的大中城市，共同组成京津冀城市群，是中国三大城市群之一。2019 年，京津冀常住人口 1.1 亿，地区生产总值 8.45 万亿元，以全国 2.3% 的土地面积承载了全国 8% 的人口，创造了 8.6% 的经济总量，人均生产总值约 7.5 万元，是全国平均水平的 1.03 倍。北京是全国政治中心、文化中心、科技中心、国际交往中心与国家综合交通枢纽，经济规模较大，文化包容性较强，就业机会较多，是华北地区外出就业的首选之地。其次，天津工业基础雄厚，科教资源众多，经济实力较强，开放水平较高，近代以来多数时间是华北地区的经济中心，是华北地区仅次于北京的国际化大都市，也是吸纳河北、山东等周边地区外来人口就业的重要地区。

三、城市群交通网络化程度较高

京津冀协同发展上升成为国家战略之前，京津冀交通发展已处于全国领先水平。2014 年已初步形成了以北京为中心，以快速铁路、高速公路为骨干，普速铁路、国省干线公路为基础的放射圈层状综合交通网络。但总的来看，交通一体化发展仍不充分，综合交通网络布局和衔接、运输服务能力和效率等尚不足以满足区域协同发展和打造世界级城市群的要求。京津冀牢牢把握交通的基础先导作用，着力推进交通基础设施建设和互联互通。到目前为止，干线铁路和城际铁路主骨架基本建立，多层级的轨道交通网络初具规模，公路交通网络日益完善通畅，机场群、港口群建设成果达到国际先进水平，"四横、四纵、一环"的京津冀网络化综合运输通道格局基本形成。

"轨道上的京津冀"初步形成并不断发挥作用。国家干线铁路建设持续完善，以北京、天津为核心枢纽，贯通河北各地市的全国性高速铁路网已基本建成。京张高铁、京沈高铁等相继建成通车，雄商、雄忻、津潍高铁加快推进，地级以上城市全部实现高速铁路覆盖，京津冀与东北、中原、山东半岛城市群等周边区域联通时间大幅缩短，城市群间良性互动的局面初步形成。城际铁路建设加快推进，京津冀城市间联系更加紧密。京津城际延伸线、京雄城际、津保铁路、崇礼铁路建成通车，京唐城际、京滨城际、津兴铁路、石衡沧港城际和城际铁路联络线一期等一大批城际铁路加快建设。相邻城市间基本实现铁路 1.5 小时通达，京雄津保"1 小时交通圈"已经形成。截至 2020 年底，京津冀营运性铁路里程达 10480 千米，较 2014 年增长33.6%。

市郊铁路发展实现重大突破。轨道交通网络结构不断优化。截至 2020 年底，北京市已开通城市副中心线、怀柔—密云线、通密线和 S2 线等 4 条市郊铁路共 400 千米（其中市域内 364.7 千米），加快推进东北环线整体提升工程、城市副中心线整体提升工程（西段）等市域（郊）铁路项目前期工作，出台《关于促进市域（郊）铁路发展的指导意见（试行）》。天津市发布《市域（郊）铁路专项规划（2019—2035 年）》并开行津蓟市郊铁路等。北京和天津中心城区与新城、卫星城之间的"0.5 小时通勤圈"加速构建，未来将对支撑远距离通勤、引导城镇空间优化拓展发挥日益重要的作用。

完善便捷通畅的公路交通网。"单中心、放射状"的路网结构得到有效改善。京台、京昆、京礼、津石、大兴国际机场高速等一大批高速公路建成通车，首都环线高速通州大兴段贯通，京秦、承平等高速加快推进。截至 2020 年底，京津冀高速公路里程达 10307 千米，较 2014 年增长 29.2%。形成了缓解北京过境交通压力的首都地区环线通道，同时也缩短了各城市间的互通时间。

"待贯通路""瓶颈路"基本消除。过去，京津冀因为规划和建设节奏不同，形成了多条"待贯通路"和"瓶颈路"，阻碍三省市互联互通。京津冀交通一体化工作开展以来，三省市交通主管部门主动加强工程对接，强化协同共建，提升路网通达水平。截至 2020 年底，三省市累计打通"待贯通路""瓶颈路"32 条段共 2005 千米，国高网首都放射线路段全部打通。[①]

四、城市群内部各市功能分工日益优化

《规划纲要》明确了京津冀整体定位和三省市的战略定位。其中，京津冀整体定位：以首都为核心的世界级城市群、区域整体协同发展改革引领区、全国创新驱动经济增长新引擎、生态修复环境改善示范区；北京市的战略定位：全国政治中心、文化中心、国际交往中心、科技创新中心；天津市的战略定位：全国先进制造研发基地、北方国际航运核心区、金融创新运营示范区、改革开放先行区；河北省的战略定位：全国现代商贸物流重要基地、产业转型升级试验区、新型城镇化与城乡统筹示范区、京津冀生态环境支撑区。

清末天津的开埠和近代化改革在天津的推进，推动形成了以天津为核心辐射整个华北、西北的港口腹地发展模式，天津也因此一跃成为中国北方经济中心，形成了"北有天津、南有上海"的近代经济发展格局。1949 年，中华人民共和国成立后，天津继续保持了直辖市的地位。国家"一五"计划将天津定位为沿海工商业大城市和老工业基地。"二五"计划强调天津"继续以工业为中心"，"三五"计划提出建设全国先进的生产科学技术基地，"四五"计划提出建设成为全国化学工业基地。至改革开放前，天津发展成为以加工工业为主的综合性工业基地。改革开放之后，伴随着北京开始向服务经济和创新经济转型，天津依托工业基础优势和港口优势，在改革开放与经济发展上显示出了较大活力，在接替北京成为区域重化工业中心的同时，也成为北方承接外资发展外贸的重要基地。1997 年 12 月，中共中央、国务院赋予天津现代化港口城市、北方经济中心的功能定位。2006 年，国务院在给天津城市的总体规划批复中，将天津定位为国际港口城市、北方经济中心和生态城市。同年，国务院常务会议批准天津滨海新区为综合配套改革试点，并将天

---

① 北京市交通委员会、天津市交通运输委员会和河北省交通运输厅联合编制：《京津冀交通一体化发展白皮书（2014—2020 年）》。

津滨海新区开发纳入国家"十一五"规划。2015年,《规划纲要》不再提及"北方经济中心",而将天津定位为"全国先进制造研发基地、北方国际航运核心区、金融创新运营示范区、改革开放先行区"。在新的定位指引下,天津加快推动经济发展转型。天津有序退出落后产能,把创新摆在发展全局的核心位置,坚持以高端产业支撑高质量发展,全力构建"1+3+4"产业体系(智能科技产业+生物医药、新能源、新材料三大新兴产业+航空航天、高端装备、汽车、石油石化四大优势产业)。建设以滨海新区为综合承载平台、宝坻京津中关村科技城等为专业承载平台的承接体系,加强与国家部委、中央企业、大院大所的有效合作,积极承接北京非首都功能。2017—2018年的两年间,北京企业累计在津投资2077亿元,占天津全市引进内资的40.3%。国家发展改革委、交通运输部联合出台《关于加快天津北方国际航运枢纽建设的意见》,为天津港高质量发展注入了强劲动力,天津尽全力打造北方国际航运枢纽。津冀港口合作不断推进,天津与河北签署《世界一流津冀港口全面战略合作框架协议》,以合作改变原先与周边唐山京唐港、沧州黄骅港的竞争格局,将天津打造成为京津冀城市群的开放门户。

河北产业功能的历史演进。计划经济时期,由于重工业具有较强的原料指向,而太行山燕山山脉沿线具有丰富的矿产资源,如峰峰煤矿、武安铁矿、井陉煤矿、开滦煤矿等,河北工业项目主要布局在位居太行山、燕山一线的唐山、保定、石家庄、邢台、邯郸等地区。如唐山、邯郸依托境内煤矿铁矿而成为冶金基地,沧州因华北油田而成为石油化工基地等。国家"一五"时期156项重大项目中位于河北省的重大项目主要有石家庄华北制药厂、保定化纤厂、保定胶片厂、604造纸厂、石家庄棉纺厂、邯郸棉纺厂、承德钢铁厂、峰峰马头(中央)洗煤厂、峰峰通顺2号立井等,也多数位居太行山一线,并以此为依托形成了电力、资源加工、黑色金属冶炼、机器制造、化学与建材等为代表的重化工业。改革开放之后,河北省没能像广东省、江苏省、浙江省、山东省等那样,借助改革开放、发展外向型经济和民营经济的历史机遇,在既有历史路径依赖下,河北省的工业越发重工业化与传统化。

2013 年，钢铁产业、石油化工产业、装备制造业、纺织业、医药产业、食品产业等传统产业占全省经济的比重 75% 左右，唐山、邯郸、保定、石家庄等城市在同级别城市中的经济地位日渐下降。《规划纲要》并没有对河北省各城市功能进行明确划分，《规划纲要》指出，位于中部核心功能区的河北廊坊市、保定市平原地区，重点是抓好非首都功能的疏解和承接工作，推动京津保地区率先联动发展，增强辐射带动能力；位于东部滨海发展区的河北沿海地区，重点发展战略性新兴产业、先进制造业以及生产性服务业；位于南部功能拓展区的河北省石家庄、邯郸、邢台市平原地区及衡水市，重点承担农副产品供给、科技成果产业化和高新技术产业发展功能；位于西北部生态涵养区的河北省张承地区则重点发挥生态保障、水源涵养、旅游休闲、绿色食品供给等功能。2014 年以来，随着河北省产业转型的加快，形成了以高端装备制造、信息智能、生物医药健康、新能源、新材料、钢铁、石化、食品八大产业为主导的较为完备的产业体系，八大主导产业占规模以上工业增加值比重达到 71.6%。钢材、汽车轮毂、皮卡、乳制品、维生素 C 等产品产量居全国第一。形成了一系列产业集群，如唐山精品钢、石化、应急装备与轨道交通装备产业集群，邯郸精品钢、新材料、生物工程等产业集群，承德钒钛产业集群，石家庄生物医药产业集群，秦皇岛康复辅助器具与智能制造产业集群，保定智能电网装备与汽车产业集群，沧州合成材料、再制造和激光及汽车产业集群，邢台太阳能利用和汽车零部件制造、衡水生物制造等产业集群。

第三节　京津冀世界级城市群建设的主要问题

京津冀城市群存在的问题，主要表现在地区发展差距较大、行政色彩相对浓厚、城镇体系不完善、功能分工有待深入细化等方面。

一、地区发展差距较大

生产要素具有向本土市场效应与市场化程度较高的地方集中的规律,随着市场化水平的不断提升,京津冀生产要素主要向北京、天津两个直辖市集中,导致河北与京津的经济发展差距越来越大。从经济规模来看,2019 年,北京市、天津市与河北省生产总值分别为 3.54 万亿元、1.41 万亿元和 3.5 万亿元,北京一市的经济体量超过河北全省的总和。北京和天津的经济体量分别是河北省省会城市石家庄的 6.1 倍和 2.4 倍。从人均发展水平来看,2021 年,北京、天津和河北人均生产总值分别为 18.4 万元、11.32 万元、54136 元,除唐山市人均生产总值略高于全国平均水平之外,河北其他各地市的人均生产总值均低于全国平均水平,而天津和北京都超过了 10 万元。从居民人均可支配收入来看,北京为 6.8 万元,天津市为 4.2 万元,河北省仅为 2.6 万元。经济体量与人均水平两个方面的巨大差距,造成越来越多的人口向市场规模大、人均收入高的北京集聚,是京津冀城镇体系不合理的内在原因。

二、行政色彩相对浓厚

北京行政条件优越,首都的功能定位使其集聚了一大批中央企业总部和知名院校、三甲医院等大量优质公共服务资源,在生产要素过度集聚推动资源要素价格上涨的压力下,北京通过财政补贴使电、气、交通等公共服务产品价格均低于周边地区的优势,不断吸引资金、人才、技术以及高端发展平台、功能区等优质资源集聚京津两市,对周边河北地区的"虹吸效应"十分明显。为了吸引京津两地优势资源,河北一些市县采取竞相压低地价等手段招商引资,但却加剧了恶性竞争。京津冀国有经济比重过高,国有企业资产总额占全国的比重高达 60% 以上。受发展上的路径依赖影响,尽管改革开放以来民营经济和外资经济在京津冀也取得了较快发展,但大型国有企业依然在京津冀工业发展中占据引领地位,尤其是在重化工业领域。2018 年,京津冀国有控股企业工业资产占规模以上工业企业工业资产的比重分别为 65%、

49% 和 39%，国有控股规模以上工业企业数量占比分别为 19.67%、10.85%、4.68%，较少的国有企业数量占比与较大的资产占比形成鲜明对比。同珠三角与长三角相比，京津冀统一要素市场建设滞后、市场化水平较低，行政过多干预造成的市场壁垒仍然存在，妨碍了资本、技术、产权、人才、劳动力等生产要素自由流动和优化配置。

三、城镇体系有待优化

京津两市过于"肥胖"，周边城市过于"瘦弱"、大中城市偏少，城市规模结构"断档"问题突出。京津冀城市群处于第一规模等级的超大城市只有北京，处于第二规模等级的特大城市只有天津，处于第三规模等级的大城市有石家庄、唐山、邯郸和保定四个城市，处于第四规模等级的中等城市有秦皇岛、邢台、张家口、沧州、承德和廊坊六个城市，处于第五规模等级的小城市则多达 1303 个。从城镇人口在各规模等级城市的分布来看，第五规模等级的人口占比最高，为 42.9%，第一规模等级次之，为 27.5%，第二、三和四规模等级的人口总规模占比分别为 11.7%、11.3% 和 6.6%，说明京津冀城市群内部的城市规模等级结构呈"哑铃"形，存在超大城市过大，小城市过多，中等城市数量较少、发展不足的问题，不仅限制了大城市辐射带动中小城市加快发展，而且造成经济要素进一步向核心城市过度集聚，进而导致北京"大城市病"等问题的发生。北京的交通负担逐渐加大，房价日益高涨，环境污染日趋严峻，城市承载能力受到严峻挑战，环境治理和城市运行的成本越来越大。根据高德地图《2021 年度中国主要城市交通分析报告》，2015 年北京是全国拥堵时间成本较高的城市之一，高峰拥堵延时指数 4.29，平均车速 24.58202 千米/小时，路网高峰形成延时指数为 1.873，即北京驾车出行的上班族通勤要花费畅通下 2 倍的时间才能到达目的地，被中国老百姓称为"首堵"。此外，前几年北京的"雾霾"也成为中国老百姓日常的谈资。

四、功能分工有待细化

《规划纲要》指出，战略定位缺乏统筹，功能布局不够合理是京津冀协同发展面临的主要问题。北京集聚了过多的非首都功能，三省市之间发展定位衔接不够，城市功能重叠交叉，存在一定程度的同质竞争，区域内城市、交通、产业等布局不合理。北京已经进入以服务经济为主的后工业化阶段，但河北省和天津市还分别处于工业化中后期阶段和正在由工业化后期阶段向后工业化阶段转变的过程，主导产业以重化工业为主，由于重化工业以地方国有经济为主，在"一亩三分地"思维下往往存在低水平重复建设、无序竞争等现象。长期以来，北京和天津在城市功能定位和产业发展方向、区域资源开发及利用、基础设施建设等方面缺乏明确分工和协调；天津与河北在港口、钢铁、能源、化工等行业存在竞争。京津冀内部的城市功能分工不合理，不仅制约着各城市的经济社会发展，而且在一定程度上影响了城市群整体的空间开发秩序和效率。

第四节　推动京津冀世界级城市群建设的对策

结合京津冀城市群存在的主要问题，借鉴世界级城市群发展的经验，按照《规划纲要》的要求，推进京津冀世界级城市群建设，需要从政府与市场分工、发挥核心城市辐射带动力、促进相邻城市同城化发展、明确城市群各市的功能分工、优化城市群城镇体系、培育新的经济增长极和加强对河北转型的政策支持等方面入手，推进京津冀世界级城市群的建设。

一、以京津雄为载体打造中国北方全球城市

北京、天津是京津冀城市群的两个超大城市，也是京津冀协同发展的主要引擎，提升京津冀城市群的全球竞争能力，必须进一步优化提升京津两市

的综合服务功能。雄安新区是国家级新区，承载着打造新时代中国高质量发展的全国样板的使命，肩负着谋求区域发展新路子、打造经济社会发展新的经济增长极的使命。以京津雄为核心载体，构建北方的组合全球城市区域，有利于提升京津冀城市群的全球影响力。

北京市的战略定位是全国政治中心、文化中心、国际交往中心、科技创新中心。落实首都功能定位，北京必须推动非首都功能向外疏解，以非首都功能向外疏解重新优化空间功能组合，增强政治中心、文化中心、国际交往中心和科技创新中心功能，稳步提升金融管理与交易功能，把首都建设成为国际一流的和谐宜居之都，更具全球影响力的大国首都，形成以首都为核心的京津冀世界级城市群。

天津城市战略定位是全国先进制造研发基地、国际航运核心区、金融创新运营示范区、改革开放先行区。天津应发挥港口、产业优势，推动天津港与河北港口集团的功能整合，构建贯通"三北"地区、联通中蒙俄经济走廊的腹地运输网络，发展以海铁联运为核心的多式联运，培育航运服务生态，大力发展航运金融、航运保险等现代航运服务业，争取建设跨境贸易中心、区域航空枢纽和国际航空物流中心。面向世界科技前沿、面向经济主战场、面向国家重大需求，充分发挥滨海新区在全市创新格局中的引领作用，培育一批主导产业突出的创新标志区，建设一批未来产业引领区，协同打造自主创新的重要源头和原始创新的主要策源地。

雄安新区战略定位是绿色生态宜居新城区、创新驱动引领区、协调发展示范区、开放发展先行区。通过绿色宜居城市建设，集中承接北京非首都功能，吸引企业总部、研发机构、事业单位等高端机构入住，分担首都经济管理职能，依托国资央企全球分支网络，增强对全球经济的影响力。通过创新引领区建设，塑造世界的一流制度创新、科技创新和完善创新创业环境，进一步吸纳各种创新载体，集聚京津及全国创新要素资源，逐步培育发展自身高端高新产业，吸引高新技术企业集聚，推动河北传统产业向高端转型；通过开放发展先行区建设，打造与国际投资贸易通行规则相衔接的制度创新体系和开放载体，提升河北省开放水平和市场化水平，为京津冀培育区域开放合作竞争新优势创造新的条件。

二、提升京津雄三引擎对周边地区的辐射带动力

全方位拓展合作广度与深度，加快实现京津同城化发展，共同发挥高端引领和辐射带动作用。北京应主要通过分散疏解来实现对河北各市的高端引领和辐射带动；而天津应主要通过产业链条的延伸和创新、改革、开放功能的延伸来发挥其对河北周边地区的带动作用。

北京市委市政府迁往紧邻廊坊北三县的通州，为北三县与通州的同城化发展带来了契机，应围绕北京城市副中心建设，完善统一规划、统一政策、统一标准、统一管控的协同机制。构建快捷高效轨道、公路交通网络，提升跨界道路通达水平。深化联建联防联治，严格控制蓝绿空间比例。 积极承接北京非首都功能疏解，聚焦新一代信息技术、高端装备制造、节能环保三大领域，引导企业精准对接、有序承接，加快构建创新引领的现代产业体系，培育支撑北京城市副中心发展的新型服务经济。推动北京优质教育、医疗资源向廊坊北三县延伸，提升公共服务水平。

提升北京对河北各市的辐射带动能力。教育、医疗、培训机构等社会公共服务功能有望通过联合、共建、办分支机构、对口支援等方式分散疏解；一般性制造业、区域性物流基地、区域性专业市场等第三产业具有劳动密集型特点，有望采取分散的方式疏解。分散疏解的主要方向是曹妃甸新区、渤海新区、正定新区、北戴河新区、冀南新区和京津周边的特色小镇。在疏解过程中与京津建立相应的市场联系。

提升天津对河北经济的辐射带动能力。天津应推动产业链条向河北延伸。按照中心城市与周边地区实行垂直分工、中心城市之间实行水平分工的方式，采用放牌制造、设备参股等方式向河北周边地区转移传统产业项目，通过探讨企业专业化协作、集团化发展的路子，形成与河北各市相互依存、衔接紧密的产业链；依托港口的龙头地位，加强与曹妃甸港、黄骅港、秦

皇岛港等港口的合作，通过相互参股、合作建设，使之成为利益共同体，在此基础上构建区域港口协调机制，共同打造区域港口产业群，提升港口经济竞争力。在金融创新上，天津应依托其金融创新的"先行先试"机遇，在基金、民间金融机构、外资金融机构、离岸金融服务、资本市场等方面打造京津冀合作平台，为河北各市产业发展提供相应的金融服务。在改革开放先行区上，推进天津自贸区与河北自贸区的联动。

提升雄安新区对周边地区的带动能力。发挥雄安新区全球创新高地引领作用与央企总部集聚地高端要素汇集作用，依托雄安中关村科技园、自贸区雄安片区等功能载体，支持保定、廊坊、沧州、衡水等市与雄安新区共同建设产业协作示范区，在科技协同创新、生态环境保护、产业融合发展等方面加强协调联动，共建产业链、创新链，延伸发展成果转化基地和产业配套基地，带动周边地区重点发展新一代信息技术、现代生命科学和生物技术、新材料等战略性新兴产业以及其他高端高新产业发展。

支持河北打造高水平产业承接平台。支持廊坊、保定、张家口、承德、唐山、沧州等环京津市县与北京、天津联动发展，建设一批重点承接平台，打造京津冀协同发展先行区。围绕提高重点平台承接能力和合作水平，加快曹妃甸、芦台·汉沽协同发展示范区和渤海新区、正定新区、北戴河生命健康产业创新示范区等综合承接平台建设发展，加强基础设施、公共服务设施、产业配套设施建设，完善常态化对接机制，精准制定承接疏解政策，探索科学有序承接新途径，打造区域新的增长点。

三、优化京津冀城镇体系与各城市功能分工

京津冀城镇体系结构失衡，京津两市过于"肥胖"，周边中小城市过于"瘦弱"，城市规模结构存在明显的"断层"。未来在疏解首都功能，提升京津双城高端引领、辐射带动的大背景下，应重点推动石家庄、唐山、保定、邯郸等交通沿线城市加快发展，使其成为京津冀城市群的重要节点，增强节点城市要素集聚能力。同时，着眼于优化城镇体系，促进大中小城市和小城镇

协调发展，推动形成疏密有致、分工协作、功能完善的城镇格局。

优化城市规模等级结构。根据各城市的基础条件和发展水平，重构城市规模等级结构。北京：优化空间布局和市政交通基础设施网络，缓解"大城市病"。天津：实现产业升级，与滨海新区形成双核结构。冀中南地区缺少承上启下的特大城市，作为河北省省会的石家庄，区位交通优越，产业基础雄厚，发展潜力巨大，通过正定新区集聚产业和人口，发展成为人口超500万人的特大城市。唐山、保定和邯郸的人口规模尽管都超过了100万人，但是作为京津冀城市群的三级城市来说，人口规模仍然偏小，需要进一步扩大人口规模，未来应发展成为常住人口超过300万的大城市；沧州、廊坊、邢台、衡水和秦皇岛的人口规模不足100万人，但是三者的发展条件优越，拥有发展成为100万人以上大城市的潜力。中等城市：张家口、承德与周边城市竞争处于劣势，且张承地区作为京津的生态屏障和水源地，不适宜大规模集聚产业和人口；定州、辛集、黄骅，区位交通优越，都具备发展壮大的潜力，需要加大支持力度，使它们快速集聚更多的产业和人口，发展成为中等城市。小城市：其他县级市市区、县城和建制镇的镇区作为当地的经济中心应加以政策支持，使它们也能集聚更多的人口，发展成为服务农业、农村和农民的中心（表12-4-1）。

表12-4-1 京津冀城市群城市规模等级重构设想

城市规模等级	数量	城市
超大城市 （人口规模1000万以上）	2	北京、天津
特大城市 （人口规模500万—1000万）	2	石家庄、保定（含雄安）
大城市 （人口规模100万—500万）	6	唐山、邯郸、沧州、廊坊、秦皇岛、邢台
中等城市 （人口规模50万—100万）	15	衡水、张家口、承德、定州、涿州、辛集、大名（魏县、馆陶）、黄骅、清河、任丘、香河、三河、曹妃甸、昌黎、南宫

续表

城市规模等级	数量	城市
小城市 （人口规模 50 万以下）	1286	其他县级城市、县城和小城镇（建制镇）

　　有序推进行政区划调整，设立新的地级市。河北省地级市太少，城市间距离太远，缺乏中小城市的支撑。打造城镇化与城乡统筹示范区，一个重要途径就是通过行政区划调整设立更多的地级市或县级市，这样才可以更加有效地推动城镇化与城乡统筹，也可以为疏解北京人口创造条件。一是定州市。从河北省来看，保定市域面积较大，对南部地区的带动性不强，因此建议设立地级定州市。二是辛集市。辛集已经成为省辖市，经济发展水平相对较高，可以在省辖市的基础上升格为地级市。三是黄骅市。将海兴、盐山与现有的黄骅市合并，成立新的地级黄骅市，与渤海新区一体化发展，突出黄骅市港口作用，集中力量推动涉港产业发展。四是任丘市。任丘市现隶属于沧州市，但距离沧州市中心、保定市中心和廊坊市中心均较远，难以获得现有地级市辐射，且经济发展基础较好，宜设立地级任丘市。

　　着眼于优势互补，一体化发展，需要进一步明确京津冀各城市功能定位。为了提升京津冀城市群整体发展的经济效益和服务功能，避免城市间的无序竞争，实现城市间合理的功能分工和密切的协同合作。在协同发展思想的指导下，以《规划纲要》对北京、天津和河北两市一省的战略定位为基础，根据资源环境承载能力和发展潜力，统筹考虑长远发展需要和可能，对京津冀各城市进行功能定位，优化城市功能分工，进而向全面优化发展的世界级城市群迈进（表 12-4-2）。

表 12-4-2　京津冀城市群各城市功能定位设想

城市	功能定位	定位依据
北京	全国政治中心、文化中心、国际交往中心、科技创新中心	

城市	功能定位	定位依据
天津	全国先进制造研发基地、国际航运核心区、金融创新运营示范区、改革开放先行区	
雄安	绿色生态宜居新城区、创新驱动引领区、协调发展示范区、开放发展先行区	
石家庄	交通枢纽、商贸物流中心、现代医药之都	石家庄作为河北省会城市，区位交通优越，产业基础雄厚，是河北的政治、科技和文化中心，发展潜力巨大。冀中南地区缺少承上启下的特大城市，由此作为京津冀城市群二级城市之一的特大城市"当仁不让"
唐山	世界钢铁城市、矿产品物流港口城市	唐山是以煤炭、电力、钢铁、水泥、陶瓷等为主的全国重要的能源、原材料工业基地。未来要培育壮大钢铁、建材、能源、机械、化工五大产业，使其成为世界性钢铁基地；依托海港优势，通过提升产业和产品档次，发展高加工度制造业和集仓储、运输、服务等为一体的临港产业，使其成为世界重要的能源、原材料基地和制造业基地
秦皇岛	粮食物流港口城市、装备制造基地、现代国际旅游城市	秦皇岛未来要依托生态资源优势，重点发展滨海旅游、文化教育、大健康服务业。在原有修造船及机械制造业基础上，推动海工制造业发展
邯郸	历史文化旅游城市、精钢制造基地、装备制造基地	邯郸是中原经济区与京津冀接壤区的最大城市，产业基础雄厚，未来要继续做大做强钢铁、电力、装备制造、医药等产业。同时依托其悠久的历史文化和西部太行山区的众多景观，积极推动文化、旅游等产业的发展
沧州	重化工业城市、能源物流港口城市	沧州有华北、大港两大油田，是河北外向型工业基地和重要港口城市。未来要重点发展以盐化工、石油和天然气化工、煤化工为主的三大化工产业链，发展电力、机械加工和其他临港产业
保定	历史文化旅游名城、汽车制造与新能源城市、现代制造业基地	保定历史文化悠久，人文历史资源众多，文化教育也相对发达。汽车和零部件产业有着较高基础，纺织服装、皮革箱包、电工器材等劳动密集型产业也较有优势，是承接北京一般性制造业转移的重要城市

续表

城市	功能定位	定位依据
廊坊	信息装备城市、高新技术制造基地	地处京津两大都市之间，是京津产业、人口转移的重要方向。今后在电子信息、新材料、新医药、先进制造的基础上，积极承接京津科技成果的转移，同时大力发展现代物流、会展旅游、食品等行业，做好京津两大都市的产业承接基地和服务基地
衡水	轻工业城市、农产品加工基地	衡水、邢台两市人口较少，与周边城市竞争处于相对劣势，未来应在集聚产业的基础上扩大人口规模
邢台	建材城市、机械装备制造基地	
张家口	休闲旅游城市、清洁能源装备制造基地	张家口和承德两市是京津的生态屏障和水源地，历史文化深厚，并有着独特的旅游景观资源，未来不适宜大规模集聚产业和人口
承德	生态旅游城市、绿色食品加工基地	

四、发挥政府的引导作用和市场的基础作用

河北地处东部沿海，环绕北京、天津两个超大城市，但长期以来其发展速度、规模和质量却不尽如人意，其主要原因在于市场化程度不高。河北各市的基层政府，行政效率较低；对企业的扶持力度不大；存在招商引资中"笑脸迎客，关门打狗"的现象。在这样的大环境下，即便由于成本的因素，一些企业需要离开北京，但迁入河北的意愿不强。因此，改善投资环境也就是营商环境是当务之急。一是发挥政府的引导性作用。通过制定政策对产业、基础设施、公共服务等方面进行引导。二是政府做好跨区域制度保障与衔接。京津冀各市应在多方面及多个领域签订合作协议，如招商、交通、环保、规划、人才交流、市场准入、公共服务等方面，形成要素自由流动的保障机制。三是支持民营经济发展。四是加强对河北产业转型升级的政策支持，出台针对河北各市的后续支持政策。河北的定位是全国现代商贸物流重要基地，商贸物流基地的形成依赖交通枢纽的建立，但国家层面的铁路中长期规划中并未将石家庄作为一个枢纽来定位。交通规划涉及未来线路、车辆

班次的布局，因此需要中央层面加以政策支持。针对某些重点领域的比较优势建设，应重点打造产业发展的空间载体，河北应与北京共建产业转移园区，推进最新领域科技成果在河北产业园区孵化。集中力量打造几个重点承接产业转移的园区，通过制定专门的承接产业转移与技术孵化政策，建设具有利益共享机制的平台，并赋予体制机制创新的权力。同时针对承接产业转移的园区，政府应实施负面清单制度，积极促进北京高端最新技术成果转化、高端产业向共建产业园区转移，围绕2—3个重点转移园区，率先形成高端新兴产业的聚集地，使其部分行业能够在全世界具有竞争优势。

本章参考文献

［1］河北省发展和改革委员会宏观经济研究所课题组，肖金成.京津冀世界级城市群发展研究［J］.经济研究参考，2018（15）：25-44.

［2］马燕坤，肖金成.都市区、都市圈与城市群的概念界定及其比较分析［J］.经济与管理，2020，34（1）：18-26.

［3］马燕坤.京津冀城市群城市功能分工研究［J］.经济研究参考，2018（21）：26-44.

［4］申现杰，袁朱.城市群高质量发展的理论逻辑与路径选择［J］.开放导报，2021（4）：24-31.

［5］申现杰.引领经济现代化的中国世界级城市群［M］.北京：经济科学出版社，2022.

［6］申现杰.中国世界级城市群形成研究［D］.北京：中国人民大学，2016.

［7］肖金成，申现杰.中国现代化新征程与"十四五"区域空间发展方向［J］.河北经贸大学学报，2021，42（3）：86-93.

［8］中国区域科学协会课题组，肖金成，安树伟.晋冀鲁豫四省交界区域合作的思路［J］.经济研究参考，2020（4）：41-58.